KB040807

개정 · 증보판

적도(適度) 또는 중용의 사상

– 헬라스 사상을 중심 삼아 살핀 –

개정·증보판

적도(適度) 또는 중용의 사상

– 헬라스 사상을 중심 삼아 살핀 –

박종현 지음

서광사

개정·증보판

적도(適度) 또는 중용의 사상
– 헬라스 사상을 중심 삼아 살핀 –

박종현 지음

펴낸이 | 이숙
펴낸곳 | 도서출판 서광사
출판등록일 | 1977. 6. 30.
출판등록번호 | 제 406-2006-000010호

(10881) 경기도 파주시 회동길 77-12 (문발동)
대표전화 (031) 955-4331   팩시밀리 (031) 955-4336
E-mail : phil6161@chol.com
http://www.seokwangsa.co.kr | http://www.seokwangsa.kr

개정·증보판 제1쇄 펴낸날 — 2022년 11월 10일

ISBN 978-89-306-0644-8   93160

개정 · 증보판을 내면서

이 책의 초판은 2015년의 '대한민국학술원 우수학술도서'로 선정된 것이었지만, 이 영예까지 포기하고, 미진함을 보완할 욕심으로 출판사까지 바꿔가며 개정·증보판을 내기로 했다.

따라서 개정·증보판으로 부끄럽지 않을 만큼의 적잖은 내용 보완을 했다. 특히 '서론'의 앞부분은 거의 새로 쓰다시피 했으며, 제1부에서는 1장을 크게 확장해서 새로이 쓴 셈이다. 제2부의 3, 4장도 확장했으며, 맺음말에서도 논조를 바꿀 만큼 가필을 했고, 나머지 부분들에서도 곳곳에서 첨삭을 했다. 그 결과로 책의 판형도 달라졌고, 쪽수도 적잖이 늘어났다.

관련된 문헌들과 요즘의 관련도서들도 구입해서 읽느라 상당한 기간을 보냈지만, 여전히 동양 고전 쪽 보완을 표 나게 할 수 있을 만큼의 충분한 시간은 갖지 못하고 말았다. 무엇보다도 30년 가까운 세월 동안 매달리고 있는 '플라톤 전집 역주' 작업을 아직도 끝내지 못하고 있어서다. 이 작업에만도 앞으로 4, 5년은 더 매달려야 할 것 같기 때문이다. 물론 천수가 허락한다면 말이다.

2021년
저자 씀

'적도(適度)'라는 말은 사실 일반적으로는 생소한 낱말이다. 무엇보다도 우리가 평소에 잘 안 써온 터라 그럴 것이다. 그렇다고 해서 그 뜻풀이에 해당하는 '알맞은 정도'라는 말을 책 제목에다 붙일 수는 없는 일이겠다. 특히 헬라스인들의 사상을 다루면서, 그들이 진지한 뜻에서 말했던 '적도(適度: to metrion)'의 문제를 정면으로 다루지 않고, 우리에게나 익숙한 '중용' 등의 낱말로 얼버무리듯 주물럭거린다는 것은 상상만 해도 끔찍한 일이다.

적도(適度) 또는 중용의 문제는 초기의 헬라스인들 때부터 그들의 중요한 관심사였고, 특히 플라톤 철학에서는 핵심적인 주제다. 따라서 이 분야의 전공자인 저자로서도 덩달아 진작부터 정리해 볼 필요성을 절실히 느껴온 주제였다. 특히 플라톤에 있어서의 '적도'의 문제는, 2001년에 낸 『헬라스 사상의 심층』의 머리말에서도 밝혔듯, 플라톤 철학과 관련된 저자 나름의 오랜 동안의 핵심적인 숙원 과제였다. 그의 철학에서 근원적 원리가 되는 '좋음(善)'이 현실에서 구현되

는 방식이 특히 적도 등의 구현을 통해서 실현되는 것으로 말하고 있
어서, 이를 체계적으로 구명해 보고 싶었기 때문이다. 그런데 적도의
문제를 다루면서, 방금도 말했듯, 중용의 문제를 배제할 수는 없는 일
이다. 이는 서로 맞물려 있는 것이겠기 때문이다. 특히 아리스토텔레
스에게 있어서는 더더욱 그러하다. 그래서 '적도 또는 중용의 사상'
으로 아우르는 모양새를 갖추어야겠다는 생각도 하게 되었다.

　그러나 그런 구상만 하고 정작 착수까지는 못하고 있던 차에 2010
년에 (사)한국학술협의회에서 이 협회가 주관하는 '석학연속강좌'
(2011년도 제13회)에서의 발표와 관련된 교섭이 왔다. 처음엔 당장
응하기엔 망설여지는 처지였다. 장장 5년에 걸쳐 『플라톤의 법률』 역
주 작업을 끝낸 뒤라 무리를 하고 싶지 않아서였다. 그러나 협회의 사
정도 있는 터라 용단을 내고, 기왕의 과제와 관련된 발표에 합의하고,
이 작업에 매달렸다. 그래서 그 이듬해에 자료적 성격을 갖는 발표(두
차례의 공개 강연과 네 차례의 세미나)를 일단 마쳤으나, 그것은 내
나름으로 구상한 저술에는 한창 미치지 못하는 것이었다. 결국 그 뒤
에도 2년 반에 걸친 고된 작업 끝에 지난여름에야 마침내 원고를 출
판사에 넘겼고, 이제야 그 교정을 보고 있다.

　그러나 아쉬운 점이 없지 않다. 저자로서는 전공의 한계 때문에, 부
제가 말하듯, 이 주제를 헬라스 사상을 중심으로 하여 다루되, 비슷한
시기의 옛 동양의 이른바 사서(四書)나 성서를 비롯한 몇몇 문헌들에
서 접하게 된 관련된 내용들을 곁들여 약간씩 다루었을 뿐이어서, 적
잖이 아쉽다. 그렇더라도 행여 이 책이 이 주제와 관련된 확장된 논의
의 시발점이라도 된다면, 참으로 반길 일일 것이다.

　끝으로 앞서 밝힌 공개 강연과 세미나에서의 사회자 및 지정 질의
자가 열다섯 분이나 되는 터라, 일일이 그 이름은 밝히지 않지만, 저

자로서는 고마운 마음임을 밝힌다. 유익한 지적과 질의가 더러 있었
기에, 모두 유념하면서 글을 썼다.

2014년 연말을 앞두고

저자 씀

차례

이 시대가 요구하는
'적도(適度) 지킴'의 지혜

뉴욕타임즈가 뽑은 베스트셀러들 중의 하나로 칼 세이건의 『수십억에 수십억』[1]이란 제목의 책이 있다. 그런데 이 어림수 표현은 『코스모스』 등을 통해 이미 무한 공간에서의 무수히 많은 천체들에 대한 그의 이 야기를 익히 들은 사람들이, 그리고 수년 동안 거의 서른 차례나 그와 의 대담 방송을 가졌었다는 자니 카슨(Johnny Carson)이 그의 투나 잇 쇼(*The Tonight Show*)에서도 이를 거듭거듭 강요하다시피 그에게 서 확인하려는 것이었다고 한다. 그들에게는 그것이 그만큼 직감적으 로 마음에 확 꽂히는 상징적이기도 하며 매혹적인 어림수였던 탓이었 을 것이다. 그로서는 그 어림수의 표현을 쓰지도 말하지도 않을 작정 이었지만, 하도 그러는 통에, 그냥 눈감아 주기로 하다가, 마침내는 그걸 자신의 책 이름으로 붙이게까지 된 것이다.[2] 이는 아마도 출판사

---

1   C. Sagan, *Billions & Billions*, A Ballantine Book, 1997.
2   앞의 책, 3~4쪽.

의 권유에 따른 것이었을 것으로 짐작되는 부분이기도 하지만 말이다.

그런데 스티븐 호킹의 『시간의 역사』[3]나 요즘의 '위키피디아'에 의하면, 우주와 관련되는 이 어림수는 이제 더 이상 놀라운 수준의 것이 아닌 셈이 되어버린 것이다. 이 우주에는 관측 가능한 은하들의 수만 해도 수천억 개 또는 적게 잡아서 약 1,700억 개 이상이라고 하니 말이다. 또한 이것들 중에서 그나마 작은 것들이 각기 1천만 개 이하의 항성들로 이루어져 있고, 큰 것들은 각기 100조여 개의 항성들로 이루어져 있으며, 이 항성들은 모두 은하의 질량 중심 주위를 공전하고 있다고 하니, 더욱 그렇다. 그리고 각각의 은하 안에는 수많은 항성계, 성단, 성간운(星間雲)들이 있으며, 그 사이의 공간은 가스·먼지·우주광선들(cosmic rays)로 이루어진 성간 물질들로 채워져 있다고 한다. 또한 은하 질량의 90%를 차지하는 것들은 우리가 아직 그 본질을 알지 못하고 있는 이른바 암흑물질들이며, 많은 은하들의 중심에는 초대(超大)질량의 블랙홀이 존재하는 걸로 여겨지고 있다고도 한다. 그런가 하면, 호킹은 별들이 자체의 핵연료를 다 써버림으로써 중력이 붕괴되어 블랙홀로 되어버린 것들이 관측되는 별들의 수보다 더 많을지도 모른다고 말하기까지 한다.[4]

그러니까 중간쯤 크기의 행성인 우리 지구가 그걸 중심으로 날마다 자전하며 한 해 동안의 공전을 반복하게끔 하고 있는 태양도, 그것 나름으로 제게 속하는 천체들을 거느린 채, 다른 100조 단위의 항성들과 마찬가지로, 수천억 개나 된다는 은하들 중의 하나에 딸린 상태로, 그 변두리에서 그 중심 둘레를 수억 년에 걸쳐 한 바퀴씩 돌고 있다는

---

3   S. W. Hawking, *A Brief History of Time*, 현정준 역(삼성출판사, 1990), 72쪽.
4   같은 책, 150쪽.

이야기다. 그러니 거창하게 말해서, "우리는 지름이 약 10만 광년이
며 천천히 돌고 있는 은하 속에 살고 있다."는 이야기이기도 하다. 도
시를 벗어난 불빛 없는 산에서라면 맑은 밤하늘에 셀 엄두조차 아예
낼 수 없을 정도로 꽉 차있는 총총한 별들의 장엄한 전개를 육안으로
도 볼 수 있겠지만, 누구에게서나 경탄을 자아내게 하는 그 많은 별들
의 장관[5]도 그런 우주의 아주 작은 일부분일 뿐이라는 이야기다.

  '공간적으로도 끝이 없고 시간적으로도 시작과 종말이 없는 우주,
그래서 조물주가 할 일이 없는 우주'[6]의 실상이 그렇다면, 무더기 단
위로도 셀 수 없이 하고많은 별들 중의 하나일 뿐인 지구에 붙어서 오
늘날 78억이 넘는 인구 중의 하나로 껍죽거리며 살고 있는 인간 개개
인들이란? 이런 물음을 갖는 순간, 그 누구든 갖가지로 착잡한 마음
상태에 잠깐이나마 빠지지 않을 강심장은 없을 것만 같다. 우주 속에
서의 사람이란 그 크기로야 한 점 먼지나 모래알에도 비유할 수 없을
것만 같다는 허망스러움이 내 온몸을 덮치는 것만 같다. 그렇더라도
한낱 미물 같은 그런 물리적 처지의 자학적 의식에서 갖가지로 벗어
날 길을 용하게도 찾아내는 게 또한 인간이다. 때로는 그처럼 하잘것
없는 인간의 처지를 자각함으로써 인생의 허무감을 좀처럼 떨쳐버리
지 못하는 게 인간이기도 하지만, 생물로서의 생존 본능만큼은 타고
난 터라, 그 덕에 갖가지 형태의 삶의 구실 찾기와 그 의미 부여 행위

---

5 칸트는 그의 『실천이성비판』 종결 장(Beschluss)의 첫 문장에서 그런 밤하늘의
찬란한 장관과 관련해서 이런 글을 남기고 있다. "내가 그것들에 대해서 자주 그리고
지속적으로 숙고할수록, 두 가지 것이 더욱더 내 마음을 새롭고 증대되어가는 경탄과
경외로 가득 채운다. 곧, 내 위의 별들이 총총한 하늘(der gestirnte Himmel über
mir)과 내 안의 도덕률(das moralische Gesetz in mir)이."
6 호킹의 같은 책, 19쪽. 칼 세이건의 서문.

가 인간 특유의 면모들로 드러난다. 그 가운데 대표적인 것 하나가 파스칼의 『팡세』[7]에 있는 이런 구절에서다.

인간은 한 포기 갈대일 뿐이다. 자연에서도 가장 나약한. 하지만 그는 생각하는 갈대이다. 그를 삭쳐버리기 위해서는 온 우주가 무장할 필요는 없다. 한 가닥의 수증기, 한 방울의 물로도 그를 죽이기엔 충분하다. 하지만 우주가 그를 삭쳐버릴지라도, 그를 죽이는 자보다도 인간은 한층 더 고귀한데, 이는 자기가 죽는다는 것도, 자기에 대해 우주가 갖고 있는 우월함도 알고 있기 때문이다. 반면에 우주는 아무것도 모르고 있다. 그러니까 우리의 모든 존엄성은 사유(pensée)에 있다.(#347) 생각하는 갈대(roseau pensant).—내가 나의 존엄성을 찾아야 할 곳은 전혀 공간이 아니고, 나의 사유 규칙에서다. 나는 땅을 소유함으로써는 더 나아질 수도 없을 것이다. 우주는 그 공간으로써 나를 하나의 점처럼 감싸버린다. 반면에 나는 사유로써 우주를 포괄한다.(#348)

우주 관측과 관련해서는 '인간 원리(anthropic principle)'란 게 있다는데, 파스칼이 말한 사유 '규칙(règlement)'도 그 원초적 형태의 시도일 수도 있겠다는 생각이 든다. 우리는 사유하는 존재로서 살고 있기에, 있는 그대로의 우주를 본다고 할 수 있겠기 때문이다. 인간 원리는 "우리가 현황과 같은 우주를 보는 까닭은, 만약에 현황과 달랐다면, 우리는 여기에 존재할 수 없으며 따라서 그런 관측도 할 수 없다는 생각"[8]이라고 하니, 그리 바꿔 말할 수도 있겠기에 하는 말이다.

---

7 Pascal, *Pensées* (Hachette, 1950), p. 126.
8 호킹의 같은 책, 189쪽 방주.

　그런데 오늘날 과학자들의 거의 공통된 견해에 따르면, 40억 내지 45억 년쯤 전에 지구가 생성되었으며, 35억 년 내지 37억 5천만 년쯤 전에는 생명 현상이 바다에서부터 나타나기 시작했다고 한다. 또한 오늘날의 이론 물리학과 고등수학이 총동원되어 산출한 결과는 지구가 이미 그 반환점을 돌아, 앞으로 37억 년까지 존속할 수 있을 가능성을 50% 남짓한 것으로 예측하고 있다고 한다. 그런데 진짜 문제는 그때까지의 지구의 존속이 아니라, 생명체들을 곱게 품은 지구의 존속이 언제까지 가능할 것인가이다.

　인류가 지금과 같은 생활 방식으로 계속 살다간, 어쩌면 금세기 중에 인류의 정상적인 삶은 그 종말을 볼지도 모를 일이겠기 때문이다. 뭣보다도 지난 200여 년간의 방만한 화석연료 이용으로 인한 이산화탄소의 대량 배출로 해서 빚어진 지구 온난화가 문제이고, 그 주범이 바로 인간들이다. 산업혁명 이후 지구 평균 기온이 1.2도 상승했다는데, 요 몇 년 사이에는 그것으로 인한 기후 이변 현상들을 지구인들 모두가 몸으로 겪고 있다. 홍수와 가뭄, 폭설과 혹한, 산불, 그리고 전염병 등등. 그나마 1.5도 상승까지는 지금과 비슷한 수준의 삶은 유지할 수 있을 것이나, 결코 넘기지 않아야 할 최후의 상한(上限) 온도는 2.0도라 한다. 그러니까 1.5도까지는 0.3도의 여유분만 남은 셈이다. 이런 긴박한 위기 상황의 타개책으로, 마침내 2021년 5월 18일에 국제에너지기구(IEA)는 '2050 순배출 제로(Net Zero by 2050)'라는 보고서를 발표했다. 이는 그때까진 세계가 배출하는 이산화탄소를 그만큼 되흡수해서 그 결과가 '제로' 곧 탄소 중립 상태를 실현할 수 있도록 하자는 제안이다.

　그런데 또 하나의 큰 문제는 오늘날의 지구 온도의 상승이 이산화탄소의 배출 때문만은 아니라는 것이다. 메탄가스로 인한 지구 온도

의 상승도 못지않은 정도가 아니라, 그 스무 배도 넘는다고 한다. 그
런데도, 이산화탄소는 지구에서 방출되는 열을 가둬두지만, 다행스럽
게도 메탄가스는 그 산화작용으로 10년 안에 사라진다고 한다. 하지
만 그동안에도 그 배출 정도가 자꾸만 더 늘어나고 있어서, 당장에 지
구의 온도 상승에 미치는 영향의 정도는 오히려 이산화탄소보다도 훨
씬 크다고 한다. 그리고 온실가스 배출량의 17% 가까이가 소와 돼지
의 축산업에서 배출된다는데, 특히 15억 마리의 소들이 입으로 뿜어
내고 항문으로 배출하는 메탄가스가 그 주된 것이란다. 또한 지구 온
도 상승은 빙하도 녹게 하며 동토 지역에 묻혀 있던 메탄가스를 대기
속으로 퍼지게 할 뿐만 아니라, 자칫 그 속에 갇혀 있던 갖가지 세균
들까지 살아나게 할 위험성마저 있다고도 한다.[9]

   이런저런 예상 가능한 끔찍한 사태들에 대해 듣다 보면, 멀지 않아
그야말로 인류 전체가 거대한 가스실에 갇히는 시한부 삶을 살고 있는
꼴이다. 그런 터에 크게 반가운 소식[10] 하나는 미국과 호주 등 28개
나라들이 해양 연안의 생태계를 온실가스 감축 수단으로 활용하고 있
다는 신문기사이다. 해초 따위가 번성하는 염분 습지와 갯벌 그리고
맹그로브 숲 등을 우선적으로 보전·복원하며 해초의 번성도 꾀하고
있다는 것이다. 연안 생태계를 이용해서 대기 중의 이산화탄소를 흡
수케 한다고 해서 '블루카본(blue carbon) 프로젝트'로 불린다는데,
이는 아마존의 열대우림이나 시베리아의 침엽수림 등의 산림 생태계
가 흡수하는 탄소를 일컫는 그린카본(green carbon)과 대비되는 명
칭으로 붙여진 것이란다. 이들 둘의 탄소 통제 효과와 관련된 기사 내

---

9   이런 내용들은 대체로 금년 초에 『조선일보』에 실린 관련 기사들에서 단편적으
로 얻은 정보들의 합성이다.
10   이 또한 『조선일보』(2021. 6. 11.) 기사로 접한 것들이다.

용을 여기에 압축해 보겠다. "유엔환경계획(UNEP) 조사에 따르면, 블루카본을 생성하는 연안지역의 규모는 전체 해저면적의 0.5% 수준이지만, 탄소저장량은 바다 전체의 70%를 차지한다. 지구상 탄소의 55%가 바다에 저장되어 있으니, 그 탄소 포집 효율이 높다. 또한 해양 생태계의 탄소 흡수 속도 또한 육지 생태계보다 빠르고, 그 저장 공간에도 큰 차이가 있다. 해초도 나무도 광합성을 통해 탄소를 흡수하나, 산림 생태계는 나무의 유기물 공간에 탄소를 저장하고, 연안 생태계는 물속 토양에 대부분을 저장하는데, 해양 퇴적층에 탄소가 쌓이므로 더 많은 탄소를 저장할 수 있다. 또한 이 토양에 흡수된 탄소는 수천 년간 저장되지만, 나무의 탄소 저장 기간은 훨씬 짧은데, 그것도 나무 각각의 수령에 따라 달라진다." 호주 남부 해안에서 '남호주 연구개발기관(SARDI)'이 해초의 묘목이 담긴 삼베로 짠 모래자루를 던져 넣고 있는 것도 그런 까닭에서라고 한다. 그런가 하면, 작기는 하지만 기특한 일은 식물성 원료를 이용한 대체 육류 소비가 미국에서부터 조금씩 늘고 있다니, 그나마 반가운 일이긴 하다. 우리로서도 이참에 꼭 짚고 넘어가야 할 일이 하나 있다. 방송에서 어쩌다가 '먹방' 장면을 보게 되면, 기가 막힐 장면들을 적잖게 보게 된다. 그냥 맛있게 고맙게 먹으면 될 걸 갖고, 별나고 기괴한 짓들까지 해대며 그럴 일은 단연코 아닌 것 같다. 그런 '프로'를 시청률과 광고 수입을 노려 경쟁적으로 방영해대는 방송국들의 행태는 도무지 곱게 봐줄 일이 아닐 것 같다. 오죽했으면 『옥스퍼드 영어사전』에 '먹방(muk-bang)'이 신조어로 들어가게 되었을까 싶어, 면구스럽기까지 하다. 그렇지 않아도, 이런저런 일로 지구 온난화에 높은 비율의 부담을 안기고 있는 한국인들이라고 결코 과소평가할 수 없는 적잖은 지구인들이 걱정스레 나무라고들 있는 터에 말이다. 오늘날의 한국인들처럼 세상 사람들이 소비하며 살다간, 두세 개의 지구가 필요할 것이라고 걱정이 되어 하는 나무람들을 그냥 허허 하고 가볍게 웃어넘길 일은 단연코 아닌 것 같다.

한데, 우주 비행사들이 지구 밖의 우주 공간에서 본 지구의 모습은 참으로 아름답다고 하며, 그들이 보내온 화면 영상으로 본 지구는 우리의 감탄을 자아내게 하는, 말 그대로의 a blue marble이다. 그 자체가 온갖 생명체들의 온상인 아름답고 신비로운 '푸른 유리구슬 같은 거대한 생명체'로서의 지구라 할 그런 것이란 말이겠다. 까마득한 옛날에도 우주와 지구를 이와 비슷한 마음으로 바라본 철학자가 있었는데, 그가 바로 플라톤이었다. 그의 『티마이오스』편(92c)에서 그걸 "눈에 보이는 생명체들을 에워싸고 있는, 눈에 보이는 살아 있는 것이며, … 가장 위대하고 최선의 것이며 가장 아름답고, 가장 완벽한 것으로 탄생된 것"이라 했으니, 말이다.

다시, 지구와 관련해서 오늘의 시점에서 말하고 있는 미국의 미래학자 제러미 리프킨(Jeremy Rifkin)의 이야기를 잠시 들어보자.[11] 그는 수십 년 안에 현재의 생물종들 중에서 반 이상이 멸종할 것이라 한다. 불과 100여 년 사이에 자연이 사라졌고, 현재는 지구의 23%만 야생 상태로 남아 있기 때문이란다. 그리고 지난 200여 년간 화석연료에 의존한 문명은 과다한 이산화탄소의 배출을 초래했으며, 지구에 온실효과를 일으켜, 갖가지의 재앙 현상을 초래했다는 주장이다. 특히 한국은 화석연료의 98%를 수입하는 세계 7위의 탄소배출국임을 지적했다. 따라서 그는 우리 인류의 '삶의 방식(playbook)'[12]을 다시

---

11   이는 『조선일보』(2021. 3. 8.) 워싱턴 특파원 김진명과의 인터뷰에서 언급된 사항들이다.

12   그런데 playbook이란 각본, 또는 미식축구의 갖가지 작전도나 경기체계를 담은

생각해야만 한다고 주장한다. 물론 그가 말하고 있는 '삶의 방식'은 기본적으로 국가 같은 공동체 단위의 것을 특히 뜻하는 것으로 보인다. 그러나 이런 단위의 정책적 시행은 공동체 구성원들 개개인의 적극적 참여도 전제되어야만 할 성질의 것이다.

　아닌게아니라 그 모든 정책적 시도를 원천적으로 뒷받침해 주는 것은 뭐니 뭐니 해도 공동체 구성원들이 적극적으로 호응하는 마음가짐과 이에 따른 실천적인 삶의 방식일 것이다. 일찍이 플라톤이 이 지상 어디에도 실제로 실현될 수는 없겠지만, 올바름(정의)이 구현될 수 있는 '아름다운 나라(kallipolis)'의 본을 그 나름으로 제시했던 저 방대한 『국가(정체)』편이 실상 주제로 다루고 있는 것도, 그 책 제목과는 달리, 뜻밖에도 사람들의 '생활방식' 또는 '삶의 방식'(tropos [tou biou])이다. 어떤 방식으로 사는 게 인생을 정말로 '잘(훌륭하게) 사는 것(eu prattein)'일지에 대한 논의가 첫째 권부터 제10권의 마지막까지 이어지는 것이기도 하다.[13] 그가 소크라테스의 입을 빌려 피타고라스는 존경받은 인물이었지만, 호메로스는 결코 존경까지 받지는 못한 까닭을 한쪽이 '피타고라스적인 삶의 방식'을 제시했지만, 다른 쪽은 호메로스적인 그 나름의 삶의 방식을 제시하지 못한 데서 찾고 있다.[14] 하나의 종단(宗團: thiasos)으로 출발한 피타고라스의 추종자들에겐 지켜야 할 계율들과 따라야 할 상징적 경구들이 있었거니와, 또한 윤회설을 믿으며 금욕 생활을 했다. 게다가 그를 따르는 제자들은 스승에 대한 존경심이 대단해서, 그가 한 말을 지칭할 때는

─────────
책자, 또는 아이들의 놀이 등의 오락 규칙 책자를 뜻하는 말인데, 이를 기자는 '삶의 방식'으로 의역했다.
13　『국가(정체)』편 352d 참조.
14　같은 책, 599d~600c.

"선생님(당신)께서 말씀하셨다(Autos epha＝Ipse dixit)."는 식으로 표현했다.[15] 그래서 '피타고라스적 삶' 또는 '피타고라스적 생활방식'이라는 말이 생기게도 되었다. 훗날 그의 추종자들이 세월의 경과와 더불어 계율들을 맹목적으로 지키려는 파와 스승의 학문에 비중을 두어, 이를 계승하고 발전시키려는 파로 비록 나뉘긴 했지만 말이다. 그런 반면에 호메로스의 경우엔, 그가 생존했을 당시에도 그를 사사(師事)한 사람은커녕, 오히려 무관심이 대단했던 것으로 전한다고 한다. 훗날 음송인들을 포함한 호메로스 숭배자들도 그의 서사시를 좋아하고, 그 음송으로 생계를 꾸려갈 수 있게까지 되었지만, 그에게서 사람으로서의 훌륭함(덕)과 관련된 가르침이나 삶의 방식에 대한 가르침을 얻지는 못했다는 것이다. 생활방식의 중요성에 대해서 이 대화편의 첫머리 도입부(329c~330a)에서부터 언급하고 있는 것도 실은 그런 까닭에서일 것이다. 그만큼 인간에게는 삶의 방식이 중요하다는 주장이다. 그렇지만 정작 우리의 그런 '마음가짐(hexis)'과 '삶의 방식'을 흔들림 없는 지속적인 것으로 뒷받침해 주는 것은 바로 삶의 '지혜(sophia)'일 것이다.

　그렇다면 그 지혜는 무엇일까? 오늘날의 시대적 상황에서 가장 절실히 요구되는 가장 쓸모 있는 삶의 지혜는 도대체 무엇일까? 그걸 나는 조금도 서슴지 않고 '적도(適度: to metrion)에 대한 지혜'라고 딱 잘라 말할 수 있겠다고 생각한다. 이를 통절히 깨우치고서, 이에 대해 늘 의식하는 삶이야말로 이제부터의 인류의 생존 전략을 뒷받침하는 것이라고 나는 주장한다. 이산화탄소의 급증에 따른 급격한 기후 변화와 난개발로 인한 야생 공간의 광범위한 소멸, 이미 자정 능력

15　『논어』에서 공자가 말한 것을 '자왈(子曰)' 하듯.

과 복원력을 상실하기 시작한 자연 등등, 이 모든 미증유의 사태는 '적도(알맞은 정도)'를 아랑곳하지 않은 분별력 없는 인류 탓이다. 이미 그 한계치를 알리는 경고등들이 곳곳에 켜져 있다. 이런 급박한 상황인데도, 이에는 아랑곳없이 제 욕심 채우기에만 혈안인 무리들이 있단다. 외딴 사막 같은 지역들에서 막대한 탄소를 배출하는 값싼 석탄을 이용한 화력발전으로 이른바 '비트코인'을 대량으로 채굴해댄다니 기가 막혀 가슴팍을 치지 않을 수 없게 하는 짓거리다. 마치 21세기의 새로운 엘도라도(El Dorado)를 찾기라도 한 것처럼 말이다. 이런 짓거리야말로 지구 기온의 안정적 '적도' 유지를 위해서는 반드시 붙들고 있어야 할 온도인 0.3도의 여유 상승분을 기어코 채워버리게 될지도 모를 죽음의 행진을 달음박질로 북돋고 있는 꼴일 것이다.

  사람이 사람으로서 어떤 것과 관련해서 제대로 처신하는 데는 '마땅히 지켜야 하거나 필요한 또는 당연한 정도', 요컨대 '마땅한 정도'가 있다. 그걸 헬라스인들은 to deon(that which is binding, needful, right)이라 일컬었다. 그걸 벗어난 그 이상의 정도를 그들은 mallon tou deontos(more than 'to deon')라 했다. 이는 '정도껏의 범위를 벗어남' 곧 '[알맞은] 정도 이상으로' 또는 '필요 이상으로'를 뜻하는 숙어다. 지금은 지구촌에서 편하게 호흡을 하며 살아가고 있는 것 자체를 새삼스레 고맙게 여겨야 할 시점인 것 같다고 말한다면, 지나친 엄살일까? 오늘날 지구의 온도 상승과 관련되는 한, '마땅히 지켜야 할 정도'를 의식하고 지키는 것이야말로 인류가 살아남을 절박한 유일한 길임을 어떤 부류의 사람들은 아직도 제대로 자각하지 못하고들 있어서 하는 말이다. 그것과 관련되는 한, '마땅히 고수해야 할 정도', 그런 '적도'를 알고 이를 실천적으로 지키는 것이야말로 오늘을 사는 이 시점에서 인류 개개인에게 엄중하게 요구되는 지혜요

의무일 것이다. 그런 뜻에서도 델피의 아폴론 신전 입구에 새겨져 있었다는 잠언들 중의 하나인 "그 어떤 것도 지나치지 않게(Mēden agan)"는 오늘날에야말로, 사람들의 생활방식과 관련되는 한, 새삼스레 뼈저리게 깨쳐야 할 가르침이고, 늘 마음에 굵고 빨갛게 새겨두고 있어야 할 경구일 것이다.

그런 '지혜에 대한 사랑'이 헬라스어 philosophia(철학)의 본령이다. 이런 '지혜사랑의 활동(philosophein)'이 마침내 학문 활동으로 굳어짐에 따라 이를 통칭하여 '지혜사랑의 학문' 곧 '철학'으로 지칭하게도 된 것이다.[16] 이 책에서 다루려는 '적도(適度) 또는 중용의 사상'도 그런 시대적 요구에 응한 하나의 철학적 작업일 수 있겠다는 생각으로 이 책을 쓰기 시작한 것이다. 그런 마음가짐과 삶의 방식을 근본적으로 뒷받침해 줄 큰 지혜들을 기왕의 인류 사상사를 통해 확인하고 익혀서, 우리 삶의 확실한 길잡이로 삼을 수 있었으면 해서다.

그런 터에 마침 인간의 이런 자구책의 지혜와 관련해서 얼핏 보아 병 주고 약도 주는 처방전 같은 대단한 책 한 권을 한참 전에 읽은 적이 있다. 그건 리처드 도킨스의 『이기적 유전자』였다. 이 책 앞쪽에서는 인간을 포함하는 "동물은 민첩하고 활발한 유전자의 운반자, 즉 유전자 기계가 되었다."[17]고 말한다. 그에 의하면, 유전자의 특성은 이기적인 '자기 복제자'이고, 우리 인간도 이 복제자들이 그 안에서 살

---

16 이런 역사적 맥락을 갖는 philosophia의 뜻을 살려, 일본학자들이 처음에는 '희철학(希哲學)' 곧 '슬기로워지기를 바라서 하는 학문'의 뜻의 번역어를 쓰려다가, 간편하게 '希'는 빼고서 쓴 게 오늘날의 '철학'이라는 명칭으로 굳어진 것이라 한다. 이와 관련된 좀 더 자세한 설명을 얻고자 하는 이는 졸저 『헬라스 사상의 심층』 152~3쪽의 각주를 보면 되겠다.
17 이하 Richard Dawkins, *The Selfish Gene*의 인용문은 홍영남의 번역본 『이기적 유전자』(을유문화사, 1993)에 따른 것이다. 따라서 쪽수도 번역본의 것이다. 83쪽.

아가기 위해 축조한 '생존 기계(survival machine)', 곧 그것들의 '꼭두각시'라는 것이다.[18] 이는 "생물체가 이기적인 유전자들에 의해 맹목적으로 프로그램된 기계"[19]일 뿐이기 때문이라 한다. 이 책을 이 대목까지 처음 읽었을 땐, 솔직히 말해, 나로선 정말 충격적이었다. 인간의 속절없는 무력함에 거의 절망할 지경이 된 느낌을 도저히 떨쳐버릴 수 없을 것만 같은 심정이었다. 옛날 신화시대의 헬라스인들도 오랜 동안 인간을 신들의 꼭두각시 또는 장난감이라 여기고선, 그날그날(eph' hēmeren) 제우스를 비롯한 올림포스 신들이 이끄는 대로 희로애락 겪으며 살아갈 수밖에 없는 하루살이들(ephēmeroi =ephemerals)로 스스로들 자학한 적이 있었음을 우리는 그 시대의 문헌들 곳곳에서 확인할 수 있다. 그러나 '지혜사랑'의 활동으로 해서 자연의 신비를 읽어내며, 이성(logos) 및 지성(nous)의 능력을 자신들에게서 확인하면서 이 자학에서 점차 벗어나게 된다. 마찬가지로 도킨스도 유전자들의 축조물인 인간의 뇌가 이 '생존 기계'의 일을 관리하고, 미래에 대한 그 예측에 따른 행동도 하며, 마침내는 "유전자의 독재에 반항하는 힘까지 갖추게" 되었다고 하면서, 인간의 능동적 가능성을 말하기 시작한다. 이를테면, 많은 아이 낳기의 거부는 끝없는 자기 복제자인 유전자의 이기적 본성에 대한 반역이라는 것이다.[20] 이에서 더 나아가 그는 인간의 긍정적인 가능성과 관련해서 이런 주장을 펴고 있다.

그는 자기 복제자로서의 유전자(gene)와 함께 또 다른 '새로운 자기 복제자'로 '밈(meme)'이라는 걸 내세운다. 이 조어는 헬라스어

18　같은 책, 44~45, 286쪽.
19　같은 책, 221쪽.
20　같은 책, 99쪽.

mimēma(복제물, 모방물) 또는 mimēsis(모방)에서 따온 것으로서, 역시 헬라스어 genos(가족, 혈통, 종족, 부류) 및 eugenēs(well-born: 출생이 좋은, 명문가의)에서의 -genēs에 그 어원을 갖는 '진 (gene)'에 상응하게 지은 그 특유의 용어이다.[21] "인간의 뇌는 밈이 살고 있는 컴퓨터이다."(295쪽)라고 그는 말한다. 그러니까 '밈'은 일체의 문화적 또는 문명적 산물이나 그런 인물들의 활동이나 사상을 모방을 통해 복제하고 유전까지 할 수 있는 것이라는 주장이다.[22]

이를테면, 그가 레오나르도 다빈치, 코페르니쿠스 등과 함께 첫손 가락으로 꼽고 있는 소크라테스의 경우를 보자. 그가 70세에 감옥에서 독배를 들게 되었을 때, 그에게는 청년이었던 장남 그리고 그 아래로 아직도 어린 두 아들이 있었다. 그러나 오늘날 그의 생물학적 유전자를 계속적으로 전수받은 후손이 한 사람이라도 살아 있는지에 대해서는, 단언컨대, 소문으로라도 들은 사람은 아무도 없는 것 같다. 이와는 달리 그의 사상과 문답법(dialektikē)은 그 옛날 아테네의 성벽을 훌쩍 넘어 온 세계에 오랜 세월에 걸쳐 면면히 전승되고 있으며, 그 영향력은 극동의 이 땅에까지도 여전히 강력한 파장으로 미치고 있다. 더구나 소크라테스 철학의 연장선상에서 그 특유의 철학을 구축한 플라톤의 경우는 어떤가? 그는 젊어서 소크라테스를 만나, 그의 문하생이 되었다. 한때는 정치 지향적이었던 그가 철학으로 완전히 전향하게 된 것은 스승의 어이없는 죽음이 계기가 되어서였다. 이후

---

21   『옥스퍼드 영어사전』 1997년 판에서는 이 용어를 새로 수록하고선, 그 조어의 어원 풀이와 함께, 그 뜻을 이렇게 기술하고 있다. "비유전적 수단, 특히 모방에 의해서 전달되는 것으로 생각되는 하나의 문화요소(an element of a culture)."

22   여기에서 하고 있는 '밈'과 관련된 직접적인 언급들은 같은 책 286~301쪽에서 다루어지고 있는 내용들이다.

그는 소크라테스의 철학적 행각을 초기 대화편들의 저술로써 재구성해 본다. 마흔 살을 넘기고서는, 아카데미아 학원까지 세워 후학들을 기르는 한편으로 그 방대한 대화편들을 계속해서 써서 남긴다. 그러니까 아카데미아 학원은 소크라테스가 평소에 일과처럼 사람들, 특히 젊은이들과 만나 대화로 소일하던 일 곧 '디아트리베(diatribē)'를 제도화한 '밈'의 산물이다. '디아트리베'는 소일·담론·연구·그런 목적으로 자주 찾는 곳 등을 뜻하는 말이다. 그러고 보면, 오늘날의 대학들도 소크라테스의 '디아트리베' 및 플라톤의 '아카데미아 학원'에 대한 '밈'의 소산들이라 말해도 될 것이다. 하지만 플라톤은 그런 학문적 활동과는 달리, 일생을 독신으로 살았으니, 그의 생물학적 유전자를 직접적으로 이어받은 이는 물론 아무도 없다.[23] 그러나 그는 당대에도 영향력 있는 많은 제자들을 길렀지만, 아카데미아의 올리브나무 숲 너머로 퍼져나간 사상적 파급력이 오히려 엄청났고 지금도 그러하다. 지난 세기에 큰 업적을 남긴 위대한 철학자들 중의 한 사람이라 할 화이트헤드가 그의 철학에 대해 한 말이 그 사실을 대변하고 있는 셈이다. "유럽의 철학적 전통에 대한 가장 안전한 전반적인 특징적 규정은 그것이 플라톤에 대한 일련의 각주(脚註)로 이루어져 있다는 것이다."[24]라는 게 그것이다. 과연 그 파급 규모가 어느 정도인지를 굳이 확인하고 싶다면, 그의 『국가(정체)』편 하나와 관련된 전 세계의 단행본들이나 논문들의 목록만이라도 대학 도서관의 데이터베이스를 이용해서 뽑아볼 일이다. 아마도 엄청 큰 단행본 한두 권은 좋이 되고도 남으리라.[25]

---

23   그에게는 두 형과 누나가 있었다.

24   A. N. Whitehead, *Process and Reality* (Free Press, 1978), p. 39.

25   참고 사항으로 밝히겠는데, 저자의 역주서 플라톤의 『국가(정체)』편만 해도 그

　그런가 하면, 오히려 우리 한국인과는 지리적으로 그리고 문화적으로도 더 가까운 공자의 경우를 보자. 플라톤의 경우와는 달리, 그의 경우에는 생물학적 유전자와 문화적 밈, 이들 양면을 통한 전승인 셈이다. 앞 경우로는, 아들 공리(孔鯉, 伯魚)와 손자인 자사(子思)로 이어진 그의 생물학적 계보로는 오늘날까지도 몇 대 손임을 자부하는 이들이 한국에서도 마을을 이루고 있는 걸로 전한다. 뒤의 경우로는, 그의 당대에만 해도 안회(顔回)를 비롯한 공문십철(孔門十哲)에다, 그의 가르침을 얻기 위해 따르던 문하인들이 무려 3천 명이나 되었다니, 자못 놀라운 일이다. 어디 그뿐인가! 증자, 자사, 맹자, 정부자(程夫子) 형제, 주희 등등으로 면면히 이어지는 학문적 계보에다, 그의 사상적 영향권 안에 있는 유교 문화권이 오늘날에도 상존하고 있음에야! 반면에 기독교나 유대교, 이슬람교, 힌두교 그리고 불교 등의 종교적 전통은 또 어떤가? 그 영향력은 생물학적 유전보다도 더하면 더했지, 결코 그것에 못 미친다고 말할 수는 없을 것만 같다. 아닌게아니라 어떤 집단의 문화나 후천적 요소가 그 집단에 속하는 구성원들의 사고방식에 영향을 미친다는 사실은 뇌의 자기 공명 장치를 이용한 촬영으로도 확인된다고 하니 말이다. 이런 것들이 바로 '밈'의 영향력의 결과일 것이다.

　기억의 물리적 실체를 찾아냈다는 뇌과학자 강봉균 교수는 『조선일보』(2018. 8. 27.)와의 인터뷰에서 이런 내용의 말을 하고 있다. 그는 뇌 속 신경세포에서 나뭇가지처럼 뻗어 나온 돌기인 시냅스(synapse)가 기억을 만들고 저장한다고 한다. "기억은 추상이 아니라, 신경세포의 특정 시냅스들 간에 이뤄지는 전기화작용"이라고 하면서,

---

동안의 판매 부수가 6만 부에 이른다.

뇌가 새로운 정보에 접함으로써, 이의 저장과 함께 시냅스가 커지지
만, 기억이 사라지면서는 시냅스 크기 또한 줄어든다고 한다. 개개인
의 기억이 저장되면서 자기 정체성이 형성되며, 개개인의 차이란 뇌
의 모습이 다름을 뜻한다고도 한다. 유전자 못지않게 중요한 것이 자
란 환경과 삶의 방식 그리고 경험 및 지식의 역사이며, 이것들 모두가
"뇌에 남으면서 신경세포의 연결 방식이 조금씩 달라지는 것"이라고
한다. 일란성 쌍둥이도 처음과는 달리, 자라면서 차이가 벌어지는 것
도 그런 연유에서라는 이야기다. "기억을 관장하는 뇌 속 1000억 개
의 신경 세포가 서로 만나는 조합은 100조~1000조가 될 만큼 무궁
무진하다."[26]

　그러니까 유전적 요소가 중요하기는 하지만, 환경과 경험 그리고
학습에 의한 기억의 측면도 중요하다는 말이다. 이런 생각을 하게 되
면, '밈'과 관련된 도킨스의 주장엔 상당한 설득력이 있어 보인다. 그
는 심지어 유전자와 '밈'을 인간이 사후에 남길 수 있는 두 가지 것들
이라 주장하기도 한다. 그리고 더 나아가 "유전자가 그 생존 기계에
빠른 모방 능력을 가진 뇌를 제공하게 되면, 밈들은 필연적으로 득세
하게 된다."고 말하기까지 한다. 그는 이기적인 유전자에는 선견 능력
이 없으나, 인간의 의식은 이 능력을 갖고 있음을 우리에게 확인시키
며, 비록 똑같이 이기적일지라도, 눈앞의 이익보다는 장기적인 이익

26　플라톤의 대화편 『파이돈』(96b)에서는 옥으로 찾아온 마지막 날의 제자들과의
대화에서 소크라테스가 이 뇌와 관련해서 이런 말을 하고 있다. "뇌가 듣거나 보거나
냄새를 맡는 감각적 지각들을 제공하여, 다시 이것들에서 기억과 판단이 생기는 반면
에, 기억과 판단이 확고함을 얻음으로써, 이런 식으로 앎이 성립하는 것인지?" 헬라
스어로는 뇌를 enkephalos라 하는데, 이는 어원상으로는 '속 머리'라는 뜻이지만, 우
리가 일반적으로 알고 있는 뇌 이해에 상당히 근접한 것인 셈이기도 하다. 『티마이오
스』편 67b, 73d~e, 76a, c에서도 뇌에 관련된 언급들이 보인다.

을 추구하도록 하는 지적 능력은 갖고 있다고 말한다. 그래서 그는 "이 지상에서 유일하게 우리 인간만은 이기적인 자기 복제자들의 전제적 지배에 반역할 수 있다."고 말하면서 '밈'과 관련된 장을 끝맺고 있다. 그런가 하면, 생물학자로서 온 지구적 문제들과 관련해서 서른 권이 넘는 저술들을 낸, 그래서 사회생물학의 아버지로 또는 현대의 다윈으로도 불리며 세계인들의 관심을 끌고 있는 에드워드 윌슨은 그의 베스트셀러 중의 하나인 『지구 해륙의 반은 그냥 두기』(*Half-Earth*)의 마지막 장 '우리가 해야 할 것'에서 이런 주장들을 펴고 있다.[27]

> 비록 자기 보답의 행위가 인간 행동을 지배할지라도, 그것만이 작용하지는 않는다. 참된 이타주의(altruism)의 본능이 있다. 한 개인이 어느 정도의 권력과 이에 따른 이타적 목표들을 달성할 책임을 지고 있을 경우에, 결단을 내리는 그의 두뇌의 중심부로 그 본능은 진입한다. 그것을 창조한 진화적 추진력은 집단선택(group selection)인데, 이는 개인선택(individual selection)과 구별되는 것이다. 그 진행의 본질은 다음과 같은 것이다: 만약에 집단의 다른 구성원들에 대한 이타주의가 그 집단의 성공에 기여한다면, 그 이타주의자의 혈통과 유전자들이 받은 혜택은 개인의 이타주의로 인한 유전자의 손실을 능가할 수 있다.(209~210쪽)

그는 더 나아가 자칫 인류의 자기 파멸을 자초할지도 모르는 지구 환경의 파괴가 결국엔 지구상의 모든 생물의 절멸을 초래할지도 모를 비극을 피하기 위한 도덕성 일깨우기에도 적극적이다.

---

27 Edward O. Wilson, *Half-Earth* (Liveright, 2016), pp. 209~212.

　　우리 인류가 물려받은 이 아름다운 세계가 지금의 생물권(biosphere)
을 이루는 데는 38억 년이 소요되었다는 걸 언제나 우리는 명심하고 있
어야만 한다. 그 종들의 복잡함을 우리는 단지 부분적으로만 알고 있거
니와, 그것들이 유지 가능한 균형을 창출하기 위해 협동작용을 하는 방
식을 우리는 최근에야 겨우 파악하기 시작했다. 좋아하건 않건, 그리고
준비가 되었건 되지 않았건, 우리는 살아 있는 이 세계의 정신이며 관리
인들이다. 우리 자신들의 궁극적인 미래는 그 이해에 달려 있다. 우리는
여전히 그 속에서 살고 있는 몽매한 시기를 지나오며 아주 먼 길을 왔
다. 그리고 이제 우리가 여타의 생물들과 관련된 '하나의 초월적인 도덕
률(a transcendent moral precept)'을 채택하기에 충분하리만큼 배운 걸
로 나는 믿는다. 그것은 단순하고 말하기도 쉽다: 생물권을 더 이상 해
치지 말라.(211~212쪽)

　　윌슨의 이런 발언들은 이타적인 집단선택이나 생명사랑(biophilia)
의 마음가짐을 굳혀 가짐으로써, 이를 인간의 바람직하고 우세한
'밈'으로 확장하여 전승시키길 강조하고 있는 것이겠다. '밈'의 강력
한 힘은, 비록 생물학적으로 개인 특유의 것으로 유전되는 것은 아닐
지라도, 인간 모두가 본능적인 모방 능력은 지니고 태어나기에, 일상
생활이나 사회적 학습 또는 훌륭한 인물의 본받기나 독서나 강의 등
을 통한 사상적 영향의 형태 등으로 다양하게 그 전수와 전승의 위력
을 발휘하는 것임을, 더 나아가서는 그런 것들을 기반으로 더 창의적
으로도 발전하는 것임도 우리는 사실적으로 체험하고 있으니 하는 말
이겠다. 이런 것들은 실상 뇌에서 뇌로 전달되고 복제되는 것들이다.
이런 경우, 도킨스의 주장처럼, 우리의 '뇌는 밈들의 번식용 운반체'
구실을 하는 셈일 것이기 때문이다. 이렇게 되고 보니, 밈은 유전자와

비슷한 자기 복제자 노릇을 하고 있는 것임을 우리가 확인하게 된 셈이다.

이런 밈의 광범위한 포괄적 소산이 '문화'일 것이다. 그래서 '문화 전달의 단위 또는 모방의 단위'로 '밈'을 제시한 사람이 또한 도킨스이다. 이에서 더 나아가 이 '밈' 자체를 생물학적 유전자와 연관시켜 유비적(類比的)으로 문화 이론에 적용하는 경향도 있을 법한데, 실제로 이한구 교수도 그러고 있는 대표적인 경우인 것 같다. 그는 '밈'을 바로 '문화유전자'로 일컫고, 이 용어의 유비적 사용을 전제로 『문명의 융합』[28]이란 저술을 냈다. 이 책에서 그는 새뮤얼 헌팅톤의 '문명 충돌'의 패러다임과 하랄트 뮐러의 '문명 공존'의 패러다임 둘 다를 비판하면서, '문명 융합'의 패러다임을 대안으로 제시하고 있다. 그는 특히 오늘날의 정보사회가 그동안 지역에 따라 문화적으로 서로 달랐던 '문화유전자(밈)'들의 급속한 뒤섞임을 초래하고, 더 나아가 그 진화까지 촉발함으로써, 새로이 융합된 형태의 문명을 탄생케 한다는 주장을 설득력 있게 성공적으로 펼치고 있는 것으로 보인다.

이제 우리의 이 책에서 저자가 다루려는 적도(適度: to metrion) 사상도 실은 그동안 우리가 별로 의식하지도 않고 서랍 한쪽에 넣어 놓고만 있었던 보석 같은 것이라 할 것이다. 이는, 같은 범주의 것인 중용(to meson, mesotēs) 사상과 함께, 이제야말로 우리가 일상에서

---

28   이한구, 『문명의 융합』(철학과 현실사, 2019). 이 책의 150쪽에서 C. Lumsden and E. O. Wilson, *Genes, Mind, and Culture* (Harvard University Press, 1981)를 소개하며, 이 책 10, 37쪽에서 culture gene(문화유전자)이라는 용어 사용을 제안한 걸로 언급하고 있다. 이 교수의 '문명융합의 이론'과 관련된 핵심적인 축약 형태의 논문으로 「문명융합의 이론적 근거와 그 실증자료」(『학술원논문집(인문·사회과학편)』 제59집1호(2020), 1~39)가 있다.

언제나 의식하고 있어야 할 지혜요, 패물처럼 지니고 다녀야 할 '밈'의 대상일 것이다. 아니 어쩌면 이 시대를 사는 우리가 꼭 간직해야할 부적 같은 것이라 해도 될 것이다. 절박한 지구 생태계의 복원은, 앞서 말했듯, 인류 전체가 적극적으로 참여하는 '적도의 구현'을 통해서만 가능하겠기 때문이다. 다행스럽게도 이 주제와 관련된 글들은이미 동서의 고전들 속에 산재한 상태로나마 적잖이 축적되어 있다. 그러니 그동안 고문헌들 속에 파묻힌 상태로 있던 이것들을 일단 정리해 보면서 이 문제를 본격적으로 다루는 것이 우선적으로 해야만할 일일 것 같다.

　과문한 탓인지는 모르겠으나, 세계적으로 철학사에 큰 발자취를 남긴 철학자들 중에서는 최장수를 누렸을(향년 98세) 러셀(Bertrand Russell)은, 아마도 자신이 80대 후반(1957년)에 출간한 것으로 짐작되는 『서양의 지혜』(*Wisdom of the West*) 머리말에서, "다소 진지한뜻에서, 서양 철학 전체는 그리스 철학이다."라고 말했다. 그런 생각때문에 그는 308쪽의 본문 중에서 그리스 철학 전체에 36%(113쪽)가 넘는 분량을 할당했고, 플라톤과 아리스토텔레스에게는 약15%(총 46쪽)를 할당하고선, 그렇게 된 까닭을 세 가지 항목으로 정리해서 밝히고 있지만(56쪽 참조), 여기에서 그것들까지 일일이 나열할 필요는 없을 것 같다. 요컨대 서양 철학사에서 차지하는 그들의 독특한 지위로 해서 그럴 수밖에 없었다고 말한 것이다. 특히 우리의 이주제와 관련되는 한, 서양 사상사를 통해 그 비중은 단연 압도적이고가히 압권이라고까지 단언할 수 있겠기에, 우선 헬라스 사상을 중심삼아서라도 이를 고찰해 본다는 것은 충분히 그럴 만한 일이며 실익도 있는 일일 것이라 여긴다.

　그리고 본론으로 들어가기에 앞서 명확하게 밝혀 두어야 할 점은

'중용사상'으로만 해도 될 법한데도 굳이 '적도 또는 중용의 사상'이
라는 식으로 이중적인 성격의 제목을 붙인 까닭과 관련된 것이다. 서
양 철학에서 '중용'으로 번역되는 말을 본격적으로 쓰게 된 이는 아
리스토텔레스이다. 그러나 그가 말하는 '중용'이란 말은 유교 경전인
『중용』에서 말하는 '중용'과는 적지 않은 차이를 갖는 것으로서, 단지
헬라스어 to meson과 mesotēs의 번역어일 뿐이다. 우리나라 사람들
도 일상적으로 그런 뜻으로 쓰듯, 아리스토텔레스가 도덕적(인격적)
훌륭함 곧 덕(aretē)을 지나침(過: hyperbolē)과 모자람(不及: el-
leipsis)이라는 양극단의 '중간인 상태(mesotēs)' 또는 '중간인 것(to
meson=the mean)'이라고 말한 걸 우리도 일본인들도 '중용'으로
번역해서 쓰고 있는 건 사실이다.²⁹ 마찬가지로 아리스토텔레스가 이
처럼 도덕적 의미의 한정적 용어로 쓰고 있는 '메소테스(mesotēs)'는
플라톤의 경우에 전혀 그런 뜻으로 쓰인 적이 없다는 점이 '중용'이
라는 단일한 번역 용어로 이 책의 주제와 관련되는 논의를 할 수 없게
하는 결정적 이유가 된다. 이 용어는, 이를테면, 우주론이 그 주된 내
용인 그의 대화편 『티마이오스』에서 비례관계의 '중항(中項)'(32b,
43d)이나 '평균'(36a)의 뜻으로 그리고 그의 『법률』편에서는 '중간
지대'(746a)의 뜻으로 쓰이고 있을 뿐이다. 그런가 하면 아리스토텔
레스 자신도 『정치학』 1295b4에서는 나라의 안정을 위한 시민의 재
산 정도와 관련해서 "적도(to metrion)와 중간(중용: to meson)이
최선임"을 말하고 있다.

그리고 헬라스 사상사를 통해서 볼 때, 플라톤이 많이 쓴 '알맞은
정도' 곧 '적도'는 아리스토텔레스의 '중용'보다도 그 쓰임새가 더 포

---

29 중국인들도 그걸 '中庸'으로 번역하고 있는지를 나로서는 아직 확인하지 못했다.

괄적이다. 아리스토텔레스의 경우에는 '중용'이 주로 도덕적인 문제와 관련해서 한정적으로 다루어지고 있다. 이와는 달리 플라톤의 경우에는 '적도'의 문제가 그런 도덕적인 의미의 중용은 물론 우주와 자연, 인위적인 기술 및 행위의 영역에 이르기까지 두루 확장되어 포괄적으로 다뤄지고 있다. 그런 점에서는 『중용』에서 말하는 '중(中)' 또는 중용은 아리스토텔레스의 중용보다는 오히려 플라톤이 말하는 알맞은 정도 곧 '적도(適度)'와 그 연관성이 더 크다고 해야 할 것이다. 이는 『중용』 제1장만 펼쳐도 단박에 확인되는 바다. 제1장은 중화(中和)를 말하고, 제2장부터 제11장까지가 중용을 말하고 있다. 제1장의 첫 구절은 "하늘이 명한 것을 성(性)이라 일컫고, 성(性)을 따름을 도(道)라 일컬으며, 수도(修道)를 교(教)라 이른다(天命之謂性, 率性之謂道, 修道之謂教)."이다. 그런데 여기서 말하고 있는 성(性)은 사물의 성(物性)과 인간의 성(人性)을 다 포괄하는 것이다. 그리고 제4장에서 하고 있는 주자의 주에 따르면, "도(道)는 천리(天理)의 당연함이니, 중(中)일 뿐이다."라고 한다.[30] 그러니까 이 첫 구절은 삼재(三才)를 다 아우르는 언급이지, 비단 인간에 국한된 것은 아니다. 하늘과 땅의 이치 그리고 사람의 도리를 함께 말하고 있는 것이다. 이 점은 성실을 강조하고 있는 제22장에서 확연해진다. "오직 천하에 더없이 성실하고서야 그 성(性)을 능히 다할 수 있을 것이니(惟天下至誠 爲能盡其性), 그 성(性)을 다하면 사람의 성(性)을 능히 다할 수 있을 것이고(能盡其性 則能盡人之性), 사람의 성을 다하면 사물의 성을 능히 다할 것이며(能盡人之性 則能盡物之性), 사물의 성을 다하면 천지의 화

30　여기에서 인용하는 우리말 번역은 가급적 성백효 및 김용옥의 것들(출전은 참고문헌 목록에서 밝힘)을 대개 따랐다.

육(化育)을 도울 것인즉(能盡物之性 則可以贊天地之化育), 천지의 화육
을 도우면 천지와 더불어 참여하게 될 것이다(可以贊天地之化育 則可以
與天地參矣)." 마침내는 사람이 천지와 더불어 셋이 된다고 말하고 있
는 것이다. 그리고 중용장구(章句)의 맨 마지막 장(제33장)은 제1장
의 뜻을 거듭 말하다가, "상천의 일은 소리도 냄새도 없다(上天之載 無
聲無臭)."는 표현으로 끝맺는다. 이 마지막 구절을 두고, 젊어서부터
중용사상에 관심이 많았으며 "동양 유교철학의 골자가 중용사상에 있
다고 확신했다"는 박종홍은 "형이상적인 천리(天理)를 형용함으로써
끝을 맺고 있다."고 했다.[31] 이는, 플라톤의 용어를 빌리면, 오관으로
는 '지각되지 않는 것(to anaisthēton)' 곧 지성(nous)에나 알려지는
것(to noēton)이라는 말이다. 그리고 그 첫 장은 다음 구절로 끝을 맺
고 있다. "희로애락이 발하지 않고 있는 걸 '중'이라 일컫되, 발하여
모두가 절도에 맞는 것은 화(和)라 일컫는다.(喜怒哀樂之未發謂之中,
發而皆中節謂之和.) '중'이란 것은 천하의 크나큰 근본이며, '화'라는
것은 천하에 언제 어디서나 공통된 도(道)이다.(中也者, 天下之大本,
和也者, 天下之達道也.) '중'과 '화'의 지극함에 이르면, 천지가 제자리
를 잡게 되고, 만물이 제대로 자라게 된다.(致中和, 天地位焉, 萬物育
焉.)" 『중용』 제1장의 이 내용을 플라톤의 대화편 『필레보스』에서 하
고 있는 주장과 연결지어보면, 이런 말을 할 수 있겠다. 이른바 칠정
(七情)의 기본인 희로애락이 아직 발하지 않은 상태는 어찌 보면 아직
어떻게도 '한정되지 않은 것(한도 지어지지 않은 것: to apeiron)'으
로 일단 간주될 수 있다는 점에서 비슷한 성격의 것인 셈이다. '한정
되지(한도 지어지지) 않은 것'이 가리키는 것은 즐거움(hēdonē)이나

---

31   『박종홍 전집』 제II권 '중용의 사상'(민음사, 1998), 542, 552쪽.

소리(음성) 그리고 형태 등, 곧 이 세상에 있는 모든 것이고, 이것들
이 알맞게 또는 적절히 한도 지어지거나 한정됨으로써 여러 단계의
갖가지 것들이 될 수 있다. 이를테면, 소리 또는 음성은 그 자체로는
아직 한도 지어지지(한정되지) 않은 것이지만, 이게 어떤 형태로 한
정되느냐에 따라 온갖 종류의 음악이나 여러 언어권의 문자들로 표현
되어 제시된다는 주장이다. 또한 플라톤도 이 세상에 주어져 있는 모
든 것을 '한정되지 않은 것(한도 지어지지 않은 것: to apeiron)'으로
보고선, 마치 천명(天命)의 경우처럼, 이것들이 신들이 내린 선물인
듯이 말하고 있다. "인간들에게 주어지는 신들의 선물이 어딘가 신들
이 있는 데서 프로메테우스와 같은 이를 통해 지극히 밝은 일종의 불
꽃과 함께 던져진 것으로 어쨌든 내게는 보이네. 우리보다도 더 훌륭
하고 신들에 더 가까이 살았던 옛사람들이 이런 전설을 전해 주었네.
'무엇이다(… einai)'라고 일상 말하게 되는 것들은 하나(hen)와 여
럿(polla)으로 이루어져 있으며, 또한 이것들은 한정(한도, 한정자:
peras)과 한정되지(한도 지어지지) 않은 상태(apeiria)를 자기들 안에
본디 함께 지니고 있다는 전설일세."(16c) 곧 그런 상태가 모든 종류
의 사물의 본성(physis)이라는 주장이다. 이런 주장도 "희로애락이
발하지 않은 것은 곧 성(性)이니(其未發則性也), 편벽되지도 치우친
바도 없기에 '중'이라 이른다(無所偏倚故謂之中)."는 말과 어딘지 일맥
상통함을 느끼게 한다. 그러니 이런 중용의 내용에는, 아리스토텔레
스가 말하는 단순한 도덕적 의미의 '중용(mesotēs)'보다는, 플라톤이
'적도(to metrion)와 균형성(hē symmetros physis)에 적중(的中)한
것'(64d)이 혼화(混和: krasis)라고 한 대목도 "발하여 모두가 절도에
맞는 것은 화(和)라 일컫는다(發而皆中節謂之和)."는 대목과 거의 그대
로 들어맞는다고 해도 그다지 틀리지 않을 것이다. 『필레보스』 편의

이런 내용들은 뒤에 가서 다시 다루게 될 것이기에 이쯤에서 일단은 접어두기로 하자.[32] 그래서 박종홍은 일찍이 같은 논문에서 서양의 중용사상과 관련하여 이런 점을, 비록 간명하게나마, 정곡으로 찔러 언급했다.[33]

그리고 훗날 중용과 관련해서 단편적으로나마 다루려 했던 서양의 사상가로는 파스칼을 들 수 있겠는데, 그는 플라톤보다는 아리스토텔레스에 가까운 생각을 했던 것 같다. "중용에서 벗어남(sortir du milieu)은 인간성에서 벗어남이다. 인간 혼의 고결함은 중용에 머물 줄 앎에 있다."[34]고 그는 말했는데, 인간 존재 자체가 유한한 크기의 존재 곧 '무와 전체 사이(entre rien et tout)'의 존재이며, 그가 아는 것도 '중간인 사물들의 현상(apparance du milieu des choses)'이기 때문이라고 한다.[35]

---

32 『중용』을 지었거나 엮은 것으로 전하는 子思(492~432년)의 활동 시기가 소크라테스(469~399년), 플라톤(427~347년) 및 아리스토텔레스(384~322년)와는 약간의 시차가 있을 뿐이다. 그리고 공자(551~479년) 사후 10년쯤 뒤에 소크라테스가 태어났으니, 동서 사상의 비교 관점에서라도, 이와 관련해서 누군가가 다루어보는 것은 적잖이 흥미롭고 유익할 일일 것 같다.

33 앞에서 인용된 박종홍의 논문 552쪽.

34 『팡세』 #378.

35 *Historisches Wörterbuch der Philosophie*, Bd. 5, 1421~1422.

제1부

❖

초기 헬라스인들의 적도(適度)
또는 중용의 사상

1장 헬라스의 현인들이 말한 잠언들 속에 담긴 적도 또는 중용의 사상

플라톤의 대화편 『프로타고라스』(343a~b)에는 이런 구절이 보인다. 헬라스의 이른바 "일곱 현인들이 함께 모여서 그들의 지혜의 첫 수확을 델피 신전의 아폴론(Apollōn)에게 봉헌했는데, 그들이 새긴 것들이 모두가 되뇌는 바로 이것들이다. '너 자신을 알라(Gnōthi sauton)'와 '그 어떤 것도 지나치지 않게(Mēden agan)'가 그것들이다." 이 신전을 찾은 사람들에게 이 잠언들이 갖는 의미의 무게가 얼마나 큰 것인지를 알게 하는 사건들과 관련된 언급은 잠시 뒤로 미루기로 하고, 델피 신전 자체의 유래와 이곳에서의 신탁 자체가 갖는 상징적 중요성의 무게와 관련되는 이야기부터 먼저 하는 게 옳은 순서일 것 같다.

까마득한 옛날에 올림포스의 열두 신들의 거처였다는 올림포스 (Olympos)산의 최정상은 2,918미터이다. 그러나 이 산은 하나의 봉우리로 이루어진 것이 아니고, 연산으로서 2,900미터가 넘는 봉우리들만도 여럿을 갖고 있다. 헬라스 반도의 북동쪽에 있는 가장 높은 산으로 그 남쪽의 계곡은 '오사(Ossa: 1,978미터)'산과 경계를 짓는 템페 (Tempē: 오늘날의 발음으론 뗌비(Tembi))인데, 그 길이는 8킬로미터이고, 이 계곡을 따라 바다로 흘러가는 강은 페네이오스(Pēneios: 삐니오스(Pinios))로 불린다. 요즘에야 워낙 등산하는 사람들이 많아, 올림포스도 예외일 수가 없지만, 옛날에야 신들의 신성한 거처에 감히 어찌 범접할 수나 있었겠는가? 그래서 그랬는지는 모를 일이나, 신들의 대변자였다는 아폴론을 통한 예언을 듣는 곳들로는 이 산 어느 기슭도 아닌, 소아시아 지역의 여러 곳이 있었고, 특히 에게해의 키클라데스 군도[1] 중의 하나인 델로스(Dēlos)섬이 한때는 유명했다. 이 섬은 제우스와 레토 사이에 난 쌍둥이 남매 아폴론과 아르테미스 (Artemis)의 탄생지로서도 유명하다. 아름다운 남성미와 덕성까지 갖춘 '빛의 신(Phoibos Apollōn)'인 아폴론은 특히 역병과 치료·리라 연주·활쏘기에 더해 예언의 능력까지 갖추고 있는 신이어서, 이 섬은 그의 성지였고, 아폴론 축제가 열린 곳이기도 했으며, 478년 이후로는 '델로스 동맹'의 본거지이기도 했다. 그러나 그 신탁 장소의 기능은 차츰 델피로 옮겨가, 그 의미를 잃어가게 되었다고 한다. 그래서 그런지는 모를 일이나, 이와 관련해서 전하는 신화가 있다. 제우스가 이 세상의 동·서 양쪽 끝에서 각각 한 마리씩의 독수리를 동시에

---

1 키클라데스 군도(Kykladēs nēsoi)는 아티케 및 에우보이아(에비아) 남쪽에 델로스(딜로스)섬을 둥글게 에워싸고 있는 섬들이란 뜻이라고 한다.

날렸더니, 이것들이 서로 만나게 된 곳이 바로 델피(Delphoi)였다고
한다. 그러니까 바로 이곳이 세상의 배꼽자리(omphalos) 곧 그 '중
심'이라는 이야기다. 기원전 8세기경에 예언의 능력을 가진, 그래서
'예언의 주신(anax manteios)'으로도 불린 아폴론이 이곳을 새로운
거처로 삼게 되면서, 세상 사람들이 제우스의 뜻을 그 아들이며 대변
자격인 아폴론을 통해서 물어볼 수 있게 된 곳이 바로 이곳이다. 사람
들이 두루 이 신전에서의 신탁(manteion)을 통해 그 답(khrēsmos)
을 얻게 된 것이다. 그래서 지금도 델피의 박물관에는 커다란 배꼽 모
양으로 만들어진 대리석 석물이 돋을새김을 한 그물망(agrēnon) 모
양의 것에 덮인 상태의 조각물로 전시되어 있는데, 원래 이것 위에는
양쪽에 두 마리 독수리 조형물도 있었다지만, 지금은 없어진 상태의
것이다. 그나마 이것은 헬레니즘 시대나 로마시대의 복제물로 알려져
있거니와, 원래의 그 조각물은 무녀가 신탁을 내리는 지성소(至聖所:
to adyton)에 안치되어 있었다고 한다. 델피는 헬라스의 주변지역이
어서 비교적 정치적 영향력이 덜 미치는 곳이면서도, 코린토스만(灣)
의 바닷길로도, 파르나소스(Parnas[s]os)산 자락으로 난 육로로도 그
런대로 접근성이 괜찮은 편에 속하는 곳이었으며, 제우스와 헤라 여
신의 신전들이 있었던 올림피아 등과 함께 헬라스민족의 네 성지들
중의 하나였다. 초기에는 1년에 한 번만 신탁이 가능했으나, 6세기 무
렵에는 겨울 3개월만 빼고, 9개월 동안 한 달에 한 번꼴로 신탁이 가
능했다고 했으며, 그 날짜는 미리 알렸다고 한다. 겨울 3개월 동안을
아폴론은 보통 사람들이 접근하기 어려운 아주 북쪽에 사는 아폴론
숭배자들인 '히페르보레이오이(Hyperboreioi)'와 함께 지냈다고 하
는데, 오늘날의 델피는 겨울 스키장으로도 유명하다.

이 델피를 찾아 신탁을 받았던 사람들로는 나라 차원의 사절단도

있었고, 개인들도 있었다. 그 가운데서 여기서 말한 잠언들과도 관련
되는 두 경우를 보자. 그 첫째 것으로, 스파르타의 전설적인 입법자로
알려져 있는 리쿠르고스(Lykourgos)의 사례를 들 수 있겠다. 『플루타
르코스의 대비열전(對比列傳)』(Ploutarkhou Bioi Parallēloi)의 「리쿠
르고스」 편에서 우리의 관심사와 관련해서 언급된 바를 요약해서 정
리하면, 이런 내용이 되겠다. 그는 부왕의 갑작스런 죽음에 이어, 왕
위를 계승했던 형까지 곧 사망하매, 부득이 얼마간 왕위를 계승할 수
밖에 없었으나, 이는 형수가 회임 중인 아이가 아들일 경우에는, 마땅
히 왕위는 이 조카가 물려받을 것임을 공지하고서였다. 그러나 그는
왕족과 그 인척들의 의심의 눈길이 싫어, 스파르타를 떠나, 먼저 크레
테로 가서, 이곳의 정치 체제와 법률을 살펴보며, 명사들과도 사귀게
되었다. 이어 소아시아와 이집트 및 리비아, 심지어는 인도 등지까지
도 돌아다녔다. 그러는 동안, 본국에서는 왕들을 비롯해 아무도 그만
큼 훌륭한 지도자가 없음을 모두들 하나같이 절감하게 되어, 여러 차
례에 걸쳐 사람을 보내, 그의 귀국을 청했다. 마침내 귀국한 그는 혁
명적인 개혁을 단행하기로 작심하고, 델피로 가서 신탁을 받아 오기
로 했다. 그가 델피의 신전으로 들어서니, 무녀(Pythia)가 그를 신이
라 불러야 할지 인간이라 불러야 할지 모르겠다고 하더니, 역시 신인
것 같다고 하면서, 자기에게 내린 신탁을 받아 적어서 갖고 왔다고 했
다.[2] 아마도 자신이 그동안 접한 견문과 함께 연구해 온 법률을 정리
해서, 신탁을 통한 재가를 받는 형식의 절차를 받은 것으로 보면 되겠
다. 따라서 이 법률은 신탁을 통해서 받은 것이긴 하지만, 입법자와
시민들 간에 맺은 맹약처럼 지키기로 한 것이라는 뜻으로 '레트라

---

2   이와 관련된 내용은 헤로도토스의 『역사』 I. 65에도 나온다.

(rhētra)'로 일컫게 된 것이다. 2명의 왕들, 60세 이상의 원로들 28명
으로 구성되는 원로회(gerousia), 30세 이상의 시민들로 구성되는 민
회(apella), 그 밖에도 아주 중요한 권력 제어 장치로서 5명의 국정 감
독관들(ephoroi)의 제도를 훗날 덧보태게 되었는데, 이는 리쿠르고스
사후 130년이 지나서였다고 한다. 이들은 해마다 시민들 가운데서 선
출했고, 그 권한은 막강하고 광범위한 것이었다.[3] 종래의 권력 구조가
한마디로 '히브리스(hybris)'[4]의 산물이었던 것을 이처럼 혁명적인 통
치체제(politeuma)로 바꾼 것이라는 게 플루타르코스의 설명이다.
왕을 2명으로 한 것은 참주처럼 휘두르는 왕의 절대적인 권력행사를,
그런 '히브리스'를 막자는 것이고, '원로회'는 소수파(hoi oligoi) 부
유층의 '히브리스'를 민회와의 합의를 전제로 하는 억제 장치였다는
것이다.

　이런 통치체제의 개혁 다음으로 리쿠르고스가 단행한 가장 대담한
조처는 토지의 재분배(anadasmos)였다. 나라체제의 고질병의 근원
인 부와 가난, 이로 인한 '히브리스'와 시샘 등을 타파하기 위해 모두
의 토지를 일단 공탁케 한 다음, 이 가운데서 일부는 '변두리 선주민
들(hoi perioikoi)' 몫으로 떼어서 나눠주고, 나머지 것들을 모두에게
동등하게 분배함으로써, 물질적으로는 모두가 동등한 조건에서 살아
갈 수 있게 함으로써, 남다름은 '사람됨의 훌륭함(사람으로서의 훌륭

3　이와 관련된 자세한 언급은 제2부 7장 2항 '통치권과 히브리스: 스파르타의 통치
체제'를 참조할 것.
4　'히브리스'는 요컨대 '오만무례함' 또는 '오만 방자함' 곧 '지나침'의 경우들을
뜻하겠는데, 이에 대해서도 바로 앞의 각주에서 지적한 항목의 213~216쪽에서 비교
적 자세한 설명을 덧붙였다. 그리고 이 1부의 1장에서 고딕체로 강조한 부분은 델피
의 잠언들과 관련된 것이어서 유의할 필요가 있다는 뜻에서 한 것이다.

함: aretē)'에 따른 것일 수 있게 했다. 이와 함께 탐욕 충족의 수단일 수 있는 금화나 은화는 쓰지 못하게 하고,[5] '철전(쇠돈)'만 쓰게 했다. 갖고 다닐 수는 없고, 우마로 실어 나를 수밖에 없는 돈으로는 아무런 귀한 걸 살 수도 없게 되니, 다른 나라와의 교역도 할 수가 없고, 돈을 빌려는 사람들이 이 나라에 드나들 일도 없게 되었다. 도대체 부를 과시하며 거들먹거릴 일 또한 없어지니, 집안의 세간붙이에나 신경 쓰는 게 고작일 뿐이었다. 게다가 남자들은 15명 내외로 한 조를 이루는 '공동 식사(syssitia)'를 했는데, 이를 스파르타에서는 '피디티아(phiditia)'라 했거니와 '우애와 식사'를 뜻하는 복합어 명칭이다. 각각의 구성원은 달마다 일정량의 보릿가루·포도주·치즈·무화과와 함께 생선 등의 구매를 위한 소액의 돈을 냈다. 이들은 토지를 분배받기는 했지만, 농사에 종사하는 일은 없었다. 농사는 정복된 이웃나라, 특히 메세니아(Messēnia)인들인 농노들(heilōtai)이 짓고, 이들에게서 일정 지분을 거두었다.

   이런 제도들은 어찌 보면, 플라톤의 『국가(정체)』편에서 수호자 계층에 적용했던 조처들을 연상케 하는 것들이라 할 것이겠다.[6] 아닌 게아니라 『법률』편 666e에서는 아테네인이 스파르타인들은 "군영의 나라체제를 가졌지, 시내(asty)에 거주하는 사람들의 나라체제를 갖지 않았음"을 지적하고 있다. 그리고 「리쿠르고스」편 XXVIII을 보면, 리쿠르고스의 법률이 "용기를 북돋움에는 충분하지만, 올바름(정

---

5 「리쿠르고스」편 XXX에서는 펠로폰네소스 전쟁이 끝난 해인 404년에 아테네의 항복을 받아낸 스파르타의 해군사령관 리산드로스(Lysandros)가 법을 어기고서 전쟁에서 얻게 된 금·은을 갖고 들어옴으로써 "조국을 부에 대한 사랑과 사치로써 채웠다."고 말하고 있다.

6 이제껏 언급한 것들은 「리쿠르고스」편 I~XII에 실린 내용들의 요약이다.

의)을 북돋움에는 부족하다고 더러는 비난한다."고 했다. 또한 이는
뭣보다도 '크립테이아(krypteia)'로 불리는 일종의 '비밀임무'와 관
련된 것이기도 하다. 이는 그들의 agōgē(지도, 훈련, 단련, 훈육) 제
도의 일환이었다고 한다. 이 제도에 의한 그들의 공교육은 크게는 세
단계에 걸친 것이었는데, 7~17세의 소년들(paides)을 상대로 한 것,
18~19세의 성년기 소년들(청춘소년들: paidiskoi)과 20~29세의 청
년들(hēbōntes)을 각기 상대로 한 것들이었다. 첫 단계는 엄격함과
복종 그리고 모의 전투를 연장자들에 의해 받는 훈련기였다. 둘째 단
계는 예비병으로서 훈련을 받는 시기였는데, 이들 가운데서 선발된
자들이 여기에서 말하는 '비밀 임무'에 참여하게 되었다고 한다. 낮에
는 자신들을 숨기고 다니면서, 여기에서 말하는 그런 훈련을 하는데,
일설에는 이들의 일부가 메세니아 등의 정복민들인 농노들 중의 지도
급 인물들을 처치했던 것으로 전한다.[7] 그리고 셋째 단계에서 공동 식
사와 군영 생활을 하며, 결혼도 하고, 일부는 기병들이 되기도 했다.[8]

둘째 것으로 언급하려는 신탁은 그 역사상 가장 중대한 사건, 곧
480년의 제2차 페르시아 전쟁과 관련된 것이다. 페르시아의 크세르
크세스(Xerxes: 486년 왕위 승계)가 490년에 있었던 마라톤 전투에
서의 부왕 다레이오스(Dareios)의 패배를 설욕하기 위해 오랜 동안
준비한 원정이었다. 아테네가 주된 목표였지만, 사실상 온 헬라스를
예속시키기 위해서였다. 그걸 확인하기 위해서 일찍이 다레이오스는
사자(使者)들을 보내 오만방자하게도 물과 흙을 바칠 것을 요구했기

---

7 이 또한 극단적인 '히브리스'의 사례이겠으나, 리쿠르고스의 법과는 아무런 관련
도 없는 것으로 보는 것 같다.
8 참고 문헌. Hornblower, S. and Spawforth, A. (edd), *The Oxford Classical Dictionary* (3rd ed.), Oxford, 1999.

때문이다. 그러나 그때 "그걸 요구하는 사자들을 아테네는 [사형수들을 내던지는] 구덩이에, 스파르타는 우물에 던져 넣고서는, 거기에서 흙과 물을 왕에게로 가져가라고 명령했었다."[9] 그동안 절치부심하던 그 아들이 전대미문의 어마어마한 원정군을 동원한 것이다. 그 가공할 위력 앞에 이미 많은 헬라스의 나라들이 겁에 질려 페르시아 편에 줄을 서는 상황에서, 아테네는 어떻게 하면 나머지 나라들과 함께 이 침공을 물리치고 헬라스의 자유를 지킬 수 있을 것인지 갖가지로 궁리를 해 보아도, 실로 난감하기 그지없는 일이었다. 그래서 신탁을 물을 공사들(theopropoi)을 델피로 급히 보내서, 얻어낸 신탁의 답은 이러했다.

> 가련한 이들이여, 왜들 앉아 있는가? 버리고 땅 끝으로 달아나라.
> 집들과 빙 두른 도심의 성채도.
> …
> 많은 다른 성채들 또한 파괴되리니, 그대들의 것만이 아니고.
> 신들의 많은 신전들이 타오르는 불길에 삼켜지리라.
> 아마도 지금쯤은 신전들이 땀을 흘리며 서 있을 것이니,
> 공포에 떨며, 지붕 꼭대기에서
> 검은 피가 쏟아져 내리니, 피할 수 없을 불운을 예견하고서니라.
> 그러니 지성소에서 나가, 그대들의 불운들에 대해 이겨내라.[10]

아테네의 공사들이 이 암울한 신탁의 대답을 듣고서, 더할 수 없는

---

9   헤로도토스, 『역사』 VII. 133.
10   같은 책, 같은 곳, 140.

불행한 사태로 괴로워하며 주저앉을 듯하니, 델피에서 존경받는 인물들 중의 한 사람인 티몬이 올리브나무 가지를 쥐고서 재차 들어가서 탄원자들로서 신탁의 대답을 구하라고 조언했다. 그래서 그들은 그가 시킨 그대로 하되, 아폴론에게 조국에 대해서 좀 더 나은 대답을 해주길 간구하면서, 그렇지 않을 경우에는 지성소에서 물러나지 않고, 자기들이 죽을 때까지 그곳에 머물 것이라고 말한다. 그렇게 해서 두 번째로 여제관(여성 예언자: promantis)이 밝힌 신탁의 대답은 이런 것이었다.

…

하지만 내가 그대에게 다시금 이 금강석 같은 말을 하느니라.

케크롭스 언덕과 신성한 키타이론산의 분지[11]

그 안쪽의 다른 모든 것이 점유되겠지만,

트리토게네이아[12]에게 나무의 성벽을 멀리 보시는 제우스께서 주실 것이니.

이것만이 파괴되지 않고, 그대와 그대의 자손들 또한 이롭게 할 것이니라.

어쨌거나 그대는 기병대와 보병대를, 대륙에서 진군하고 있는

엄청난 대군을 가만히 기다리고 있지 말고, 등을 돌려 물러날지어다.

하지만 언젠가는 틀림없이 그대 또한 맞서게 되리니.

---

11 케크롭스 언덕과 신성한 키타이론산의 분지는 아테네의 북서쪽으로 아티케의 경계를 짓는 지역이다. 여기서 말하는 '케크롭스 언덕(Kekropos ouros)'은 아테네의 '아크로폴리스'를 뜻하는 Kekropia petra(케크롭스의 바위들)(에우리피데스, 『이온』 936)가 아니다. How & Wells, *A Commentary on Herodotus*, Vol. II (Oxford, 1928), 183 참조.

12 Tritogeneia는 아테나 여신의 별명들 중의 하나이다.

아 신성한 살라미스여, 그대는 여인들의 자식들을 죽일 것이니라,
아마도 데메테르[13]가 씨를 뿌리거나 수확을 할 때에는.[14]

이번 것은 앞서의 것보다는 그들이 판단하기로도 그나마 한결 누그
러진 것인지라, 이를 적어갖고서 아테네로 돌아와, 민중에 보고했다.
다른 것들은 다들 이해하겠는데, '나무의 성벽(xylinon teikhos =
wooden wall)'과 마지막 두 줄의 내용이 무엇을 뜻하는 것인지에 대
해서는 의견들이 분분했다. 그러나 '나무의 성벽'과 관련해서는 두
가지 의견이 두드러졌다. 연로한 사람들의 의견으로, 옛날에 아크로
폴리스가 가시나무 덤불로 울타리가 쳐졌었으니, 성채는 무사할 것이
라는 것이었다. 다른 의견은 '나무의 성벽'은 함선들을 뜻하니, 함선
들을 '목조 성벽'으로 이용해서 싸우라는 뜻으로 풀이된다는 주장이
다. 이 의견을 제시한 이는 테미스토클레스(Themistoklēs)였다. 이때
아테네가 보유한 삼단노 전함(triērēs)은 200척이었다. 이 가운데 130
척은 483년에 그의 설득으로 해서 건조된 것들이었다. 그는 493년에
아르콘(Arkhōn)으로 되어 피레우스 항만 개발에 착수했으며 490년
엔 그의 부족을 대표하는 장군(stratēgos)으로도 선출되면서, 그의 영
향력도 커졌다. 483년에는 라우리온(Laurion: 오늘날의 발음으론
Lavrio) 은광에서 초과 채광된 은의 수입을 시민 각각에 10드라크메
씩 분배하자는 걸, 그가 전함 건조에 쓰도록 설득했던 것이다. 그 명
분은 크기로는 고작 살라미스(Salamis)섬 정도밖에 되지 않지만, 당
시에 해양 강국이었던 아이기나(Aigina: 요즘 발음으론 '에기나')와

---

13 Dēmētēr는 농사를 관장하는 곡물의 여신이다. 아테네에 속한 엘레우시스(Ele-
usis)는 이 여신을 모시는 비교(秘教)의 본고장이다.
14 헤로도토스, 같은 책, 같은 곳, 141.

의 해상 주도권 다툼 때문에, 언젠가는 벌어질지 모르는 한판 승부를
위한 해군력 증강이었다. 겨우 70척이었던 아테네의 삼단노 전함 수
를 그때 200척으로 늘린 것은 전적으로 그의 그런 노력 덕분이었던
셈이다. 그렇게 해서 건조된 전함들이 뜻밖에도 이번의 위기에 그야
말로 긴요하게 쓰이게 된 대비책이 됨과 동시에 아테네를 압도적인
해양강국으로도 발돋움하게 만든 것이다.

그러나 살라미스 앞바다에서 해전을 치를 경우에, 마지막 두 줄대
로라면, '여인들의 자식들을 죽일 것'이라고 했다. 문제는 어느 쪽 자
식들을 죽이게 될 것이냐다. 마치 리디아의 왕 크로이소스(Kroisos)
가 그동안 델피에 무척 공들여오다가, 점점 세력을 확장해 오는 페르
시아의 위협을 미리 차단할 욕심으로, 페르시아와의 전쟁을 치를 것
인지를 델피 신탁으로 물었다가 얻은 신탁의 답과도 비슷한 경우였
다. "만약에 그대가 할리스(Halys)강을 건너면, 그대는 큰 제국을 파
멸시킬 것이니라."는 게 그것이었다. 할리스강은 리디아 동쪽의 페르
시아와의 경계였고, 왕이 이를 넘자, 파멸한 것은 자기 제국이었으니
말이다. 파멸할 제국이 어느 쪽인지도 확실히 하지 않고, 얼씨구, 제
좋을 대로 해석해버린 것이, 아뿔싸, 스스로 파국을 초래한 것이다.
험준한 요새였다는 수도 사르디스(Sardis)가 그처럼 쉽게 점령된 것
이다. 그런데 이번에도 테미스토클레스의 신탁 응답 해석은 적중했
다. 살라미스가 아테네를 위한 최후의 보루로 될 수 없다면, '신성한
살라미스(theiē Salamis)' 아닌 '무정한 살라미스(skhetliē Salamis)'
여야 할 것이기 때문이라는 것이 그의 해석이었다.

이렇게 해서 임전 태세를 일단 갖추며, 헬라스인들의 나라들 간에
적대행위와 전쟁을 중단하기로 했는데, 그중에서도 심각한 편이었던
아테네와 아이기나 간의 협력 관계는 살라미스 해전에서 두드러졌다.

마침내 페르시아의 대군은 헬라스 본토를 휩쓸고서, 아테네까지 온통
쑥대밭으로 만들어버렸다. 이제 육지로는 코린트 쪽의 이스트모스
(Isthmos) 지협에 구축된 방어진 뒤쪽의 펠로폰네소스 반도만 온전
할 뿐이다. 그러나 이마저도 살라미스에 집결된 헬라스의 연합함대의
승패 여부에 달린 상황이었다. 아테네인들의 일부는 펠로폰네소스로
나머지 대부분은 살라미스로 대피한 상태였다. 그러나 어떻게 작전을
짤 것인지를 두고 헬라스의 연합군들 사이에 이론이 분분한지라, 테
미스토클레스는 살라미스 앞바다를 결전장으로 삼지 않겠다면, 아테
네는 남이탈리아의 식민지로 철수하겠다고 선언한다. 이곳의 좁은 해
역, 곧 해협과 작은 섬들 및 이것들이 형성한 지형을 이용해서 싸우지
않고, 난바다에서 페르시아의 엄청난 규모의 함대를 상대로 싸워서는
승산이 없기 때문이라고 그는 단언한다. 게다가 200척이나 되는 삼단
노 전함들로 이루어진 아테네의 해군력이 없는 상태로는 이 전쟁을
도저히 치를 수 없음을 모두들 알고 있는 터라, 어쩔 수 없이 그러기
로 결정한다.[15]

　이때 곧 이튿날 역사적인 결전이 벌어지기 전야의 양쪽 함선들의
배치 상황과 그곳의 지형들은 다음과 같다. 피레우스와 살라미스섬
사이에는 프시탈레이아(Psyttaleia)라는 작은 섬이 있다. 이 섬의 북
서쪽에는 살라미스에서 불쑥 튀어나온 키노수라(Kynosoura)곶이 있
다. 이 곶 바로 북쪽으로 시작해서 살라미스 해안을 끼고 오늘날 '성
(聖) 게오르기오스(H. Georgios)'로 불리는 더 작은 섬에 이르기까지
헬라스의 함대가 포진하고 있다. 페르시아의 함선들은 팔레론
(Phalēron) 쪽에 있다가 프시탈레이아섬 남쪽으로 급기야 이동해서

15　이때까지만 해도 헬라스 내에서 아테네의 위상은 그리 높지 않았다.

헬라스의 함선들을 해협 안에 가두어놓는 형태로 포진한다. 이런 포진 상태가 해전이 벌어지기 전날의 상황이었다. 밤이 되자, 테미스토클레스는 책략을 써서, 다음날 날이 새면, 헬라스의 함대들이 북쪽 해협을 통해 달아날 것이라는 거짓 정보를 페르시아 쪽에 흘린다. 이를 믿은 크세르크세스는 밤사이에 프시탈레이아섬에서 '성 게오르기오스'섬 뒤쪽까지 페르시아의 함선들을, 피레우스 쪽 육지를 배후로 하고서, 헬라스 함대를 마주하며 배치하고선, 헬라스 함대의 해협 탈주로를 아예 틀어막고서 섬멸해버리기로 작정했다. 또한 프시탈레이아섬에는 헬라스의 패잔병들이 섬에 오를 경우, 도륙하기 위한 병력까지도 배치해서 대기케 했다.

마침내 날은 밝아, 전운이 감돌기 시작했다. 헬라스의 전함들이 도망칠 듯이 움직이기 시작하는가 싶더니 오히려 후진하며 해안 쪽으로 뱃머리를 돌리더니, 적군 쪽으로 접근하는가 싶더니 충돌해 왔다. 이런 식으로 곳곳에서 부딪치니, 좁은 해역에서 압도적으로 많았던 페르시아의 함선들은 운신을 할 수 없는 상태가 되어, 저들끼리 엉겨 부딪는 꼴이 되어버린 것이다. 앞쪽에서 후진하면서 공격하는 아테네의 함선들에 쫓기며 대열은 무너지고 후퇴하는 페르시아의 함선들은 어느새 아이기나의 함선들이 막고서 역공해댔다. 앞에서도 뒤에서도 페르시아 함선들은 여지없이 파괴되어갔다. 아테네의 정치인이며 장군이기도 했던 아리스테이데스(Aristeidēs)는 많은 중장비보병을 이끌고 프시탈레이아섬에서 대기하던 페르시아의 군대를 모조리 학살해버렸다. 살라미스섬 맞은편의 육지에 있는 언덕 아이갈레오스(Aigaleōs)에서 호기롭게 관전하던 페르시아의 크세르크세스 대왕은 퇴각 길이 차단될까 두려워, 서둘러 길에 오른다. 그해(480년) 9월이 끝나갈 무렵이었다. 그래서 마르도니오스(Mardonios)에게 30만(?)

의 군대를 남겨주고, 이듬해 또 한 번의 전쟁을 치르기로 한다.

　이 전쟁의 전말을 페르시아 쪽 시각에서 본 비극 작품 『페르시아인들』(*Persai*)로 남긴 이가 아이스킬로스(Aiskhylos)이다. 그는 마라톤 전투(490년)에 참전했으며, 아마도 이 해전에도 참전했을 것으로 추정되고 있는 애국 시인이다. 472년에 공연한 이 작품에서는 선왕 다레이오스의 환영(eidōlon)이 나타나서, 크세르크세스가 마르도니오스를 남겨놓고 회군하는 데 대한 예언과 함께, 그동안 그의 군대가 무슨 짓들을 했는지 왕후와 신하들에게 상기시키고 있는 장면이 나온다. 여기에서 특히 우리가 주목할 것은 델피의 잠언과 관련되는 '히브리스'에 대한 언급이다.

> 그곳에는 그들로 하여금 겪도록 할 최악의 재앙이 기다리고 있소.
> 오만(hybris)과 불경스런 생각들에 대한 보상이.
> 헬라스 땅에 가서는 신상들을 약탈하는 것도
> 신전들을 불태우는 것도 두려워하지 않았소.
> 제단들은 파괴되어 없어졌고, 수호신들의 조각상들도
> 어지럽게 완전히 그 대좌부터 뒤집혀 엎어졌소.
> 그렇게도 못된 짓들을 한 터라, 결코 당할 일이 가볍지 않을 것이오.
> 결코 그 화들의 샘은 마르지 않고, 여전히 솟을 것이오.
> 플라타이아 땅에는 도리스인들의 창끝으로[16]
> 살육되어 엉긴 핏덩이들이 그렇게도 많을 것이오.
> 모래더미처럼 쌓인 시체는 우리 손자들에게

16　이듬해 Plataia에서 벌어진 제3차 페르시아 전쟁에서 스파르타의 군대는 페르시아 군대를 오른쪽에서, 아테네의 군대는 왼쪽에서 페르시아의 연합군을 무찔렀다. 이 전투에서 마르도니오스도 전사했다. 스파르타인들은 '도리스(Dōris)계'다.

죽음을 면치 못할 인간들의 눈에 소리 없이 알려주고 있소.

죽게 마련인 자는 **지나친 생각**일랑은 하지 말라고.

오만이 꽃피면, 미망(atē)의 이삭이 패게 하여,

이에서 더할 수 없이 비통할 수확 거둘 것이오.

그대들은 이들의 이와 같은 일들을 보고서

아테네와 헬라스를 기억하시오.

결코 누구든 주어진 운명을 깔보고선

더 많은 걸 얻고자 해서, 큰 복을 낭비하지 마시오.

제우스께서는 실로 지나치게 자만하는 거만에 대해

벌주는 이로서 임하시니, 중벌을 내리시오.**17**

　헤로도토스의 『역사』 VII. 135를 보면, 이런 내용이 있다. 앞서 언급된 것으로, 다레이오스가 사자들을 보내 물과 흙을 바칠 것을 요구했을 때, 아테네는 그 사자들을 구덩이에, 스파르타는 우물에 던져 넣으며, 거기 걸 갖고 가라고 했다고 했다. 훗날 스파르타에서는 그 갚음으로 자진해서 제 목숨들을 바칠 사절 두 사람을 보냈다. 둘은 페르시아의 수사(Sousa)로 가는 길에, 먼저 아시아의 해안지대를 통치하는 페르시아의 장군을 만난다. 장군은 그들을 융숭하게 대접하며, 왜 당신들은 페르시아 왕과의 우호 관계를 회피하는지를 물으며, 그럴 경우, 그곳 헬라스 식민지들의 통치자들로 될 수 있을 것이라며, 회유한다. 이에 대한 두 사신의 대답은 이러했다. "당신은 노예 신분인 것에 대해서는 아주 잘 알고 있겠습니다만, 자유(eleutheria)에 대해서 그게 달콤한 것인지 아닌지도 경험하지 못했습니다." 그리고서 마침

17　아이스킬로스, 『페르시아인들』(*Persai*), 807~828.

내 수사에 이르러, 왕을 알현하게 되자, 호위병들이 왕께 '부복할 것 (proskynein)'을 지시한다. 그러자 이들은 이를 거부하며, 이런 말을 했다고 한다. 사람에게 부복함은 자기들의 관습에도 없는 일이거니와 이러자고 온 것도 아니라고. 그러나 왕은 자신이 아량 있음을 보일 뿐만 아니라, 그들을 처형함으로써 스파르타인들이 사신을 죽인 죄에서 벗어나게 해 주지도 않겠다는 이유로 그들을 살려 보내게 되었다.

여기에서도 확인할 수 있고 플라톤의 『법률』편(887e)에서도 확인할 수 있듯, 부복(proskynēsis)은 신에게 하는 것이지, 인간에게는 하는 것이 아니라는 게 헬라스인들의 관습(nomos)이었다. 이런 짓을 누군가에게, 더구나 자유인에게 요구한다는 것은 자신이 인간임을 자각하지 못하고 있는 자의 소행이요, 히브리스의 극치인 것이다. 따라서 이런 행위야말로 저 델피 신전의 두 잠언을 범하는 짓이다. 저 자신이 죽게 마련인 인간일 뿐이라는 엄연한 사실조차도 잊어먹고서, 마치 자신이 신과도 맞먹는 지위에라도 오른 듯이 착각함이며, 인간에 대한 최소한의 예의도 갖추지 못한 저질임을 드러낸 짓이기 때문이다.

다시 아폴론신전의 이야기로 돌아가자. 이 신전(naos)을 찾는 사람들을 그 입구의 통로 공간(pronaos)[18]에서 맞는 경구로 새겨져 있었던 것이 앞에서 말한 잠언들이다. 그런데 정작 딜스-크란츠(Diels-Kranz)의 『소크라테스 이전 철학자들의 토막글들』(*Die Fragmente*

---

18 델피의 아폴론신전에서 길 건너편으로 다소 떨어져 아래쪽에 '아테나신전'이 있는데, 그 정식 이름은 'Athēna pronaia의 신전(to hiron tēs Pronaiēs Athēnaiēs)' 이다. 흔히 쓰는 속된 표현으로 '사진발' 잘 받는 원형의 구조물 형태를 이루며 아름다운 자태로 서 있는 돌기둥들의 사진으로 잘 알려져 있는 것이 바로 그것이다. 따라서 이것은 아폴론신전 입구의 통로 공간인 pro-naos를 가리키는 게 아니다.

der Vorsokratiker)을 보면, "너 자신을 알라."는 말을 한 사람을 그 일곱 현인들 중에서도 스파르타의 킬론(Khilōn)에게 돌리고 있는가 하면, "그 어떤 것도 지나치지 않게."를 말한 사람을 그들 중의 한 사람인 솔론(Solōn)에게 돌리고 있다.(I권 63쪽) 또한 같은 곳에서 "적도(適度)가 최선이다(metron ariston)."라는 격언 성격의 명언을 일곱 현인들 중의 또 한 사람인 린도스(Lindos)의 참주 클레오불로스(Kleoboulos)에게 돌리고 있다. 옛사람들의 이런 간명한 철학적 표현 방식을 헬라스인들은 '스파르타식의 간결한 표현(brakhylogia)'이라 했는데, 이것들은 그들 나름의 지혜가 압축된 형태로 다듬어진 경구 또는 잠언 성격을 갖는 것들이다.

　"너 자신을 알라."고 함은 물론 사람으로서의 제 분수를 알라는 잠언(paroimia) 성격의 경구였다. 불사의 신이 아닌, 죽음을 면치 못하는 인간으로서의 한계 그리고 저마다의 분한이 있음을 알라는 경고의 뜻이 담긴 것이었다. 앞서 예로 든 사건들을 통해서도 살폈듯, 뭣보다도 온갖 형태의 '히브리스'에 대한 경고의 성격을 갖는 것이었다. 그런데 이 경구를 소크라테스는 오히려 인간이 지닌 능력의 적극적 확인과 계발을 권장하는, 그럼으로써 사람의 사람다움 곧 사람으로서의 훌륭함(덕)들(aretai)을 그 가능성에 있어서 최대한으로 구현하여 갖도록 권장하는 엄숙한 격려 성격의 권고로 받아들인 셈이다. 인간이 지니고 난 생명 곧 목숨인 혼(psykhē)은, 신화시대의 헬라스인들이 자학적으로 스스로들 그토록 자학적으로 받아들였듯, 하루살이들에 불과한 자신들에게 그냥 주어져 있는 그런 것이 아니라, 엄청난 가능성을 지닌 것으로서 주어져 있는 것임을 확신한 사람이 소크라테스였다. 그 놀라운 가능성의 능력을 그는 이성(logos)이라고 단언하며, 이 이성이 할 수 있는 일들이 무엇들인지를 사람들이 자각토록 하며,

그 일을 몸소 실천해 보인다. 이것이 바로 소크라테스의 철학적 행각
이다.

그래서 『알키비아데스』편(130e)에서 소크라테스는 "저 자신을 알
것(gnōnai heauton)을 지시하는 사람은 우리로 하여금 혼(psykhē)
을 알게 되도록 촉구하고 있다."고 딱 잘라 말했다. 이런 단언에 앞서
그는 그 이유를 "우리 자신을 주도하는 것으로서 혼보다도 더한 것은
아무것도 없다고 아마도 우리가 말할 것이기 때문이라"고 하면서, 이
런 말을 또한 한다. "나와 자네가 서로 대화를 나누고 있는 것은 언어
를 이용해서 혼을 상대로 혼으로 하는 것이라 믿는 게 옳을 걸세. …
소크라테스가 언어를 이용해서 알키비아데스와 대화하는 것은 자네
의 얼굴을 상대로 하는 것이 아니라, 알키비아데스를 상대로 말을 하
고 있는 것이지. 그런데, 이(알키비아데스)는 혼이야." 이어서 그는
몸(sōma)에 속하는 것들 가운데 어떤 것을 아는 자는 자신의 것들인
것은 알지만, 자기 자신을 아는 것은 아니라고 하면서, "혼을 보살펴
야만 한다."고 타이른다. 『파이돈』편 115e에는 그가 독배를 비우기
바로 직전에 어떤 식으로 그를 매장할 것인지를 묻는 죽마고우 크리톤
에게 "내 몸을 매장한다."고 정확하게 말하라고 나무라는 장면이 보이
는데, 이는 자신의 몸을 묻는 것이지, 혼을 묻는 것은 아니라는 뜻으로
한 말이다. 아닌게아니라 우리는 그의 몸이 어디에 묻혔는지조차도 모
르지만, 그의 혼이 간직했던 정신적 '밈(meme)'은 머나먼 이역의 땅
에서 살고 있는 오늘날의 우리에게까지 전파되고 있으니, 그가 그처
럼 강조했던 혼의 의미는 그만큼 무겁고도 크다고 할 것이다.

역시 혼에 대한 보살핌과 관련된 이와 비슷한 취지의 언급들을 우
리는 『소크라테스의 변론』편에서도 찾아볼 수 있다. 그는 법정에 서
서도 아테네인들을 향해 각자의 '혼이 최대한 훌륭하게 되도록 혼을

보살필 것'(30b)을 당부한다. 그러니까 그가 저 델피의 잠언을 혼과
관련지어 그처럼 되뇐 까닭은 사람은 누구나 혼을 지니고 있으며, 이
혼이 각자에게 있어서 가장 귀한 것이니, 저마다 자신의 혼이 최대한
훌륭하고 지혜로워지도록 혼을 보살펴야만 한다는 것인 셈이다. 그렇
다면 도대체 사람의 혼은 무슨 특유의 기능(ergon)을 지니고 있다는
것인가? 이것을 그는 이성(logos)이라 했다. 아닌게아니라 소크라테
스 시대에는 '짐승들'을 ta aloga(logos가 없고 logos를 쓸 줄 모르는
것들)라고도 했던 것 같다.[19] 이는 짐승도 사람도 다 같이 '혼(생명)
을 지닌 것들(ta empsykha)'이긴 마찬가지이지만, 짐승들의 경우에
는 그 혼들이 이성을 지니지 못한 것들인 반면에, 사람들은 이성을 지
녔다는 것을 말해 주고 있는 말이다. "너 자신을 알라"는 그의 외침은
무엇보다도 우선 이 사실을 깨달으라는 것이었다.

　그렇다면 소크라테스의 경우에 사람이 이성을 지니고 있다는 것은
또 무엇을 의미하는가? 단도직입적으로 말해서, 그에게 있어서 사람
을 사람이게끔 해 주는 것은 '이성'의 기능이고, 이는 무엇보다도 언
어(logos)[20] 사용의 능력이다. 더 나아가 이는 언어를 제대로 사용할
줄 아는 능력이다. 그러나 사람들이 같은 낱말을 쓰되, 서로 다른 뜻
으로 말한다면, 말이 통할 리가 없다. 그러고도 서로 합의를 본다거나

19　소크라테스와 동시대인이었던 데모크리토스의 토막글 164(DK)에서만이 아니
라, 이들에 앞선 피타고라스 및 엠페도클레스(토막글 136)의 경우에도 이 말이 그런
의미로 쓰였다.

20　헬라스어 logos가 소크라테스 한 사람의 경우에 있어서조차도 여러 가지 의미
로 쓰이고 있다는 것을 유념하는 게 좋겠다. 사실은 헬라스어 대사전인 Liddell &
Scott, *A Greek-English Lexicon* (Oxford, 1968), 1057~9쪽의 양단에 깨알같이 수
록된 logos의 뜻풀이를 이 책에 다 번역해서 싣는다면, 아마도 20~25쪽은 실히 될
것으로 짐작된다.

뜻을 같이한다는 것은 원천적으로 불가능한 일이니, 결코 이성적일
수가 없게 될 것이다. 이는 저 바벨탑을 쌓던 사람들의 혼란과 같은
사태를 초래할 일이기도 하겠기 때문이다. 말뜻이 다르면, 행동 또한
달라질 수밖에 없는 일이다. 언어권이 다른 경우가 아니라면, 1:1의
관계가 성립하는 사물의 지칭에 관련되는 한, 그 말뜻 자체가 문제 될
경우는 거의 없을 것 같다. 그러나 '행위'나 '사태'와 관련되는 낱말
들의 경우는 그렇지 못하다는 게 문제다.

  이를테면, '용기(andreia)'라는 낱말의 경우를 보자. 플라톤의 초
기 대화편 『라케스』는 '용기'의 뜻이 무엇인지를 다루는 것이다. 이
대화편에서는 아테네의 이름난 장군이었으며 정치인이었던 니키아스
(Nikias), 역시 장군이었던 라케스(Lakhēs) 그리고 이들을 상대로 대
화를 주도하는 소크라테스가 주된 대화자들로 등장한다. 이들이 다루
는 주제는 자신들이 관여했던 전투의 현장에서 문제가 되는 '용기가
도대체 무엇인지(andreia ti pot' esti)'를 두고, 그 의미 규정을 하는
것이다. 그들 나름으로는, '용기'와 관련되는 한, 일가견을 갖고 있는
것으로 자부하는 터라, 자신 있게 내리는 그 정의(定義)들은 이렇다.
"제 자리에 버티고 있으면서 적들과 싸우는 사람이 용감하다."고 할
것이라는 게 라케스가 망설임 없이 하게 된 첫 대답이다. 그러나 '달
아나면서 적들과 싸우지만, 제 자리에 버티고 있지는 않는 사람', 이
를테면, 스키타이인들처럼 추격하는 것 못지않게 달아나면서 싸우는
경우나, 기병대도 바로 그런 식으로 싸우지만, 중무장보병대는 처음
에 말하듯이 제 자리를 지키며 용감하게 싸운다. 그런가 하면, 플라타
이아 전투에서 스파르타군대는 페르시아군대를 상대로 싸우길, 버티
면서 싸우지 않고, 달아나다가는 상대 진영의 대오가 흐트러지게 되
니까, 되돌아와서, 마치 기병대처럼 싸워서 이겼다고 소크라테스가

말하면서 논박한다. 그리고선 소크라테스는 라케스가 제대로 대답을 하지 못하게 된 것이 제대로 질문을 하지 못한 제 탓이었다고 하면서, 용기는 전투의 경우만이 아니라, 다른 경우들에도 적용되는 것임을 말한다. 전투에 있어서 용감한 이들만이 아니라, 바다에서의 위기들에 처해서도 그리고 질병과 관련해서도, 가난과 관련해서도 또는 나랏일들과 관련해서도 용감한 이들, 또한 더 나아가서는 고통들 및 두려움들과 관련해서 용감한 이들만이 아니라, 욕망들이나 쾌락들에 맞서 싸우는 데 능한 이들에 대한 것도 적용되는 것임을 말한다. 그런 모든 경우에 용감한 이들에서 찾아볼 수 있는 동일한 것(tauton)인 용기가 무엇인지를 묻는 것이라면서, 소크라테스는 한 예를 든다. 이를테면, '빠름(takhos)'이 무엇인지를 누군가가 묻는 경우, 이는 달리기에서도, 키타라를 켜는 데 있어서도, 말하는 데 있어서도, 배우는 데 있어서도, 그리고 그 밖의 많은 경우에 있어서도 우리가 찾아볼 수 있는 것이겠는데, 이에 대한 대답은 "짧은 시간에 많은 걸 해내는 능력(힘: dynamis)을, 소리의 경우에도 달리기의 경우에도 그리고 그 밖의 모든 경우에도, '빠름'으로 일컫는다고 말할 것"이라고 말해 주면서, 용기도 그런 식으로 대답해 줄 것을 요구한다.

　그래서 다시 듣게 되는 라케스의 대답은 "용기는 모든 경우에 있어서의 혼의 어떤 인내(karteria)인 것으로 판단된다."는 것이다. 그러나 '인내'에도 지혜 또는 사려분별(phronēsis)이 동반되는 경우와 무분별 곧 어리석음(aphrosynē)이 동반되는 경우가 있겠으니, 무엇에 있어서 지혜롭고 분별 있는 인내인지가 문제 된다. 어리석거나 무모한 인내는 창피스런 것이지, 용기일 수는 없는 일이기 때문이다. 그래서 그는 당혹스러움(곤경, 어려움: aporia)에 직면하게 된다.

　두 사람의 대화를 듣고 있던 니키아스는, 소크라테스의 평소의 지론이 저마다 자신이 지혜로운 일들에 있어서 훌륭하다는 것인 줄로 알고 있는데, 용기도 일종의 지혜(sophia)인 것 같다고 한다. 그렇다면 용기는 무슨 지혜이며, 무엇에 대한 앎(epistēmē)인지를 소크라테스가 반문하니, 그것은 "전투에서나 그 밖의 모든 경우에 있어서 두려워할 것(to deinon)들과 감행할 만한 것들에 대한 앎일 것이다."라고 대답한다. 그래서 "두려워할 것들과 두려워하지 않을 것들을 알고 있는 사람이 용감한 사람"이라고 그는 말한다. 그런데 우리는 두려움을 생기게 하는 것들을 두려워할 것들로, 반면에 두려움을 생기게 하지 않을 것들을 감행할 만한 것들로 생각한다. 이는 일종의 예상(pros-dokia)이니, 미래의 일들에 대한 것이지, 과거나 현재와는 무관하니, 이는 그런 것들의 1/3에 대한 것이다. 그런가 하면, "용기는 두려워할 것들과 감행할 만한 것들에 대한 앎만이 아니라, 어쩌면 온갖 형태의 모든 좋은 것과 나쁜 것에 대한 앎인 셈이기도 하다." 그게 그런 것이라면, 용기는 우리가 찾고 있는 "[사람으로서의] 훌륭함(덕)[21]의 일부가 아니라, 전체적인 [사람으로서의] 훌륭함(덕)(sympasa aretē)일 것이다." 소크라테스의 이런 논박으로 해서 니키아스 또한 '아포리아'에 빠지게 된다. 결국 둘 다가 자신들의 무지(agnoia, amathia)를 새삼 자각하게 된다. 그러나 무지의 자각이야말로 참된 앎을 추구하게 하는 계기가 된다. 논박당한 자로 하여금 스스로 앎을 찾아 갖도록 돕는 소크라테스의 산파술(maieutikē)은 이 시점에서 시작된다.[22]

익히 알려져 있듯, "aretē([사람으로서의] 훌륭함, 덕]) 곧 epistē-mē(앎)임"은 소크라테스의 지론이다. 따라서 소크라테스적인 인격과

---

21   곧 aretē를 가리킨다. 이와 관련해서는 제1부의 4장에서 본격적으로 다루고 있다.
22   이와 관련된 좋은 예는 『메논』편 82a~86a에서 노예 소년이 기하학적 지식을 깨우치는 과정에서 접할 수 있다.

관련되는 한, '아레테'의 모든 부분(meros, morion)은 앎을 매개로 그 전체와 직결되어 있다. 용기도 절제도 전체로서의 '아레테'의 한 면모이기 때문이다. 따라서 바로 앞에서 소크라테스가 한 발언은 엉뚱한 말을 한 것이 아니라, '아레테'의 이런 점을 시사하고 있는 발언이기도 하다.

그건 그렇고, 용기와 관련된 시사적인 언급들을 더 찾아보기로 하자. 『법률』편(633c~d)에서는 용기에 대해 이런 말을 하고 있다. "용기를 무엇이라 볼 것인지? 이를 이처럼 단순히 무서움들이나 고통(괴로움)들을 상대로 하는 싸움(diamakhē)이라고만 볼 것인지, 아니면 갈망들과 쾌락(즐거움)들 그리고 어떤 강력한 알랑대는 아첨들을 상대로 하는 싸움으로도 볼 것인지?" 그리고 이어서 635c~d에서는 이런 경우들에 맞서 이겨내거나 견디어내지 못함을 '부끄러운 일(추함: to aiskhron)'로 말하고 있다. 『중용』에서 공자가 "부끄러움을 앎이 용(勇)에 가깝다."[23]고 한 것도 비슷한 생각에서 하는 말일 것이다. 그런가 하면, 『국가(정체)』편(430b~c)에서는 '두려워할 것들과 두려워하지 않을 것들에 관한 바르고 준법적인 소신(doxa)의 지속적인 보존과 그런 능력'을 '시민적 용기(politikē andreia)'로 말한다. 이는 교육을 통해서 시민들이 굳혀 갖게 되는 것이라 해서다. 물론 이 '소신'의 논거는 '앎'이다.

일상적으로 우리가 '용기'란 말을 망설임 없이 쓰고 있지만, 이는 어디까지나 사전적 의미 규정의 것 이상의 것이 아니다. 우리말 사전에서는 용기를 '날쌔고 씩씩한 기운'이나 '씩씩하고 굳센 기운'으로 아주 간단하게 한문 뜻풀이 정도로 규정하고 있다. 그런가 하면, 한

---

23 『中庸章句』20. 知恥近乎勇.

영어 사전[24]에서는 '위험, 고통, 반대 등에 직면했을 때의 두려움을
제어하는 능력(the ability to control fear when facing danger,
pain, opposition, etc)'으로 아주 간명하게 규정하고 있는데, 보통의
그런 상황에서는 부족함이 없는 의미 규정이다. 이 이상의 것을, 철학
사전이 아닌 이상, 일반 사전에서 요구할 일은 아니다. 앞서 보았듯,
두 장군이 용기에 대한 참된 앎을 갖고 있지도 않았지만, 오늘날의 우
리가 그들 이상으로 갖고 있는지도 여전히 의문일 것이다. 용기에 대
한 판단 기준이 다르면, 이와 관련된 행동의 원칙이 달라질 수밖에
없다.

또 하나의 황당한 사례를 통해 이 문제를 생각해 보자. 역시 플라톤
의 초기 대화편들 중의 하나인 『에우티프론』에서 접하는 것이다. 예
언자로서 종교 문제에 일가견을 갖고 있는 에우티프론이 종교 문제와
관련된 송사를 다루는 '바실레우스 관아(basileios stoa)'에서 나오다
가, 그 앞에서 서성이고 있는 소크라테스를 만난다. 소크라테스는 "젊
은이들을 타락시키고, 나라가 믿는 신들을 믿지 않고, 다른 새로운 영
적인 것들(daimonia)을 믿음으로써 죄를 범하고 있다."[25]는 이유로

---

24   Crowther, J.(ed), *Oxford Advanced Learner's Dictionary*, A. S. Hornby, 5th ed., 1995.

25   『소크라테스의 변론』편 24b~c. 이는 법정에서 소크라테스가 법정의 서기한테 원고측의 정확한 진술서를 읽도록 하지 않고, 자기가 기억하고 있는 대로 그 요지만을 말한 것이다. 『디오게네스 라에르티오스』 II. 40을 보면, 아테네의 중요 문서 보관소였던 Mētrōon에 Hadrianus 황제(재위 A.D. 117~38) 시대까지 보관되어 있던 것으로 Phabōrinos가 말하는 이 선서 진술서(antōmosia)의 정확한 내용은 이러하다. "피트토스 출신인 멜레토스의 아들인 멜레토스가 알로페케 출신인 소프로니스코스의 아들인 소크라테스를 상대로 다음과 같이 기소하고 선서 진술을 함. 소크라테스는 나라가 믿는 신들을 믿지 않고, 다른 새로운 영적인 것들(daimonia)을 도입함으로써 죄를 범함. 그뿐더러 젊은이들을 타락시킴으로써 죄를 범함. 구형(벌: timēma)은 사

기소를 당해서였고, 에우티프론은 제 아버지를 살인죄로 고발한 때문
이었다. 그 경위는 이렇다. 키클라데스 군도에서 제일 큰 섬인 낙소스
에서 농사를 짓던 그의 아버지의 머슴이 술이 취한 상태에서 한 가복
한테 화가 나서 그 목을 베었기에, 아버지가 이 자를 묶어서 도랑에
내동댕이쳐 놓고서는, 아테네로 사람을 보내, 그 처리를 어떻게 할 것
인지 율법 해설자에게 문의토록 했다. 그 사이에 이 살인자는 방기 상
태로 굶주림과 추위로 사망해버렸다는 것이다. 그래서 아버지가 그를
죽게 한 것이니, 재판을 받게 함으로써 그 부정(不淨: miasma)에서
정화될 수도 있게 할 것이라 해서, 고소를 했다고 한다. 그런데 아버지
도 친족들도 아버지를 고소한 데 대해 역정을 내며, 이는 경건하지 못
한 짓이라 나무란다고 한다. 이를 두고 에우티프론은 모두들 경건함
(to hosion)이나 신성함(to theion)이 어떤 것인지를 그들이 몰라서
그러는 것이라고 단정한다. 소크라테스는 마침 자신도 불경죄로 기소
된 터라, '경건함' 및 불경(不敬: anosiotēs)과 관련해서, 그의 제자가
되어, 가르침을 받고 싶다고 하면서, "도대체 경건함이 무엇인지" 말
해달라고 한다. 이에 그는 이렇게 대답한다. "경건한 것(경건함)이란
지금 제가 하고 있는 바로 이것, 즉 살인과 관련해서건 성물(聖物) 절
취와 관련해서건 올바르지 못한 짓을 저지른 자에 대해서, 또는 이런
유의 다른 어떤 잘못을 저지른 자에 대해서, 그가 아버지이건 어머니
이건 또는 그 밖의 누구이건 간에, 기소를 하는 것이지만,[26] 기소를 하
지 않는 것은 경건하지 못한 것이라 저는 말합니다."(5d~e)
　이런 대답을 듣고서, 소크라테스는 자신이 원하는 답은 경건한 한

형(thanatos)."

26　당시의 아테네에서는 검사 제도가 없었으므로, 고발자가 바로 검사 역할을 했다.

두 가지의 사례들이 아니고, 그런 것들이 경건한 것이라고 판단할 수 있게 해 주는 본(paradeigma) 또는 기준이 되는 '특성(eidos, idea) 자체'를 말해 달라고 한다. 이에 에우티프론은 "신들의 사랑을 받는 것은 경건하나, 신들의 사랑을 받지 못하는 것은 경건하지 못하다."(6e~7a)고 대답한다. 그런데 '신들의 사랑을 받는 것(to theo-philes)'이라고 하지만, 올림포스의 신들 간에도 서로 의견을 달리하고, 서로 다투기까지 한다. 우라노스와 크로노스 그리고 제우스에 이르는 삼대에 걸친 부자간의 무도한 일처리와 다툼 이야기는 익히 알려진 바다. 그러니까 "동일한 것들이 신들의 미움을 받는 것들이기도 하고 신들의 사랑을 받는 것들이기도 할 것이다."(8a) 그리고 경건한 것이 사랑을 받는 것은 "그것이 경건하기 때문이지, 사랑받기 때문에 경건하지는 않다"는 게 분명하다. 그러나 이런 말은 경건함의 속성 (pathos)을 말하는 것이지, 그 본질(ousia)을 말하는 것이 아니다.(10e~11a) 그러니 경건함이 올바름의 한 부분이겠지만, 그게 무슨 부분인지 말해달라고 한다.(12d~e) 이에 그가 "신들에 대한 섬김 (therapeia)과 관련되는 부분이 신들을 공경함이며 경건함이지만, 인간들에 대한 보살핌(therapeia)과 관련되는 것이 올바름의 나머지 부분인 것 같다."고 답한다. 그러니까 경건(hosiotēs)과 신들에 대한 공경(eusebeia)은 신들에 대한 섬김이겠으니, 이는 노예가 주인을 섬기는 식의 봉사 내지 섬김의 기술(hypēretikē)일 텐데, 그 지극히 훌륭한 일이 무엇일지? "신들에 기원을 하고 제물을 바치면서 신들에게 만족스러울 것들을 말하고 행할 줄 알 경우에, 이것들이 경건한 것들이며, … 이와 반대되는 것들이 신들에 대해 불경한 것들이라"(14b)고 한다. 그렇다면 "경건함은 신들에게 만족스런 것이긴 하나, 그들에게 이득이 되는 것도 사랑을 받는 것도 아니지 않는가?"라는 물음에 자기로서는 "그것이 뭣보다도 가장 사랑을 받는 것이라 생각한다."고 (15b) 대답한다. 그러고 보니 논의는 빙 되돌아 그 출발점에 다시 서게 된 셈이다. 그래서 소크라테스는 진실을 말하게 될 때까지 그를 놓아주지 않을 것임을 다짐하나, 어딜 좀 서둘러 떠나야 한다면서, 다음 기회로 미루고선, 도망하다시피 가버린다.

그처럼 지당한 일인 걸로 확신하고서, 아버지를 불경죄로 고발까지 한 사람이 그렇게 꽁무니를 빼다니, 이야말로 어처구니없는 일이다. 자신의 행위에 대한 아무런 논거도 확보할 수 없게 된 터라, 그 뒤에 그가 최소한 자신의 무지에 대한 자각과 함께, 소의 취소를 고민하게 되었는지 아닌지는 우리가 알 길이 없지만 말이다.

이런 경우와 비슷한 상황에서 동양 고전에서의 선택은 어떠했겠는지 대조해 보는 것도 의미 있는 것일 것 같다. 『맹자』 진심장구 상 35에서는 이런 가정을 해 보고서 말한, 하나의 예를 들 수 있겠다. "도응이 맹자에게 묻기를 순(舜) 임금이 천자가 되고, 고요가 법 집행자가 되었는데, 순 임금의 아버지 고수가 살인을 했다면, 어떻게 하겠습니까?" 하니, 그 경우라면, "순 임금이 천하를 버림을 볼 것이니, [이를] 헌신짝 버리듯 하고서, 아버지를 몰래 업고 도망하여, 바닷가를 따라 거처하며, 종신토록 기꺼이 즐거워하면서 천하를 잊었을 것이다."라고 대답했다. 극단으로 대비되는 결단이겠다. 『논어』 자로 18의 엽공과 공자의 대화도 같은 맥락의 것이겠다. 엽공이 공자에게 말하길, "우리 무리에 처신을 정직하게 하는 자가 있는데, 그 아버지가 제 집으로 들어온 양을 훔치니, 아들이 이를 증명했다."고 했다. 이에 공자가 말하길, "우리 무리의 정직한 자는 이와 다르다. 아버지는 자식을 위해 숨겨주고, 자식은 아버지를 위해 숨겨주니, 정직함이 그 중에 있다."고 했다. 이 두 경우는 그 정직함의 무게가 어느 쪽에 더 있

느냐의 문제일 수도 있겠지만, 천륜(天倫)을 어길 수는 없음을 말해
주고 있는 것들일 것이다.

　우리의 논의가 잠시 옆길로 빠진 것 같기도 한데, 다시 되돌아가서,
이야기를 마저 끝내기로 하자. 일찍이 플라톤이 태어나기 10년 전쯤
에도, 다른 나라의 철학자로서는 최초로 아테네에 와서 20년 남짓 살
던 아낙사고라스(Anaxagoras)도 이 불경(anosiotēs)의 죄목으로 고
발된 일이 있었다. 그는 페리클레스와의 친교 덕에 무사히 아테네를
떠날 수 있었다고 하지만, 당시에는 불경죄가 귀에 걸면 귀걸이고, 코
에 걸면 코걸이가 되던 형국이어서, 누구나 이 죄목으로 일단 걸려들
면 당하기 마련이었다고 한다.

　그런 일들은 사람들이 언어를 제대로 사용하지 못하는 데서 비롯되
는 심각한 사태들이라는 것이 소크라테스의 진단이다. 플라톤의 초기
대화편들에 등장하는 소크라테스의 행각은 이런 사태들과 관련된 것
들이다. 그가 "도대체 그것은 무엇인가?(ti pot' esti ;)"라는 물음을
상대를 가리지 않고 이처럼 끝도 없이 던져댄 데는 그 나름의 충분한
이유가 있어서였다. 그 발단은 카이레폰이라는 소크라테스 추종자가
델피 신탁을 통해 당대 최고의 현자는 소크라테스라는 답을 얻어갖고
서, 이를 소크라테스에게 전한 데서 비롯된 것이었다. 스스로는 무지
자로 자처하는 터에, 자신이 현자, 그것도 최고의 현자라니? 그로서
는 도저히 액면 그대로는 받아들일 수 없는 신탁의 답인지라, 그 참뜻
찾기를 위한 작업에 나선다. 그건 현실에서 진짜 현자를 찾아냄으로
써, 그 반증을 할 수 있게 될 경우에, 판가름 날 일이라고 그는 생각했
던 것이다. 그러다 보니 내로라하는 당대의 명사들을, 정치인들부터
시작해서 각 분야의 전문가들을 상대로 한 캐물음의 행각을 벌였고,
결과적으로 그들의 무지가, 그 대화를 지켜보던 양쪽 추종자들 앞에

서, 그대로 적나라하게 드러나게 되었다. 그들은 어설픈 개인적인 의견(doxa)일 뿐인 것을 곧 앎(epistēmē)인 줄로 착각하고 있었다. 사사로운 판단으로서의 그런 의견이란 보편타당성을 갖는 참된 앎과는 근본적으로 다르다는 것을 그들은 생각조차 하지 못하고 있었다. 그런 '의견'일 뿐인 것은 결코 참된 '앎'일 수 없다는 것을 깨닫고, 그 점에서 진솔하게 자신의 무지를 자각하는 것이야말로 참된 앎의 추구로 이끌 것이라 그는 믿었다. 또한 바로 그 점에서, 곧 온 헬라스를 통틀어 유일하게 그만이 자신의 무지에 대해 알고 있다는 점에서, 적어도 그만큼은 지혜롭다는 것이 신탁의 대답이 뜻하는 것이라는 점도 확인하게 되었다. 그러나 그의 그런 행각의 의도가 무엇인지는 모른 채로 그저 망신당한 것만 마음에 새겨두었던 사람들에 의해 법정에 서게 되었으며, 결국엔 어처구니없게도 독배를 비우는 극형까지 당했던 것이다.[27]

앞서 '용기'와 '경건함'의 경우에서 보았듯, 무릇 말이 말답게 쓰이려면, 말하는 사람들이 서로 주고받는 말의 뜻이 같아야 할 것이다. 자가 있으면 길이와 관련된 시비를, 저울이 있으면 무게와 관련된 시비를 잠재울 수 있다. 언어 사용에 있어서 의미 규정 곧 정의(定義: horos, horismos, horizesthai, logos)가 요구되는 것은 그런 까닭에서다. 그에게 있어서 사람들과의 지칠 줄 모르는 대화는 일차적으로는 의미 규정(정의)이 된 말들, 즉 의미 규정 형식(logos)을 갖춘 말들을 최대한 확보하기 위한 공동 탐구의 성격을 갖는 것이었으며, 궁극적으로는 그런 말들을 이용한 진정한 뜻에서의 '공동 탐구(syzētē-sis)'를 통해 모두가 동의할 수 있는 원칙 또는 원리나 논거에 대한 앎

---

27 『소크라테스의 변론』편 21b~38e 참조.

에 이르는 것을 그런 탐구의 목표로 한 것이었다고 할 것이다. 이처럼 원대한 목표를 가진 첫 물음의 형태가 "그것은 도대체 무엇인가?"였던 것이다. 이런 형식의 물음은 소크라테스에서 플라톤 그리고 아리스토텔레스로 이어지는 한 세기에 걸친 역사를 갖게 되는 것이기도 하다.

2장 포도주의 희석(krasis)에 얽힌 적도 사상

다음으로 언급하려는 델피의 잠언들인 "그 어떤 것도 지나치지 않게."라든가 "적도(適度)가 최선이다."라는 것도 액면 그대로 지나침 (hyperbolē, to lian)은 삼가되 알맞은 정도에 적중하도록 애쓸 것을 권유하고 있는 것들이다. 피타고라스의 고향인 사모스(Samos)섬에서 오늘날에도 만들어내는 특산품들 중의 하나는 물잔 모양의 용기인데, 이것은 우리에게도 있었다는 계영배(戒盈盃)와 비슷한 것으로, "적도가 최선이다"라는 교훈을 일깨우도록 고안된 것이다. 이 용기는 물이 적정 수준을 넘으면 삽시간에 다 쏟아지도록 고안됨으로써 넘침, 즉 지나침의 어리석음을 사람들에게 새삼 일깨우는 교훈을 주고 있는 것이다. 절주배(節酒盃)로도 불린다는 우리의 계영배는 술을 7할이 넘게 따르면 술술 새어버리게 만든 것으로 과음을 경계하는 것이다. 사모스섬의 그것도 알맞은 도를 넘게 되면 확 쏟아져버리게 고안되어 있다. 그런 점에서 더 교훈적이라 할 수도 있겠다. "지나침은 미치지 못함과 같다(過猶不及)"는 걸 일러주는 게 아니라, 과하면 후회가 막급할 것이라는 걸 경고하고 있는 셈이다. 아닌게아니라 과식으로 인한 배탈이 때로는 설사로 귀결되어 고생은 고생대로 하고 먹은 것도 헛먹은 게 되며, 급한 마음에 빨리 가려다 저지른 과속 운전으로 아주 가버리는 일이 있겠으니 하는 말이다.

　기원전 5세기의 할리카르나소스(Halikarnassos) 출신인 서사시인 파니아시스(Panyasis)의 토막 시로 이런 것이 있다.[28]

> 포도주는 죽게 마련인 자들에게 신들이 내리는 최선의 선물이니,
> 빛나는 것이도다. 이것과는 영합하느니. 모든 노래도,
> 모든 춤도, 모든 아름다운 사랑도.
> 사람들의 온갖 시름들 그 가슴들에서 스러지게 하느니,
> 알맞게만(kata metron) 마시면.
> 하나, 알맞음을 넘기면(hyper metron) 오히려 고약해지리니.

　그래서 헬라스어 속담으로 "포도주가 곧 진실이리니(oinos kai alētheia)"라는 것이 있다. "포도주에 진실이 있느니라(in vino veritas)"라는 라틴어 속담도 같은 뜻으로 하는 말일 것이다. 둘 다, 알맞음을 넘긴 음주가 그 사람됨의 참모습이 드러나게 한다는 뜻이겠다.

　그런데 헬라스인들은, 술에 관한 한, 그 양보다도 알코올의 도수에 신경을 많이 썼던 사람들이다. 이를 웅변으로 말해 주고 있는 것이 포도주(oinos)와 물을 희석하는 데 쓰인, '크라테르(kratēr=a mixing vessel)'라 불리는 그들 특유의 포도주 희석(krasis) 용기이다. 다채로운 그림들로 장식된 여러 가지 형태의 고급스런 이 도기들은, 내가 대충 확인한 바로는, 그 키가 21센티미터 남짓에서 90센티미터 남짓에 이르기까지 다양한 크기의 것들이 전해지고 있다. 아마도 그때그때

28　Athēnaios, *Deipnosophistai*, II. 37a~b.

음주할 사람들의 수에 따라 선택되는 용기의 크기도 결정되었을 것으로 짐작된다. 따라서 굳이 우리말로 지칭한다면 작은 것은 '희석용 단지'로 그리고 큰 것은 '희석용 동이'로 일컬어도 괜찮을 것 같기도 하다.[29] 이 용기의 용도에는 그들의 적도 사상이 아주 잘 반영되어 있는 셈이다. 이것은 오늘날 옛 헬라스의 유물들을 보관하고 있는 박물관들에서 아주 흔하게 찾아볼 수 있는 것으로서, 충분히 발효된 포도주 원액과 물을 일정 비율(logos)로 배합하는 데, 곧 희석하는 데 쓰인 것이다.[30] 그들은 포도의 액즙을 발효용 술독(pithos) 속에서 여섯 달쯤 발효시킨 다음, 이를 양쪽으로 손잡이가 달린 저장용 또는 보관용 항아리(amphoreus)에다 옮겨 한 해 이상 보관했다가, 이걸 마시기 직전에 필요한 만큼 앞서 말한 '크라테르'에 따라 붓고선 물과 희

---

29   고고학 용어로는 키가 30센티미터 이하의 것에는 '단지'가 적용되나, 그 이상의 것은 '동이'로 말하는 것 같다.

30   가령 알카이오스(Alkaios)의 시에는 "세멜레와 제우스의 아들(디오니소스)이 사람들에게 시름을 잊도록 포도주를 주었느니라. 1대 2로 잔들을 가득히 채우라"는 시구가 있는데, 이는 물 1과 포도주 2의 비율로 강하게 희석하도록 일러주고 있는 것이다. 오늘날에도 옛날식으로 제조되는 포도주인 레치나(rhetsina)의 도수가 대개 12도 안팎이므로, 이 비율에 따라 희석된 포도주는 고작 8도 정도일 것이다. 그런가 하면, 헤시오도스는 그의 『일과 역일(曆日)』 595~6에서 이렇게 말하고 있다. "언제나 흘러, 탁해지는 법이 없는 흐르는 샘의/ 물을 먼저 세 차례 붓되, 네 번째는 포도주를 붓는다." 이에 따르면, 3(물):1(포도주)의 비율이 되는데, 이 비율로 희석된 포도주의 도수는 아주 약한 셈이니, 거의 음료수에 가깝다고 할 것이다. 이는 부지런히 일하며 성실한 삶을 권유한 그였기 때문일 것이다. 그러나 가장 일반적인 혼합 비율은, 아리스토파네스의 『기사들』 1187에서도 말하듯, 3(물):2(포도주)인 것 같고, 희석은 술을 마시기 직전에 하게 되어 있었다고 한다. 그리고 연회(symposion)에서 그날의 분위기를 고려해서 이 희석(krasis) 비율(logos)을 결정하는 것은 연회를 이끌어가는 연회 주재자(symposiarkhos)의 몫이었다. D. A. Campbell, *Greek Lyric* I, Loeb Classical Library, 1990, Alcaeus §346 및 L. Whibley, *A Companion to Greek Studies*, p. 543 (Cambridge, 1905) 참조.

석한 걸 국자(kyathos)로 '오이노코에(oinokhoē : 포도주를 따르는 그릇)'라 불리는 그릇에 떠서 담은 다음, 이를 술잔(kylix, depas)들에다 따르는 절차를 밟은 것으로 알려져 있다. 따라서 그들에게 있어서는 특별한 종교적 의식이나 의학적 목적을 위한 것이 아닌 한, 원액의 포도주를 그냥 마신다는 것은 일종의 금기 사항이었던 것 같다. 헤로도토스의 『역사』 VI. 84를 보면, 스파르타인들은 클레오메네스(Kleomenēs) 왕이 미치게 된 까닭을 "스키티아인들과 어울려 지내면서 희석하지 않은 포도주를 마시는 자로 되어서"라고 했단다. 플라톤의 『법률』 편 637e를 보면, "스키티아인들과 트라케인들은, 여인들이고 남자들이고 간에, 전혀 희석하지 않은(akratos) 포도주를 음용했다."고 한다. 이런 식으로 포도주를 마시는 사람을 헬라스어로는 '아크라토포테스(akratopotēs, akrētopotēs)'라 한다. 이는 포도주를 '물 타지 않은 상태로(akratos)' '마시는 자(술꾼: potēs)'란 뜻의 복합어이다. 따라서 그런 음주 행태는 '물 타지 않은 포도주 마시기(akratoposia)'라 했다. 그래서 이후로 스파르타인들은 포도주를 군이 '물을 훨씬 덜 타서 마시고' 싶어 할 땐, "스키티아 식으로 하시오(Episkythison)." 하고 말했다고 한다.

이처럼 물과 희석하지 않은 포도주를 마시는 것은 헬라스인들에게는 금기에 가까운 짓이었다. 아리스토파네스의 『아카르나이 구역민들』(72~74)에서도 페르시아로 보낸 사절들에게 그곳 사람들이 희석하지 않은 포도주(akratos oinos)를 억지로 마시게 했다는 언급이 보인다. 호메로스의 『일리아스』 9권은 트로이아군과의 전투에서 참패를 당한 헬라스군의 수장들이 큰 슬픔에 잠겨 있는 장면에서 시작한다. 무엇보다도 아킬레우스가 아가멤논과의 불화로 전투에 불참한 탓이다. 마침내 회의가 소집되고, 원로 네스토르가 그 책임이 아가멤논에

게 있음을 조목조목 밝히니, 그 대책으로 온갖 선물과 함께 그가 참전
하도록 설득하는 사절을 아킬레우스에게로 보내기로 결정한다. 그
래서 오디세우스를 비롯한 일행이 그의 막사로 찾아갔더니, 아킬레우
스는 그저 반가운 마음에 옆에 있던 그의 단짝 파트로클로스더러 큼
지막한 희석용 술동이를 갖다놓되, "물은 훨씬 덜 타서 희석하게나
(zōroteron de keraie)" 하고 이르는 장면이 나온다. 오랜만에 함께
취하도록 마시며 그간의 회포를 풀고 싶어서였을 것이다. "호메로스
식으로(Homērikōs) 물을 덜 타서 희석하고서"라는 훗날 사람들의 말
도 이에서 유래한 것인 것 같다.

　어디 그뿐인가! 신들조차도 그들의 신주(神酒: nektar)[31]를 희석하
지 않은 상태로 마시는 법이 없다. 『일리아스』 1권 530 이후를 보면,
이런 장면이 나온다. 올림포스의 신궁 회의장으로 가다가 아킬레우스
의 어머니인 여신 테티스[32]와 밀담을 하던 제우스를 목격한 아내 헤라
가 신들이 모인 자리에서 제우스에게 거친 항의를 하다가 혼이 난다.
이에 몹시 거북해진 헤라를 위로하고 마음들이 무거워진 신들의 기분

31　넥타르는 신들이 마시는 것이고, 신들이 먹는 것 곧 신찬(神饌)은 암브로시아
(ambrosia)라 하는데, 사람들에 따라 이를 거꾸로 말하는 경우들도 있다. 『일리아스』
5권 774~777을 보면, 헤라는 자기가 몰고 온 말들에게, 암브로시아를 풀처럼 돋아나
게 해서, 이를 뜯어먹게도 하고 있다. 이런 것들을 음식으로 취하는 신들인지라, 그들
의 혈관엔 피 아닌 영액(靈液: ikhōr)이 흐르는 것으로 이야기하고 있다. 그들의 불사
(athanasia)는 그 덕인 셈이다.

32　Thetis는 제우스와 포세이돈의 구애를 받던 여신이었으나, 제우스와 관계를 갖
게 되면, 그 사이에 나는 아들이 아버지보다도 더 강해질 것이라는 예언 때문에 인간
인 펠레우스(Peleus) 왕과 혼인을 하게 해서, 이들 사이에서 아킬레우스가 태어나게
되었다고 한다. 본문에서 언급된 밀담은 아가멤논의 지휘를 받는 헬라스의 군대가 트
로이아 군대에 좀 더 쓰라린 패배를 당함으로써, 아킬레우스가 참전하지 않는 전투가
얼마나 가망 없는 것인지를 뼈저리게 절감하도록 하자는 것이었다.

전환을 위해 헤파이스토스가 어머니 헤라에게 잔을 건네고서, 희석용 용기에서 달콤한 신주를 떠서 따른 다음, 오른쪽으로 부지런히 돌아가며 따르니, 신들 사이에서 그칠 줄 모르는 웃음이 일었다는 이야기 장면이 나온다. 또한『오디세이아』5권 87~267에는 이런 장면이 나온다. 신들의 사자(使者)인 헤르메스가 제우스의 뜻을 전하러 요정(nymphē) 칼립소(Kalypsō)에게로 간다. 그를 알아본 여신이 그의 앞에 암브로시아가 차려진 식탁을 놓은 다음, 붉은 넥타르를 희석하여 대접한다. 먹고 마시기를 끝낸 그는 오디세우스가 고향 땅에 이르는 것이 그의 운명임을 여신에게 알리게 된다. 그래서 여신은 오디세우스를 돌보며 영원히 함께 살려던 마음을 접고, 그를 부른다. 그의 앞에 사람들이 먹는 온갖 음식들을 내어놓고서, 여신도 그와 마주 앉아 하녀들이 내온 암브로시아와 넥타르를 먹고 마시기를 즐기는 가운데, 그의 귀향 의지를 확인하고선, 마지막 사랑을 즐긴다. 이들이 저마다 마신 포도주와 넥타르는 물론 희석한 것이기는 마찬가지이다. 나흘이 걸려 배가 만들어진 다음날, 여신은 7년간이나 붙잡아두었던 오디세우스가 출항하기에 앞서, 포도주와 샘물이 각기 든 두 개의 가죽 부대를 양식들이 담긴 가죽 자루와 함께 뗏목에 실어준다.

　　그런데 호메로스만 해도 아침 식사를 '아리스톤(ariston)'이라 했지만, 훗날엔 이 말이 영어 luncheon에 해당되는 것이 되었고, 아침 먹기는 '아크라티스모스(akratismos)'라 했다. "이렇게 일컬은 것은 '물 타지 않은(akratos)' 포도주에 빵 조각들을 적셔서 먹기 때문이다."라고 했다.[33] 그리고 그 아침 음식은 '아크라티스마(akratisma)'라 했다. 그 까닭은 이러해서라 할 것이다. 그들 지역의 경우, 우리의

---

[33]　Athēnaios, *Deipnosophistai*. I. 11c를 참조할 것.

경우와는 반대로 우기가 겨울의 3개월간이고, 나머지는 완전히 건기이다. 이를테면, 비록 우기가 있다고는 하지만, 아테네의 연간 평균 강우량이 겨우 55밀리 정도이니, 1년을 통틀어 건조한 기후라 함이 옳다. 이처럼 지중해의 연중 대부분의 건조한 날씨 때문에 쉬 굳어버리는 빵을 그냥 먹기는 힘들다. 오늘날에야 우유라도 같이 먹을 수 있으니, 옛사람들과는 사정이 달라도 한참 다르다. 딱딱한 빵을 '희석하지 않은(akratos)' 포도주에 적셔 먹는다는 것은 그들 나름으로 터득한 생활의 지혜인 셈이다. 바로 이런 지중해성 기후 사정과 관련된 하나의 중요한 역사적 사건을 또한 우리는 알고 있다. 그건 예수의 최후 만찬장 장면에서 접하게 되는 것이다. 이 장면은 『마르코 복음서』 14. 12~25에 기록되어 있는 것이다. 도성의 한 집으로 열두 제자들과 함께 가서 준비된 파스카(paskha : 유월절) 음식을 먹고 있을 때, "예수님께서 말씀하셨다. '진실로 내가 너희에게 말한다. 너희 중에 한 사람, 나와 함께 식사를 하고 있는 자가 나를 넘겨줄 것이다.' 그들은 슬퍼하며 한 사람씩 차례로 '저는 아니겠죠?' 하고 예수님께 묻기 시작했다. 그분께서 그들에게 이르셨다. '그는 열둘 중의 한 사람, 나와 함께 포도주 잔에서 빵을 적시는 사람이다. 사람의 아들은 자기에 대해 기록된 대로 떠나간다. …' 그들이 음식을 먹고 있을 때에 예수님께서 빵 덩이를 갖고서 찬미를 하신 다음, 그것을 떼어서 제자들에게 주시면서 말씀하셨다. '받아라. 이건 내 몸(sōma)이니라.' 또한 잔을 쥐고서 감사드린 다음, 이들에게 주시니 모두들 그것에서 조금씩 마셨다. 그때에 예수님께서 그들에게 이르셨다. 이것은 많은 사람을 위해 흘리는 내 계약의 피(haima)이니라. …"[34] 여기에서 이 장면

---

[34]   인용된 성서의 내용은 저자가 헬라스어 원문을 직접 번역한 것이다.

의 성경 구절을 인용한 것은, 그 심각성과는 상관없이, 다만 앞에서 언급한 그 지역적 풍습을 다시금 확인해두기 위해서일 뿐이다. 그것은 예수가 마른 빵 덩어리(artos)를 분질러가며 제자들에게 나누어주니, 저마다 가까이에 있는 대접(tryblion)에 담긴 포도주에 그걸 적신(embaptomenos) 다음 먹게 되었으며, 이윽고 예수는 따로 포도주가 담긴 잔(potērion)을 들어 찬미하고선 이를 돌리니, 모두들 한 모금씩 마셔 목을 축이게 되었다는 사실이다.

그런데 이처럼 포도주 원액과 물을 일정 비율로 타는 이 희석 곧 섞음을 뜻하는 krasis(＝mixing, blending)는 흥미롭게도 '기온'을 뜻하기도 하는데, 이 경우에 이는 대기 중의 습도와 온도, 곧 온·냉·건·습이 혼합을 이룬 상태를 말해 주는 것이다.[35] 지중해성 날씨 때문이었던지 헬라스인들은 기후의 이 혼합 상태에 유난히 민감하였거니와, 이 혼합이 이상적으로 잘 이루어진 상태를 '에우크라시아(eukrasia)'라 했다. 이는 곧 그것들의 '혼합(krasis)이 잘(eu) 이루어진 상태'를 뜻하는 복합어이다. 헬라스의 기후와 관련해서 이 낱말이 나오는 문헌을 비록 우리가 플라톤의 『티마이오스』편(24c) 이전으로 거슬러 올라갈 수는 없지만, 플라톤이 이 낱말을 처음으로 썼다고는 단언하기 어렵게 만드는 것은 그것이 지니고 있는 쓰임새 때문이다. 이 대화편에서 이집트의 고승이 말하듯, 까마득한 옛날부터 그런 기온의 풍토 속에서 살아 온 아테네인들이었으며 헬라스인들이었다. 『크리티아스』편(111e)에서도 그것들이 '최적 상태로(metriōtata)' 혼화(混和)된 기후의 계절들(hōras … kekramenas)을 그들이 누렸던 것으로 전

---

35 이미 본문에서도 말했듯, krasis는 기온(the temperature of the air)을 의미하거니와, 영어 temperature는 라틴어 temperies에서 온 말이니, 이 또한 '적절한 혼합(a proper mixture)' 및 '온화함(mildness)'을 뜻하는 말이다.

한다.[36] 그런 탓으로, 그들이 살던 고향을 떠나 멀리 이주(apoikia)를
할 때도, 그들은 그런 기후가 보장되는 풍토를 애써 골라서 갔다. 이
러저러한 사정으로 주거(oikia)는 옮기되, 그런 기온의 날씨를 연중
아홉 달 이상 제공해 주는 이른바 지중해성 기후가 확보된 고장으로
만 그들은 옮겨갔던 셈이다. 자연이 그들에게 베풀어 준 이 천혜와도
같은 기온의 비밀을 그들이 더위와 추위, 온도와 습도의 적절한 배합
비율에서 찾았음을 이 낱말은 입증해 주고 있다. 아닌게아니라 5세기
(기원전)에 여러 지역을 답사까지 해가며 집요한 탐문(historiē) 기록
을 남긴 헤로도토스는 헬라스라는 고장이 "더할 수 없이 아주 훌륭하
게 혼화된 계절들(tas hōras pollon ti kallista kekrēmenas)을 얻어
갖게 되었다."고 했다.[37]

이처럼 복합적인 것의 혼합(mixis)이 조화를 이룰 경우, 이를 특히
혼화(混和: krasis=combianation)라 함이 옳을 것이다. 이를테면, 플
라톤은『국가(정체)』편에서 젊은이들의 교육(paideia)으로 몸(sōma)
을 위한 것으로는 체육(gymnastikē)을, 그리고 혼(마음: psykhē)을
위한 것으로는 시가(詩歌: mousikē)를 먼저 가르치게 한다. 그러나
"시가와 체육은 [혼의] '격정(기개)적인 면(to thymoeides)'과 '지혜
를 사랑하는(애지적인) 면(to philosophon)'을 위해서, 부수적인 경
우가 아니고서는, 혼과 육신을 위해서가 아니라, 그 둘을 위해서, 곧
그 둘이 적절할 정도만큼 조장되고 이완됨으로써 서로 조화를 이루게
끔 하기 위해서" 교육하는 것으로 말한다. 또한 이어서 "시가와 체육

---

36 『정치가』편 272a에서도, 비록 신화이기는 하나, 크로노스 치세에 "그들에게 있
어서 계절은 고통스럽지 않은 상태로 혼화되어 있었다(ekekrato)"고 했는데, 이 또한
같은 생각을 나타내는 표현이다.
37 『역사』 III. 106.

을 가장 훌륭하게 혼화(混和)하여, 이를 혼에 가장 알맞게(metriōta-ta) 제공하는 그런 사람이 완벽한 의미에 있어서 가장 ··· 조화로운 사람이라"고도 한다.(411e~412a) 더 나아가서는 이런 말도 한다. "지혜로우며 혼 전체를 위한 선견지명(promētheia)을 지니고 있는 헤아리는 부분으로서는 지배하는 것이 적합하겠지만, 격정적인 부분으로서는 이에 복종하며 협력자로 되는 게 적합하지 않겠는가? ··· 그렇다면, 앞서 우리가 말했듯, 시가와 체육의 혼화(混和, krasis)가 이 둘을 조화되게 만들지 않겠는가? 헤아리는 부분은 훌륭한 말과 학문으로 조장하며 키워주되, 격정적인 부분은 달래는 말로 이완시키며 화성과 리듬으로 순화시킴으로써 말일세."(441e~442a) 플라톤에 있어서의 이런 문제와 관련해서는 나중에 다시 다룰 사항이므로, 여기에서는 일단 멈추기로 한다.

3장 헤시오도스의 경우

적도(適度) 문제와 관련해서 또한 언급해야만 할 사람은 헤시오도스(Hēsiodos)이다. 그는 기원전 700년 전후의 사람으로서 호메로스에 버금가는 서사 시인이다. 호메로스는 트로이아 원정을 통한 전쟁 영웅들과 그들의 귀향에 얽힌 이야기를 다루었다. 반면에 헤시오도스는 『신들의 계보(神統紀)』(*Theogonia*)를 통해 신화들을 엮어 신들의 계보를 정리하기도 했지만, 『일과 역일(曆日)』(*Erga kai hēmerai*)을 통해서 자연의 이치에 순응하며 부지런하고 성실하게 순리대로 사는 인생과 관련된 실용적인 지식과 교훈시를 남기고 있다. 우리가 여기에서 주목하려는 것은 바로 이와 관련된 것이다. 한때 교역을 하던 그의

아버지는 소아시아 아이올리스(Aiolis)의 키메(Kymē)에서 헬라스의
본토 보이오티아(Boiōtia)에 있던 아스크라(Askra)로 이주하여 박토
를 일구며 산 농부였는데, 아들 둘을 두었다. 헤시오도스와 페르세스
(Persēs)가 그들인데, 아버지의 사후에, 둘은 땅 분배로 불화하게 된다.
농사에는 게으르고 낭비가 심한 아우 페르세스가 당대의 권력자들에게
뇌물을 먹여 더 큰 몫의 땅을 할당받는 판결을 그들에게서 얻어낸다. 이
에 형은 '삐뚤어진 판결(재판)들로(skoliēsi dikēsin)'(219~221)
"정의가 완력에 좌우되고(dikē en khersi), 염치(부끄러움, 경외:
aidōs)가 없어지게 되는" 상황을 개탄한다.(192~3) 그런데 바로 이
들 두 가지 것 곧 dikē(정의) 및 aidōs(경외, 염치)가 공동체의 존립과
관련되어 강조되는 중요성에 대해서는 헤시오도스의 이런 언급보다
도 플라톤의 『프로타고라스』 편(320c~323a)에 나오는 프로메테우스
설화가 오히려 더 설득력 있는 설명을 해 주고 있다. 게다가 이 설화
는 자못 흥미롭기까지 한 것이어서, 나의 재주 없는 짜깁기 설명보다
는 그대로 읽는 게 좋겠으나, 워낙 길어서 다소 줄여서 말하겠다. 옛
날에 신들은 있었으나, 죽게 마련인 종족들은 없었던 때가 있었단다.
신들이 이들 종족들을 땅속에서 흙과 불 그리고 이것들로 혼합된 것
들을 섞어서 일단 빚은 다음, 이들을 세상에 내보내기에 앞서, 프로메
테우스와 에피메테우스[38] 형제로 하여금 그것들 각각에 필요한 능력

---

38 Promētheus와 Epimētheus는 티탄(Titan)들(Titanes) 중의 하나인 이아페토스
(Iapetos)의 아들 형제들이다. 이들 형제와 관련된 신화는 헤시오도스의 『일과 역일
(曆日)』(*Erga kai Hēmerai*) 47~105행 및 『신들의 계보』(*Theogonia*) 507~616행에
나오는데, 여기서는 많이 변형되어 있는 것이다. Promētheus는 '미리 내다보며 생각
한다'는 뜻을 지닌 것이고, Epimētheus는 '일을 그르치고 나서야 나중에 생각이 미친
다'는 뜻을 지닌 것이다.

을 갖추게 했다. 그러나 에피메테우스는 형 프로메테우스에게 자기가
그 분배를 맡아 하도록 해 주되, 형은 사후 검열을 하게 한다. 그는 신
이 나서 분배를 한다. "어떤 것들에게는 속력 없는 힘을 주되, 한결 약
한 것들은 속력을 갖추게 하였다. 어떤 것들은 무장케 해 주되, 무장
을 갖추지 못한 것들에는 다른 성질의 어떤 능력을 주어서 구제책을
강구했다. 덩치를 작게 한 것들에는 날개로 달아날 수 있는 능력을,
또는 땅 밑 집을 나눠줬다. 반면에 덩치를 크게 한 것들의 경우에는,
이것 자체가 그것들을 구제해 주게 되었다." 다른 것들도 이런 식으로
고르게 분배해 줌으로써 서로의 학살을 피할 수 있게 해 준 것이다.
그런 다음, 계절들에 대한 대비책도 강구했다. 빽빽한 털과 단단한 껍
질을 입혀, 겨울의 추위와 불볕더위를 막게 해 주는가 하면, 잠자리에
들 때는 이것들이 자연스런 침구가 되게 했다. 또한 어떤 것들의 발에
는 발굽을 갖추게 하되, 어떤 것들엔 단단한 껍질을 갖추게 했다. 또
한 "그것들에 서로 다른 먹이들을 마련해 주었는데, 어떤 것들에는 땅
에서 나는 풀을, 다른 것들에는 나무의 열매들을, 또한 어떤 것들에는
뿌리들을 마련해 주었다. 그런가 하면 어떤 것들에는 다른 동물의 고
기를 먹이가 되게 해 준 경우들도 있다. 또한 어떤 것들엔 적은 출산
을 갖도록 하는 한편으로, 이것들의 먹이로 소모되는 것들엔 다산을
그 종족에게 구제책으로 제공한 것이다." 그런데 에피메테우스는 그
이름처럼 두루 생각이 미치지는 못해서, 강구해놓은 생존 능력들을
선심 쓰듯 다 나누어준다. 나중에야 인간의 종족이 생존 능력으로 갖
춘 게 아무것도 없는 상태로 아직 남아 있는 걸 알게 되어, 몹시 당혹
스러워한다. 그런 그에게로 프로메테우스가 분배 결과를 확인하러 왔
다가, 다른 동물들은 모든 걸 제대로 갖추어 갖고 있으나, "인간만이
벌거숭이인 채로 맨발로 그리고 침구가 될 것도 없고 무기로 갖춘 것

도 없는 걸 보았다." 이미 운명의 날은 정해져 있었고, 인간도 땅속을 벗어나 세상으로 나가야 했다. 난감한 채로 고심 끝에 프로메테우스는 인간을 위한 구제책을 강구한다. 헤파이스토스[39]와 아테나[40]의 기술과 관련된 지혜를 불과 함께 훔쳐다가 인간들에게 준 것이다. '결박당한 프로메테우스'와 관련된 신화는 이를 소재로 한 것이다. 인간이 삶과 관련된 지혜를 갖게 된 것은 이렇게 해서란다. 그러나 나라 경영의 지혜는 인간이 아직 갖지 못했다. 이는 제우스가 간직하고 있어서였다. 그런데 인간은 신적인 부류의 것[41]에 관여하게 된 덕에, 신과의 친족 관계에 있게 되고, 동물들 중에서는 유일하게 신들을 믿어, 제단들과 신상(神像)들을 세우려 했다. 게다가 "음성을 기술적으로 음절들로 나누고 낱말들로 형성하고", 농산물을 생산하는 등 의식주를 스스로 해결하기에 이른다. 이렇게 살게는 되었지만, 사람들은 흩어진 채로 살며, 아직 공동체도 제대로 형성하지 못하고 있었다. 그런 상태로는 사람들이 짐승들을 당해낼 수가 없어서, 자칫 소멸할 지경이 되었다. 이들의 부양에는 장인의 기술이 충분한 도움이 되었지만, 짐승들과의 싸움에는 부족한 것이었다. 이는 나라 경영의 기술이 아직 그들에게 없었기 때문인데, 전쟁의 기술은 그 일부이다. 그래서 그들은 모여서 나라들을 건립하여 생존을 도모하게 되었다. 그러나 일단 모이게 되니까, "그들은 서로를 해코지해댔는데, 이는 나라 경영의

39　Hēphaistos는 불(火)과 대장일의 신이다.

40　아테나(Athēna, Athēnē) 여신은 아테네(Athēnai)의 수호신이며, 전쟁의 여신이고, 온갖 기예(技藝)를 관장하며 지혜의 권화(權化)이기도 하다.

41　여기서 말하는 '신적인 부류의 것(theia moira)'이란 곧 신적인 것(to theion)을 뜻하며, 이는 '헤파이스토스와 아테나에게서 얻게 되는 기술과 관련된 지혜(hē entekhnos sophia)' 및 불을 가리킨다.

기술을 그들이 갖지 못해서였다. 그리하여 그들은 다시금 뿔뿔이 흩어져서는 궤멸되어갔다." 이에 인간 종족의 파멸을 두려워하게 된 제우스가 "인간들에게 경외(공경: aidōs)와 정의(dikē)를 가져다주도록 헤르메스[42]를 보내기로 했다. 나라들에 질서와 서로를 결합하는 우애의 끈이 있도록 하기 위해서였다." 그래서 헤르메스는 제우스에게 정의와 경외(공경)를 인간들에게 줄 방식에 대해 물었다. 이를테면, 의술은 한 사람이 갖게 해도 여럿에게 충분하듯, 다른 장인(전문가: dēmiourgos)들의 기술 또한 그렇다. 그러니까 정의도 경외(공경)도 이처럼 인간들 속에 놓아둘 것인지, 아니면 모두에게 나누어줄 것인지를 물은 것이다. 제우스의 대답은 이러했다. "모두에게 나누어줌으로써, 모두가 관여토록 할 것이니라. 다른 기술들의 경우처럼 소수의 사람들이 이것들[43]에 관여한다면, 나라들이 생기지 않을 것이기 때문이니라. 그러니 경외(공경)와 정의에 관여할 수 없는 자는 나라의 우환거리로서 처형하는 것을 내가 정하는 법으로 삼을 것이니라." 제우스가 인간들로 하여금 저마다 이것들을 간직하도록 했고, 이는 공동체를 유지하고 스스로 궤멸하지 않도록 하기 위해서였다는 이야기다.

'디케(dikē)'를 Liddell & Scott의 대사전(*A Greek-English Lexicon*)에서는 관습(custom, usage), 관습에 따른 질서나 도리 또는 정당함(order, right), 더 나아가서는 이를 어긴 행위에 대한 판결이나 재판(judgement), 소송(lawsuit, trial) 그리고 이에 따른 처벌(punishment)이나 벌 또는 벌금(penalty) 등으로 뜻풀이를 하고 있다. 그리

---

42 Hermēs는 신들 특히 제우스의 사자 노릇을 하며, 망령들을 저승으로 인도하기도 하는 신이다. 재주와 꾀가 많기도 해서, 거북 등을 이용하여 리라를 만드는가 하면, 계략과 속임수에도 능한 걸로 이야기되고 있다.
43 경외(공경)와 정의를 가리킨다.

고 '아이도스(aidōs)'는, 앞에서도 부분적으로 언급했듯, 부끄러움,
염치, 경외와 공경 그리고 자존(自尊)하는 마음인데, 이것들은 따지고
보면 실상 모두가 한 뿌리인 것들이다. 가령 훌륭한 인격이나 자연의
장관(壯觀) 또는 그 무구함 앞에서 갖게 되는 경외와 함께, 그와 대비
되는 자신의 초라함에 대해 갖게 됨 직한 부끄러움, 비겁하거나 몰염
치한 짓을 삼가지 않을 수 없게 하는 부끄러움, 그런 부끄러움을 가짐
으로써 스스로도 언젠가는 부끄럽지 않은 인격을 구현할 수 있다는
자부심을 갖게 되는 자존(自尊)의 마음 등은 다 하나의 뿌리를 갖는
마음 상태라 할 것이기 때문이다. 부끄러움에 대한 맹자의 말도 같은
취지의 것이라 할 것이다. "사람은 부끄러움(염치)이 없어서는 안 될
것이니(人不可以無恥), 부끄러움(염치)이 없음을 부끄러워하면(無恥之
恥), 치욕스런 일이 없을 것이다(無恥矣). 부끄러움이 사람에게 있어
선 크디크다(恥之於人大矣)."고 했으니 말이다.[44] '디케'와 '아이도
스', 이들 둘은, 프로메테우스 설화가 말해 주고 있듯, 공동체를 위한
최소한의 버팀목들이다. 그런 가치들을, 그런 버팀목들을 그렇게까지
깔아뭉개고서도 더 차지한 상속 재산을 그의 아우[45]는 신바람이라도

---

44 『맹자』 진심장구 상 6 및 7.

45 아우의 이름은 곧이어 인용되는 시구에서 밝혀지듯 페르세스(Persēs)이다. 그
러나 문헌들은 '헤시오도스와 페르세스 형제'로만 말하고 있어서, 과연 어느 쪽이 형
인지를 밝히는 것이 난제이다. 『일과 역일』 286행 및 397행에서 헤시오도스가 페르세
스를 nēpie Persē라 호격(呼格)으로 지칭하고 있는 걸 우리는 발견하게 된다. nēpios
는 원칙적으로 유아나 아이에 대해서 그 미숙한 상태를 지칭해서 하는 말이다. 그런
데 Liddell & Scott의 대사전 아닌 중사전에서는 그 어원을 nē(부정을 나타내는 접두
사)+epos(말)로 밝히고 있다. 그러니까 이 어원을 따르면, 이는 '아직 말도 제대로
못 하는'의 뜻으로, 점잖게 말해서 '철없는' 또는 '철이 덜 난' 정도의 뜻이라 할 것이
다. 그래서 비유적으로 '어린애 같다'라든가 '어리석다'는 뜻으로도 쓰이게 된 말이
다. 따라서 nēpie Persē는 "철없는(어리석은) 페르세스여!"라고 부르는 것이니, 이는

난 듯 탕진하고서 곧 곤궁한 생활을 면치 못하게 된다. 그래서 헤시오
도스는 제 아우 같은 어리석은 자들을 나무라기를,

> 그들은 알지 못하니라. 반이 전부보다도 얼마나 더 많은지도
> 아욱과 원추리[46]에도 얼마나 큰 유익함이 있는지도.(40~41)

　물려받는 땅을 둘이 똑같이 반씩 나누어 갖는 중용(to meson) 또
는 적도(適度: to metrion)의 가치를, 소박함의 가치를 모르는 그의
아우나 그런 부류의 사람들에 대한 개탄을 말하고 있는 것이다. 정당
한 이유도 없이 남보다 더 많이(pleon) 가짐(hexis)은 탐욕(pleonex-
ia) 곧 제 몫 이상으로 챙기는 과욕을 의미한다. 그런 사람을 ple-
onektēs(제 몫 이상을 가졌거나 요구하는 사람)라 한다. 아닌게아니
라 이에 대해 플라톤의 『법률』편(690e)에서는 이런 말을 하고 있다.
"그들은 헤시오도스가 반이 전부보다도 때로는 더 낫다고 말한 것이
더할 수 없이 옳다는 걸 모르고 있었던 게 아닐까요? 전부(to holon)
를 취하는 것은 해로우나, 반(to hēmisy)이 적정할(metrion) 때, 그
럴 때에는 알맞은 정도(適度: to metrion)가 과도함(적도에 어긋남:
to ametron)보다도 더 많다(더 낫다: pleon)고, 더 나쁜 것에 비해 더
좋은 것이라고 그는 여겼던 겁니다." 그래서 같은 대화편 906c에서는
이런 말을 하고 있다. "제 몫보다 더 차지하려는 마음(탐욕: pleonex-
ia)이 살찐 몸들의 경우에는 질병으로 불리는 것이나, 계절들과 세월

아무래도 동생한테 하는 말투이지, 형한테 하는 말투라고 하기에는 적잖은 무리가 따
를 것 같다. 해당 번역 시구의 말투를 하대하는 식으로 옮긴 것은 그 때문이다.

46　원어는 asphodelos(나리과의 식물)이나, 우리가 식용하기도 하는 원추리쯤으로
보아도 될 것 같다.

들의 경우에는 역병으로 불리는 것이요, 나라(polis)들과 정체(政體: politeia)들의 경우에는 그 명칭이 바뀌어 바로 이것, 곧 올바르지 못함(불의: adikia)으로 불리는 것이라 우리는 주장할 수 있을 것 같습니다." 그래서 헤시오도스는 거듭 당부한다. "적도(metra)를 지킬지니라. 모든 경우에 적정함(kairos)이 최선이니라."(694)[47] 하고. 아울러 그는 아우에게 이른다.

크게 어리석은 페르세스여, 내 좋은 뜻으로 네게 말하느니라.
나쁨은 실로 무더기로 쉽게 취할 수 있지.
그 길 평탄한데다, 아주 가까이 나 있는지라.
하나, [사람으로서의] 훌륭함(aretē) 앞에는 땀 뺄 일들을 신들이 놓아
두었으니,
죽지 않는 이들이. 이에 이르는 길은 멀고도 가파르며
처음엔 험하기조차 하지. 하지만 그 정상에 이르고 나면,
이후로는 그야말로 편안하지, 그 힘들던 길이.(286~292)

부지런히 일하며 성실하고 적도를 지키며 지혜롭게 사는 가운데, [사람으로서의] 훌륭함(aretē=goodness)을 수련하는 삶을 아우를 포함한 동시대인들에게 일깨우려는 간절한 마음에서 그는 그 글을 썼을 것이다.

---

47   metra phylassesthai · kairos d'epi pasin aristos.가 원문이다.

4장 [사람으로서의] 훌륭함(덕: aretē)

헤시오도스는 이처럼 탐욕(pleonexia) 곧 제 몫 이상으로 챙기는 과욕을 버리고, 적도(metra)를 지키는 걸 '[사람으로서의] 훌륭함'이라 말하며, 자기 시대에 사람들 사이에서 무엇보다도 절실히 요구되는 '[사람으로서의] 훌륭함(덕)'을 특히 경외(공경: aidōs)와 정의(dikē)로 내세우고 있다. 그렇다면 헤시오도스에게 있어서 새삼스레 그처럼 강조되고 있는 것으로서 '[사람으로서의] 훌륭함(goodness)' 혹은 '덕(virtue)'으로 번역하기도 하는 '아레테(aretē)'가, 그에 한 세대는 앞선 것으로 추정되는,[48] 호메로스의 『일리아스』에서는 무슨 뜻들로 쓰이고 있는지부터 대조적인 관점에서 알아보기로 하자. 요컨대, 호메로스의 경우에, 이는 모든 종류의 남다른 '빼어남(탁월함: excellence)'을 뜻한다. 이를테면, 발 빠름(podōn aretē. 20. 411)의 경우처럼 빼어난 빠름, 준마의 경우처럼 말들의 빼어남(23. 276),[49] 온갖 빼어남들(pantoiai aretai. 15. 642), 메넬라오스가 자부하며 말하는 말 모는 제 '솜씨'(emēn aretēn. 23. 571), 그리고 무엇보다도 전쟁을 통해서 보이는 영웅들의 저마다의 남다른 '용기(prowess)'(8. 535, 13. 237, 20. 242) 등이다. 특히 남다르게 빼어난 '용기'와 관련해서는 다음 표현들에서 그 점이 아주 잘 드러나 있다고 할 것이다.

---

48 앞서 인용된 '옥스퍼드 고전사전'(47쪽 각주 8 참조)에서는 『일리아스』를 기원전 750년경 그리고 『오디세이아』를 725년경으로 그 연대 추정을 하는 데 어느 정도 합의를 보고 있는 걸로 언급하고 있다.

49 『논어』 헌문 35에서 공자가 "천리마란 그 힘 때문에 그리 일컫는 게 아니라, 그 덕(德, 德性) 때문에 그리 일컫는 것이다(驥不稱其力, 稱其德)"라고 했는데, 이 경우의 '덕(德, 德性)' 곧 '빼어남'이 '아레테'이다.

그건 펠레우스(Peleus)가 트로이아 원정에 참가하기 위해 떠나는 아들 아킬레우스에게 "언제나 가장 용감하며 훌륭하고 남들보다 빼어나기를(aien aristeuein kai hypeirokhon emmenai allōn)" 당부하는 (11. 784) 말에 있어서다. 또한 똑같이 이 정형화된 표현은 이에 앞선 6권 208에서도 보인다. '아리스테우에인(aristeuein)'은 '가장 훌륭하고 가장 용감함'을 뜻하는 형용사 'aristos' 그리고 '용맹스러움' 및 '무공'을 뜻하는 'aristeia'와 어원을 함께 갖고 있는 낱말들이다. 아마도 그래서일 것이다. 훗날의 헬라스인들이 바로 '용기'의 뜻으로 쓰게 되는 'andreia(andria, andrēiē)'라는 낱말을 놀랍게도 우리가 호메로스에서는 따로 찾아볼 수 없는 까닭은. 이 사실은 우리에게 의미 있는 시사를 던져 주고 있다. aretē(goodness)의 형용사로 쓰이고 있는 agathos도 사람에게 적용될 때, 호메로스의 경우에는 '용감한, 유능한, 훌륭한, 고귀한, 귀족인' 등의 뜻으로 '남달리 빼어난' 데 대해 쓰이는데, 이는 주로 부족의 수장(首長)들 또는 영웅들에게 적용되는 것이다. 따라서 이와 반대의 뜻으로 쓰이는 kakos도 비천하거나 보잘것없거나 추하거나 비겁함을 지칭하는 형용사로 쓰이는 용법 또한 같은 이치에서다. 그러나 영웅시대가 끝나가면서부터는 agathos에서도 aretē에서도 전쟁 영웅들의 용기와 관련된 남다른 '빼어남(excellence)'의 의미는 퇴색해버리고, 단순히 '훌륭한(good)' 그리고 '훌륭함(goodness)' 또는 '훌륭한 상태'를 뜻하는 쪽으로 무게가 실리게 된 것으로 볼 수 있겠다. 이는 앞서 헤시오도스를 다룬 데서도 그랬지만, 특히 플라톤에게서 두드러지게 드러난다.

　모든 사물에는 그 종류 나름의 '훌륭한 상태(goodness)' 곧 그 '특유의 훌륭한 상태(hē oikeia aretē)'[50]가 있게 마련이고, 이는 대개 그 종류 나름의 '기능(ergon)' 또는 '구실'이나 '용도'와 관련되어 있는 말이다. 그것이 어떤 것의 생존 기능 또는 그것의 존립 이유나 존립 조건과 관련된 것이든 간에, 그것들의 '훌륭한 상태'는 있게 마련이다. 그래서 아리스토텔레스도 또한 말하고 있다. "이것들 각각의 최선의 상태(hē beltistē hexis)가 무엇인지를 파악해야만 한다. 이것이 각각의 것의 '아레테'이기 때문이다. 한데, '아레테'는 고유의 기능(ergon)과 관련되어 있다."[51] 플라톤의 대화편 『고르기아스』(506d)에서는 "각각의 것의 훌륭함(훌륭한 상태)이, 그게 도구(가구)이든 몸이든 혼이든 그리고 더 나아가 모든 동물이든, 그 각각의 훌륭함이 최선의 상태로 생기게 되는 것은, 아무렇게나가 아닌 질서와 바름 그리고 기술에 의해서다."라고 말하고 있다. 이와 비슷한 내용의 언급은 『국가(정체)』편 601d에도 보이는데, 그건 이러하다. "각각의 도구와 생물 및 행위의 훌륭함(aretē)과 아름다움 및 옳음은 다름 아닌 용도(khreia), 즉 그 각각이 만들어졌거나 생기게 된 용도와 관련된 것이 아니겠는가?"[52] 따라서 우리가 '좋은 눈'이라 말할 때, 이는 눈의 기능과 관련해서 하는 말이지, 곱거나 잘생긴 눈을 가리켜 하는 말은 아니다. 개나 말의 경우에서처럼 그것들의 종(種)으로서의 생존 조건이나 인간에 대한 그것들의 유용성과 관련해서도 우리는 그 '훌륭한 상태'를 상정할 수 있다. 그리고 모든 인위적인 생산물은 그것들의 유용성 및 기능과 관련된 '훌륭한 상태'를 전제로 하여 만들어지고 있다. '좋은 칼'이라든가 '좋은 낫'이라 말함은 그 때문이다. 인위적인 것이든 또는 자연적인 것이든, 그 종류 나름의 이런 '훌륭한 상태(훌륭함, 빼어남: goodness, excellence)'를 '아레테'라 한다. 그러니 '훌륭한

---

50   『국가(정체)』편 353b.
51   『니코마코스 윤리학』 VI. 1~2: 1139a15~17.
52   같은 생각을 우리는 『크세노폰의 회고록』 III. viii. 4~10에서도 확인할 수 있다.

상태(훌륭함)'란 독립적인 것이 아니라, 원래는 기본적으로 '[…의]
훌륭한 상태' 또는 '[(으)로서의] 훌륭함'이어서, 어떤 부류나 종류에
속하는 것이다.[53] 따라서 칼의 훌륭한 상태(칼로서의 훌륭함), 눈의
훌륭한 상태(눈으로서의 훌륭함), 심지어는 토양의 훌륭한 상태, 혼
이나 몸, 남자 또는 여자, 군인이나 농부의 훌륭한 상태(훌륭함)처럼
온갖 종류가 있다. 아닌게아니라 플라톤의『메논』편(71d~72c)을 보
면, '아레테'가 무엇인지를 묻는 소크라테스의 물음에 메논이 거침없
이 남자의 '아레테'가 어떤 것이며, 여자의 '아레테'는 어떤 것인지를
대답한다. 이어서 자유민의 그것, 아이나 노인 그리고 노예의 그것들도
원한다면 전혀 어려울 것 없이 말해 줄 수 있다고 한다. 그리고선 덧붙
여 말한다. "우리 각자에게는 각각의 행위와 연령층에 따른 각각의 구
실(기능, 할 일: ergon)과 관련하여 훌륭함(훌륭한 상태, 덕: aretē)
이 있기 때문인데, 소크라테스 님, 이는 나쁨(나쁜 상태: kakia)[54]의
경우에도 마찬가지일 걸로 저는 생각합니다." 하고. 이에 소크라테스
는 자신이 찾고 있는 것은 정작 하나의 '아레테'인데, 메논이 한 무리
로 그걸 말해 주었으니, 아무래도 자신이 대단한 행운을 만난 것 같다
고 익살을 부리고선, 하지만 자신이 묻고 있는 것은 '아레테'의 종류
들이나 그 사례들이 아니라 그 본질(ousia)임을 정색을 하고서 말해
준다.

  이처럼, 만일에 우리가 사람에게 사람의 공통된 어떤 구실(기능)을

---

53 이런 점은 다음 책에서도 꽤 자상하게 언급되고 있다. W. K. C. Guthrie, *The
Greek Philosophers: From Thales to Aristotle* (Harper & Row, N. Y., 1960), pp.
8~10. 필자의 번역본『희랍철학 입문』21~24쪽 참조.

54 나쁨(나쁜 상태: kakia=badness)은 훌륭함(훌륭한 상태, 덕: aretē=good-
ness)과 반대되는 뜻으로 쓰이는 것이다.

요구하거나 기대한다면, 그것은 '사람의 훌륭한 상태' 또는 '사람으로서의 훌륭함'일 것인데, 편의상 헬라스인들은 그 시대마다 모두가 귀히 여기며 추구하는 가치라 할 '사람의 훌륭한 상태' 또는 '사람으로서의 훌륭함'이 모든 사람에게 보편적으로 적용될 수 있는 것으로 보아, 그냥 aretē(아레테)라 하게도 되었다. 앞에서도 보았듯, 호메로스의 서사시 시대의 보편적 가치로서의 '사람다움'은 무엇보다도 싸움터에서 영웅들이 보여주는 남다른 빼어남(excellence)인 '용기(prowess)'로서의 '아레테'였다. 그 형용사에 해당하는 agathos도 그 시대에는 귀족이나 수장(首長)들이 보여주는 용감함(brave, valiant) 곧 그런 훌륭함(good)이었다. 그러나 시대의 변천에 따라 사람다움과 관련해 요구되는 가치가 다양해지면서, aretē의 내용도 다양해지게 마련이다. 헤시오도스가 강조한 경외(공경: aidōs)나 정의(dikē), 훗날 소크라테스가 그 의미 규정들을 해보이려 한 '아레테'의 여러 종류들인 경건함, 용기, 절제, 지혜 등이 그것들이다. 한데, 어떤 사회나 시대가 그 시대 및 그 사회에 속하는 모든 인간에게 적용하는 보편적인 도덕적 가치를 가리킬 경우에, 우리는 이를 '덕(virtus, virtue)'이라 말하는데, 그 때문에 aretē(아레테)도 곧잘 그리 번역해 왔다. 그렇지만, 앞에서도 말했듯, 원칙적으로 '아레테'는 독립적인 것이 아니라, 반드시 '[…의] 훌륭한 상태' 또는 '[(으)로서의] 훌륭함'이라는 말의 기본 틀에서 벗어나지 않는 범위의 것이므로, 사람의 경우에는 이에 '사람'을 대입시켜 '[사람의] 훌륭한 상태' 또는 '[사람으로서의] 훌륭함'이라 함이 논의의 보편성에 부합하는 것이 되겠다. 물론 사람에게 적용되는 '아레테'를 우리말로 번역할 경우에, 의미 전달의 편리함을 위해서라면, 우리에게 익숙한 '덕'으로 옮기는 것도 좋겠으나, 의미 전달의 정확성과 보편성을 위해서는, 그것이 모든 종류의 사

물에 두루 적용되는 것임을 고려해서, 적어도 헬라스 사상의 경우에
는 '[…의] 훌륭한 상태' 또는 '[…으로서의] 훌륭함'으로 옮기는 것
이 더 보편성을 갖는다고 나는 생각한다.[55] 물론 경우에 따라서는 '빼
어남(excellence)'을 뜻하는 경우가 적잖이 있기는 하지만, 특히 도덕
적인 관점에서 말할 경우에는 단연코 그러하다고 할 것이다. '빼어
남'이나 '탁월함'은 어느 경우에나 여럿 중에서 그러함을 뜻하는 상
대적인 표현이지만, 어떤 종류의 것에 있어서 상정할 수 있는 가장 그
것다운 '훌륭한 상태'는 어떤 개별적인 사례와 비교해서 말할 성질의
것이 아니겠기 때문이다.

5장 피타고라스학파의 적도 사상

다음으로 우리가 알아보려는 것은 피타고라스학파와 관련해서다.
하나의 종단(宗團: thiasos)으로 출발한 피타고라스의 추종자들은 혼
의 불멸설을 믿으며 금욕 생활을 했다. 그래서 '피타고라스적 삶(Py-
thagoreios bios)' 또는 '피타고라스적 생활 방식(Pythagoreios tro-
pos tou biou)'이라는 말까지 생기게 되었다. 피타고라스의 상징적
경구들(symbola) 가운데 하나로 "저울을 넘지 말라(zygon mē hy-
perbainein)"는 게 있었는데, 이는 곧 "제 몫 이상을 챙기지 말라" 또

---

55 그런 점에서 B. Manuwald가 이를 종래의 독일어 번역어 Tugend(virtue) 대신
에 Tüchtigkeit 그리고 무엇보다도 주로 das Gut-Sein이라는 형태의 독일어로 옮긴
것은 그런 고심의 성과라 할 것이니, Tüchtigkeit는 excellence에, das Gut-Sein은
goodness에 각기 해당하겠기 때문이다. Manuwald, B., *Platon: Protagoras*, Göttin-
gen, 1999.

는 "넘치지 않도록 하라(mē pleonektein)"는 뜻이라고 한다.[56] 아니 그것은 권도(權度) 곧 저울과 자로 상징되는 준칙을 범하지 말 것을 이르는 것인 것 같다. 마치 척도를 뜻하는 metron이 곧 적도(to metrion)를 뜻하듯 말이다. 앞서도 말했듯, '도에 넘침(pleonexia)'은 그런 준칙을 짓밟는 탐욕이다. 그것이야말로 인간 세계에 있어서만이 아니라 자연에 있어서도 질서 파괴의 근원이요, 온갖 아름다운 것과 훌륭한 것을 사라지게 하는 탓이 되는 것이다.

 "우주 속의 질서(taxis)로 해서 우주를 kosmos라 일컬은 최초의 사람이 피타고라스"라고[57] 한다. 실은 kosmos 자체가 질서를 뜻하기도 한다. 또한 kosmos는 여인들의 장신구를 의미하기도 한다. 이런 뜻들을 하나의 맥락으로 잇는다면, '하나의 아름다운 질서 체계로서의 우주' 개념이 떠오른다. 그런데 피타고라스학파의 사람들이 "만물은 수(arithmos)를 닮았다고 말해 버릇했다"[58]고도 한다. 그러니까 이는 무엇을 의미하는가? 수적인 질서가 우주와 그 속에 포함된 사물들의 아름다움을 이해하게 해 주는 열쇠가 될 수 있다는 말이다. 같은 곳에서 이어지는 언급들을 보자. 다음과 같은 것들이 그 이치를 말해 준다는 주장이다. 그들은 맹세를 할 때, "아닙니다. 영원히 지속하는 자연의 뿌리들을 담고 있는 원천인 tetraktys(테트라크티스)를 우리 머리에 물려준 그분에 맹세코."라고 했단다. tetraktys는 사실상 번역이 불가능한 것인데, 굳이 우리말로 풀이해서 옮긴다면, '넷이 하나로 조

56 W. D. Ross, *Aristotelis Fragmenta Selecta*, Peri tōn Pythagoreiōn 7 (fr. 197; Porph.*V.P.*42), Oxford, 1955.

57 Aëtius, II. 1. 1.

58 Sextus Empiricus, *Pros Logikous*, I. 94~100 (*Adversus mathematicos*, VII. 94~100).

합을 이루는 것', 이를 다소 무리해서 단축한다면, '넷인 조합'이라 해도 될 것 같다. 이를테면, 자연수들 중에서 처음 것들인 1, 2, 3, 4 는 그 합이 10이고, 이는 가장 완전한 수이다. 또 다른 경우를 보자. 나눌 수 없는 1은 점이고, 넓이 없는 두 점의 이어짐은 선이며, 이것 들과 셋째 점의 연결은 평면을 이룬다. 다시 이것들 셋이 이루는 평면 위의 꼭짓점인 넷째 점에 이것들이 연결될 경우, 이것들은 피라미드 (pyramis) 형태의 입체를 이룬다. 이것들도 하나의 tetraktys이다. "그러기에 tetraktys가 전체 자연의 원천(pēgē)인 것은 이치에 맞다." 는 주장이다.

그러나 무엇보다도 놀라운 것은 음악의 경우에 있어서 유난히도 빛을 발하는 tetraktys이다. 피타고라스는 리라(lyra)가 내는 8도 음 정(한 옥타브)을 여덟 현들이 아니라, 공명(共鳴) 상자 위에 현(絃: khordē) 하나를 켕겨 매고서 줄받침을 이동시켜 가며 여덟 줄의 8도 음정 실험을 하며, 이 음정들에 해당하는 현의 길이를 재어본다. 그 결과로 한 옥타브의 아래위 양쪽 끝(첫 줄 '미'와 여덟째 줄 '미')의 음들 둘과 중간의 음들 둘 곧 이들 넷을 고정음들로 얻는데, 이것들 사이의 나머지 것들은 가변음들이다. 그리고 이들 고정음들인 넷(tet-raktys) 사이에는 현의 길이로 따져, 다음과 같은 비례 관계가 성립함 을 발견하게 된다. 곧 2:1, 3:2, 4:3이 그것들인데, 이것들도 자연수 들 중의 처음 네 수들로 이루어지는 비율이다. 앞의 비율을 통분하면, 그 길이 순으로 6, 8, 9, 12의 수치를 얻게 되는데, 이 수치는 각기 가 장 높은 음(neatē, nētē: Mi에 해당), 다섯째로 높은 음(paramesē: 중간 다음인 음: Si에 해당), 중간 음(mesē: La에 해당), 가장 낮은 음(hypatē: Mi에 해당) 순으로 주어지는 것이다. 다시 넷째 음과 다 섯째 음이 그 양쪽 끝의 가장 높은 음과 가장 낮은 음에 대해서 수적으로 어떤 관계에 있는지를 밝히게 된다. 그는 그 각각이 양쪽 끝의 음들에 대해 조화평균[59]과 산술평균의 관계에 있음을 발견하게 된다. 음악의 다양성은 바로 이들 고정음과 그 사이에 배정되는 가변음(可變音)들의 관계 설정에 따른 것임도 드러나게 된다. 그리고 이것들로 구성되는 다양한 선율을 일정한 양식으로 규제하는 법칙을 헬라스인들은 선법(旋法: harmonia)[60]이라 일컬었는데, 이 '하르모니아'는 그것이 쓰이는 문맥에 따라 협화음, 조화, 조율, 화성 등의 여러 가지 뜻으로도 이해되는 말이기도 하다. 그리고 바로 앞에서 말한 평균(mesotēs)이란 말이 곧 '중용'을 의미하는 말이기도 하다는 사실을 우리로서는 또한 유념할 일이다. 그런데 역시 놀랍게도 플라톤의 『티마이오스』편(35b 이후)에서는 이 비율이 우주 혼의 구성에 더 정교하게 적용되어 언급되고 있음을 우리는 새삼 확인하게 된다.

59　이 경우의 조화평균으로 불리는 8은 6에 대해 6의 1/3만큼 더 많고, 12보다는 12의 1/3만큼 적기도 하다. 조화평균(hamonikē mesotēs)은, 양쪽 끝수를 a와 b로 할 경우, $2ab/(a+b)$로 공식화된다.

60　여기에서 '선법'으로 옮긴 harmonia는 오늘날의 음악에서 말하는 '화성'으로서의 '하모니'를 의미하는 게 아니라, 고대의 헬라스 음악 특유의 선법(旋法: musical mode)을 의미한다. 『법률』편 665a에는 "음성(phōnē)의 질서, 곧 고음과 저음의 혼성이 실현되었을 때의 질서에 대해서는 선법(旋法: harmonia)이라는 이름이 붙여진다."고 말하고 있다. 그리고 『국가(정체)』편 398d에는 이런 언급이 보인다. "노래(melos)는 세 가지, 즉 노랫말(가사: logos)과 선법(旋法: harmonia) 그리고 리듬(rhythmos)으로 이루어져 있다." 그리고 이에 이어지는 부분(398e~399a)에서 선법들의 종류들로 이오니아 선법(iasti [harmonia])과 리디아 선법(lydisti [harmonia]), 도리스(도리아) 선법(dōristi [harmonia]) 그리고 프리기아 선법(phrygisti [harmonia])을 기본적인 것들로 들고, 이것들의 변용 형태들, 이를테면 혼성(混成) 리디아 선법(meixolydisti harmonia)이나 고음 리디아 선법(syntonolydisti) 등도 함께 들고 있다. 그러니까 어떤 노랫말에 방금 든 것들과 같은 일정한 선법과 리듬이 부여됨으로써 하나의 시가(詩歌: mousikē)가 작곡된다는 이야기이므로, 선법은 일정한 음계(systēma)에 따라 만들어지는 선율의 변화와 성격을 규제하는 법칙이라 하겠다.

이러한 피타고라스의 사상은 그 학파에 속하는 사람들에 의해 여러 형태로 계승되고 발전한다. 피타고라스학파의 중심적 활동무대였던 크로톤(Krotōn) 출신의 알크마이온(Alkmaiōn)도 그 영향을 받은 생리학적인 주장을 펴게 되는데, 그 내용은 다음의 토막글 속에 알차게 담겨 있다. "건강을 유지케 하는 것은 힘(dynamis)들, 곧 건습, 냉온, 감고 등등의 균등(isonomia)이지만, 이것들 간의 한쪽 지배(monarkhia)는 질병을 생기게 한다. 왜냐하면 각각의 한쪽 지배는 파멸 작용을 하기 때문이다. 질병이 생기는 것도 열기나 냉기의 지나침(hyperbolē)으로 인해서인데, 이는 영양의 과다나 부족으로 말미암아서 그리고 이게 혈액이나 골수 또는 두뇌에 그런 사태가 발생케 함으로 해서다. 그러나 이것들에 이런 사태가 발생하는 것이 때로는 외부의 원인들로 해서이기도 한데, 물의 성질로 해서거나 장소 또는 피로나 불가피성 또는 이와 비슷한 것들로 인해서이다. 반면에 건강은 여러 성질들의 균형 잡힌 혼화(混和)(hē symmetros … krasis)이다."[61] 그의 이런 주장 속에는 인체를 구성하는 대립적 요소들과 관련된 다분히 철학적 의학의 성격을 갖는 내용도 담겨 있지만, 풍토나 수질 등의 환경적 요인과 관련된 경험적 관찰이 또한 중시된 점도 돋보인다. 거드리가 그의 이런 주장을 두고, 이후의 "헬라스 의학의 초석으로 된" 것으로 언급하고 있는 것도[62] 바로 그런 점 때문일 것이다.

역시 그들 중의 다른 한 사람으로서 특히 우리의 주제와 관련해서 주목하게 되는 사람은 피타고라스 사후 25년쯤 뒤에 태어난 필롤라오스(Philolaos: 약 474~390년)이다. 그는 5세기 후반에 피타고라스학

---

61 Diels-Kranz, *Die Fragmente der Vorsokratiker*, I, Fr. 4 (Weidmann, 1956), pp. 215~6.

62 W. K. C. Guthrie, *The Greek Philosophers* (N. Y. 1960), p. 41.

파를 사실상 주도했던 인물이며, 그들 학파의 사람으로는 최초로 저
술을 냈다. 그의 『자연에 관하여』(*Peri physeōs*)의 첫머리는 이렇게
시작하는 것으로 전한다. "우주(kosmos) 속의 자연(physis)은 한정
지어지지(한정되지) 않은 것들(apeira＝the unlimiteds)과 한정 짓는
것들(perainonta＝limiters)로 조화롭게 결합을 이루고 있다(har-
mokhthē＝synarmokhthē). 전체 우주도 그리고 그 속의 모든 것도
그러하다." 이는 『디오게네스 라에르티오스』 VIII. 85에 나오는 것으
로, 흔히 그의 '토막글 1'로 불린다. '토막글 2'로 불리는 것의 내용도
기본적으로는 대동소이하다. 그러나 이 조화는 피타고라스 이래로 그
들 학파에 있어서 만물의 원리(arkhē)처럼 여겨져 왔을 수(arith-
mos)를 매개로 한 '한도 지음(한정함)'에 의해서 가능한 일이라 보겠
는데, 그렇게 볼 때만이, 필롤라오스도 그들 학파와 함께 정통성의 맥
을 같이 이을 수 있을 것 같다.[63] 이를테면, 필롤라오스의 이 주장을
앞에서 언급한 옥타브의 음정과 연관시킨다면, 우리는 이런 이론 전
개를 볼 수 있을 것이다. 음은 처음 상태의 그 자체로는 한정되지 않
은 채로 또는 한도 지어지지 않은 채로 있는 것이다. 그러나 이것이
일단 하나 또는 여러 옥타브로 한정되고, 또한 하나의 옥타브에 있어
서도 일정한 형태의 음도(音度)나 음정으로 한도 지어짐으로써 비로
소 악음(樂音)이 되며, 이의 조화로운 결합으로 음악이 성립한다고 할
것이니 말이다. 이런 그의 주장은 플라톤에게 적잖은 시사를 주게 됨
을 우리는 그의 『필레보스』 편에서 확인하게 된다.[64] 아닌게아니라 플

---

63 W. Burkert가 이런 견해를 갖는 것으로 J. E. Raven은 보고 있다. Kirk, Raven
& Schofield, *The Presocratic Philosophers*, 2nd ed. (Cambridge, 1983), 324쪽 참조.
64 참고 문헌. C. A. Huffman, *Philolaus of Croton*, Cambridge, 1993. Kirk,
Raven & Schofield, 앞의 책.

라톤의 『파이돈』편 61d를 보면, 플라톤이 필롤라오스의 주장들에 대해 정통하였다는 걸 우리는 짐작할 수 있다.

6장   히포크라테스 의학과 적도 사상

피타고라스학파의 경우처럼, 역시 한 무리를 이룬 학파로서 우리의 주제와 관련해서 다루지 않을 수 없는 경우는 히포크라테스(Hippo-kratēs: 460~약 370년)를 수장으로 삼은 이른바 '코스 의학파'이다. 그는 의신(醫神)으로까지 신격화된 아스클레피오스(Asklēpios)의 손자이다. 이 의신에 대한 숭배의 중심지는 펠로폰네소스반도의 에피다우로스(Epidauros)였으며, 일찍이 이곳에는 그의 신전과 함께 의술학교가 있었다. 아스클레피오스의 아들을 '아스클레피아데스(Asklēpiadēs)'라 일컫는데, 그의 두 아들을 위시해서 그를 추종하는 의사들을 그의 후예라는 뜻에서 복수 형태로 Asklēpiadai라 했다. 그러나 아마도 아버지 대에 이주하여 정착한 코스(Kōs)섬에 히포크라테스가 의학교를 세운 이후로는, 이 의학교 출신의 의사들과 저들 신전 의사들 간에 심한 대립 양상을 보이게 된다. 플라톤에게도 이 사태는 잘 알려진 일인 게 분명했던 것 같다. 왜냐하면 그의 『국가(정체)』편(405c~408c)에서는 이 두 유파의 의술 행위의 차이나 질병들에 대한 새로운 명명과 관련된 언급이 엿보이기 때문이다. 그런가 하면『파이드로스』편(270b~d)에서도 질병이나 건강에 대한 의술(iatrikē)의 접근 방식이 히포크라테스가 하듯이 따라야 함을 시사하고 있는 대목이 또한 보인다. 여기에서는 '무엇인가의 본질(hotououn physis)'에 대한 이해는 '전체적인 것의 본질(hē tou holou physis)'에 대한 이해 없이는 불가능함을 말하고 있는데, 이는 이를테면 히포크라테스의 이름으로 전하는 『인간 [체질]의 본질에 대하여』(*Peri physios an-thrōpou*)와 같은 글을 염두에 둔 언급일 것이다.[65]

히포크라테스의 이름 아래 『히포크라테스 전집』(*Corpus Hippocra-ticum*)으로 묶인 글 묶음들은 60편 남짓이다.[66] 그 자신은 소크라테스(469~399년)와 거의 동시대에 활동했지만, 이 전집 속에는 기원전 3세기경까지의 것들까지도 포함된 것으로 알려져 있다. 따라서 이 가운데서 어느 것이 그리고 어디까지가 히포크라테스 자신의 것인지를 가리는 일은 거의 무망한 일인 것 같다. 게다가 이것들 중에서 우리의 논의와 관련해서 언급하려는 것들은 그 일부일 뿐이다. 『인간 [체질]의 본질에 대하여』 III, IV에서는 이런 내용의 것들이 보인다. "첫째로, 생성(탄생: genesis)이 한 가지 것(hen)[67]에서는 일어나지 않는 게 필연적이다. 한 가지인 것이, 어떤 것과 섞이게 되지 않고서야, 어떻게 무언가를 낳겠는가? 다음으로, 동족인 것이 아닌 것들이 또한 같은 성질의 힘을 갖는 것이 아닌 것들이 섞인들, 출생은 없을 것인즉, 이것들의 이루어짐은 없을 것이다. 그리고 또한, 뜨거운 것이 찬 것과, 건조한 것이 습한 것과 서로 간에 알맞은 정도로(metriōs) 그리고 균등하게(isōs) 유지되지 못하고, 한 쪽이 다른 쪽보다 많이 넘치며 더 강한 쪽이 한결 약한 쪽보다 역시 많이 그럴 경우에는, 생

---

65 이 글 묶음의 일부는 히포크라테스의 사위 폴리보스(Polybos)가 집필한 것으로 알려져 있다.
66 헬라스어 원문과 영어 대역으로 된 Loeb Classical Library 판의 히포크라테스 전집은 총 6권으로 출간되어 있다.
67 이를테면, 초기 자연철학자들의 주장처럼, 물이나 공기처럼 어느 한 가지 것에서 사물이 생성된다거나, 남녀 양쪽이 없이 어느 한 쪽만으로 생명의 탄생을 볼 수는 없다는 뜻으로 하는 말이다.

성(탄생)을 보지 못할 것이다. 그러니, 어찌 한 가지 것에서 어떤 것이 생겨날 법이나 하겠는가? 한 가지 이상의 여러 가지 것들에서 생겨나지 않을 경우에, 즉 그것들이 서로 간에 훌륭한 상태를 유지함으로써 혼화(krēsis)에 적중하지 않는다면 말이다."(III) 이런 생각은 인체의 구성 요소들에 대해서만 적용되는 것이 아니라, 인체의 건강 요인과 관련해서도 그대로 적용되고 있다. "인간의 몸은 그 안에 피와 점액 그리고 황색 및 흑색의 담즙을 지니고 있거니와 이것들이 인체의 본질이며, 이것들로 해서 앓기도 하고 건강하기도 하다. 그러므로 인체가 건강한 것은 이것들이 서로 간의 섞임과 힘 그리고 양에 있어서 알맞은 정도를 유지할 때이다."(IV)

7장 데모크리토스의 토막글들에 보이는 적도 사상

원자론자인 데모크리토스(Dēmokritos)는 히포크라테스와 거의 비슷한 시기(약 460년)에 태어나, 아흔 살 또는 백수까지 넘긴 것으로 알려졌을 만큼 장수한 철학자이다. 따라서 그의 활동 시기는 상당 부분이 소크라테스(469~399년) 및 플라톤(427~347년)과도 겹친다. 어쩌면 그의 이런 장수는 '웃으면서 지낸 철학자'라는 별명을 얻을 만큼, 편한 마음가짐으로 활기차게 산 덕분인지도 모르겠다. 딜스-크란츠의 『소크라테스 이전 철학자들의 토막글들』[68]에는 그런 그에 대한 것으로 할당된 분량이 무려 150쪽에 이를 만큼 방대하다. 그가 남

---

68 Diels-Kranz, *Die Fragmente der Vorsokratiker*, II(81~230), Weidmann, 1952.

긴 것으로 전하는 토막글들로는, 원자설과 관련된 것들 이외에도, 광범위에 걸쳐 인간의 현실 생활과 관련되는 격언 성격을 갖는 것들 (gnōmai)이 많은데, 그 대부분(4/5)이 윤리적인 것들이다.[69] 그러나 꼭 그 특유의 것이라고도 할 수 없는 내용의 것들이 많다 보니, 그의 것이라는 확실성을 의심받는 것들 또한 많다. 플라톤이 그에 대해서 아무런 언급도 하지 않고 있는 것이 어쩌면 그 때문인지도 모를 일이다.

그러나 그의 장수를 가능케 하는 데에도 기여했음 직한 데다, 그의 원자설에 입각한 것이라 할 수 있는 몇 개의 토막글이 우리의 주제인 적도(metriotēs)와도 관련된 것이어서, 여기에 언급해 둘 필요성을 느낀다. 아마도 『활기(活氣: euthymiē)에 대하여』(*Peri Euthymiēs*)라는 글의 일부분으로서, 그 시작 부분에 해당될 것으로 추정되는 토막글들을 중심으로 살펴보기로 한다. "활기찬 상태로 있으려(euthymeisthai) 하는 자는, 사적으로도 공적으로도, 많은 걸 하려고 해서는 안 되며, 무엇을 하건, 제 능력과 자질을 넘어서는 걸 취해서도 안 된다. 운이 좋아 그 이상으로 나아갈 수 있을지라도, 이를 자신의 판단에 의해 제쳐두고, 자신이 할 수 있는 것들 이상으로 손을 대는 일이 없도록 스스로 지킬 수 있어야 한다. 큰 덩어리보다는 알맞은 덩어리가 더 안전하기 때문이다."(토막글 3) 그가 이렇게 말하는 이유를 우리는 그의 '토막글 191'에서 만나게 된다. 워낙 미세해서 '더는 쪼갤 수 없는 것들'이라는 뜻으로 'atoma(원자들)'로 일컬은 '최초의 근원적 물체들(ta prōta sōmata)'이기는 하지만, 그 나름으로는 온갖

---

69   G. S. Kirk, J. E. Raven and M. Schofield, *The Presocratic Philosophers*, 2nd ed. (Cambridge, 1983), p. 431 참조.

형태와 크기를 갖는 이것들의 결합으로 이루어져 있는 것들이 사물들이다. 혼도 예외가 아니다. 다만 혼(psykhē)은 둥근 형태의 것(to sphairoeides)으로서 운동성이 가장 민활한(eukinētotaton) 원자들로 이루어져 있는 게 다를 뿐이다. 이 혼이 낙담(dysthymia) 아닌 활기(euthymiē) 속에서 살아가려면, 혼에 불안정성을 초래하는 '큰 운동(megalē kinēsis)' 곧 큰 요동을 일으키는 일이 없게 해야 한다. 그래서 '토막글 191'에서는 이런 말을 하고 있다. "사람들에게 활기가 생기는 것이 실은 즐거움(기쁨: terpsis)의 적도 상태(metriotēs)와 삶의 균형(symmetriē)에 의해서이다. 모자라는 것들이나 넘치는 것들은 곧잘 뒤집히거나 혼에 큰 요동(운동)을 일으킨다. 혼들 중에서 큰 규모의 운동을 겪는 것들은 안정되지 못하고 활기차지도 않다. 그러므로 가능한 것들에 대해서 마음을 쓰고, 주어져 있는 것들에 만족해야만 한다. … 더 많은 것을 욕구함으로써(pleionōn epithymeonti) 혼이 불운을 겪는 일이 결코 없게 할 것이로다. 가진 자들과 남들이 축복받은 자들로 여기는 자들을 부러워하며 온 시간을 그런 기억에 매달려 있는 자는 언제나 혁신을 도모하게 마련이며, 또한 그 욕망으로 인해서 법이 금하고 있는 것들로서 구제할 길이 없는 무언가를 행하는 함정에 빠지게 마련이다." 그래서 그는 거듭해서 경고한다. "만약에 누군가가 적도(to metrion)를 넘는다면, 가장 즐거울 것들이 가장 즐겁지 못한 것들로 될 것이니라."(토막글 233)

제2부

플라톤의 으뜸 원리인
'좋음(善: to agathon)'과 적도의 사상

1장 '올바름' 또는 '정의'의 역사적 맥락 그리고
『국가(정체)』편에서의 그 의미 규정

적도(適度: to metrion) 또는 중용의 사상을 헬라스 사상을 중심으로 삼고서 살피는 한, 가장 큰 비중을 차지하게 되는 것은 아무래도 플라톤 철학에서의 그것이다. 그럴 수밖에 없는 까닭은 이미 이 책의 '서론'에서 그런대로 밝힌 셈이다. 그가 남긴 것들로 전하는 대화편들은 그 수가 26편쯤 된다. 여기에서 '26편쯤'이라고 하는 것은 아직도 위작 여부를 단정할 수 없는 2편을 합하면, 28편이 되겠기 때문이다. 이것들 중에서 우리의 주제와 관련지어 다루게 될 대화편들은 『국가(정체)』, 『고르기아스』, 『파이돈』, 『티마이오스』, 『정치가』그리고 『필레보스』가 한 묶음이고, 다른 하나는 『법률』이다.

그가 50대에 완성한 것으로 보아야 할 『국가(정체)』편은 플라톤 철학의 중심을 이루는 중기의 것으로, 분량 면에서는 그의 마지막 대화편인 『법률』보다 조금 적을 뿐 역시 방대한 것이다. 그 분량만큼이나 다양한 분야의 주제들을 다루고 있는 것이 이 대화편이고, 철학자로서의 불후의 명성을 그에게 안겨준 것도 이 대화편이다. 이 대화편이 중기의 야심작이지만, 그는 이후로도 80세에 사망하기까지 9편의 중요한 대화편들을 더 썼다. 이것들은 어찌 보면 이 대화편에서 전체적으로 다루긴 했으되 문제 영역별로는 미진했던 문제들을 보완하고 그 나름으로 완결한 확장 편의 구실을 하는 것들이라 말해도 될 것들이다. 그렇다고 말해야만 할 만큼 『국가(정체)』편은 철학적으로 중요한 문제들을 심도 있게 다룬 거작이고 걸작이다. 형이상학, 인식론, 윤리학, 정치사상, 혼에 관한 이론(심리학), 교육론, 예술론 등, 학문 분야로만 열거해도 이처럼 광범위에 걸쳐 있고, 그 중요성의 비중도 크다. 이 대화편 하나만으로도 서론에서 인용한 화이트헤드의 말이 공연한 것이 아님을 어느 정도는 실감케 한다. 그러니 학문 분야가 아닌 어떤 개별적인 문제들은 더 다양할 수밖에 없다. 그러나 이제 우리가 다룰 항목들은 이 책의 주제와 관련되어 선택된 그중의 몇 가지일 뿐이다.

원래는 두루마리 형태의 묶음 열 권으로 이루어졌을 이 대화편의 첫째 권 도입 부분에서 소크라테스는 아테네의 외항 피레우스로 축제 구경을 갔다가, 시라쿠사이 출신의 거류민으로서 그곳에서 30년간이나 거주하며 방패 제조공장을 경영하여 부를 축적한 케팔로스 옹과 대화를 갖게 된 경위를 말한다. 이 노인은 그보다도 한 세대나 앞선 80대여서 아테네 시내로 나들이를 할 수도 없는 터라, 소크라테스를 몹시 반긴다. 노령의 생활이 어떤지를 묻는 그에게 노옹은 주변에서 노인들이 나이 탓을 하며 이런저런 일로 불평들을 많이 하는데, 실은 나이보다도 그들의 생활방식(tropos)이 문제의 핵심임을 꼬집어 밝힌다. 노옹의 지혜로운 말씀에 감복한 그는 좋은 말을 더 듣고 싶은 마음에서 노옹을 충동질한다. 하지만 노옹의 그런 말에 대해, 사람들은 달리 생각할 것 같다고 소크라테스는 말한다. "어르신께서 노령을 수월하게 견디어내시는 것은 생활방식 때문이 아니라, 많은 재산을 가지셨기 때문이라고 할 것 같습니다. 부자들에겐 위안거리가 많다고들 하니까요." 하고. 이에 노옹이 대답한다. "옳은 말씀입니다. 실상 그들은 내 말을 받아들이지 않을 것입니다. 하기야 그들의 주장에도 일리가 있기는 하지만, 그렇더라도 그들이 생각하는 만큼은 아닙니다. 아니, 테미스토클레스의[1] 말씀이 적절한 거죠. 그분은 당신을 헐뜯으며 당신께서 고명하신 것이 자신 때문이 아니라 [아테네라는 강대한] 나라 때문이라고 말하는 세리포스 사람에게 대꾸하시기를, 당신께서 세리포스[2] 사람이어도 유명해질 수 없었겠지만, 그 사람이 아테네 사람이어도 유명해질 수는 없었을 것이라고 했죠. 그러니까 부유하지 못하고 노령을 힘들게 보내는 사람들에게도 똑같은 말이 들어맞는 거죠. 말하자면 훌륭한 사람일지라도 가난하고서는 노령을 썩 수월하게 견디어 내지도 못하겠지만, 훌륭하지 못한 사람이 부유하다고 해서 쉬 자족하게는 결코 되지 못할 것이니 말입니다." 이쯤에서 소크라테스는 노옹이 많은 재산을 가짐으로써 덕 본 것들 중에서 가장 좋은 게 무엇이라 생각하는지 묻는다. 이에 노옹이 대답하는 가운데 이런 말을 한다. "마지못하여 남을 속이거나 거짓말을 하지 않아도

---

1 Themistoklēs(약 528~462년)는 480년에 피레우스 건너편의 살라미스섬 앞바다에서 아테네의 전함들을 지휘하여 페르시아의 대규모 함대를 괴멸시킴으로써 제2차 페르시아전쟁에서 승리를 이끈 주역이다.

2 아테네와 크레테 사이에 있는 키클라데스 군도 중의 한 작은 섬이다.

되게 해 준다든가, 또는 신께 제물(祭物)을 빚지거나 남한테 재물(財物)을 빚진 채로[3] 저승으로 가버리게 되지나 않을까 하고 두려워하는 일이 없도록 하는" 등등, 부의 여러 가지 쓸모를 말한다. 또한 그런 짓들을 포함한 나쁜 짓들을 하고서 저승으로 갈 경우, 그곳에서 심판과 벌 받을 일에 대한 두려움을 덜게 되는 데도 도움이 될 것이라는 점도 덧붙인다. 이 말을 받아, 소크라테스가 노옹이 한 말을 정리하는 형식으로 정직함과 남한테서 받은(맡은) 것은 무조건 갚는 것(되돌려주는 것)이 올바름(正義: dikaiosynē)인지, 곧 '진실을 말함과 받은(맡은) 것을 갚아(되돌려) 주는 것'이 올바름(正義)의 의미 규정(horos)일 수 있겠는지를 문제 삼게 되는데, 이것이 그 의미 규정 작업의 단초를 제공하게 된다. 그리고 이 작업 자체는 넷째 권에서야 일단 결말을 짓게 된다.

그런데, 해블럭의 지적처럼,[4] 노옹의 이런 말을 받아 플라톤이 소크라테스로 하여금 그게 '올바름(正義: dikaiosynē)'인지를 묻지 않고, 그게 '올바른 것(to dikaion)'인지만 묻게 했다면, 노옹의 말은 대체로 전통적인 뜻들에 부합하는 것이 되어, 그것으로 끝났을 수도 있었을 것이다. 왜냐하면 뒤의 것은 보통명사인 데 반해 앞 것은 추상적인 개념적 성격을 갖는 명사여서, '올바른 것 자체(auto to dikaion)' 곧 올바름의 의미 규정을 자체적으로 요하는 것이기 때문이다. 일단 '올바른 것'으로 옮긴 헬라스어 *to dikaion*에서 to는 중성 정관사이고 di-kaion은 '관습이나 규칙을 준수하는', '선량한', '올곧은', '바른', '충

---

3 여기에서 '빚진다'는 말의 원어인 opheilō는 '신세 지고 있다', '…하는 게 도리이다'라는 뜻도 담고 있다.

4 Eric A. Havelock, *The Greek Concept of Justice* (Harvard U. P., 1978), p. 310.

실한', '공정한', '올바른', '정당한', '옳은', '공평한', '마땅한', '적
정한' 등의 뜻들을 나타내는 중성형 형용사이다. 헬라스어로 중성 정
관사와 함께 중성 형용사가 결합되면, 그런 성질의 것을 가리키는 보
통명사 또는 추상명사를 뜻한다. 따라서 ho(남성 정관사)＋dikaios
(남성형 형용사)는 그런 남자를 그리고 hē(여성 정관사)＋dikaia(여
성형 형용사)는 그런 여자를 뜻한다.

　그리고 형용사 dikaios(디카이오스)의 전통적인 명사 형태는 dikē
(디케)이고, dikaios의 확장형 추상명사가 *dikaiosynē*(디카이오시네)
이다. *dikē*의 여러 가지 뜻들에 대해서는 제1부 3장에서 이미 대충 언
급했다. 여기에서는 구체적으로 그 쓰임새를 점검해 보기로 한다. 이
를테면, 『오디세이아』 11. 218에서 "누군가가 죽게 될 때는, 이것이
죽게 마련인 자들(인간들)의 '정해진 길(방식)(디케)'이니라(hautē
… dikē esti brotōn)"라는 문장에서나, 19. 43에서 "실은 이것이 올림
포스를 거처로 갖는 신들의 '방식(습관: 디케)'이다(hautē … dikē
esti theōn)"라는 문장에서처럼, '으레 그런 식임'을 뜻하는 것이다. 이
는 역시 같은 책 19. 168에서 "으레 그러니까(관례니까 또는 관례가
그러하니까)(hē gar dikē)"라고 말하는 표현에서 아주 잘 드러난다.
이는 20년 만에 나그네로 위장한 채 귀향한 오디세우스를 미처 알아
보지 못한 그의 아내 페넬로페가 그를 과객인 줄로만 알고, 그의 혈통
을 끈질기게 묻기에, 고향을 떠나 여기저기 떠도는 나그네라면, 이는
으레 관례(관습)처럼 겪는 일이라는 뜻으로 '디케'를 말하고 있는 것
이다. 그런가 하면, 같은 책 14. 84～5에서는 "축복받은 신들이 무례
한 짓들은 좋아하지 않으나, 정당함(정의: dikē)과 적절한 행위들에
대해서는 귀히 여긴다."는 표현이 보이는데, 이 경우에는 '디케'가 정
당함 또는 정의의 뜻으로 쓰이고 있다. 그리고 『일리아스』 16. 387～8

에서도 '디케'가 이 경우와 같은 뜻으로 쓰이고 있다고 보아야 할 것이다. "사람들이 집회장에서 폭력으로 삐뚤어진 판결을 함으로써 정당함(정의: dikē)을 내쫓고 있다."고 한다. 이 시구는 제1부 3장에서 인용된 헤시오도스의 『일과 역일』 221의 구절의 내용과도 유사한 데가 있다.

그러면 이제 헤시오도스의 이 교훈시에서 '디케'가 어떤 뜻들로 쓰이고 있는지 제대로 확인해 보기로 하자. 아래에서 고딕체로 표시된 것은 원어가 '디케'이다.

하지만 다시 우리의 다툼을 결판내도록 하지.
제우스께서 내리시는 최선의 것인 바른 판결로. (35~6)
…

이 재판을 판결하려는 자들, 뇌물을 삼킨 자들. (39)
…

정의가 완력에 좌우되고 경외(aidōs)도
사라질 것이니라. (192~3)
…

페르세스여, 정당함(정의)에 귀 기울이되, 방자함(hybris)은 키우지 말지니라. (213) …
끝에 가서는 정당함(정의)이 방자함을 이기느니라.
어리석은 자는 당하고서야 깨닫지. (217~8)
…

삐뚤어진 판결(재판) (219, 221). 바른 판결 (225)
…

멀리 보는 제우스가 내리는 벌 (239)

…

처녀인 디케 여신(Dikē), 제우스의 여식. (256)

…

제우스의 눈은 모든 걸 보며 모든 걸 알아채는지라,

원하기만 한다면, 지금의 이것들도 지켜보지, 간과하는 일은 없을 것
이니라.

나라가 그 안에 간직하고 있는 정의가 어떤 것인지도. (267~9)

…

이제는 정의에 귀 기울이되, 폭력은 아주 잊을지니라.

크로노스의 아들(제우스)이 인간들에게 이 율법을 정해 주었기 때문
이다.

물고기들과 짐승들 그리고 맹금류들은

서로를 잡아먹을 것이니, 이들에게는 정의가 없어서로다.

하나, 인간들에겐 정의를 주었으니, 이것이 지선한 것이라. (275~9)

이제까지 인용된 호메로스와 헤시오도스의 시구들을 통해서 전통
적으로 '디케'가 어떤 의미의 것들로 쓰이었는지는 대체적으로 확인
한 셈이다.

이제야 dikaiosynē를 다룰 차례가 된 것 같다. 이 낱말이 최초로 나
타나는 문헌은 기원전 6세기 중엽(약 550~540년)에 활동한 메가라
출신의 시인 테오그니스의 다음 시에 있어서인 것 같다.

적은 재물과 함께 경건한 마음으로 살려고 하게.

옳지 못하게 재물을 모아 부유해지기보다는.

온 훌륭함(덕)(pasa aretē)이 요컨대 올바름(dikaiosynē)에 있다네.

키르노스여, 훌륭한 사람은 모두가 올바르이(dikaios).[5]

정치적 격동기에 신의를 헌신짝처럼 내동댕이치고 모두가 제 잇속 챙기기만 바쁜 터여서, 이 시구의 일부분을 이루고 있는 "온 훌륭함 (덕)이 '디카이오시네'에 있다"라는 구절은 당시의 경구였다고도 한다.[6] 이 시구가 발단이 되어 그 시대의 경구로 되었는지, 이 경구가 먼저여서 이 시구의 일부로까지 되었는지는 우리로선 모를 일이겠다.

다음으로 '디카이오시네'가 유의미하게 쓰이고 있는 것은 헤로도토스의 경우이다. 그는 플라톤보다 출생 년도로나 사망 년도로나 두 세대가 넘게 앞선다. 해블럭에 따르면, 이 용어는 그의 『역사』(Historiai)에서 여덟 번 나오며, 이것들이 쓰이고 있는 상황들은 다섯이라고 한다. 1, 2, 6권에서 각각 하나씩, 그리고 7권에서 둘인데, 그는 이 각각의 내용들을 정리하는 형태로 언급하고 있다.[7] 여기에서는 그것들 중에서 대표적인 것 몇 가지만 언급하기로 한다.

1) 메디아의 데이오케스 왕 이야기 (『역사』 1. 95~100)

520년 동안이나 아시아 서남부를 지배하던 아시리아 제국에 대항해 맨 먼저 반란을 일으킨 것은 메디아인들이었고, 이들이 자유를 얻게 되니, 뒤이어서 다른 민족들도 가담하여 자유를 얻게 된다. 그러나 이들은 마을 단위로만 지낼 뿐, 아직 나라 차원의 조직체를 이루지 못하고 있었다. 따라서 아직은 '무질서한 무법 상태(anomiē)'인 마을마

---

5 Theognis, *Elegiae*, 145~148., TLG. 플라톤의 『법률』편 630a~e에 이 시구와 관련된 언급이 보인다.
6 해블럭의 같은 책, 247쪽.
7 해블럭의 같은 책, 297~305쪽 참조.

다 주민들 간의 이해 충돌로 분쟁이 잦아진다. 이런 실태를 영리하게
간파한 꾀보로 데이오케스(Dēiokēs)라는 자가 있었다. 그는 스스로
전제군주가 되겠다는 야심을 품고 치밀하게 그 작업에 착수한다. 그
는 이미 마을에서 저명한 터였기에, '디카이오시네'를 스스로 더욱
여행(勵行)하는 일에 종사키로 한다. 그에게 있어서 '디카이오시네'
는, 해블럭의 말처럼,[8] 무질서 내지 무법 상태(anomiē)를 바로잡아
훌륭한 법질서(eunomia)를 실현하는 것이었던 것 같다. 마을 사람들
은 그의 일처리 방식을 보고선, 한결같이 그를 자신들의 판관(dika-
stēs)으로 선택하게 된다. 재판에서 그는 올곧고 공정하여, 시민들에
게서 적잖은 신망을 얻게 된다. 이렇게 되니, 오직 그만이 옳게 판결
하는(kata to orthon dikazōn) 사람이라는 소문을 듣게 된 다른 마을
사람들도 모두가 기꺼이 그를 찾아와 자신들의 송사에 대해 그의 판
결을 받고자 하니, 마침내 송사의 판결을 위해서는 다른 사람을 찾는
일이 없게 되었다. 이렇게 되자, 그는 자신의 원래 계획대로, 더 이상
재판을 하는 일(dikazein)은 하지 않겠다고 선언한다. 사람들의 재판
에 바쁘게 매달리느라, 자신의 일을 도저히 할 수 없게 되었으니, 자
기에게는 전혀 덕 될 것이 없는 재판에 이제 더는 임하지 않겠다고 한
것이다. 그렇게 되니, 다시금 마을들은 이전처럼 무질서 곧 무법 상태
에 빠지게 되어, 메디아인들은 모임을 갖고 왕국을 수립하여, 법을 제
정하고 질서를 갖추는 절차를 밟기로 결정한다. 아울러 그들은 명망
이 높은 데이오케스를 왕으로 추대하기에 이른다. 이에 그는 왕도와
궁전 그리고 호위대를 요구한다. 그의 뜻대로 몇 겹의 성벽과 보물 창
고들까지 있는 왕궁을 갖춘 왕도로 아그바타나(Agbatana)를 세워 갖

8　해블럭의 같은 책, 298쪽.

게 된다. 그러나 백성들의 집들은 성벽 밖에 짓게 하여, 이들의 접근을 어렵게 함으로써 전제군주로서의 위상을 높였다. 그러는 한편으로, 올바른 것(to dikaion)을 지키는 데 엄격함을 표방하여, 소송은 문서로 제출케 하여, 그의 판결을 내보냈다. 소송들은 이렇게 처리하는 한편으로, 모든 범법 행위들에 대해서도 적절한 벌을 내리는가 하면, 첩자들과 도청꾼들이 왕국의 전역에 퍼져 있게 했다.

2) 이집트의 열두 왕 이야기 (『역사』 2. 147, 151~154)

헤파이스토스의 제관(祭官)이었던 세토스 왕정이 끝난 뒤에도 이집트인들은 왕이 없는 상태로는 살 수가 없었다. 그래서 이번에는 이집트 전역을 열두 지역으로 나눠, 열두 왕들이 각각을 다스리게 했다. 이들 열두 왕들은 서로 혼인 관계를 맺고, 세 가지 규약(nomoi)에 따라 저들 지역을 각기 통치했는데, 그 규약은 상호 간에 전복이나 영역 확장을 꾀하는 일이 없을 것이며 최대한 우호관계를 유지한다는 것이었다. 이런 규약을 정한 것은 이들의 통치가 시작된 뒤에 내린 신탁 때문이었는데, 그 내용은 헤파이스토스 신전에서 헌주할 때 청동 잔으로 헌주하게 되는 자가 전체 이집트의 왕으로 될 것이라는 예언이었다.(147) 그래서 열두 왕들은 그 규약을 관례처럼 지켜, 이집트의 전체적 질서와 안정을 보장하는 올바른 상태(dikaiosynē)를 유지하며 지냈다. 그렇게 지내던 차에 그들은 언젠가 헤파이스토스 신전에서 제물을 올리게 되고, 제전의 마지막 날에는 열두 왕들이 헌주를 하게 된다. 그런데 제례를 집전하는 고위직 제관이 제주를 따를 황금 잔의 수를 잘못 계산해서 열둘 아닌 열한 개의 잔을 갖고 와서 헌주를 하게 한 탓에, 마지막 한 왕은 잔으로 헌주를 할 수 없게 되자 자기의 청동 투구에 술을 받아서 헌주를 하게 되는데, 프삼메티코스가 그다. 이 행위는 바로 신탁의 예언과 연결되는 행위였다. 그러나 나머지 열한 명의 왕들은 그가 의도적으로(ex pronoiēs) 그러려 한 것은 아님을 확인하고서, 그를 처형하는 것만은 옳지 않다고 판정했다(ouk edikaiōsan).[9] 그들은 다만 그에게서 권력을 빼앗은 다음, 늪지대로 추방함으로써, 외부와의 소통을 차단했다. 이에 프삼메티코스는 그들의 처사가 부당하다고 여기고서 보복을 하기로 작심한다. 그는 사절을 보내 신탁을 물어 오도록 했는데, 그 신탁의 답은 바닷길로 청동 인간들이 원군으로 오게 되면, 복수를 할 수 있게 된다는 것이었다. 과연 오래지 않아 청동으로 무장한 이오니아인들과 카리아인들이 약탈을 위해 항해하다가, 이집트 해안에 떠밀리어 왔다. 그는 이들과 협약을 맺고, 이들의 도움을 받아 다른 왕들을 폐위하고서, 스스로 온 이집트의 유일한 왕이 된다.

3) 맡긴 인질과 맡긴 돈의 반환과 관련된 이야기 (『역사』 6. 73, 85~87)

스파르타의 두 왕 클레오메네스와 레우티키데스는 불화 관계에 있던 아이기나를 함께 침공하여, 부유한 명문가의 아이기나인들 가운데서 열 명을 가려내, 이들을 이들과는 숙적 관계에 있는 아테네인들에게 인질(parathēkē)[10]로 맡겨두었다. 클레오메네스가 죽자, 아이기나인들의 고소로 유죄 판결을 받은 레우티키데스는 아이기나인들과 타협하고서, 함께 아테네로 가서 인질들의 반환을 요구한다. 그러나 아테네인들은 그들을 맡긴 쪽이 두 왕이니, 그들을 그중의 한 사람에게

---

9 edikaiōsan의 원형은 dikaioō이고, 이는 '옳다고 여기다', '판정하다', '선고하다', '벌하다' 등을 뜻한다.

10 parathēkē는 사람의 경우에는 '인질'을 뜻하지만, 보통은 '맡겨둔 것'을 뜻한다.

되돌려주는 것은 '옳은 짓을 하는 것(dikaioun)'이 아니라는 둥 하면
서 거절한다. 이에 그들을 반환하는 것은 율법에 합당한 일이나, 그러
지 않는다는 건 그와 반대되는 짓이니, 당신들이 알아서 판단하라고
말한다. 그리고서 그는 맡겨둠(parakatathēkē)과 관련해서 3세대 전
에 스파르타에서 생긴 일에 대해 전하는 이야기를 그들에게 들려준
다. 그건 글라우코스라는 사람에 대한 전설인데, 이 사람은 다른 모든
면에서도 빼어난 이였지만, 특히 '올바름(정의감: dikaiosynē)'으로
당시의 스파르타인들 중에서는 가장 훌륭하다는 소릴 들었다고 한다.
그 소문 덕에 어느 밀레토스 사람이 스파르타로 그를 찾아와서는 이
런 말을 했다고 한다. "저는 당신의 '올바름(정의감)'의 덕을 보고자
해서 왔습니다. 온 헬라스에 걸쳐 또한 이오니아[11]에서도 당신의 '올
바름(정의감)'에 대한 소문이 자자하니까요. 저는 혼자 속으로 많은
말을 했습니다. '이오니아는 늘 불안하지만, 펠로폰네소스는 안정되
어 있는데다, 이오니아의 어디에서도 같은 사람들이 재물을 [지속적
으로] 소유하고 있는 걸 볼 수가 없다.'고 말입니다. 이런 생각을 하고
서는 궁리한 끝에 제 재산의 반을 은으로 바꿔서는 당신께 맡기기로
결정했습니다. 당신께 맡겨두는 게 안전할 것이라는 걸 저로서는 잘
알고 있으니까요. 그러니 당신께선 이 재물을 받아 주시고서, 이 신표
또한 받아서 보관해 주십시오. 같은 신표를 가진 자가 와서 이를 돌려
주시길 요구할 경우에는, 이 사람에게 되돌려주십시오." 그래서 글라
우코스는 그 말대로 맡기는 재물을 받았다. 오랜 세월이 지나, 재물을
맡긴 사람의 아들들이 스파르타로 와서는 글라우코스에게 경위를 말

11　Iōnia는 오늘날의 터키 서쪽 지중해 연안 및 이에 가까운 내륙 쪽으로 헬라스인
들이 본격적으로 이주해서 여러 나라를 세우고서 살던 지역에 대한 통칭이다.
Milētos는 그중에서도 대표적인 나라였다.

하곤, 신표를 보여주고서 그 재물을 돌려줄 것을 요구했다. 그러나 그는 이렇게 대답하고선 이들을 밀쳐냈다. 자기는 그 일을 기억하지도 못하며, 이들이 말하는 바를 전혀 알 도리도 없다고 말한다. 그러나 자신도 바라건대, 기억해내서, 정당한(올바른) 것(to dikaion)을 이행토록 하겠다고 말한다. 만약에 자신이 그걸 받았다면, 되돌려주는 게 옳고, 만약에 애당초에 받지도 않았다면, 헬라스인들의 규범을 따를 것이라 하고, 4개월의 말미를 달라고 말한다. 그래서 그 아들들은 재물을 빼앗긴 사람들처럼 슬퍼하며 돌아갔다. 한편 글라우코스는 델피로 신탁을 구하러 가서는, 자기가 맹세를 하고서, 그 재물을 횡령해도 될지를 묻는다. 여제관 피티아의 대답은 이런 내용의 것이었다. 맹세를 하고, 재물을 횡령하는 게 당장은 이익이 되겠지만, '맹세의 신(Orkos)'에게는 아들이 있어서, 그런 자를 날쌔게 뒤쫓아 가서 꽉 거머쥐고서는 그 혈통과 가정을 파멸시키고야 만다. 반면에 참 맹세를 한 사람의 혈통은 훗날 한결 더 나아진다고 말한 것이다. 그 말을 듣자, 그는 신탁에 용서를 구하나, 거절당한다. 신을 시험하는 것 자체가 그걸 행하는 것과 같다고 했다. 그래서 그는 그 아들들을 불러서 그 재물을 되돌려주었다고 한다.

그리고선 왕이 이 이야기를 아테네인들에게 들려주는 것은 실제로 스파르타에는 글라우코스의 후손도 없고 흔적조차 없어졌다는 사실을 환기시키기 위한 것이었음을 말한다. "이처럼 '맡겨둠'과 관련해서는, 되돌려주기를 요구할 경우에, 되돌려주는 것 이외의 다른 어떤 것도 생각지 않는 것이 좋은 것입니다." 하고 아울러 그는 말했다. 그러나 아테네인들은 그의 주장을 들어주지 않았고, 그는 스파르타로 돌아갔다. 이후에도 아테네와 아이기나 간에는 숙적 관계가 험하게 지속되는데, 이 이야기는 여기에서 멈추기로 한다.

앞서 인질 곧 parathēkē는 사람의 경우에는 '인질'을 뜻하지만, 보통은 '맡겨둔 것'을 뜻한다고 각주에서 밝혔다. 해블럭이 말하듯,[12] '맡겨둠'은 정치적으로는 인질에 그리고 개인적 상황에서는 돈에 적용된다. 당시에 나라마다에서 안팎으로 번창해지기 시작한 거래 관계에 있어서 약속이나 신용은 지극히 중요한 준수 사항이다. 이는 올바르고 정당하며 정의로운 일이다. 이 1장의 첫머리에서 인용된 소크라테스와 케팔로스 사이에서 오간 말의 끝에서 인용된 구절을 다시 보기로 하자. '정직함(alētheia)과 남한테서 받은(맡은: labē) 것은 무조건 갚는 것(되돌려주는 것: apodidonai)'(331c)이 올바름(正義: dikaiosynē)인지, 곧 '진실을 말함(alēthēi legein)과 받은(맡은) 것을 갚아(되돌려) 주는 것'(331d)이 올바름(正義)의 의미 규정(horos)일 수 있겠는지를 문제 삼게 되었다고 했다. 그러나 이는 "누구에게든 뭔가를 맡긴 사람(tis parakatathemenos)이 제정신이 아닌 상태에서 그 반환(apodidonai)을 요구할 경우에도 되돌려주는 것을 말하는 것은 아닐 것이다."(331e)라고 또한 말한다. 여기에서 '맡김', '받음', '되돌려줌(반환)' 등 평범한 낱말들의 원어를 일부러 밝힌 것은 헤로도토스의 마지막 사례에 등장하는 것들과 『국가(정체)』편에서 사용되고 있는 낱말들조차 정확히 일치하고 있다는 점을 확인해두기 위해서이다. 이는 이 대화편의 이 대목에서 피력되고 있는 '올바름(정의)' 또는 '정당함' 등에 대한 생각들이 결코 갑작스럽거나 생소한 것들이 아님을 입증하기 위해서이기도 하다. 이를 통해 어느 면에서는 그들이 그 시대의 같은 생각을 같은 낱말들로 표현하고 있음을 우리가 확인한 셈이다.

---

12   같은 책, 302쪽.

　이 1장에서 이제껏 우리는 dikē, dikaion, dikaiosynē가 쓰이고 있는 구체적인 용례들을 통해서 이것들이 대체로 어떤 의미로 쓰이고 있는지를 되도록 그 시대적 변천과 관련지어 가며 알아보았다. 이들 용례들에서 보았듯, 어떤 것 또는 어떤 사례가 '디케'라거나 '정당하다' 또는 '올바르다'거나 '정의이다'라는 식으로 말하는 방식은 그들에게는 자연스런 일상적 표현 방식이다. 물론 누군가가 또는 무엇인가가 올바르다거나 정당하다든가 정의롭다고 사람들이 말할 경우, 과연 그 사람이 또는 그것이 그러한지는 곧잘 따져 물을 수 있는 일이겠다. 이 항목에서도 지금까지 언급했던 것들은 그런 사례들과 관련된 것이었다. 그러나 도대체 올바름 또는 정의가, 그런 개별적인 사례들과는 상관없이, 그 자체로 무엇인지를 묻기 시작한 것은 『국가(정체)』편의 이 대목에 있어서이다. 그것은 다름 아닌 올바름의 본질(ousia)을 묻고 있는 것이다. 이는 바로 소크라테스가 많은 사람을 상대로 곧잘 "그것은 도대체 무엇인가?(ti pot' esti;)"라고 끈질기게 물었던 캐물음(exetasis) 작업의 연장선에 있는 것이라 할 것이다. 소크라테스의 이 물음 형식이 요구하는 대답이 어떤 것(이를테면 용기, 경건함 등등)의 의미 규정(定義: horismos)이며, 이것이 갖는 철학사적 의의에 대해서는 제1부의 1장에서 간략하게나마 이미 언급했다. 이 대화편의 첫째 권은 바로 이런 물음과 대답의 성격을 갖는 것이며, 나머지 아홉 권과는 달리 먼저 써두었다가 나중에 합치면서, 다소 수정을 가했을 것으로 짐작되는 것이다. 실제로 이 부분에서 '올바름(正義)'이 논의되고 논박되는 방식도 그리고 그 정의(定義)가 실패로 끝나는 것도 그런 성격의 다른 초기 대화편들의 경우에 있어서와 똑같다. 그래서 제1권은 그 뒤쪽에서 등장하여 소크라테스와 격론을 벌이게 되는 그 소피스테스의 이름을 따서 가끔 「트라시마코스」라고 별도로 일컫는 경우가 있기도 하다.

그러면 다시 그런 물음과 대답의 진행 과정을 중점적으로 정리해 보기로 하자. 가령 누군가가 무엇인가를 맡긴 사람에게 그것을 되돌려주고 받는 것이 오히려 해로운 것일 경우, 그것도 그들이 친구 사이일 경우, 이는 갚을 것을 갚는 것이 아닐 것이니, 이것이 올바른 것일 수는 없다. 그러나 적들 사이에는 갚을 것은 당연히 갚아야 할 것이기에, 이는 합당한 것을 갚는 것이고 올바른 것이다. 따라서 친구들에게는 잘되게 해 주되, 적들에게는 잘못되게 해 주는 것이 올바른 것이다. 그러나 우리가 누군가를 친구 또는 적으로 생각할 경우, 실제와는 달리 잘못 판단하는 경우는 없을까? 이 경우에는 반대로 하는 것이 오히려 옳겠다. 그리고 올바름은 일종의 훌륭함(덕: aretē)인데, 훌륭한 사람이 그 훌륭함에 의해 누군가에게 해를 입힘으로써 그가 나쁘게 되도록 하는 것이 가당키나 한 일일까? 누구에게 해를 입힌다는 것은 그 어떤 경우에도 올바른 것일 수 없음은 명백한 일이다.

대화자들이 이런 내용의 말 주고받기를 하고 있는 걸 지켜보던 트라시마코스가 더 이상은 참을 수가 없다면서, 무슨 허튼소리들을 하고 있느냐며 윽박지른다. 그래서 올바른 것이 무엇인지에 대한 그의 대답을 모두가 청하자, "올바른 것(to dikaion)이란 더 강한 자의 편익(to sympheron) 이외의 다른 것이 아니다."라고 단호하게 말한다. 모든 나라의 각 정권은 제 편익에 부합하는 걸로 판단되는 법률을 제정해서, 이를 올바른 것으로 공표하고, 이를 위반하는 자를 처벌하니까. 그러나 그의 이 주장은 집권자들이 잘못 판단하여 정작 자신들에게는 편익이 되지 않고, 결과적으로는 오히려 그들의 다스림을 받는 쪽에 편익이 되는 것을 이들이 이행하게 되는 것이 올바른 것으로 될 경우도 있다는 반론에 부딪힌다. 이에, 엄밀한 뜻에서, 강한 자 곧 통

치술의 전문가가 그런 실수를 저지르는 자일 수는 없다고 하며 버틴
다. 하지만 엄밀한 뜻에서의 의사는 환자를 돌보는 사람이지, 돈벌이
를 하는 사람이 아니다. 의술의 본령은 환자의 치료에 있고, 보수는
부수적인 것이다. 통치술도 일종의 기술이기에, 그 이치는 같다. "그
어떤 전문적 지식(또는 기술)도 더 강한 자의 편익을 생각하거나 지
시하지 않고, 오히려 더 약한 자이며 제 관리를 받는 자의 편익을 생
각하며 지시한다. … 어떤 통솔(다스림: arkhē)을 맡은 사람이든, 그
가 통솔자(다스리는 자)인 한은, 자신에게 편익이 되는 걸 생각하거
나 지시하지 않고, 통솔(다스림)을 받는 쪽 그리고 자신이 일해 주게
되는 쪽에 편익이 되는 걸 생각하거나 지시한다. 또한 그가 말하는 모
든 것도, 그가 행하는 모든 것도 그 쪽을 염두에 두고서 그 쪽에 편익
이 되고 적절한 것을 염두에 두고서 말하고 행한다."(342e) 이치가 이
러하니, 트라시마코스가 말한 올바른 것(to dikaion)의 '의미 규정
(logos)'은 정반대의 것으로 뒤바뀌어버릴 수밖에 없게 된다.

　결국 궁지에 몰린 나머지, 그는 이런 원칙론은 제쳐두고, 현실적으
로 올바름과 올바르지 못함(불의: adikia)이 가져다주는 이익과 불이
익이 어떤 것인지를 열거함으로써 다시금 버티어보려 한다. 그 예로
서 극단적인 참주(tyrannos)와 참주정체(tyrannis)의 경우를 든다.
이는 시민들을 모조리 노예로 만들고 이들의 전 재산을 탈취하는 것
이니, 대규모로 전면적인 불의를 저지르는 것이다. 그런데도 사람들
은 그를 대단한 자로, 심지어 어떤 이들은 우러러보기까지 한다고 말
한다.

　그런데 트라시마코스가 이런 주장을 편 것은 실은 그 자신의 진짜
속마음을 드러낸 것이라기보다는 비관적인 현실을 신랄하게 비꼬아
말하고 있는 것이라고도 볼 수 있다. 왜냐하면 그가 남긴 글로 이런

것이 있기 때문이다. "신들은 인간들의 일들을 보지 못하고 있다. 그렇지 않고서야 인간들에게 있어서 좋은 것들 중에서도 가장 중요한 것인 올바름(정의: dikaiosynē)을 간과하지는 않을 것이기 때문이다. 인간들이 이걸 활용하지 않고 있는 걸 우리가 목격하고 있으니까."[13]

어쨌든 앞서의 그의 주장은 현실적으로는 "올바르지 못한 사람의 삶이 올바른 사람의 삶보다도 더 낫다"는 뜻을 함유하고 있다. 이렇게 되니, 올바른 이들과 올바르지 못한 자들 중에서 과연 어느 쪽이 더 잘 살고 더 행복한지, 아울러 어떤 방식으로 살아가야만 할 것인지도 심각하게 따져보지 않을 수 없게 된다. 산다는 것(zēn)은 도대체 무엇인가? 이는 생명 현상이다. 헬라스말로 생명은 '프시케(psykhē)'이다. '프시케'는 생명에 앞서 먼저 '숨(breath)'이다. 숨이 목숨 곧 생명 현상의 시작이겠다. '프시케'는 더 나아가 혼(anima, soul)을 뜻하며, 사후에는 혼백을 뜻한다. 혼이 하는 일(ergon)은 삶(zōē, bios)이며, 그 일차적 기능(ergon)도 '사는 것([to] zēn, [to] bioun)'이다.

무릇 이 세상에 있는 유형무형의 것들은 모두가 그 기능을 지니고 있다. 박물관의 선사시대 유물관에는 으레 온갖 석기들이 진열되어 있다. 그냥 두었더라면 단순한 돌에 불과했을 것이, 그것들을 이용한 원시인들이 그것들에 부여한 기능 때문에 오늘날 유리 전시실 안에 귀중하게 보관되고 있다. 어떤 것들은 그 기능 곧 그 용도(khreia)가 가까스로 짐작되는 것들조차 귀한 대접을 받고 있다. 그것들이 이용되던 시기를 일컬어 석기시대라 하거니와, 이는 다시 그것들의 제작 방법과 용도의 다양성 그리고 그 소재에 따라 크게는 구석기시대 및 신석기시대로 나뉜다. 신석기시대에 이은 청동기시대나 철기시대

---

13   Diels-Kranz, *Die Fragmente der Vorsokratiker*, Thrasymachos, 85 B 8.

의 구분도 기본적으로는 같은 이치에 따른 것임은 두말할 나위 없는 일이겠다. 이처럼 인위적으로 부여한 기능들을 갖는 사물들의 종류는 수도 없이 많다. 각종의 도구나 기구, 심지어는 언어, 문자, 기호, 그리고 각종의 수(數) 등등, 이것들은 하나같이 그 기능 때문에 있게 된 것들이요, 기능이 곧 이것들의 존재 이유이다. 인공위성이나 인공치아, 각종의 인공장기 등, 이것들 모두가 그 기능을 위한 것임은 새삼 말할 필요조차 없는 일이겠다.

  이런 인공적인 것들이 아닌 자연적인 것들에서도 기능은 있기 마련이다. 아메바와 같은 원생동물조차도 원형질인 제 몸의 일부를 내밀어가며 위족(僞足: 가짜다리)을 냄으로써, 이것이 다리 기능을 하여 운동도 하고 영양을 취하기도 한단다. 아메바(amoeba)의 어원인 헬라스 말 amoibē는 '바꿈'이니, 제 몸의 일부를 내밀어 다리로 바꿔 씀에 착안해 지은 이름일 것이다. 이보다 진화된 형태의 생물체들은 각기 다양한 기관들을 진화시켜 갖게 되었고, 그 기관 하나하나는 그 생물의 생존을 위해서 절대적으로 필요한 기능을 갖고 있다. 그러나 같은 기능을 하는 기관도 다양한 생물체들만큼이나 형태상으로 다양하다. 그렇더라도 모두가 생존과 종족 보존이라는 기본적인 공통성을 갖기 때문에, 같은 기능을 하는 것들을 가리켜, 우리는 한 가지 이름으로 부르게도 된다. 이를테면 동물들의 '입'이라는 것은 그 기능에 따라 붙인 이름이다. 비록 동물들이 종류에 따라 온갖 형태의 상이한 입틀을 갖고는 있지만, 그것들을 똑같이 '입'으로 지칭하는 것은 다름 아닌 그 기능 때문이다. 이것들의 입틀이 각기 생김새에 있어서 상이한 것은 기능이 달라서가 아니라, 주로 그 먹이가 달라서다. 중학교 생물 책에 실려 있는 곤충들의 입틀에 관한 설명을 보면, 무척 흥미롭다. 나비나 꿀벌은 꽃의 꿀을 빨아 먹기에 알맞은 형태인 대롱 모양의

빠는 입을 갖고 있으며, 매미나 모기는 각기 나무의 즙이나 동물의 피
를 빨아먹기에 알맞도록 단단하고 주삿바늘처럼 생긴 쏘는 입을 가졌
다고 한다. 반면에 메뚜기나 잠자리는 음식물을 핥아먹기에 알맞도록
넓적한 아랫입술에다 털까지 난 핥는 입을 가졌단다. 이는 이들 곤충
들의 입이 먹는 기능은 똑같이 가졌으되, 그 먹이에 따라 구조를 달리
하는 입틀을 각기 달리 발달시켜 가졌기 때문이다.

　갈라파고스 섬들에 이주하게 된 핀치(finch) 새들은 섬들의 생태조
건들에 따라 부리의 형태들이 크게 달라진 게 3류(類) 14종이나 된다
는데, 이는 그것들 각각이 취하게 된 먹이들에 적응한 탓이란다. 이과
수 폭포에서 달팽이를 잡아먹는다는 달팽이솔개는 그 갈구리주둥이
를 이용해서 달팽이의 뚜껑 껍질을 떼어낸 다음, 달팽이의 살을 꼬리
부분까지 고스란히 빼내 먹도록 진화했단다. 이처럼 새들의 다양한
부리나 다리의 생김새도 먹이나 생활하는 장소에 따라 그에 알맞은
구조를 갖는다. 딱따구리는 끝이 뾰족하고 단단한 부리로 나무에 구
멍을 내고서 그 속의 벌레를 갈고리 모양의 혀로 찍어내어 먹는다는
데, 가끔 산속을 지나다 그 딱딱거리는 소리를 듣다 보면, 그 머릿골
의 건재가 나로선 은근히 걱정스럽기까지 하다. 그런가 하면, 우포늪
의 자카나(jacana: 꿩꼬리물꿩)는 연잎 위를 옮겨 다니며 연못에서
먹이를 취하며 살 수 있게끔 발가락 사이의 간격을 피막으로 최대한
넓힘으로써 연잎에 실리는 자신의 체중을 분산시키도록 진화했다고
한다.[14]

　『국가(정체)』편 첫째 권의 마지막 부분(352e~354a)에는 이 기능

14　기능과 관련해서 여기에서 언급하고 있는 내용의 상당 부분은 졸저 『헬라스 사
상의 심층』 제3장에서 인용한 것이다.

(ergon)에 대해 다음과 같이 규정하고선, 곧이어 혼의 고유한 기능에 대해서 언급하고 있다. 기능이란 '어떤 것이 그것으로써만(그것에 의해서라야만) 할 수 있는 또는 가장 잘 할 수 있는 그런 것'이다. 다시 말해, "그것만이 뭔가를 해낼 수 있거나 또는 다른 어떤 것보다도 그 것이 가장 훌륭하게 해낼 수 있는 그런 것이 각각의 것의 기능이다." 그리고 "어떤 기능이 부여되어 있기도 한 각각의 것에는 '훌륭한 상태(훌륭함: aretē =goodness)' 또한 있다." 이를테면, 눈의 기능이 있고, 이의 훌륭한 상태(훌륭함) 또한 있으며, 귀의 경우도 이는 마찬가지이다. 눈이 제 고유의 '훌륭한 상태'는 지니지 못하고, 그 대신에 '나쁜 상태(나쁨: kakia =badness)'에 처하여 있으면서도 제 기능을 훌륭하게 해낼 수는 없다. "'그 특유의 훌륭한 상태(hē oikeia aretē)'에 의해서는 그 기능이 제 할 일들을 훌륭하게 수행하게 되지만, '나쁜 상태'에 의해서는 나쁘게 수행하게 되는 것이다." 혼에도 다른 어떤 것으로써도 해낼 수 없는 그런 어떤 기능(일: ergon)이 있다. 이를테면, '보살피거나 다스리는(통솔하는) 것, 심사숙고하는 것, 그리고 또 이런 유의 일'이 그것 특유의 기능일 것이다. 물론 앞서 말했듯 '사는 것'이 그 일차적 기능인 혼에도 이런 일들 전반과 관련해서 '훌륭한 상태(훌륭함)'가 있다. 혼이 그 고유의 훌륭한 상태를 앗기고서는 자신의 기능(일)들을 훌륭하게 수행해낼 수 없을 것이다. "나쁜 상태의 혼으로서는 '잘못(kakōs)' 다스리고(통솔하고) 보살피겠지만, 훌륭한(좋은) 상태의 혼으로서는 이 모든 일을 '훌륭하게(잘) 해내게(eu prattein)' 될 게 필연적이다." '올바름(올바른 상태, 정의)'도 혼의 '훌륭한 상태(훌륭함, 덕: aretē)'의 일종이다. 반면에 '올바르지 못함(adikia =injustice)'은 그것의 '나쁜 상태(나쁨, 악덕: kakia)'의 일종이다. "그렇다면 올바른 혼과 올바른 사람은 훌륭하게(잘) 살게

되겠지만, 올바르지 못한 사람은 잘못 살게 될 것임"은, 그리고 "훌륭하게(잘) 사는 사람은 어쨌든 복 받고 행복할 것이나, 그렇지 못한 이는 그 반대일 것임"도 자명한 일이다.

이렇게 해서 올바른 이의 삶과 올바르지 못한 이의 삶 가운데 어느쪽이 '더 나은 삶' 즉 행복한 삶인가 하는 문제도, 적어도 원론적으로는 덩달아 해결을 본 셈이다. 그러나 이런 결론은 '올바른 것(to dikaion)' 또는 올바름(dikaiosynē)이 도대체 무엇인지가 명확히 밝혀지지 않은 상태에서 내려진 것이다. 다시 말해서, 그것에 관한 한, 아직은 그것의 속성(pathos)에 대해서만 말한 것이지, 그 본질(ousia)에 대해 말한 것은 아니다. '올바른 것이 도대체 무엇인지(to dikaion hoti pot' estin)'를 물음은 그 본질에 대해 묻는 것이요, 그 의미 규정을 요구하고 있는 물음이다. 이렇게 해서 올바름(정의)에 대한 역사상 최초의 본격적인 의미 규정 작업이 시작되는데, 이는 이 대화편 둘째 권에서부터 넷째 권에 걸쳐서 다루어진다.

올바름이란 도대체 무엇이며, 그것은 인간의 혼 또는 마음 안에서 어떤 힘(dynamis)을 발휘하는가? 이 문제를 다루기 위해서 이 대화편에서는 아주 효과적인 하나의 방안을 강구하게 된다. 글을 익히는 어린이들은 보통의 것보다도 훨씬 큰 글씨로 적힌 문자를 익힌다. 마찬가지로 시력이 약한 사람인 경우에 그로 하여금 같은 내용의 글을 작은 글씨로 읽히기보다는 먼저 큰 바탕에 적힌 상태로 읽히는 것이 좋을 것이다. 그처럼 개개인의 혼에 있어서의 '올바름'보다는 훨씬 더 큰 바탕인 셈인 나라에 있어서 '올바름'을 먼저 고찰하는 것이 더 용이할 수 있을 것이라 해서 이 순서를 밟게 한다. 이 대화편에서 이 순서를 택하는 까닭들로 몇 가지를 들어 볼 수 있을 것 같다. 첫째로, 나라(polis)는 기존의 것들을 제쳐놓고서, 이론상으로 수립해 볼 수 있겠기에, 이의 수립 과정에 있어서 올바름이나 올바르지 못함이 어떻게 해서 발생하게 되는지를 잘 관찰할 수 있을 것이다. 둘째로, 개인이나 나라나 다 같이 자체 내에 여러 대립적 요소를 지니고 있고, 이들 사이에는 일종의 유비 관계(analogia)가 성립한다. 다시 말하면, 시민(politēs)인 개인의 혼 또는 마음 안에는 서로 성향(physis)이 다른 몇 갈래의 부류(genos) 또는 부분(meros)들이 있는데, 이들 시민들로 이루어진 나라에도 서로 성향을 달리하는 부류 즉 집단(ethnos)들이 있다. 따라서 시민들 개개인이 유기체이듯, 이들을 그 구성 요소로 갖는 나라도 일종의 유기적 조직체인 셈이다. 셋째로, 비록 개인에 있어서 올바름은 인격적이며 도덕적인 것인 반면, 집단 간의 상호 관계가 문제 되는 나라에 있어서 올바름은 정치적인 것이라 할지라도, 그 양쪽 다에 있어서 올바름은 일종의 건강 곧 건전한 상태를 가리킨다는 점에서 공통성을 갖는다(444d).

그런데 이론상으로 수립하게 되는 나라는 우선 그 구성원들의 '성향에 따라(kata physin) 수립된 나라'이다. 헬라스어 physis는 '자연' 또는 '본성'을 뜻하는 말이기도 하지만, 이 경우에 '성향'은 곧 '자질'을 뜻하기도 한다. 나라의 구성원들이 저마다 타고난 성향 및 자질에 따라 종사할 일(epitēdeuma)이 달라지는 게 자연스럽고, 이들에 대한 교육과 양육도 이에 따라야만 한다. 한 나라가 가급적 자급자족하려다 보면, 그리고 자체로는 그래도 부족한 것들은 다른 나라와의 교역을 통해서 확보하려다 보면, 구성원들의 분업에 따른 업무들은 수도 없이 많다. 그렇더라도 한 나라에 있어서 가장 중요한 것은 나라의 수호와 생업이고, 이에 종사하는 부류들 또는 집단들이다. 넓은 뜻에서 수호자들로는 나라를 다스리는 그리고 이들을 보좌하는 부류와 직접 무장을 갖추고 나라를 지키는 이들을 통틀어 지칭하나, 이 대화편에서 '참된 수호자들'은 지혜사랑이 넘치는 통치자들을 뜻한다. 이들이 이른바 철인 왕 또는 철인 통치자들로서, 지혜(sophia)로 불릴 앎(epistēmē)을 갖춘 자들이다. 논의의 편의상, 비록 나라의 구성원들이 그야말로 다양한 직종에 종사하기는 하지만, 크게는 세 부류로 곧 통치자들과 이들의 보조자들 그리고 각종 생업에 종사하는 자들로 나누고선, 이들 간의 바람직한 관계 설정을 살피게 된다. 앞서 말했듯, 이 나라에서는 그 구성원들이 저마다 타고난 성향 및 자질에 따라 종사할 일도 달라지는 게 자연스럽고, 관계 설정도 그렇게 되는 게 올바르다. 이렇게 해서 "돈벌이를 하는 부류와 보조하는 부류, 그리고 수호하는 부류, 이들 각각이 나라에 있어서 저마다 제 일을 할 때의 이 '자신에게 맞는 자신의 일을 함(제 할 일을 함: oikeiopragia)'이 … '올바름(올바른 상태: dikaiosynē)'이고, 또한 이것이 이 나라를 올바르도록 한다."(434c)는 결론에 이른다.

이처럼 "한 나라가 올바른 나라인 것으로 생각된 것은 이 나라 안에 있는 성향(physis)이 다른 세 부류가 저마다 제 일을 한 때문이며, 그리고 또한 이 나라가 절제 있고 용기 있으며, 또한 지혜로운 나라인 것도 바로 이들 세 부류가 처한 상이한 처지와 상이한 습성으로 인하여서다." 그런데 "'올바름'의 개념 자체의 관점에서는 올바른 사람은 올바른 나라와 아무런 차이도 없고, 닮은 것이다."(435b) 당시에 트라케 지방과 스키티케 지방 등의 북방인들은 격정적인 부류로 알려져 있으며, 아테네인들은 배움을 좋아하는 부류로, 그리고 페니키아인들이나 이집트인들은 돈을 좋아하는 부류로 알려졌다고 한다. 그러나 이는 대체로 그렇다는 뜻일 뿐이다. 그들 중에서도 다른 부류의 인간들이 상대적으로 그 비율은 낮았을지언정, 아주 없었다고는 말할 수 없었을 것이다. 이런 면들은 동일한 한 사람의 혼 안에서도 찾아볼 수

있다. 각자의 혼에는 헤아리는(이성적인) 부분(to logistikon)과 격정
적인 부분(to thymoeides) 그리고 비이성적(헤아릴 줄을 모르는: alo-
giston)이며 욕구적인 부분(to epithymētikon)이 있다. "지혜로우며
혼 전체를 위한 선견지명을 지니고 있는 헤아리는 부분으로서는 지배
하는 것이 적합하겠지만, 격정적인 부분으로서는 이에 복종하며 협력
자로 되는 게 적합하다."(441e) 이 둘이 조화되게 만드는 것은 시가
(mousikē)와 체육의 혼화(混和: krasis)를 꾀하는 교육을 통해서다.
"헤아리는 부분은 훌륭한 말과 학문으로 조장하며 키워주되, 격정적
인 부분은 달래는 말로 이완시키며 화성과 리듬으로 순화시킴으로써
말이다."(442a) 저마다의 혼 안에 있는 각 부분이 다른 부분이 할 일
들을 하는 일이 없도록, 따라서 "혼의 각 부분이 서로들 참견하는 일
도 없도록 하는 반면, 참된 의미에서 자신의 것인 것들을 잘 조절하고
스스로 자신을 지배하며 통솔하고 또한 저 자신과도 화목함으로써,
이들 세 부분을 전체적으로 조화시키고, … 여럿인 상태에서 벗어나
완전히 하나인 절제 있고 조화된 사람으로 된다. … 그가 무슨 일을,
가령 재물의 획득이나 몸의 보살핌 또는 정치나 개인적인 계약에 관
련된 일을 수행하게 되건, … 이 모든 경우에 있어서 이 성격 상태(습
성: hexis)를 유지시켜 주고 도와서 이루게 하는 것을 올바르고 아름
다운 행위로, 그리고 이러한 행위를 관할하는 앎을 지혜(sophia)로
생각하며 그렇게 부르되, 언제나 이 상태를 무너뜨리는 것을 올바르
지 못한 행위로, 그리고 이러한 행위를 관할하는 의견(판단: doxa)을
무지로 생각하며 그렇게 부른다."(443d~444a) 반면에 "올바르지 못
함(adikia)은 이들 세 부분 간의 일종의 내분이며, 참견과 간섭, 그리
고 혼 전체에 대한 어떤 일부의 모반일 것이다. … 자기가 지배함에는
적합지 아니하되, 오히려 지배할 부류의 것인 것에 복종하는 것이 그

성향상 어울릴, 그러한 것이 혼에 있어서 지배하려 드는 모반 말이다. 이런 등속의 것들이, 그리고 이들 세 부분의 혼란과 방황이 올바르지 못함이며 무절제요, 비겁이며 무지, 요컨대 일체의 '나쁨(나쁜 상태, 악덕: kakia)'일 것이다."(444b) 그러니까 "'올바름'을 생기게 함은 곧 혼에 있어서 여러 부분이 서로 지배하며 지배받는 관계를 '성향(자연의 이치)에 따라(kata physin)' 확립함이요, 반면에 '올바르지 못함'을 생기게 함은 곧 서로 다스리며 다스림을 받는 관계를 '성향(자연의 이치)에 어긋나게(para physin)' 확립함일 것이다."(444d) 이렇게 해서 마침내 우리가 플라톤이 뜻하는 '올바름'이 무엇인지에 대해 확인하게 된 것 같다.

　그런데 영어로는 'righteousness, justice'로 옮기는 dikaiosynē를 플라톤의 경우에는, 그것도 특히 내가 『국가(정체)』편에서 '정의' 아닌 '올바름(올바른 상태)'으로 번역하는 것에 대해, 좀처럼 수긍하지 못하겠는 이들이 적잖은 것 같다. 그래서 나의 번역서 여러 곳에서 이와 관련된 언급을 해두었지만, 여전히 충분치 않은 것 같아, 개정 증보판 제3쇄 이후에는 책 끝에 무려 9쪽에 이르는 보충적인 언급을 추가했다. 이 기회에 왜 남들처럼 그 편하고 흔한 '정의'로 번역하지 않는지, 그 이유를 어떤 형태로든 역시 밝혀 두는 게 좋을 것 같기도 하다. 사실 이 글에서만 해도 이제까지 이 대화편의 내용과 관련해서 '올바름(올바른 상태)'으로 표현된 것들을 '정의'로 바꾸어 읽어 보면, 오히려 어딘지 억지스럽고 쉽게 수긍이 가지 않는 대목이 적지 않을 것이라는 점은 금방 실감할 것이기 때문에, 굳이 길게 언급할 필요까지는 없을 것 같다. 앞서 인용했듯, 나라나 개개인의 혼에는 그 성향에 있어서 다른 부류 또는 부분이 크게 셋이 있지만, 이들 각각이 나라에 있어서 또는 혼에 있어서 저마다 그 성향(자연의 이치: physis)에 따라 제 일을 할 때의 이 '자신에게 맞는 자신의 일을 함(제 할 일을 함)'이, 그리고 그렇게 함으로써 전체적으로 아무런 갈등도 없이 조화로운 상태를 실현하는 것이 '올바름(올바른 상태)'이라 했다. 그럴 때에야말로 나라도 각자의 혼도 전체적으로 제 기능을 제대로 발휘할 수 있기 때문이다. 그런데 이에 앞서 433e~434a에서는 '디카이오시네'와 종래의 '디케'가 갖는 '소송' 및 소송 사건들의 '판결'의 의미들과도 관련지은 언급을 하게 되는데, 이는 dikē(보통명사) → dikaios(형용사) → dikaiosynē(추상명사)로 이어지는 어원적인 소종래를 외면하지 않고, 이를 플라톤 자신의 해석의 틀에 맞추어 언급한 것일 거라고 볼 수 있는 것이다. 말하자면 이런 논리이다. 소유물과 관련해서 '판결을 내림에 있어서 목표로 삼는 것은 각자가 남의 것을 취하지도 않도록 하고, 또한 제 것을 빼앗기지도 않도록 하는 것'이다. 이는 소유 문제와 관련된 사법적(司法的) 정의와 관련된 언급이다. 그런데 나라(polis)라는 공동체의 한 구성원에게 있어서 제 성향에 따라 맡게 되는 '일(ergon)'이야말로 '제 일'이고 '제 것'일 것이니, 저마다가 해야 할 일은 바로 이것일 것이니, 이를 지킴이 옳거니와, 제 성향에 맞지 않은 '남의 일'에 부당하게 참견할 일이 아니겠다. 따라서 공동체에 있어서는 '제 것의 소유'와 '제 일을 함'이 올바름(올바른 상태, 정의)이다. '제게 맞는 제 일을 함' 곧 '제 할 일을 함'을 뜻하는 oikeiopragia는 'to oikeion [ergon](제 할 일)과 praxis([행]함)'의 복합어이다. 이 대목에서 이런 말을 하는 것은 '제 일'이야말로 가장 참된 뜻에서 지켜야 할 '제 것'이라 보는 것이며, '제 성향(physis)이 천성으로 가장 적합한 일에 종사하되', '남의 일에 참견하지' 않는 것은 내 것 아닌 남의 것을 넘보지도 침해하지도 않는 것을 또한 뜻한다. 그러니까 종래의 법적인 올바름 곧 정의와 플라톤적인 올바름이 이런 뜻 속에 통합되어 있는 셈이다.

따라서 플라톤이 뜻하는 '디카이오시네'를 제대로 이해하는 것은 그의 텍스트에 충실한 해석을 통해서라야 가능한 일일 것이니, 그것에서 일탈하여 우리 자신의 편의대로 '정의'라는 고정 관념의 틀에 억지로 짜 맞추어서는 안 될 일이다. 그의 책을 읽으면서도, 그의 뜻대로 읽지 않고, 다른 뜻으로 읽는다면, 결과적으로 그 점에서는 아무래도 헛일을 하는 셈일 것이니, 손해 보는 쪽은 우리 자신일 것이다. 이와 관련해서는 이 1장의 첫머리 부분에서 언급한 바 있는 해블럭은 그의 책 322쪽에서 플라톤이 말하는 그것(justice)은 '순전히 일신상의 인격적인(purely personal)' 것이라 말하면서, "만약에 정의가 외적인 행위(outward action)에 적용되지 않는다면, 그것은 내적인 사사로운 상태, 사회 아닌 자기 자신의 덕성(morality)이 된다."고 했다. 그러나 그런 덕성은 그런 덕성을 갖추고만 있는 것일 수는 없는 일이라는 게 소크라테스나 플라톤의 생각이다. 사람으로서의 제 기능(구실: ergon) 곧 이성(logos) 또는 지성(nous)을 제대로 갖춘 인간은, 그런 인간으로서의 활동을 할 수 있으며 또한 할 수밖에 없으니, 그런 덕성을 갖추었다면, 그것은 상황에 따라 그것에 상응해서 행동하는 덕성이다. 『국가(정체)』편 353e에서 말하고 있듯, 사람의 경우에 그 혼의 기능은 사는 것이고, 훌륭한 혼은 훌륭하게 제 기능을 발휘할 것인즉, 곧 eu(훌륭하게) prattein(praxis를 할 것)인즉, 이는 '잘 지냄'이며 '훌륭하게 삶'이요 '훌륭하게 행함'이기 때문이다. 곧 혼이 제 안의 이성 및 지성에 따라 그때마다 처신할 것이기 때문이다. 소크라테스나 플라톤의 경우에는 sophia(지혜)―phronēsis(사려분별의 지혜)―epistēmē(앎)는 그것들로서 그치는 것이 아니라, 바로 praxis(행위)로 직결된다는 것이 특유의 지론이다. 그렇지 않고서는 지혜일 수도, 참된 앎일 수도 없다는 것이다. 이런 차원의 인격이나 덕성에 대한 강조는, 그런 고답적인 자발성에 대한 논의는 오늘날의 논의의 틀에는 맞지 않은 게, 곧 오늘날의 평범한 시민적 시각에서는 아무래도 벅찬 게 사실이다. 오늘날 정의, 특히 사회정의가 큰 논의거리인데도, 이 논의 틀에, 아리스토텔레스의 그것과도 달리, 플라톤의 그것이 포함되지 못하는 것도 실은 그런 이유에서라고 보아야 할 것이다. 아리스토텔레스의 정의는 다른 덕들과는 달리, 혼자만의 덕성이 아니고, 타인과의 관계에 있어서의 것이기 때문이며, 또한 부분적인 여러 경우의 정의도 고찰하고 있기 때문에, 일단은 현대적 논의의 틀에도 끼워 넣을 수 있는 것이기 때문이다. 아닌게아니라 롤즈의 『정의론』 개정판(1999)에서도, 초판에서와 마찬가지로, 딱 두 군데 (398n, 457n), 그것도 아주 간단한 각주로만 플라톤을 언급하고 있는 것도 그런 이유로 해서이다. 반면에 아리스토텔레스의 경우에는 본문 속에서도 적잖은 언급을 하고 있다.

2장 탐욕의 차단과 '아름다운 나라'의 구현 그리고 궁극적 원리인 '좋음'에 대한 앎

플라톤의 『국가(정체)』 편에서는 이른바 '철인 치자들'이 다스리게 될 나라를 '칼리폴리스(kallipolis)'라 일컫는데(527c), 이는 '아름다운 나라'라는 뜻이다. 그리고 이에 앞서서는(472d) 소크라테스가 자신과의 대화자들에게 자기들이 논의를 통해서 '좋은(훌륭한) 나라 (agathē polis)의 본(paradeigma)'을 만들고 있었음을 새삼 확인시킨다. 그러니까 이 '아름다운 나라'야말로 훌륭한 나라의 본이란 뜻이

다. 그런데 그런 나라를 가능케 하는 가장 든든한 기반은, 이 나라를
명실상부하게 '하나의 나라(mia polis)'로 유지할 수 있는 한에서, 확
보될 수 있을 것이라는 점이 강조되고 있다. 그런 점에서, 나라와 관
련되는 한, '나라를 분열시켜 하나 대신 여럿으로 만드는 것'이 '최대
악(惡)'이고, '나라를 단결시켜 하나로 만드는 것'이 '최대 선(善)'이
라 말한다.(462a) 그러나 하나인 나라의 꿈을 근원적으로 불가능케
하는 것이 인간들의 탐욕이다. 이 탐욕을 헬라스인들은 pleonexia[15]
라 했는데, 이는 '제 몫보다도 더 가지려는 욕망'을 뜻하는 말이다.
아닌게아니라 인간들의 탐욕은 다른 나라와의 전쟁보다도 더 끔찍한
내란까지도 유발한다. 어디 그뿐이겠는가? 온갖 갈등 관계가 이에서
비롯되는 게 아니던가! 아리스토파네스는 "이득에는 모두가 진다."
(『부의 신』, 363)고 했다. 누가 말했는지는 모르겠으나, "이득을 탐하
는 자는 물리는 법이 없다(貪得者 無厭)."고도 한다.

그러니 인간의 욕망이 아무런 제재를 받지 않을 경우, 이를테면
'멋대로 할 수 있는 자유(exousia)'가 사람들에게 주어진다면, 어떨
까? 옛날 옛적 리디아의 설화에 나오는 기게스(Gygēs)의 반지가 바
로 그런 능력을 갖게 하는 것이었다고 한다. 이는 얼핏 '반지의 제왕'
을 연상케 하는 것이기도 한 것이다. 기게스 또는 기게스의 조상이 어
찌어찌해서 입수하게 되었다는 금반지(359d, 612b)가 보석 받이를
제 쪽으로 향해 손 안쪽으로 돌리면, 투명인간이 되는 것임을 알게 되
어, 이를 이용해 당시의 왕을 제거하고 왕후도 차지한 다음, 스스로
왕이 되는 등 제 하고 싶은 대로 하게 되었다는 이야기이다. 이 대화
편에서는 같은 반지가 둘이 있어서 올바른 사람과 올바르지 못한 사

---

15 이는 pleon(더 많이)과 hexis(가짐)의 합성어이다.

람이 각기 하나씩 갖게 되어, 이들이 제 욕망대로 이끌리어 가는 걸
지켜본다면, 둘이 똑같은 방향으로 가고 있는 걸 우리가 확인하게 될
것이라 단언하고 있다.(359c~360d) 사람들의 마음속에서 '제 몫보
다도 더 가지려는 욕망'과 '구멍 뚫린 항아리(밑 빠진 독)'로 비유되
는 '만족할 줄 모르는 욕망(aplēstia)'은 서로 꼬리를 물고 뒤틀리며
상승작용을 한다. 오른돌이를 하는 칡덩굴과 왼돌이를 하는 등덩굴의
뒤틀림을 일러 '갈등(葛藤)'이라 한다더니, 한 조직 안에서의 탐욕의
경쟁이 바로 그러하다고 할 것이다.

　플라톤이 이 대화편의 다섯째 권에서 이 '아름다운 나라'라는 공동
체 경영에 있어서 인간들의 가없는 욕망을 근본적으로 차단키 위해
내건 슬로건은 "친구들의 것들은 공동의 것이다(koina ta philōn)"라
는 속담이다. 이의 구체적 실천 방안으로 내놓은 처방은 통치자들을
비롯한 수호자 계층의 경우에는 처자와 남편 그리고 자식들을 서로가
공유하는 것이고, 이들에 대해서는 일체 사유 재산도 갖지 못하도록
한 것이다. 그렇지만 이는 현실적으로는 너무나도 충격적이고 도저히
실현 불가능할 극약 처방이다. 실상 아무도 수용할 수 없는 이런 비인
간적인 아니 차라리 초인간적이라 할 방책을 쓰는 걸 가정해 본 것은
일종의 사고(思考) 실험과도 같은 것이라 말할 수도 있겠다. 왜냐하면
일단 그처럼 질긴 욕망의 고리를 잘라내게 될 경우, 이 대화편 제2권
(369a) 이후의 논의를 통해 수립해 본 올바른 나라의 기능 작동이 제
대로 진행되는 방도와 상황을 효과적으로 확인해 볼 수 있을 것이기
때문이다. 다시 말해서, 나라의 기능이 탐욕의 변수에 농락당하지 않
을 경우에야, 비로소 '아름다운 나라'가 제대로 작동하게 되어, 그 참
모습을 드러낼 수 있을 것이라 해서다. 그렇게 되고서야 본격적으로
지성(nous)이 지배하는 '아름다운 나라', 따라서 그 기능이 제대로

작동하는 나라의 본을 갖게 되겠기 때문이란다. 그러나 그것은 현실
적으로 지상의 어디에서도 찾아볼 수 없는, 아니 영원히 찾아볼 수 없
을 나라이다. 그래서 소크라테스의 대화 상대자는 말한다. "선생님께
서는 이제껏 우리가 수립하면서 언급해 온 나라, 즉 이론(논의)상으
로나 성립하는 나라에서 그러려 할 것이란 말씀이군요. 그 나라는 지
상의 그 어디에도 존재하지 않을 것이라고[16] 저는 생각하니까요." "그
렇지만 그것은 아마도 그걸 보고 싶어 하는 이를 위해서 그리고, 그것
을 보고서, 자신을 거기에 정착시키고 싶어 하는 이를 위해서 하늘에
본으로서 바쳐져 있다네."(592a~b) 그러니까 그건 철저하게 '유토
피아' 곧 '어디에도 없는 고장'인 것이다.

그런데 '아름다운 나라'로 불리는 이 나라의 정체(politeia)는 이중
으로 불릴 수 있겠으니, "통치자들 가운데서 특출한 한 사람이 생기게
될 경우에는, '왕도 정체(王道政體: basileia)'라 불리겠지만, 여럿이
그럴 경우에는, '최선자들의 정체(最善者政體: aristokratia)'라 불리
겠다."(445d)고 한다. basileia는 '왕정(王政)'을 의미하지만, 여기에
서 그리고 『정치가』편에서 왕도 정체(basileia, kingship)로 옮겨야
하는 것은 역사상의 실제 왕(basileus)이 통치한 군주정체 또는 왕정
과 같은 1인 정체(monarkhia)와 구별하기 위한 것이다. 굳이 '왕도
정체'라 한 것은 진정한 의미의 치술(治術: politikē)을 아는 사람, 곧

---

16 원문은 gēs … oudamou … einai(지상의 어디에도 없다)이다. utopia는 현실적
으로 [지상의] '어디에도 있지 않는 고장(ou+topos)'의 합성어이다. 유토피아의 어
원은 이러하다. oudamou(nowhere)+topos(land, place) → outopia → utopia =
nowhereland. 이런 표현에는 플라톤이 말하는 '아름다운 나라(kallipolis)'는, 바로
다음에 이어지는 인용 구절이 말해 주고 있듯, 나라의 본(paradeigma)의 성격을 갖
는 것임이 강하게 시사되어 있다.

앞의 주석에서 말한 '아름다운 나라'를 다스릴 사람인 '훌륭하디훌륭한 사람(ho kalos kågathos)'이 불행히도 한 사람밖에 없을 경우의 또는 그런 여러 사람 중에서도 한 사람이 특출할 경우의 정체를 가리키기 위해 쓴 말이다. 이를 가리켜 흔히 '철인(philosophos) 왕' 또는 '철인 통치자'로 지칭해 왔다. philosophos란 지혜사랑(philosophia)이 투철한 사람을 가리키는 말이다. 반면에 그런 사람의 수가 여럿일 경우, 곧 '훌륭하디훌륭한 사람들([hoi] kaloi kågathoi)'이 여럿일 경우, 이들은 그 나라가 보유한 '최선자들(hoi aristoi =the best)'이니, 이들이 다스리는 나라가 '최선자들의 정체(aristokratia =the rule of the best)'이다. 흔히 aristocracy라 하면, 역사상 실제로 있었던 '귀족정체'를 가리키는데, 이 경우의 귀족들은 당대에 나름으로 정한 기준에 따른 귀족들이었을 뿐이지, 그 말의 본뜻에 따른 '최선자들'은 아니었다. 여기에서 플라톤이 말하는 '최선자들'은 사람으로서 이를 수 있는 최선의 기준에 이른 그야말로 '훌륭하디훌륭한 사람들'이다. 그런 사람들이 과연 어떤 사람들이겠는지 그리고 그렇게 되어야 할 사람들이 어떤 교육을 받아야 하는지에 대해서는 이 대화편의 5권에서 7권에 걸쳐 논의된다. 그런데 이와 관련해서는 플라톤에 대한 잘못된 이해가 있는 터라, 약간의 언급을 해두는 게 좋을 것 같다. 이른바 펠로폰네소스 전쟁이 끝날 무렵인 404년에 스파르타에 패배한 아테네에는 스파르타의 지원을 받는 과두정권이 들어선다. '30인 참주들'이라고도 불린 이들 중에서도 플라톤의 외종숙인 크리티아스는 강경파의 우두머리였고, 그의 외숙인 카르미데스도 그 일원이었다. 이들은 일대 숙청을 감행하는데, 그러면서 이들이 내세운 정치적 슬로건은 황당하게도 자기들 마음대로 선발한 [hoi] kaloi kågathoi 곧 이른바 '선민(選民)들'의 나라였다. 당시에 23세이던 플라톤은 그때까지만 해도 아직은 정치 참여에 다소 관심을 갖고 있었지만, 당시에 이들이 보인 행태로 해서 현실 정치에 대해 환멸감을 갖게 되었다. 그는 이에 머물지 않고, 기어이 진정한 의미에 있어서 [hoi] kaloi kâgathoi가 과연 어떤 사람들인지를 마침내 이 대화편에서 이론적으로 밝히어 보임으로써, 저들 '이른바 훌륭하디훌륭한 자들(kaloi kâgathoi legomenoi)'과 구별해 제시한다. 한마디로 해서, 가장 지혜로운 자들, 지혜사랑에 투철한 자들이 그들임을 밝힌 것이다.

이 대화편에서는 바로 이런 사람들의 양성과 선발을 위해서 지혜사랑의 전 교육과정(35세까지)을 거치게 한 다음, 다시 15년간의 엄중한 실무 기간을 보내게 한다. 이들이 50세가 될 때, 이들 중에서도 온갖 시련의 과정을 거치며 실무에 있어서나 학식에 있어서 두루 모든 면에서 가장 훌륭한 자들을 이제 최종 목표로 인도한다. '장차 사적으로나 공적으로나 슬기롭게 행하고자 하는 자'가 최종적으로 이르러야 할 '가장 큰 배움(to megiston mathēma)'이 이들을 기다리고 있기 때문이다. 이 배움의 대상은 '좋음(善)의 이데아' 또는 '좋음 자체(to agathon auto)'인데, 그 배움은 이를 알게 되는 것, 곧 이를 육안 아닌 지성(nous)에 의해서 보는 것(idein)[17]이며 통관(洞觀)하는 것이니, 모든 것의 궁극적 원리가 그것임을 깨닫는 것이다. 그런데 이처럼

---

17 이데아(*idea*)의 어원이 이에 있다는 데 유의할 필요가 있겠다. *idea*는 idein(봄), eidos(형상)는 eidō(본다)라는 말에서 각기 유래한다. 우리가 사물들을 볼 때, 사물들이 종류에 따라 보이는 모양·보임새·형태·성질·특성·모습, 그리고 그런 성질 또는 특성을 갖는 종류나 부류, 종(種) 등을 뜻하는 이 말을 경우에 따라 플라톤이 지성(nous)이 알아보는 대상(엄밀하게는 그것이 지성에 보이는 '보임새')이라는 의미의 전문적 용어로서 전용하여 쓰게도 되었는데, 이를 우리가 '이데아' 또는 '형상(形相)'이라 말하게 된 것이다. 이데아나 형상은 사물의 '본모습'을 가리키는 말이라고 이해하는 게 옳겠다.

나이 쉰에 각별한 의미를 부여한 고대의 사례들을 우리는 더러 알고
있다. 아테네 옆에 위치한 에우보이아(Euboia : Evia)섬의 칼키스에
서는 집정관의 나이가 최소한 50이 되어야만 했다고 한다. 『법률』편
에서도 37명에 이르는 호법관(護法官 : nomophylax)들로 선출될 수
있는 나이를 50세 이상인 자들로 정하고 있다. 이런 언급은 어쩌면 플
라톤 자신의 체험에 근거한 것인지도 모르겠다. 따라서 『국가(정체)』
편의 저술을 끝맺은 것도 빨라야 이 나이를 넘긴 뒤의 일이었을 것으
로 보는 게 옳겠다. 그런데 『논어』 '위정편'에서는 공자가 나이 50에
"천명을 알게 되었다(知天命)"고 했다. 천도(天道) 곧 천리(天理)가
사물에 구현되는 이치를 알게 되었다는 뜻일 것이다. 그래서 내게는
어쩌면 두 사람이 비슷한 경지에 이르러 역시 비슷한 체험을 하고서
확신도 가질 수 있었던 것 같다는 생각이 들기도 한다. 게다가 『대학』
은 '큰 배움'이고, 이는 플라톤이 말한 '가장 큰 배움'에 진배없는 것
일 것이다. "큰 배움의 길(大學之道)은 … 지선에 그침에 있다(在止於
至善)"고 한다. 지선(至善)은 '사리(事理)의 극치'일 것이니, 플라톤의
'좋음(善) 자체'를 연상시키고도 남는다. 더구나 '지선에 이르러 더
이상 미혹하지 않고 그치게 됨'은 그걸 마침내 원리로, 기준으로 삼게
된 것을 뜻하는 것이 아니고 다른 무엇이겠는가?

　그런 궁극적 원리로서의 '좋음(to agathon)'을 그는, '태양과의 유
사성'을 들어, 태양에 빗대어 설명하기도 하는데, 이는 흔히 '태양의
비유'로 언급되는 것으로서 그 내용은 이런 것이다. "그러니까 태양을
'좋음(善)'의 소산으로, 즉 '좋음'[18]이 이것을 자기와 '유비(類比) 관
계에 있는 것(analogon)'으로서 생기게 한 것"으로 보란다. 다시 말

18　'좋음(善)의 이데아'를 가리킴.

해, "'좋음'이 '지성에 의해서[라야] 알 수 있는(지성에나 알려질 수
있는) 영역(知的領域, 思惟領域: ho noētos topos)'에 있어서 지성
(nous)[19]과 지성에 알려지는 것들에 대해서 갖는 바로 그런 관계를
태양은 '가시적 영역(可視的領域: ho horatos topos)'에 있어서 '시
각'과 '보이는 것들'에 대해서 갖는다."라고. 그래서 '좋음(善)'의 이
데아'는 인식(앎: epistēmē)과 진리의 원인(aitia)이면서 또한 인식
대상이기도 하다. "태양은 보이는 것들에 '보임'의 '힘'을 제공해 줄
뿐만 아니라, 또한 그것들에 생성과 성장 그리고 영양을 제공해 주듯,
… 인식되는 것들의 '인식됨'이 가능하게 되는 것도 '좋음(善)'으로
인해서일 뿐만 아니라, 그것들이 '존재하게(einai)' 되고 그 '본질(실
재성: ousia)'을 갖게 되는 것도 그것에 의해서요, '좋음'은 [단순한]
'존재(ousia)'가 아니라, 지위와 힘에 있어서 '존재'를 초월하여 있는

19　nous(누스)를 '이성'으로 옮기는 사람들이 더러 있으나, 필자는 '지성'으로 옮
기는 것을 고집한다. 반면에 '이성'은 logos의 번역어로서 쓴다. 이 대목도 포함되는
이 대화편의 제6, 7권에서 '누스'는 플라톤의 존재론적 논의와 맞물려 있는 인식 주
관의 능력 또는 힘(dynamis)이고, 그 고유의 대상이 '지성에 의해서[라야] 알 수 있
는 부류(to noēton genos)', 즉 이데아 또는 형상(形相)이다. 이를 이성(logos)의 대
상이라 말하는 대목은 어디에도 없다. 그리고 이 '누스'의 인식 작용 또는 인식 기능
을 noēsis, 즉 '지성에 의한 앎(이해)' 또는 '직관'이나 '사유'라 한다. 플라톤의 이런
생각이야말로 소크라테스의 철학을 넘어서게 하는 분기점이므로, logos와 nous의 기
능상의 구별도 뒤따라야 할 것은 당연하다. to noēton(지성에 의해서[라야] 알 수 있
는 것)은 nous(지성)의 대상이지 logos의 대상은 아니다. nous는 logos를 포함하는
능력이지만, logos는 그 자체로 nous를 포함하는 것이 아니라, 그 연장선상에서 만나
게 되는 능력이다. 『티마이오스』편 46d에서도 이들 둘은 별개의 것들로 언급되고 있
다. 『법률』편(714a)에서 법을 '지성(nous)의 배분(dianomē)'으로 말한 것이나, 아
리스토텔레스도 『정치학』 1334b15에서 logos와 nous를 나란히 언급하고 있을뿐더
러, 『니코마코스 윤리학』 X. 7은 인간에게 있어서 '지성에 따른 삶(ho kata ton noun
bios)'이 가장 행복한 것임을 추론하기 위한 것인데, 이곳에선 '이성(logos)'에 대해
서 한마디도 없이, 온통 nous와 관련된 언급들로 시종일관하고 있다.

것이라고 말하라"고 한다. … 이처럼 '좋음의 이데아'는 "'지성에 의해서[라야] 알 수 있는(지성에나 알려질 수 있는, 思惟되는) 부류(to noēton genos)'와 그 영역을 지배하지만", 태양은 "'가시적(可視的) 부류(to horaton genos)'와 그 영역을 지배하는 것"으로 생각하란다.(508b~509d) 이런 내용이 우리가 이 대화편에서 찾아서 읽을 수 있는 '좋음의 이데아'와 관련된 중요한 내용들의 대강이다.

그러나 '좋음의 이데아', 곧 궁극적 원리로서의 '좋음 자체'에 대한 앎을 '가장 큰 배움'이라고는 하지만, 이에 대한 이 대화편에서의 설명을 얻을 수 있는 것은 이 정도가 그 대강인 셈이다. 그래서 이와 관련되는 한, 우리로서는 아무래도 여러모로 미진하고 아쉬운 점이 많다. 따라서 좀 더 수긍이 쉽게 가는 결정적 설명들이 요구되는 게 사실이다. 그것이 비록 원리로서 제시되기는 했지만, 정작 그게 자연 및 우리의 현실에서 실제로 어떻게 작동하며 구현되는지에 대해 우리에게 와 닿을 만한 호소력 있는 설명은 아직은 아쉬운 게 사실이다. 게다가 이 원리가 우리의 주제인 '적도' 문제와는 어떻게 연결되고 있는지도 궁금하다. 다행히도 이에 대한 플라톤 나름의 결정적 해답을 우리는 그의 후기 대화편들인 『티마이오스』, 『정치가』, 『필레보스』 그리고 『법률』에서 얻을 수 있게 될 것이다. 하지만 이에 앞서, 이런 원리로서의 '좋음'에 대한 플라톤의 초기적 관심과 관련해서도, 그 발전사적 관점에서, 덧붙여 확인해 둘 필요가 있겠다. 『고르기아스』편 및 『파이돈』편과 관련된 다음 장은 바로 그런 목적과 관련된 것이다.

3장 『고르기아스』편에서의 '좋음'에 대한 첫 언급과 『파이돈』편에서 말하는 원리인 '좋음' 그리고 진짜 원인

1) 궁극적 목적으로서의 '좋음'을 처음으로 언급하기 시작한 『고르기아스』편

이 대화편은 플라톤의 대화편들 중에서 그 부피가 셋째로 큰 것이고, 40세 무렵에 쓴 것으로 추정되는 초기의 것이다. 조만간 자신의 큰 구상을 구체화하기에 앞서, 이를 통해 그 복심을 내비친 아주 당당하고 힘찬 선언문을 접하는 것 같은 느낌을 독자로 하여금 갖게 하는 것일 것이다. 코린토스의 한 농부가 어쩌다가 이 대화편을 읽고서는, 당장 밭과 포도나무를 버리고 아카데미아에 입문해서는, 제 혼에 플라톤의 가르침으로 씨 뿌리게 했다는 이야기가 전한다. 필자가 이 대화편을 원문으로 처음 접했을 때, 거의 한달음에 읽다시피 했던 것도 실은 그만큼 이 대화편의 흡인력이 대단했기 때문이었다. 아닌게아니라 곧이어 42세 무렵에 아카데미아를 설립하게 되는 일과 관련되어, 그 근본 취지와 시민들을 사람으로서 더 나아지도록 하며, 더 나아가서는 뛰어난 변론가 수준의 여느 정치인들이 아닌 진정한 정치가의 배출을 위한 본격적인 철학 교육의 절실한 필요성을 선언적으로 밝히고 있는 예고편이 이 대화편이라 말할 수 있을 것이다.

아테네 성벽 근처의 '김나시온(gymnasion)'들이나 시내에서 젊은이들을 쉽게 만날 수 있는 구석진 곳들에서 이들과 곧잘 어울려 철학적 담론으로 소일하던 소크라테스의 이 활동, 전선에서 막 돌아온 다음날에도, 단 하루를 쉬지도 않고, 젊은이들이 있는 곳으로 찾아가서 그들과 그런 담론을 가졌다는 이 활동, 사람들에 따라서는 보기에 한

심해 보이던 소크라테스의 이 활동을 '디아트리베(diatribē)'라 했다. 바로 이 '디아트리베' 활동을 학원이라는 공간에 제도화한 것이 플라톤의 '아카데미아(Akadēm[e]ia)'였다. 훗날 대학 제도의 시발이라 할 그런 거창한 계획을 바로 앞두고 썼다고 볼 수 있는 이 대화편은 그가 50대에 내놓게 되는 『국가(정체)』편의 기본 생각들을 그 초기 구상 형태로 접하는 것 같은 느낌을 갖게 하는 것이라 말해도 틀리지는 않을 것이다. 그런 느낌을 갖게 하는 것들 몇 가지를 짚어보겠다.

첫째로, '삶의 방식(tropos)' 곧 어떻게 사는 것이 최선의 방식으로 또는 행복하게 사는 것인지를 두 대화편은 처음부터 끝까지 다룬다는 점에서 그렇다. 그 일환으로 『고르기아스』편에서는 한 나라에서 가장 큰 권력을 찬탈하게 된 왕의 처지와 『국가(정체)』편에서의 참주의 처지가, 많은 사람이 부러워하는 것과는 달리, 얼마나 불행한지를 부각시켜 보이고 있다는 점에서도 그러하다. 또한 이와 함께 두 대화편 다 마지막 대목에서 죽은 혼들이 저승에 이르러 받게 되는 심판 광경을 그려 보이고 있다는 점에서도 그렇다.

둘째로, 『국가(정체)』편 첫째 권에 등장하는 트라시마코스와 이 대화편에 등장하는 칼리클레스라는 인물은 같은 계열의 주장을 펴고 있다.

셋째로, 이 대화편에서 그려지고 있는 소크라테스라는 인물과 『국가(정체)』편에서 제시되고 있는 철인 통치자의 모습이 어떤 면에서는 자꾸만 겹쳐지고 있다는 점이다. 소크라테스보다 앞선 세대의 쟁쟁했던 테미스토클레스나 밀티아데스 그리고 페리클레스 등은 분명히 당대의 뛰어난 변론가들이며 정치인들이었다. 그러나 그들은 도덕성과는 근본적으로 거리가 먼 인물들이었기에, '이른바 정치인들(hoi politikoi legomenoi = the so-called politicians)'이었지, '정치가

([ho] politikos＝statesman)'들은 아니었다는 것이 그의 판단이었
다. 그들은 아테네인들을 훌륭한 시민들로 만드는 데는 실패했으며,
아테네의 외형적인 강대함에 이바지함으로써 아테네를 제국(arkhē)
으로 만들었을 뿐, 아테인들이 혼(정신)의 측면에서 훌륭해지도록 하
는 데는 여느 정치인들과 마찬가지로 별로 기여하지 못했다고 선언한
다. 그런 뜻에서 정치인들은 많았지만, 참된 정치가는 없었다는 주장
이다. 그래서 이 대화편(521d)에서 소크라테스는 이런 말을 하고 있
다. "나는 '참된 치술(hē hōs alēthōs politikē tekhnē)'로 '정치하는
걸(prattein ta politika)' 시도하는 소수의 아테네인들 중의 한 사람
이라 생각하는데, 이는 나 혼자만이는 아님을 말하느라 해서지만, 요
즘 사람들 중에서는 나 혼자라 생각하오. 그러니까 내가 매번 하는 말
들은 기쁘라고 하는 것이 아니니, 가장 즐거운 것을 위해서가 아니라,
가장 좋은 것을 위해서요." 물론 이는 플라톤이 소크라테스로 하여금
그렇게 말하도록 한 것이지만, 그의 인격이나 정신으로는 바로 그런
사람임을 우리는 알고 있다. "진리를 연마하여, 가능한 한 진실로 더
할 수 없이 훌륭한 사람으로서 살다가 죽을 때는 죽도록 할 것이
오."(526d) 아닌게아니라 그는 그런 사람으로 생을 마감했고, 그런
인격의 철인이기에, 플라톤이 『국가(정체)』편에서 제시하고 있는 철
인 치자의 모습이 인격적으로는 그랬을 것이다.

　　마지막으로 '좋음'과 관련된 그의 언급들을 보자. 467d~468c에서
의 것은 이렇다. "누군가가 어떤 것을 위해서 뭔가를 한다면, 그는 그
가 하는 그것을 원하는 것이 아니라, 그것 때문에 그가 하는 그것을
그가 원하는 것"임을 말하고 그게 결국 '좋음'임을 지적한다. 걷는 것
도, 서는 것도, 누군가를 추방하는 것도, 처형하는 것도, 재산 몰수를
하는 것도 그게 좋다고 여겨서, 곧 '좋음'을 위해서이니, 그게 목적이

되는 것이다. 따라서 "모든 행위의 목적(telos)은 좋음(to agathon)이 며, 그것을 위해서 모든 다른 것들이 행하여져야만 되지, 다른 것들을 위해서 그것이 행하여져서는 안 되는 것이오. … 그러니까 좋은 것들 을 위해서 다른 것들도 즐거운 것들도 해야만 하지, 즐거운 것들을 위 해서 좋은 것들을 해야만 하는 건 아니오."(499e~500a) 즐거운 것과 좋은 것은 엄연히 다르기 때문이다.(500d) 이처럼 즐거움과 좋음의 엄격한 구별, 그리고 모든 행위의 목적으로서의 '좋음'에 대한 언급 은『국가(정체)』편에서의 궁극적 원리로서의 그것에 대한 초기적 언 급이라고 볼 수 있겠다. 특히 예술 공연이나 대중연설이 대중을 즐겁 게 하는 비위 맞추기에 초점이 맞추어져 있다고 비판한다는 점에서 그렇다고 하겠다.

2) 근원적 원리로서의 '참으로 좋으며 적절한 것'을 제시한『파이돈』편

다음에 다룰 것은『파이돈』편에 보이는 선행 작업이다. 이 대화편 은 중기 대화편들의 무리에 속하는 것이긴 하지만,『국가(정체)』편보 다는 물론 앞선 것이다. 이 대화편은 소크라테스가 사형 판결을 받고 서, 나라의 행사로 인해, 형의 집행이 한 달 동안 연기되어 감옥에서 지내다가, 마침내 독배를 비우게 되는 마지막 날을 배경으로 하고 있 다. 이에는 이날 막역한 친구 크리톤을 비롯해서 제자들과 함께 나눈 대화와 그가 최후를 맞는 장면이 또한 담겨 있다. 당대에 '가장 훌륭 하였으며, … 가장 지혜롭고 가장 올발랐던 이의 최후' 말이다.

또한 이 대화편에서는 소크라테스의 철학과 플라톤의 철학이 바야 흐로 그리고 점진적으로 접목되어가고 있는 생생한 현장도 여러 면에 서 우리가 확인하게 된다. 상기설, 혼의 정화(katharsis)를 통한 인식 주관의 순수화, 이데아 또는 형상에 대한 본격적인 언급이 이 대화편에서 시작되고 있다. 이 대화편에서 일상어인 *eidos*가 전문 용어인 '형상' 또는 '특성'의 의미로서 쓰인 경우는 네 군데(102b1, 103e3, 104c7, 106d6)이고, '종류'의 의미로 쓰인 경우가 다섯 군데(79a6, 79b4, 79d9, 98a2, 100b4)이며, '모습'이나 '생김새'의 뜻으로 쓰인 경우가 압도적으로 많은 여덟 군데(73a2, 73d9, 76c12, 87a2, 91d1, 92b5, 110d1, 2)이다. 반면에 역시 일상어인 *idea*가 전문 용어인 '이데아' 또는 '특성'의 의미로 쓰인 경우가 여섯 군데(104b9, d2, 6, 9, e1, 105d13)이고, 어떤 것의 '생김새'나 '모습'을 가리키는 게 두 군데(108d9, 109b5)이다.[20] 그런가 하면 이데아나 형상을 세 군데(80b, 81b, 83b)에서 '지성에 의해서[라야] 알 수 있는 것(to noēton)'으로도 언급하기 시작한 점도 철학적인 내용 면에서는 바로 『국가(정체)』편의 예고편인 셈이다.

이 점은 원리로서의 '좋음'에 대한 언급의 경우에도 해당되는 말이기도 하다. 이 대화편(97c~99c)에서도 소크라테스가 자연 현상들과 인간 행위의 근원적 원인 설명은 이것들 모두에 '공통되는 좋은 것(to koinon agathon)'을 제시할 때야 가능하다고 하며, '참으로 좋으며 적절한 것(hōs alēthōs to agathon kai deon)'이 모든 것을 묶고 결합하는 근원적 원리라고 말한다. 이를테면, 자신이 크리톤의 간절한 망명 권유도 물리치고서 감옥의 침상에 걸터앉아 친구들과 담소를 하다가, 결국엔 독배를 비우고서 최후를 맞을 저녁을 기다리고 있는 사태의 설명도 이를 근거로 할 때에야 제대로 될 수 있을 것이라며 이런 말을 한다.

---

20 초기 대화편인 『카르미데스』의 경우만 해도, *eidos*가 '외모'의 뜻으로 쓰인 곳이 두 곳(154d4, e6)이며, *idea*가 역시 '외모'의 뜻으로 쓰인 곳이 세 군데(157d, 158b, 175d)이다.

사람들은 "내가 자네들과 대화를 하고 있는 것과 관련해서도 이와 같은 또 다른 원인들을 말하려 드네. 소리와 공기, 청각 그리고 그 밖의 다른 수없이 많은 이런 유의 것들을 그 원인으로 주장하면서도, 그 참된 원인들을 말하는 것은 소홀히 하네. 그건 내게 유죄 판결을 내리는 것이 더 좋다고 아테네인들에게 판단된 데다, 바로 이 때문에 나는 나대로 여기에 앉아 있는 게 더 좋을 뿐만 아니라, 이렇게 대기하고 있다가 그들이 지시할 형벌을 받는 것이 더 올바르다고 판단하게 되었기 때문이라는 것일세. 맹세컨대, 내 생각으로는, 만약에 내가, 이 나라가 어떤 형벌을 내리든, 그것을 받는 것이, 피하여 도망하는 것보다, 더 올바른 것도 또 더 훌륭한 것도 아니라고 생각했던들, 나의 이 힘줄들과 뼈들은 그 가장 좋은 것(to beltiston)에 대한 판단에 의해 메가라나 보이오티아[21] 지방으로 옮겨져 있는지 오래일 것이니 말일세. 하지만 이런 것들을 원인이라고 부르는 것은 너무 이상한 일일세. 그러나 만일에 어떤 사람이 말하기를, 내가 이런 것들을, 즉 뼈들과 힘줄들 그리고 그 밖의 것들로서 내가 지금 갖고 있는 것들을 갖지 못하고서는, 좋다고 내게 판단되는 것들을 행할 수는 없을 것이라고 한다면, 그는 참말을 하고 있는 것이겠지. 그렇지만, 내가 행하는 것들을 이것들 때문에 행하며, 또한 그것들을 지성에 의해서 하지만, 가장 좋은 것의 선택(tou beltistou hairesis)에 의해서 하는 것은 아니라고 하는 건, 이건 몹시 그리고 아주 경솔한 주장일 게야. 왜냐하면 그건 진짜 원인(to aition)과 '그것 없이는 원인이 결코 원인일 수 없는 것'이 별개의 것임을 구별할 수 없는 것이기 때문이네. 내가 보기엔, 바로 이 뒤의 것을 많은 사람이, 마치 어둠 속에서 더듬거리듯, 엉뚱한

---

21 이들 두 나라는 다 아테네에 인접한 나라들이다.

이름을 이용하여, 바로 원인으로 일컫는 것 같아."(98d~99b)

　'진짜 원인(to aition tōi onti)'과 '그것 없이는 원인이 결코 원인일 수 없는 것(ekeino aneu hou to aition ouk an pot' eiē aition)'을 구별하는 것이야말로 플라톤 철학의 바른 이해를 위해서 기본적으로 요구되는 것이다. 그런데도 플라톤 철학에서는 '진짜 원인'만 중요하지 '그것 없이는 원인이 결코 원인일 수 없는 것'은 무시되는 것처럼 성급하게 단정해버리는 사람들이 적잖다. 오히려 플라톤이 정작 걱정하고 강조하는 것은 사람들이 '그것 없이는 원인이 결코 원인일 수 없는 것'에 관심이 쏠린 나머지 자칫 '진짜 원인'을 간과해버리는 일이 있어서는 안 된다는 것이다. 이는 그가 감각적 지각의 대상들(ta aisthēta=the sensibles)과 지성에 의해서[라야] 알 수 있는 대상들(ta noēta=the intelligibles)의 구별을 애써 강조하는 것의 경우에도 그대로 적용되는 말일 것이다. 사람들이 직접적이고 도저히 부인할 수 없이 현실적으로 와 닿는 감각적 지각의 대상들에만 집착하다 보면, 정작 사물의 또 다른 참모습은 모르고 말 것이기 때문이다. 이를테면, 물에 대한 감각적 측면에서의 접근보다 더 중요한 학문적 접근은 분자 구조를 통한 이해일 것이다. 그래서 그런 식으로 그는 훗날 물을 비롯한 이른바 4원소들에 대해서도 구조적 접근을 시도하며, '그것 없이는 원인이 결코 원인일 수 없는 것'을 『티마이오스』편에서 '보조적 원인들'로 말하고 있다.

　이상에서 『국가(정체)』편이나 『파이돈』편 그리고 『고르기아스』편에서 다루어진 궁극적 원리로서의 '좋음(善)'을 중심으로 언급된 내용의 핵심을 짚어 보았다. 이제야 후기 대화편들에서 다루어지는 '좋음' 그리고 이것이 구현되는 방식으로서의 '적도' 등의 문제를 알아볼 차례가 되었다.

4장 『티마이오스』 편을 통해서 본 우주의 궁극적 원리 또는 원인으로서의 '좋음'

　　『국가(정체)』 편에서 가장 큰 배움의 대상인 '좋음(to agathon)'은 모든 것의 궁극적인 원리(arkhē) 및 궁극적 원인(aitia)으로 제시되었다. 그렇다면 이는 인간의 모든 활동은 물론, 자연(physis) 전반에 걸쳐서도 그렇다는 뜻이다. 바로 앞서 『파이돈』 편에서 인용된 소크라테스 자신의 선택적 행위와 관련된 언급을 우리는 읽었다. 이는 인간들의 모든 활동과 연계시켜도 어긋나지 않는 생각일 것이다. 왜냐하면 모든 인간은, 실제와는 무관하게, 제 나름으로 좋을 것으로 여긴 것을 선택하겠기 때문이다. 실상 '좋음'과 관련된 그의 이런 생각은 그의 초기 대화편인 『고르기아스』 이후, 바로 방금 든 대화편들을 거쳐, 『정치가』 편과 『필레보스』 편 그리고 『법률』 편에 이르기까지 그야말로 광범위하게 논증적 또는 실증적으로 다루어지고 있다. 그런데 '좋음'은 이 인간의 활동을 벗어난 영역에서까지 원리로 된다는 것은 도대체 무엇을 의미하는가?

　　원리를 뜻하는 헬라스어 '아르케(arkhē)'에는 시작·근원·기원·원칙·관직·지배·제국 등의 뜻이 있다. '좋음'이 원리로 된다고 말할 경우, 이는 그것이 모든 것에 직접적으로 관여한다는 것이 아니라, 모든 것이 그것에, 마치 법칙을 따르듯, 따르는 방식으로 지켜지는 것이라는 뜻으로 하는 말이다. 쉽게 말해서, 그것은 경기장에서의 '규칙(rule)'과도 같은 것이라 할 것이다. 축구 경기도 일정한 규칙의 지배를 받거니와 축구 경기장은 이 규칙이 적용되는 '영역'이다. 이 영역에서는 지켜야 할 규칙이 있고, 이를 어기면, 처벌을 받게 된다. 옐로카드는 경고이고, 레드카드를 받은 사람은 그 장에서 쫓겨난다. 선수

들의 범칙이 전체적으로 도를 넘기면, 축구장은 난장판이나 개판이
된다. 그리고 무엇보다도 안타까운 것은 우리가 그 규칙을 모르면, 그
놀이판을 도무지 이해할 수가 없다는 것이다. 근사한 장소에 근사한
바둑판과 흑백의 바둑돌 통이 놓여 있을지라도, 바둑 두는 규칙을 모
르면, 오목놀이 정도가 고작일 것이다. 내가 TV에서 중계 방송하는
미식축구, 그것도 온 미국을 들썩거리게 한다는 슈퍼볼에 대해 여태
껏 아무런 감흥도 느끼지 못하고 있는 것도 실은 그런 이유로 해서다.
말하자면, 삼라만상이 따를 수밖에 없게 되어 있는 이 규칙, 즉 원리
를 아는 것, 이것이야말로 당연히 그리고 지극히 중요한 것일 것이다.
플라톤은 그 원리를 '좋음(善)' 또는 '좋음의 이데아'라 일컫고, 그것
에 대한 앎을 '가장 큰 배움'이라 한 것이다. 하지만 누군가가 이를
대뜸 목적론적 철학체계로 치부해버린다면, 그는 결단코 플라톤을 제
대로 이해하지 못하고 마는 길로 접어드는 것이다.

　　모든 사물이 저마다 제 기능(ergon)을 제대로 수행하며 존속하기
위해서는 그것이 처한 조건 아래에서 나름으로 최대한 '좋은 상태
(aretē=goodness)'를 유지하지 않으면 안 될 것이다. 그러기 위해서
는 그것이 처한 상황에서 구조적으로나 기능 수행의 방식에 있어서
최대한 적도(適度)와 균형 등의 좋은 상태를 구현·유지하지 않으면
안 될 것이기 때문이다. 하나의 종(種: eidos)의 탄생과 존속 및 소멸
은 그때마다의 그 나름의 적도 창출과 그 보존 및 실패에 따라 좌우되
겠기 때문이다. 자연적 산물이든 인위적 산물이든 또는 인간의 행위
이든, 모두가 이를 어기고서는 종국엔 더 이상 존속 또는 유지할 수
없게 되겠기에, 그 모두가 결과적으로는 그런 원리에 따른 지배를 받
는다고 말할 수 있을 것이다. 그러나 그것은 어디까지나 사물들의 생
성이나 존재 방식이 결과적으로 그 원칙에 따르고 있는 것일 뿐, 그게

직접적으로 작용하거나 그리 간섭하고 있는 것은 아니다. 그것은 그런 의미에서의 궁극적 '원리'요 '원인'일 뿐, 종교적이거나 인격적인 신과 같은 그런 존재가 아니다. 이런 점에서 플라톤의 자연관은 진화론적인 성향이 강한 것이라 할 수 있다. 아닌게아니라 이런 점을 증언하기라도 하듯, 다윈도 그의 『종의 기원』 결론 부분에서 이런 말을 하고 있다. "자연 선택(natural selection)은 오로지 각 존재의 좋음(the good)에 의해서 그리고 이것을 위해서만이 작용하므로, 모든 물질적·정신적 천성(endowments)은 완성을 향해 나아가는 경향이 보일 것이다."[22] 그런 의미에서 플라톤이 말한 '적도'란 것도 '적자([最]適者: the fittest)'[23]와 맥을 같이하는 표현이라 말해도 무방할 것이라는 게 내 생각이다. 플라톤에 있어서 종(種: eidos), 즉 형상은 구조적으로 언제나 적도와 상관관계에 있는 것이기 때문이다. 그래서 그는 『필레보스』편(64d)에서 이렇게 단언하고 있다. "적도와 균형성에 적중하지 못한 것이면, 그것은 그 혼합을 이루고 있는 것들을, 그리고 맨 먼저 그 혼합 자체를 필연적으로 파멸시킨다." 이처럼 그의 철학에는 창조적 진화 사상을 뒷받침해 주는 생동하는 존재론이 있다. 이 주장에 따르면, 기존의 어떤 종들은 현실적으로 소멸할 수도 있으며, 같은 이치로 새로운 종들이 현실적으로 또한 탄생할 수도 있다. 종으로서의 어떤 것의 존립에는, 그 종을 이루는 여러 요소들의 결합이나 조건

---

22   Charles Darwin, ed. by W. Bynum, *On the Origin of Species*, Penguin Classics, 2009, p. 426.

23   우리가 다윈의 진화론을 간결하게 잘 설명해 주는 것으로 'survival of the fittest(적자생존)'를 곧잘 말하고 있으나, 이는 그가 말한 표현이 아니라, 그보다 11살 젊었던 동시대의 진화론적인 철학자 Herbert Spencer의 조어였다고 한다. 다윈은 훗날 이 표현을 썩 내켜 하지는 않았지만, 채택하기는 했다고 한다. 앞의 책, intr. xxxiv, xlvi. 참조.

들이 적도나 균형 등에 적중하느냐 못하느냐가 그 관건이겠기 때문이
다. 삼엽충이나 공룡은 사라진 종들이다. 그런가 하면 이런 새로운
'종'인 나방의 탄생 이야기도 있다. 아프리카의 마다가스카르섬에서
만 찾아볼 수 있다는 아름다운 난 한 가지(Angraecum sesquipedale)
는 그 꿀주머니(nectar spur)의 길이가 놀랍게도 정확히 45센티미터
나 되는데, 이를 최초로 발견한 다윈은 같은 길이의 혀를 가진 나방이
어느 날 발견될 것이라 예언을 했단다. 아닌게아니라 50년쯤 지나 그
의 예언대로 그런 나방이 나타났기에, 이 새로운 종의 나방에는 '예
언된 것'이라는 뜻의 라틴어 'Praedicta'라는 이름이 붙여졌다.[24] 원
래 난은 뿌리로도 번식을 하지만, 지역적인 확장을 통한 번식을 위해
서는 씨를 바람에 날려서 뿌릴 수밖에 없으니, 부득불 가루받이를 시
켜야 하는데, 이 난은 무슨 이유에서인지 별난 매개자의 탄생을 요구
한 모양이다. 이처럼 자연에 있어서 모든 것은 저마다 그 나름으로
'좋음'을 구현하고 유지하는 방식으로 존재하고 있으며, 그 모든 것
은 그런 좋음의 구현과 유지 현상이 아니겠는가?

　그러나 우리가 여기에서 덧붙여 밝혀두어야 할 중요한 것이 있다.
그것은 플라톤이 말하는 원리로서의 '좋음'이 결코 인간 중심적인 관
점에서 이해할 성질의 것이 아니라는 점이다. 이를테면, 인간에게 해
악을 끼치는 해충이나 해로운 짐승 또는 날짐승도, 우리의 이해관계
나 가치와는 아무런 상관도 없이, 그것들 나름으로 생존하게 된 충분
한 이유가 있고, 따라서 종으로서의 그 존립을 위한 좋은 조건들, 곧
그것들 나름의 좋은 상태도 있다. 앞으로의 인류의 적들일지도 모를
온갖 세균이나 바이러스들에도, 우리 인간들의 바람과는 무관하게,

24　Porritt, J., *Save the Earth* (London, 1992), 79쪽 참조.

그것들 나름의 생존 조건인 좋음 또는 적도는 있을 것이다. 요즘 우리
가 보듯, 코로나19 바이러스 그리고 이의 변이인 델타 변이 바이러스
의 경우에서처럼 말이다. 이런 관점에서 볼진대, '좋음'은 인간을 중
심에 놓고서 말할 성질의 것이 단연코 아니다. 이런 점에서도 '좋음'
은 이 세상의 모든 것을 포섭하는, 따라서 그 모든 것을, 그 자체의 존
립과 관련해서, 제대로 이해할 수 있게 하는 원리일 수 있겠다. 그러
므로 적어도 플라톤이 주장하는 '좋음'의 원리를 이유로 그의 철학을
인간 중심의 목적론적인 것으로 치부하는 것은 전적으로 빗나간 것
이다.

  그런 점에서 그의 철학은 '사람에 맞는 좋음' 또는 '사람을 위한 좋
음(to anthrōpinon agathon)'만을 강조하는[25] 아리스토텔레스의 저
목적론적 체계와는 전혀 다르다. 아리스토텔레스에 따르면, 이 세상
에 있는 모든 것은 그것들 나름의 어떤 기능(ergon)을 저마다 갖고
있다. 각각의 것은 그 기능의 발현과 관련해서 가능태(dynamis)에서
현실태(활동태: energeia=en+ergon) 또는 완성태(entelekheia)로
상향적으로 옮겨가는 운동을 한다는 게 그의 주장이다. 이를테면, 물
질일 뿐인 도토(陶土)조차도 언젠가는 도자기로 될 가능성을 잠재적
으로 갖고 있고, 비록 도공에 의해서이기는 하지만, 마침내 도자기로
현실화하여 그 기능을 수행할 수 있게 된다. 더구나 생명의 씨앗을 품
고 있는 도토리는 싹이 트고 자라서 묘목이 되었다가 성목이 되고, 마
침내는 도토리가 잔뜩 열리게도 된다. 물론 언젠가는 그 기능을 다하
고 죽게 될 것이다. 이게 도토리의 기능 및 그 가능성과 관련된 순환
적 운동 곧 변화 과정이다. 애벌레, 번데기, 성충으로 바뀌어가는 운

---

25 『니코마코스 윤리학』 I. 2, 7.

동으로서의 한살이를 하는 곤충의 경우도 이는 마찬가지이다. 사람이
수정과 태아 그리고 출생을 거쳐, 자질이나 기호에 따라 이것저것 배
우지만, 특히 집 짓는 기술을 배워 건축가가 되어, 그 기능 수행을 한
다면, 그는 기능을 현실화한 활동(energeia)을 하고 있는 것이다. 마
찬가지로 누군가가 지혜사랑의 자질을 충분히 타고나, 단계를 따라
착실히 그 가능성을 현실화해서, 마침내 철학자로서의 기능 수행을
누군가가 하게 된다면, 그 최상위의 목적(telos)은 신(theos)의 활동
태(energeia)인 '사유의 사유(순수사유: noēseōs noēsis)'에 이르는
것이다. 모든 생물의 최상위에 있는 인간이 마침내 신의 이 관상(觀
想: theōria) 활동에 참여할 수 있게는 된 것이다. 그러나 몸을 가진
인간의 조건 때문에 이는 끊임없이 방해를 받는다. 비록 그렇더라도,
인간은 가끔은 신의 이 활동에 참여한다. 인간의 최대 행복은 그런 활
동을 할 때에 성취되는 것이고, 이것이 곧 달성해야 할 인간의 목적이
고, 인간의 이 목적 달성은 모든 생물을 대신해서 '완결적으로 달성해
(en+telos=in+completion) 갖게 되는 것(완성태: entelekheia)'이
기도 하다. 따라서 아리스토텔레스의 목적론은 철저하게 인간 중심적
이며 신학적인 것이다.

　그런데 플라톤의 우주론을 담고 있는 『티마이오스』편에서도 우
리는 '좋음(to agathon)'이 우주 창조에 있어서 다름 아닌 '원리
(arkhē)'가 되고 있음을 발견하게 된다.[26] 그 자체가 '아름다운 질서
체계(kosmos)'를 의미하는 우주(kosmos, to pan)의 탄생 과정에 있
어서 '좋음'이 창조자를 매개로 하여 어떻게 구현되는지를 설명해 보
이고 있기 때문이다. 플라톤은 이 우주 창조자(만든 이: poiētēs)를

26　『티마이오스』편 29e~30a를 참조할 것.

놀랍게도 '데미우르고스(dēmiourgos)'라고도 하고, '구성한 이(ho synistas, ho syntheis, ho tektainomenos)'라고도 한다. 이 낱말들은 일상적으로는 장인(匠人)이나 목수를 뜻하는 말이다. dēmiourgos는 사람들(평민: dēmos)에게 필요한 것들을 만들어주는 직인(職人: artisan)이나 장인(匠人: craftsman)을 뜻하나, 비유적으로는 넓은 의미에 있어서 무엇이건 '만드는 이'를 가리키는 데 쓰이기도 한다. 플라톤은 이 말을 실로 광범위하게 애용하고 있어서, 심지어는 어떤 가치의 '구현자'에다가도 적용하고 있다.[27] 그러나 이 대화편에서는 우주 또는 세계의 창조자를 그리 지칭하고 있다. 장인이나 목수는 자기들이 입수할 수 있는 소재, 즉 자기들에게 주어진 것을 갖고서, 어떤 구실(기능, 일: ergon)을 하게 될 자기들의 제작물 또는 구성물을 자기들 나름으로 '최선'을 다해 잘 만들어 냄으로써, 그들 나름으로 그것들에 있어서 '좋음'을 실현하고자 하는 자들이다. 사람들(dēmos)에게 필요한 '좋은' 가구나 '좋은' 도자기 등이 만들어지는 것은 그들의 그런 생각 때문이다. 하지만 '주어진 것(to paron)'을 갖고서 무엇인가를 훌륭하게 '만드는 행위(dēmiourgia)'가 어찌 그들만의 행위(praxis)이며 그들만의 일(ergon)이겠는가? 실은 한 나라의 참된 치자(治者)도 자유나 올바름 등의 가치를 그 나라에 실현하는 '데미우르고스'이기는 마찬가지이니, 그런 의미에서 그도 그만한 땅덩이와 그만한 인적 또는 물적 자원을 가진 나라에 있어서 그 나름의 '좋음(善)'을 실현하는 자이다. 개인의 인격적 실현도 같은 시각으로 보아야 할 성질의 것이기는 마찬가지일 것이다.

이처럼 우주가 만들어지는 것에서부터 장인들의 기술적 제작 행위

---

27 예컨대, 『국가(정체)』편 제6권 500d를 참조할 것.

나 나라의 수립과 그 경영 그리고 개인의 인격 형성과 삶의 태도에 이르기까지 같은 이치(logos)가 적용되고 있으니, 이것들에 있어서 적용되는 일관된 원리 또한 같은 것일 수밖에 없겠는데, '좋음(善)'이 바로 그것이다. 이 대화편에 등장하는 '데미우르고스'는 어떤 점에서는 '좋음'의 원리가 신격화된 것이라고도 볼 수 있겠으며, 또한 더 나아가, 그 '좋음'이 실현되는 데 있어서는 지극히 지성적 또는 이성적인 방식으로 이루어진다는 점에서 그는 지성(nous)의 화신이기도 하다. 이런 성격을 갖는 '데미우르고스'의 구성적인 기술(tekhnē)의 창출물이 이 우주인 것으로 말하고 있으니, 플라톤의 우주론은 형이상학적이면서도 기술적 창출 과정을 모델로 삼은 우주론인 셈이다. '기술로 해서 창출되었다(ek tekhnēs gegonen)'(33d)는 표현을 통해 알 수 있듯이, 이 우주는 위대한 기술적 산물인 것으로 이야기되고 있다. 이는 플라톤이 그의 기술관을 자연 세계를 설명하는 데 이용하고 있음을 보여 주는 것으로, 그에게 있어서 진정한 기술은 적도(適度)의 창출에 있어서 성립한다.[28] 그런데 『소피스테스』편(265b~e)을 보면 자연적인 산물들과 인위적인 기술의 산물들에 대해 이런 구별을 하고 있는 대목이 보인다. 만드는 기술에는 두 부류가 있겠는데, 그 하나는 신적인 것(to theion)이지만, 다른 하나는 인간적인 것이다. "만드는 기술이란 전에는 없던 것들이 나중에 생기게 하는 데 원인(aitia)이 되는 것인 기능(dynamis)을 갖는 모든 것을 말한다." 동물들과 식물들 그리고 땅속의 결합물들처럼 자연적인 것들도 전에는 없었다가 언젠가 나중에 생기게 된 것들이겠는데, 이것들은 인간 아닌 자연 또는 신의 산물들이라 할 것들이다. 물론 인위적인 산물들은 많다. 그러나

---

28 이 점은 『정치가』편을 다룰 때 언급될 것이다.

이것들은 엄밀한 의미에서 자연을 모방하며 자연을 이용하는 것일 뿐이라 할 것이다. 자연에서는 적도가 저절로 실현되고 있으나, 인간의 경우에는 적중할 때에만 이루어지는 것이 적도이겠기 때문이다.

『티마이오스』편에서의 우주 생성에 대한 설명은 '그럼직한 설명들(eikotes logoi)' 또는 '그럼직한 이야기(eikōs mythos)'의 형태로 진행되는데, 이는 그것이 생성된 것이고, 일단 생성된 것은 어떤 것의 모상(eikōn)이기 때문이란다. 그것은 영원한 것(to aidion)이며 '똑같은 방식으로 한결같은 상태로 있는 것(to kata tauta kai hōsautōs ekhon)'을 본으로 하여 만들어진 모상이란 것이 그 이유다. 이는 이데아와 그 모상인 사물들의 관계와 같다. 이 그럼직한 설명에 따르면(29e~30a), 이 우주를 구성한 이(ho synistas)는 최선자(最善者: ho aristos)로서 최선을 다해서 이 우주를 가장 훌륭한(아름다운) 것(to kalliston)이도록 만들었다고 한다. 훌륭한 자가 '[일체] 창조물(생성: genesis)과 이 우주(to pan, kosmos)'를 아무런 질투심도 없이 최대한 자기 자신과 비슷한 상태에 있게끔 구성했으니, 그 창조자에서 그 결과물에 이르기까지를 지배한 '가장 주된 원리(arkhē kyriōtatē)'는 '좋음(to agathon)'이다. 이것이, 기술적 창조자로 상정된 '데미우르고스'를 빼어버리는 순간, 그대로 드러나는 우주 생성의 진짜 원리이다.

그러면 이 원리에 따라, 이를테면 탈레스 이래로 헬라스 철학자들이 차례로 만물의 근원으로 내세운 종래의 이른바 네 가지 원소들인 물, 공기, 불 그리고 흙의 구성과 이것들의 수용자에 대해서 하게 되는 설명을 들어보자. 태초에는 모든 생성의 수용자(hypodokhē = Receptacle)로 비유된 공간(khōra)에는 그런 4원소도 아직은 없었고, 다만 그 흔적들(ikhnē)로서의 물질들만 있었다. 그런 상태에 있던 것들이 어떻게 해서 그것들로 제 모습을 갖추게 되었는지는 이렇게 설명되고 있다. "흔들림을 제공하는 기구처럼, 그 자체가 운동을 하게 된 생성의 수용자에 의해 그때 이처럼 흔들리게 된 네 가지 부류의 것들 중에서 가장 닮지 않은 것들은 서로 최대한 멀리 떨어지게 되고, 가장 닮은 것들은 같은 곳으로 최대한 모이게 되는데, 바로 이 때문에 이것들은 서로 다른 지역(공간)을 점유하게 되었다는 겁니다. 우주가 이것들에서 질서를 갖추어 갖게 됨으로써 생겨나기 전에는 말씀입니다. 그러니까 이 이전에는 이것들 모두가 비율(logos)도 없고 척도(metron)도 없는 상태로(alogōs kai ametrōs) 있었습니다. 그러나 우주가 질서를 갖게 되도록 하는 일이 착수되었을 때, 물·불·공기·흙이 처음에는 이것들 자체의 어떤 흔적들을 갖고 있었으나, … 이런 성질의 것이었던 것들을 신[29]이 최초로 도형(eidos)들과 수(arithmos)들로써 그 형태들을 만들어내기 시작하였습니다. 신은 이것들을 그렇지 못한 상태에 있던 것들에서 가능한 한 가장 아름답고(kallista) 가장 훌륭하게(arista) 구성해 냈다는 것, 이걸 무엇보다도 우리에게 있어서 언제나 되뇔 말이도록 하죠."(53a~b) 그는 이처럼 생성되는 모든 것에 있어서의 '훌륭한 상태(to eu)'를 스스로 강구했다.

　여기서 독자는 잠시 숨고르기를 할 필요가 있겠다. 이른바 밀레토스 학파로 불린 철학자들 중에서 탈레스가 만물의 근원(arkhē)으로서 물을 그리고 아낙시메네스가 공기를 주장한 이래로, 헤라클레이토스가 불을, 그리고 엠페도클레스가 이것들에 흙을 추가하게 되니, 이후로 이것들을 일컬어 '4원소'라 했다. "맨 먼저 만물의 네 가지 뿌리들(rhizōmata)을 들으시오." 이는 4원소를 만물의 '뿌리들'로 비유해서

29　데미우르고스를 가리킨다.

말한 엠페도클레스의 '토막글 6'의 일부이다. 그래서 아리스토텔레스
는 그의 『형이상학』A 4. 985a31~33에서 이런 말을 하고 있다. "더
나아가 그는 물질 형태의 요소들(stoikheia)로 일컫는 것들 네 가지를
최초로 말했다."고. 그렇다면 앞에서 말한 흔적 상태의 물질들이었을
뿐인 것들을 데미우르고스가 "최초로 도형들과 수들로서 [4원소들로
서의] 그 형태들을 만들어내기 시작하였다."는 것은 무슨 뜻일까? 헬
라스어 stoikheia는 원래, 우리 한글의 ㄱ·ㄴ·ㅏ 따위와 같은 '자모
들', 곧 A·B·Γ 따위를 뜻한다. 그들이 굳혀 갖게 된 자모들도 한글
의 경우처럼 24가지이다. 이들 자모들이 서로 결합하게 되면, 음절
(syllabē)을, 더 나아가서는 낱말들을 이룬다. 그러니까 '스토이케이
아'를 물질들에 적용해서 말하면, 이는 물질이 나뉠 수 있는 최후의
구성 요소들을 뜻하는 것이 된다. 따라서 플라톤이 말한 '도형(eidos)
들과 수들'이란 그런 구성 요소들로서의 'stoikheia와 이것들이 결합
을 이루게 되는 수들'을 뜻한다. 이를테면, 최종적으로 정다면체들 중
에서 불이 정4면체를, 공기는 정8면체를, 물은 정20면체를 그리고 흙
은 정6면체를 이루게 되었다는 것인데, 이들 각각의 도형은 두 종류
의 삼각형들로 이루어진다고 한다. 그 둘 중의 하나는 정삼각형이 한
꼭짓점에서 30°의 두 예각으로 쪼개져서 만들어지는 직각부등변삼각
형이다. 이 직각부등변삼각형은 같은 형태의 삼각형들 3개 → 4개 →
12개 … 등으로 나뉨에 의해서 이것들은 마침내 소립자(elementary
particles) 형태의 것들에까지 이를 수 있겠다. 이들 소립자 형태의 것
들이 무수히 많이 결집되어, 정4면체를 이루면 불이 되고, 정8면체를
이루면 공기가 되며, 정20면체를 이루면 물이 된다는 것이다. 따라서
이것들끼리는 서로의 해체와 다른 형태로의 결합이 가능하고, 덩달아
물질적 변화도 이루어진다는 주장이다. 그러나 정6면체를 이룬 흙의

경우에는 정사각형이 대각선으로 잘린 형태인 직각이등변삼각형이 같은 형태의 것들 2개 → 4개 → 8개 → 16개 … 등으로 역시 무수히 많은 작은 소립자 형태의 것들로 나뉠 수 있다고 한다. 그러나 이 구조는 앞 것들과는 다른 형태의 것이기 때문에 다른 물질들로는 바뀔 수 없는 것이다. 이들 두 부류의 3각형 구조를 갖는 요소들을 우리는 '요소 삼각형들'로 부를 수 있겠다. 그러니까 비유컨대, 이것들이 '자모'에, 이것들이 이룬 물질의 표면은 음절(syllabē)에, 그리고 이들 표면들이 이루는 정다면체는 낱말에 비유될 수 있을 것이다. 이런 플라톤의 물질들에 대한 설명 방식에 대해 각별한 의미를 부여하고 있는 이가 하이젠베르크이다. 그는 그의 책에서[30] 이런 말을 하고 있다. "데모크리토스의 철학에서 원자들은 영원하며 파괴될 수 없는 물질 단위들이며, 상호 간에 결코 변형될 수 없다. 이 문제와 관련해서 현대 물리학은 확고한 입장을 취하는데, 데모크리토스에 대해서는 반대이고, 플라톤과 피타고라스학파에 대해서는 지지한다. 소립자들은 확실히 영원하고 파괴될 수 없는 물질 단위들이 아니고, 그것들은 실제로 상호 간에 변형될 수 있다. … 플라톤과 피타고라스의 견해들과 현대의 견해들의 유사성은 얼마간 더 진전을 볼 수 있다. 플라톤의 『티마이오스』편에서 소립자들은 최종적으로 물질이 아니라 수학적인 형태들이다. … 현대양자이론에서는 소립자들이 최종적으로는 수학적인 형태들일 수도 있지만, 훨씬 더 복합적인 것일 수 있음에 의심의 여지가 없다." 그러면서 그가 언급하게 되는 것이 뉴턴 이래의 역학적인 면이다.

---

30   W. Heisenberg, *Physics and Philosophy* (Prometheus Books, 1999), pp. 71~72.

　역시 플라톤의 이런 수학적인 관점에 특히 주목한 이는 화이트헤드
와 함께 『수학원리』(*Principia Mathematica*, vols. I–III)를 공저로
낸 러셀이다. 그의 책[31]에서 플라톤의 수학적인 측면이 갖는 학문적
의의를, 특히 아리스토텔레스와도 관련지어 가면서까지, 언급하게 되
는 주목할 만한 대목들을 짚어 보자. 그는 앞에서 언급한 도형들과 수
들에 의한 물질 구성을 살펴본 다음, 플라톤을 통해서 우리가 '물리
적 설명을 위한 수학적인 모델(a mathematical model for physical
explanation)'을 갖게 되었으며, '방법에 있어서 이것이 오늘날 바로
수리물리학의 목표'라고 말했다.(79쪽) 그러면서 그는 아리스토텔레
스가 "플라톤의 수학적인 철학에 공감하지 않았다. 뿐만 아니라, 그는
실제로 그걸 결코 이해하지 못했다."고까지 말했다. 또한 그는 이어서
이런 말을 한다. "아리스토텔레스는, 비록 우리가 그의 몇몇 다소 특
이한 잘못들을 고려한다 할지라도, 저명한 생물학자였긴 하나, 물리
학과 천문학에 대한 그의 견해들은 절망적으로 뒤죽박죽이었다. …
체계적인 사고에 대한 아리스토텔레스의 가장 유명한 기여는 아마도
논리학 저작일 것이다. 그중에서 많이는 플라톤에게서 유래했으나,
플라톤의 경우에는 논리적인 원칙들이 많은 다른 자료들 속에 흩어져
있는 반면에, 아리스토텔레스에 있어서는 그것들이 함께 모여 있으
며, 현재까지 거의 바뀌지 않고 계속해서 가르쳐 온 형태로 자세히 설
명되었다. 역사적으로, 아리스토텔레스의 영향은 오히려 훼방 놓는
쪽이었는데, 이는 주로 그의 많은 추종자들의 맹목적이고 노예근성의
독단적 주장 때문이었다. 이에 대해서는 물론 우리가 아리스토텔레스

31　B. Russell, *Wisdom of the West* (Bloomsbury Books, rep., 1970), pp. 78~79,
81

자신을 비난할 수는 없다. 르네상스의 과학 부활은 아리스토텔레스와
의 단절 그리고 플라톤으로의 복귀였다는 점은 여전하다."(81쪽)

　이쯤에서 다시 이 대화편에서의 혼과 마음의 균형에 대한 언급을
보도록 하자. "모든 좋은(훌륭한) 것(to agathon)은 아름답고(ka-
lon), 아름다운 것(to kalon)은 불균형이지(ametron) 않습니다. 따라
서 그와 같은 것으로 될 생물은 균형 잡힌 것(symmetron)이라 보아
야만 합니다. 그런데 우리는 균형 잡힌 것들 중에서 사소한 것들은 뚜
렷하게 알아보고서 측정(계산)해 보지만, 가장 주된 것들이고 가장
중대한 것들은 생각 없이 대합니다. 건강과 질병 그리고 [사람의] 훌
륭한 상태(훌륭함, 덕: aretē) 및 [사람의] 나쁜 상태(나쁨, 악: kakia)
와 관련되는 한, 혼 자체가 몸 자체에 대하여 갖는 균형(symmetria)
과 불균형(ametria)보다 더 중대한 균형이나 불균형은 아무것도 없습
니다."(87c~d) 그런데도 "우리는 이것들에 대해 전혀 살피는 일이
없으며, 이런 사실에 대해서도 생각이 미치지 못하고 있습니다. 즉 강
하고 모든 면에서 큰(위대한) 혼을 너무 약하고 너무 작은 체격이 운
반하거나, 이와 달리 이것들이 반대로 결합할 경우에는—이는 가장
중요한 균형들에 있어서 균형을 이루지 못하기 때문이죠.—이 생물
은 전체적으로 아름답지 못하다는 점에 대해서 말씀입니다. 반면에,
이와는 반대되는 상태로 있는 것은 이를 볼 수 있는 사람에게는 모든
구경거리 중에서도 가장 아름답고 가장 사랑스러운 것이라는 점에 대
해서도 그러합니다.[32] 그러므로, 이를테면, 다리가 너무 길거나 또는

---

[32]   콘퍼드는 이 구절의 표현과 생각이 『국가(정체)』편 402d의 다음 구절에 대한
되풀이라 말하고 있다. "그런데 어떤 사람의 혼 안에 훌륭한 성격(성품)들이 있게 된
데다, 이것들과 합치하고 조화되는 것들이 외모에도 있게 된다면, 그래서 이들 양쪽
것들이 같은 원형(原型, 模型: typos)에 관여하고 있다면, 이는 이를 볼 수 있는 사람

다른 어떤 지나친 상태(hyperexis)로 해서 몸이 자체에 대해 어떤 점에서 불균형일 경우에, 그것은 흉하기도 하지만, [사지가] 수고를 함께 하는 데 있어서도 많은 피로와 잦은 접질림 그리고 비틀거림으로 인한 잦은 넘어짐 등, 자신에게 수없이 많은 나쁜 일의 원인을 제공하는 것처럼, 우리가 생물이라고 부르는 둘[33]의 복합체에 대해서도 바로 같은 생각을 해야만 합니다. 이것에 있어서 혼이 몸보다 더 강해서 너무 격정적일 때는, 혼이 온몸을 뒤흔들어 놓아 안에서부터 질병들로 채워갑니다. 그리고 이 혼이 어떤 공부들이나 탐구들에 있어서 열성적으로 임할 경우에는, 몸을 쇠약하게 만들며, 또한 공적으로나 사사롭게 논의를 통한 가르침을 갖거나 말다툼을 하다가 벌어지는 논쟁들과 경쟁심으로 인해서 몸이 달아오르게 하여 그것을 뒤흔들어 놓을 것이며, 분비를 촉진함으로써, 이른바 의사들 대부분을 속아 넘어가게 하여, 탓(원인) 아닌 것을 탓으로 보게 만듭니다.[34] 그리고 다른 한편으로, 혼에 비해서 너무 강하고 큰 몸이 왜소하고 허약한 마음과 결합하게 될 때는, 인간들에게는 본성상 두 가지 욕구, 즉 몸으로 인한 영양에 대한 욕구와 우리 안에 있는 것들 중에서 가장 신적인 부분(to theiotaton)[35]으로 인한 지혜(phronēsis)에 대한 욕구가 있기 때문에, 더 우세한 것의 운동들이 지배를 하게 되어, 자기 쪽 것은 증대시키면서도, 혼의 부분은 둔하고, 더디 배우며 잘 잊게 만듦으로써, 가장 큰 질병인 무지(amathia)를 생기게 합니다. 둘 다[36]에 대한 단 한 가지

에게는 가장 아름다운 광경이 아니겠는가?" F. M. Cornford, *Plato's Cosmology: The Timaeus of Plato* (London, 1948), p. 350 fn. 1.

33   몸과 혼을 가리킨다.
34   사실은 혼에 기인하는 것을 몸에 기인하는 것으로 잘못 보는 경우를 말하고 있다.
35   혼의 이성적 부분, 즉 지성을 가리킨다.

구제책(sōtēria)은, 혼이 몸을 제쳐놓은 채로도 또는 몸이 혼을 제쳐
놓은 채로도 활동하지 않도록 함으로써, 둘이 저들 스스로를 지켜서
균형을 이루어 건강하게 되도록 하는 것입니다. 바로 수학자야말로
또는 그 밖의 다른 지적인 연구에 열성적으로 종사하는 이야말로 체
육을 가까이함으로써 신체의 운동도 해 주어야 하거니와, 이와는 달
리 정성들여 몸만들기를 하는 사람 역시 시가(詩歌: mousikē) 및 모
든 지혜사랑(철학: philosophia)을 이용함으로써, 혼의 운동들을 상
응하게 해 주어야만 합니다.[37] 만약에 누군가가 '훌륭하디훌륭한' 사
람으로 정당하게 그리고 옳게 불리려면 말씀입니다. 이것들과 그 부
분들[38]은 같은 방식으로, 우주의 형태(eidos)를 본받아서,[39] 보살피도
록 해야만 합니다. 왜냐하면 몸은 그 안으로 들어오는 것들[40]에 의해
내부에서 뜨겁게 되기도 하고 차게 되기도 하며, 다시 외부에 있는 것
들[41]에 의해 건조해지기도 하며 습하게 되기도 하고, 또한 이들 양쪽
운동으로 인해 이것들에 뒤따르는 것들을 겪기도 하기 때문인데, [이
때] 어떤 사람이 가만히 있는 상태로 몸을 이 운동들에 내맡기게 될

---

36   몸과 마음의 불균형으로 인한 몸의 질환과 마음의 질환을 가리킨다.

37   플라톤은 『국가(정체)』 편 410b~d에서 시가(mousikē)와 체육(gymnastikē)
교육에 대해 더 분명한 견해를 밝히고 있다. 일부 사람들이 생각하듯이, 체육으로는
몸을 보살피되 시가로는 혼을 보살피기 위한 것이 아니라, 모두 혼을 위해 마련된 것
이라는 것이다.

38   여기서 말하는 부분들은 혼과 몸 양쪽 다의 부분들로 보는 게 옳을 것 같다. 왜
냐하면 신체뿐만 아니라, 혼에도 세 부분 또는 세 가지 혼이 있는 걸로 언급되기 때문
이다.

39   이 말은 바로 다음의 언급을 고려할 때, '모든 것의 양육자며 유모'의 운동을 흉
내 내어 "닮은 것에 닮은 것이"란 원리에 따라서 우리 몸의 질서를 갖추게 하는 것을
뜻하는 것으로 보인다.

40   불과 공기를 가리킨다.

41   흙과 물을 가리킨다.

경우에는, 몸은 그것들에 압도되어 완전히 파멸할 것입니다. … 그러면 복합적인 생물[42] 및 그것의 신체적 부분들과 관련해서 사람이 이를 어떻게 인도하고 또 자신에 의해서 어떻게 인도됨으로써 최대한으로 이성에 따라(kata logon) 살게 될 것인지에 대해서는 이로써 충분히 이야기된 것으로 합시다. 그렇지만 장차 인도하게(이끌게) 될 부분 자체[43]가 '인도(지도)하는 일(paidagōgia)'에 있어서 최대로 훌륭하디훌륭하게 되도록(kalliston kai ariston … einai) 물론 우선적으로 더 힘껏 준비하고 있어야만 합니다."(87c~89e) 이 긴 인용문 중에서도 우리가 특히 주목하게 되는 것은 '좋은 것'과 '아름다운 것' 그리고 '균형 잡힌 것'을 동일 선상에 놓고서, 이 모든 논의를 하고 있다는 점이다. 이것은 87c~d의 구절이다.

다시 우리가 확인해 두지 않을 수 없는 것은 플라톤이 이처럼 우주의 구성에서부터 인체의 구성 및 건강과 질병에 이르기까지 모든 것을 수적인 비례(logos)와 척도(metron), 도형과 수, 지나침과 모자람, 균형 등 수학적인 것들과 관련지어서 보며, 모든 것의 아름다움과 좋음도 그런 시각에서 보고 있다는 점이다. 그러기에, 애덤(Adam)이 말한 다음 구절은, 이 대화편 및 『국가(정체)』 등과 관련되는 한, 탁월하고도 흥미로운 언급이라 할 것이다. "수학적인 것들(ta mathēmatika)은 감각으로 지각할 수 있는 것들과 형상들 사이의 고리이다. … 그것들은 우주론적인 중간자(metaxy ti)이다. … 플라톤에 따르면, 그것들은 객관적으로 그리고 사실상, 이데아들과 개별적인 것들 사이의 황금 사슬이거니와, 이데아들로 올라가려는 자는 '언제나 [기하학

---

42 원어는 to koinon zōon인데, '복합적(koinon)'이란 생물(동물)이 혼과 몸으로 이루어졌다는 뜻에서 하는 말이다.

43 이것은 혼에 있어서 불사적인 부분인 지성(nous)을 가리킨다.

적] 측정을 하고 있는' 우주의 설계자가 몸소 마련한 그 사다리로 올
라야만 한다. … 플라톤에 따르면, 우주의 궁극적 원인은 좋음(善)의
이데아이고, 다른 이데아들은 결국 이것의 특수한 규정들이요, 수학
적인 것들은 좋음의 이데아가 자연에서 작용하게 되는 데 이용하게
되는 수단들이다. 다름 아닌 바로 이것이 플라톤의 심오하고 유명한
'신은 언제나 측정하고 있다(theos aei geōmetrei)'[44]는 텍스트의 뜻
이요, 『티마이오스』편의 대부분은 이 텍스트에 대한 하나의 공들인
주석[서]일 뿐이다."[45]

　　또한 플라톤과 관련해서 우리에게 전해지고 있는 유명한 말들 중의
하나는 "기하학을 모르는 자는 누구도 내 지붕 아래 들여보내지 말
라"는 것으로 알려져 있다. 『국가(정체)』편에서는 기하학을 포함한
수학의 여러 교과들이 추론적 사고(dianoia)의 함양을 위해서 필수적
인 것들로 강조되고 있다. 우리의 인식 주관이 감각적 지각에 매몰되
어 있는 상태에서 벗어날 수 있게 하는 데 결정적인 기여를 한다고 해
서다. "이 교과들을 통해서 각자의 혼의 어떤 기관(organon)이 순수
화되어(ekkathairetai), [그동안의] 다른 활동들로 인해서 소실되고
눈멀어버린 이 기관이, 눈 만 개보다도 더 보전될 가치가 있는 이 기
관이 다시 점화(點火)된다는 것을 말일세. 이것에 의해서만이 진리가
보이기 때문이네."(527d~e) 이 기관은 다름 아닌 지성(nous) 또는
'지성에 의한 앎(noēsis)'의 능력을 가리킨다. 이것에 의해서 '지성에
의해서[라야] 알 수 있는 것들(ta noēta)'에 대한 앎을, 그리고 마침
내는 '좋은 것 자체(auto ho estin agathon)' 곧 좋음의 이데아에 대

44　Plutarch's *Moralia*, 『연회석에서 제기된 문제들』, viii.2.1.

45　J. Adam, *The Republic of Plato*, II (Cambridge, 1963. 2nd ed.), 161~162면.

한 앎을 갖게 된다는 주장이다. 그런데 이 앎을 향해 오르는 등정(an-odos, epanados)에서 그 오름길(anabasis)은 감각적 지각(aisthēsis)에서 벗어나 수학적인 것들[46]을 대상들로 삼는 추론적 사고(dianoia)를 거쳐 이데아들 그리고 마침내 '좋음 자체'에 이르는 것이다. 그러나 '좋음 자체'를 직관(katidein)하고, 이것이 모든 것의 근원적인 원리임을 깨달은 자가 마냥 혼자 좋아하며 그리 지낼 일도 아니지만, '인간사에 마음 쓰는 일(prattein)'을 그만두고 그 관상(觀想: theō-ria)으로 지내도록 내버려두어서도 안 된다는 것이 『국가(정체)』편에서는 강조되고 있다. 현실 세계에 있어서 '해악들의 종식(kakōn pau-la)'에 기여하는 실천(praxis)을 위해서 동굴 속 어둠으로 비유되는 현실로 다시 내려감(katabainein)을 강조하고 있다.(517a~d, 519c~521b) 그런데 이 현실로의 복귀(anastrophē)에 따른 현실에서의 구체적 실천을 위해서는 다시 '추론적 사고(dianoia)'와 그 대상들인 '수학적인 것들'을 매개적 수단으로 이용하지 않을 수 없다. 이것들은 원리로서의 '좋음'과 이의 '특수한 규정들인 이데아들'이 현실 속에 구현되도록 하기 위해서는 반드시 이용하게 마련인 수단들이다. 그런 의미에서 이것들은 본들과 그 실천적 구현들 사이를 연결지어주는 연결고리 또는 연결 사슬의 구실을 하는 것들이다. '적도'라는 것도 결국엔 이 수학적인 것들을 매개로 해서 구현되는 것이기 때문이다. 이런 논의는 이 뒤에도 이어질 것이기에, 여기서는 이쯤에서 일

---

46 '수학적인 것들(ta mathēmatika)'이란 표현은 플라톤이 쓴 것이 아니라, 아리스토텔레스가 그의 『형이상학』(A. 987b15, M. 1076a17)에서 이와 관련된 언급을 하는 중에 쓴 것이지만, 『국가(정체)』편 511b에서 말하는 '기하학이나 이와 유사한 학술들에 속하는 종류'를 내용상으로는 가리키는 표현이어서, 편의상 그냥 쓰는 게 관례로 되어 있다.

단은 멈추기로 하자.

이제 이 대화편의 마지막 구절을 보자. "마침내 이제야말로 우주(to pan)에 관한 우리의 이야기(논의: logos)가 끝막음을 보았다고 말하죠. 죽게 마련인 생물들과 불사의 생명체들을 받아 이처럼 가득 차게 된 이 우주(kosmos)는 눈에 보이는 생명체들을 에워싸고 있는 눈에 보이는 살아 있는 것이며, 지성에 의해서[라야] 알 수 있는 것의 모상(eikōn)이요, 지각될 수 있는 신이고 가장 위대하고 최선의 것이며 가장 아름답고, 가장 완벽한 것으로 탄생된 것이 이 유일한 종류의 것인 하나의 천구(ouranos)입니다."(92c) 여기에서 어쩌면 더러는 『창세기』 1. 31~2. 1에서 만나는 다음의 간결한 구절을 연상케 되겠는데, 그 바라봄은 비슷한 느낌의 것일 것 같기도 하다. "하느님께서 보시니 손수 만드신 모든 것이 참 좋았다. … 이렇게 하늘과 땅과 그 안의 모든 것이 이루어졌다."

5장 『정치가』 편: 적도의 창출 그리고 통치술

『국가(정체)』편(473c~d)에서 우리는 이런 구절을 읽게 된다. "지혜사랑을 하는 이(철학자)들이 나라들에 있어서 군왕들로서 다스리거나, 아니면 현재 이른바 군왕 또는 최고 권력자들로 불리는 이들이 진실로 그리고 충분히 지혜사랑(철학)을 하게 되지 않는 한, 그리하여 이게 즉 정치권력과 지혜사랑이 한데 합쳐지는 한편으로, 다양한 성향들이 지금처럼 그 둘 중의 어느 한쪽으로 따로따로 향해 가는 상태가 강제적으로나마 저지되지 않는 한, … 나라들에 있어서 … 인류에게 있어서도 '해악의 종식(kakōn paula)'은 없다." 다시 501e에서도 이를 간략히 말하길 "지혜를 사랑하는 부류가 나라를 장악하게 되기 전에는, 나라에 있어서도 시민들에게 있어서도 '해악의 종식'은 없을 것이며, 우리가 논의를 통해서 이야기하고 있는 정체가 실제로 완성을 보지도 못할 것이다."라고 했다.

그런데 50대에 완성을 본 것으로 판단되는 이 대화편에서 피력된 그의 이런 생각은 실은 그보다도 훨씬 이전에 이미 단정적으로 품어 갖게 된 확신인 걸로 밝혀지는데, 이는 「서한 7」을 통해서다. 이 서한 자체는 74세 무렵의 것으로 짐작되는 것이지만, 여기에 적힌 그의 회고담에서 자신이 마흔 살에 이를 무렵의 심경과 함께, 자신이 왜 그런 결론을 내리게 되었는지 그 경위를 밝히고 있다. 그가 태어났을 때는 이미 본격적인 펠로폰네소스 전쟁(431~404년)이 터진 뒤였다. 이 전쟁의 와중인 430년에는 아테네에 역병이 크게 번져 결국 전체 인구의 4분의 1 이상이 사망하는 대재앙을 겪는다. 429년에는 페리클레스도 이 역병의 제물이 되었다. 그와 함께 온 헬라스를 지배하는 제국을 이루려 했던 아테네였지만, 반대 진영의 세력을 총집결한 데다 페르시아의 지원까지 받은 스파르타에 결국 굴복하게 된다. 이는 404년 4월의 일이었고, 플라톤은 23세였을 때였다. 그도 한때는, 명문 가문의 여느 젊은이들처럼, 나랏일에 관여하고 싶어 했다고 한다. 그러던 차에, 404년에 스파르타의 지원을 받아 집권한 과두 정권에는 두 사람의 친척까지 있어서, 이들을 통한 정치 참여의 부추김을 받던 터라, 한동안 이들이 정치하는 행태를 눈여겨보다가 크게 실망하게 된다. 이들은 극단적인 온갖 악행을 서슴지 않은 터라, 페리클레스 사후에 선동과 파쟁으로 얼룩졌던 이전의 실망스럽던 정권이 오히려 황금기의 것이었다는 판단을 그는 하게 된다. 심지어는 자기들이 저지르는 비열한 짓에 소크라테스까지 연루케 하려다가 실패하는 일도 벌어졌다.[47] 이른바 '30인 참주체제'로 불리던 이 정권은 이듬해 9월에 완전히 무너지고, 민주 정권이 다시 들어선다. 망명에서 돌아온 이 정권의 사람들이 무척 공정한 일처리를 하기에, 그는 현실 정치에 다시금 관심을 갖게 된다. 그러나 이 정권의 지도자였던 아니토스(Anytos)와 그 일당이 아테네인들의 존경까지 받으려는 허황한 욕심을 부리던 터에, 소크라테스로 해서 손상당한 알량한 자존심을 지키기 위해[48] 그를 엉뚱하게도 나라가 믿는 신들을 믿지 않는다는 불경죄와 젊은이들을 타락시킨다는 죄목으로 기소하여, 사형까지 받게 한다. 그의 나이는 일흔이었고, 플라톤은 28세 때였다. 이 일로 해서, 소크라테스 자신의 말처럼, 살날이 얼마 남지도 않은 그를 굳이 앞당겨 죽게 한 아니토스 일당은 철학사에 길이 오명으로 남고, 플라톤은 이후에 길이 남는 철학자로 되는 전기를 맞게 된다. 그만큼 이 사건은 그에게 있어서 실로 엄청난 충격이었고 결정적인 타격이었다. 그로서는 더 이상 현상 타파를 위한 그 어떤 시도도 해 볼 수 없는 상황임을 절감하게 된다. 뜻을 같이하는 친구들과 동지들을 규합한다는 것도 도저히 불가능한 일로 여겨졌다. 법률도 관습도 타락해 가고 있었으니, 그 진행 속도도 놀라울 정도였다고 한다. "결국엔 현기증을 느끼기에 이르렀소. … 마침내는 오늘날의 모든 나라에 대해서 모조리 나쁘게 통치되고 있다는 사실을 깨닫게 되었소. 이 나라들에 있어서 법률의 상태는, 요행과 함께 어떤 경이적인 대비책이 없는 한, 거의 치유가 불가능할 정도이기 때문이오. 그리고 나는 바른 철학(지혜사랑)을 찬양하면서 이렇게 주장하지 않을 수 없게 되었소. 나라의 일들이건 사사로운 일

47　『소크라테스의 변론』 32c~d 참조.
48　제1부 1장 끝 쪽 참조.

들이건, 모든 형태의 올바른(정의로운) 것들을 알아보는 것은 그것으로 해서나 가능하다고 말이오. 따라서 바르게 그리고 진정으로 지혜를 사랑하는 이들의 부류가 정치적인 권력들을 장악하게 되거나, 아니면 나라들에서 집권하고 있는 부류가 어떤 섭리로 해서 진정으로 지혜를 사랑하게 되기 전에는, 인류가 결코 해악의 종식을 보지는 못하게 될 것이라고 말이오. 이런 생각을 지닌 상태로 나는 이탈리아와 시켈리아(시칠리아)로 갔었소. 내가 처음으로 그곳에 갔을 때는 말이오."(「서한 7」 325e~326b)

이 회고담대로라면, 40세가 가까웠을 때, 플라톤은 이런 생각을 이미 굳혀 갖고 있었던 셈이다. 이 여행에서 아테네로 돌아온 그는 오래지 않은 시점인 42/3세(385년) 무렵에 이후 자신의 학문적 활동의 중심이 될 아카데미아 학원을 세우게 된다. 이 학원 수립도 부분적으로는 실상 이런 판단에 따른 결단의 소산일 것임은 인용된 서한의 내용을 통해서도 능히 짐작되는 일이다. 아닌게아니라 이 학원에서는 당시의 전반적인 학문적 탐구와 더불어 정치 지도자들과 입법자들의 양성에도 큰 기여를 했던 것으로 알려져 있다. 심지어는 '정치가들의 양성소'라고도 말하는 사람도 있을 정도니까.[49]

『국가(정체)』편과 「서한 7」에서 밝힌 이런 단호한 주장은 흔히 철인 왕 또는 철인 통치자 사상으로 불리기도 하는 것이다. 그러나 그런 그의 확고한 소신을 뒷받침해 주는 무엇인가가 없는 한, 이는 막연한 지혜사랑으로서의 철학에 대한 믿음에서였다고 말할 수밖에 없다. 아니 그렇다기보다는 어쩌면 소크라테스라는 철인이 지녔음 직한 지혜에 대한 믿음 때문이었다고 하는 것이 더 옳을지도 모른다. 그는 50대

---

49   필자의 역주서, 『플라톤의 법률』 20~21쪽 참조.

초반의 것으로 추정되는 『국가(정체)』 편에서 장차 '아름다운 나라' 또는 '훌륭한 나라'의 통치자로 되어야 할 사람이 깨우쳐야 할 '가장 큰 배움'으로서 제시된 '좋음 자체'에 대한 앎에 이르러야만 된다고 했다. 그것은 모든 것의 궁극적 원리인 '좋음의 이데아'로서의 '좋음 자체'에 대한 앎을 뜻하는 것이었다. 다행히도 그 원리로서의 '좋음'에 대한 '앎의 싹'을 우리는 앞서 『고르기아스』 편(499e～500d)에서 확인했다. 이 대화편이 40세 무렵에 쓴 것으로 추정되니, 그게 그가 「서한 7」에서 시켈리아(시칠리아)에 처음 갔던 때로 밝힌 시기 무렵이기도 하다. 따라서 이는 또한 철학자라면, 반드시 깨쳐야 할 궁극적 원리인 것이라는 생각을 그때 굳혀 가지기 시작했다고 우리로 하여금 볼 수 있게 하는 대목이기도 하다. 그런 그가 『국가(정체)』 편에서 '아름다운 나라' 또는 '훌륭한 나라'의 통치자가 마침내 최종적으로 이르러야 할 '가장 큰 배움'의 대상으로서 제시한 것이 그것에 대한 앎이었으며, 이 앎에 이르러야만 비로소 명실상부한 철인 왕의 자격을 또한 갖추게 된다는 것이었다.

그러나 그것은 '가장 큰 배움'의 대상으로서의 궁극적 원리로서 제시되었을 뿐, 그 실질적 내용에 대한 언급은 별로 없었다. 그 궁금증을 일부분 덜어준 것이 바로 앞의 항에서 다룬 『티마이오스』 편에서 언급된 내용들이다. 그러나 이는 주로 자연과 관련된 것들이었다. 이제 우리가 다루려는 『정치가』 편을 통해서는 실천(praxis)적 관점에서 '정치가'의 참 기능이 무엇이며, 원리로서의 '좋음'에 대한 그의 앎이 어떤 형태로 현실에서 구현될 수 있겠는지 등과 관련된 내용을 살펴 볼 수 있게 될 것이다.

이 대화편도 『소피스테스』 편과 마찬가지로 일차적으로 형상 결합(形相結合)의 문제를 철학적 과제로 다루고 있는 것이다. 인식론의 관점에서 말할진대, 중기 대화편들에서는 감각적 대상들과 구별되는 이데아 또는 형상의 실재성을 사람들이 깨닫게 하는 데 초점이 맞추어져 있다. 감각적 대상들은 끊임없이 변화하기 때문에, 이것들에 대해서는 그때마다 저마다의 감각적 지각(aisthēsis)에 따른 의견(doxa)만 가질 수 있을 뿐, 참된 앎(epistēmē)은 원천적으로 기대할 수 없다. 지성(nous)에 의해서[라야] 알 수 있는 것(to noēton)인 이데아 또는 형상은 '언제나 똑같은 방식으로 한결같은 상태로 있는 것'으로서, '결코 어느 때든 어떤 점에서든 또 어떤 식으로든 아무런 변화도 받아들이지 않는 것'이어서, '그 자체로 한 가지 보임새(monoeides)인 것'이며, '언제나 한 가지 보임새인 것'이다.[50] 참된 앎은 이런 것에 대해서나 가능하다. 그런 이데아 또는 형상은 몇 가지의 기본적인 특성을 갖고 있다. 그것은 무엇보다도 우선 참된 존재(to on) 즉 실재이다. 그리고 그것은 사물들에 대해 어떤 형태로건 원인적인(aition) 구실을 한다. 그래서 형상은 앎 즉 인식(epistēmē)의 대상 곧 지성의 대상(to noēton)이 된다. 또한 플라톤 철학의 특성상 이런 형상은 특히 행위나 기술적 제작의 문제와 관련될 때는 자연스레 본(paradeigma)의 성격을 갖게 된다. 그리고 마지막으로, 초기의 소크라테스적 대화편들은 물론이거니와 중기 및 후기의 일부 대화편들에 있어서까지 형상에 대한 의미 규정(horismos)을 통한 접근은 그것을 자칫 개념 또는 보편자(to katholou)에 불과한 것으로 여기게도 할 수 있다. 형상에 대한 구체적 인식을 위해서는 이 마지막의 접근법, 곧 의미 규정을 통한 접근이 기본적이다. 초기 대화편들에서 소크라테스가 "그것은 도대체 무엇인가?"라고 끈질기게 물은 이유가 바로 이에 있는데, 그

---

50   『파이돈』편 78d, 80b 및 『향연』편 211b 참조.

가 요구한 답들은 '한 가지 보임새'를 의식한 간결한 단답형이었다. 제1부 1장 끝 쪽에서 논급한 경건함을 다룬 『에우티프론』 편이나 용기를 다룬 『라케스』 편은 이와 관련해서 아주 좋은 길잡이가 되는 대화편들이다. 중기의 것인 『국가(정체)』 편에서도 이는 마찬가지여서, 비록 올바름(정의)의 의미 규정에 현대 활자의 인쇄본 원문으로 무려 172쪽(제1권~제4권)이 소요되지만, 마침내 얻어낸 것은 아주 간결하다. 앞서 이미 살폈듯, 그것은 나라를 구성하는 부류들이나 각각의 개인에 있어서의 혼의 세 부분이 저마다 제 일을 할 때의 이 '자신에게 맞는 자신의 일을 함(제 할 일을 함: oikeiopragia)'이었다.

그러나 플라톤의 인식론이 그처럼 단순 구조의 상태로 머물러 있지만은 않고, 더 나아가게 될 것임을 이미 시사하고 있는 구절을 우리는 『국가(정체)』 편 제5권(476a)에서 만나게 된다. "'올바름'과 '올바르지 못함', '좋음'과 '나쁨'의 경우에도 그리고 또 [그 밖의] 모든 형상(形相)의 경우에도 이는 마찬가지여서, 각각이 그 자체는 하나이지만, 여러 행위 및 물체와의 결합(관여: koinōnia)에 의해서 그리고 그것들 상호 간의 결합에 의해서 어디에나 나타남으로써, 그 각각이 여럿으로 보이네." 여기에서 '형상들 상호 간의 결합'까지 이미 말하고 있다. 이는 무엇을 뜻하는가? 형상으로서의 올바름, 좋음, 아름다움 등은 각기 하나의 형상이다. 그런데 '올바름'은 그 자체가 하나인 것이기에 '일자성(一者性)'에, '실재성'을 지닌 것이기에 '존재(ousia)'에, 다른 일체의 형상들과는 다르기에 '타자성'에, 자기 동일성을 유지하는 것이기에 '자기 동일성'에, 좋음의 한 양상이기에 '좋음'에 관여하고 있으며, 따라서 이런 것들과는 서로 결합 관계에 있기에, 각각의 형상은 처음부터 다면적 구조를 갖고 있다. 그러므로 감각적 대상들과는 구별되는 불변성을 강조하기 위해서 내세웠던 '한 가지 보임새'

의 것으로만 형상을 이해할 것이 아니라, 그 각각이 동시에 여러 측면의 보임새를 갖는 것이기도 함을 이해해야만 됨을 말하게 된 것이다.

이 형상 결합의 문제를 본격적으로 다룸으로써 이를 실증적으로 보여주고 있는 것이 후기 대화편들인 『소피스테스』편과 『정치가』편이다. 이것들은 소피스테스와 정치가 곧 통치자의 참모습이 어떤 것인지를 그 기능(ergon)에 대한 다면적 접근을 통해서 보여주고 있다. 따라서 이 두 대화편은, 대화편의 탐구 의도가 바로 '모든 것과 관련하여 한결 더 변증술(dialektikē)에 능하게 되도록 하는 것'에 있음을 밝히고 있듯(『정치가』285d), 각기 형상 결합의 문제라는 그 인식론적 과제 수행과 함께 그들의 진짜 모습을 보여주는 부수적 성과를 거두고 있는 것들이다.

이를테면, 『소피스테스』편에서 소피스테스라는 부류(genos)의 '참모습'을 밝히기 위해 그가 수행하는 기능을 여러 측면에서 접근하는 '나눔'의 작업 끝에 얻게 된 것들을 결합 형태로 정리하면 다음과 같은 것이 된다. 지자(知者)가 아니면서 지자의 흉내를 내는 짓, 사사로이 논의를 통해 상대를 자가당착으로 몰고 가는 짓, 올바름 따위의 훌륭함(덕: arete)에 대한 앎(지식: epistēmē)도 없으면서 다만 의견(doxa)만 갖고서 시치미 떼고 그런 인격을 지닌 듯이 흉내 내는 짓, 실물 아닌 영상, 그나마도 말로써 유사 영상을 만들어내는 요술을 부리는 짓, 앎(지식)은 없이 남의 의견을 논박을 통해 폐기케 한 다음에 자신의 의견으로 대치하는 짓, 배움과 관련되는 상거래를 하는 짓, 돈에 팔려 부유한 젊은이들을 낚는 사냥질, 이런 짓들이 '소피스테스'라는 부류가 갖는 기능(ergon)의 면면들이다. 이처럼 이미 소피스테스가 관여하는 관계(koinōnia)들 중에서 다른 것들과 공유하는 것들을 한 단계씩 제거해 가는 절차인 이분법에 의한 나눔(diairesis)을 통

하여 그때마다 마침내 고유한 것들로서 남은 것들만으로 하나의 새롭
고도 고유한 '결합 관계(koinōnia)'로 재구성함으로써, '소피스테스'
에 대한 인식을 마침내 확보하게 된다. 이는 이전의 '한 가지 보임새'
를 통한 인식이 아니라, '소피스테스'가 보이는 '여러 가지 보임새(면
모들)'을 그 기능에 있어서 결합 관계(koinōnia)로 재구성함으로써,
'소피스테스'라는 부류에 대한 인식을 마침내 확보하게 되었다. 이는
이미 이전의 '한 가지 보임새'에 있어서의 인식이 아니라, 소피스테
스가 보이는 '여러 가지 보임새'를 그 기능에 있어서 결합(koinōnia)
한 형태로 인식하게, 즉 보게(idein) 되는 것이다. 이런 결합은 곧 '형
상들의 엮음(tōn eidōn symplokē)'이기도 하다.

　이 형상 결합의 문제와 관련되는 한, 『정치가』편도 그런 작업의 일환
이기는 마찬가지이다. 그런 면에서의 목적은 '모든 것과 관련해서 한층
더 변증술(dialektikē)에 능하게 되는 걸 위해서'(285d)라고 한다. 그
런 점에서 이들 두 대화편은, 플라톤의 형상이론 자체와 관련되는 한,
이의 완결판이며 종결편인 셈이다. 그러나 지금 내가 쓰고 있는 이 책
의 주제와 관련된 우리의 주된 관심사는 그런 문제가 아니다. 이 대화
편의 경우에도 특히 적도를 중심으로 한 문제와 관련되는 한에서의
'참된 통치자'의 기능과 관련된 것이 우리의 주된 관심거리일 것이다.

　이 대화편에서 다루는 정치가(ho politikos)는 물론 현실의 정치인
이 아닌 원론적인 의미의 통치자로서의 정치가(ho politikos anēr)
또는 왕도적 통치자(basilikos anēr)이다. 통치술(politikē tekhnē,
politikē epistēmē) 또는 왕도적 통치술(basilikē tekhnē)의 기능(er-
gon)이 무엇인지를 밝히려는 작업은 통치자가 통치술로서의 전문 기
술 또는 앎(지식)을 가진 자라는 데서 시작한다. 그래서 여러 갈래와
여러 단계에 걸친 기술들 또는 전문지식들의 분류가 있게 된다. 그런

끝에 '정치가의 통치술(politikē)' 또는 '왕도적 통치술(basilikē)'은
인간들이라는 '한 무리에 대한 마음 씀(epimeleia)'이며, '전체적인
인간 공동체에 대한 마음 씀(epimeleia anthrōpinēs sympasēs koin-
ōnia)'이고, 이야말로 왕도적 통치술(basilikē) 그리고 정치가의 통치
술(politikē)의 관심사요 그 본령임을 밝히게 된다.(276b~c) 왕다우
며 정치가다운 이(ho basilikos te kai politikos)는 이에서 찾아야 할
것이니, 그는 어디까지나 신[51] 아닌 '인간으로서 마음 쓰는 이(ho
anthrōpinos epimelētēs)'이며, 그 기술은 자발적인 그런 '마음 씀의
기술(epimelētikē)'이다.

이 대화편은 이 단계에서 그런 정치가의 기능에 대해 효과적인 설
명을 하느라, 하나의 비근한 예(paradeigma)를 든다. 이 예는 비록
작은 것이긴 하지만,[52] 그 논의는 길게 하는 것이고(277d~311c), 끝
까지 이어지는 것이다. 그건 모직물 따위의 직물을 짜는 직조기술
(hyphantikē [tekhnē] : the art of weaving)이다. 그러나 먼저 모직물
을 짜는 데 동원되는 도구들의 제작과 관련되는 부분은 이에 대한 논
의에서 먼저 제외된다. 이는 '보조적인 원인들(synaitia)'일 뿐이라
해서다.(281d~e) 그런데 정작 모직물의 직조기술 자체 곧 이른바

---

51   바로 다음 각주에서 언급하는 크로노스(Kronos)는 인간을 포함한 모든 생물들
의 '목자로서의 신'이었다. 이 신화와 관련된 부분은 268d~277c이다.

52   바로 이어서 언급하게 되는 직조기술의 예를 작은 것으로 말하는 것은, 왕이나
정치가의 통치술이 인간 무리의 공동양육 기술이란 점에서는 농부·교역상·의사 등등
온갖 부류의 사람들이 자기들도 그런 기술을 가진 무리라고 주장할 수 있겠기에, 아
예 이들의 주장을 무력화시켜버릴 수 있는 것으로서, 제우스 이전의 주신 크로노스
가, 제우스 이후의 지구의 회전과는 반대로 회전하던 시대에, 흙에서 태어난 인류 전
체의 '절로 되는 삶(automatos bios)'을 가능케 했던 목자로 등장한 거창한 신화의
예를 들었던 것에 빗대어 하는 말이다.

방직기술을 설명하자면, 모를 이용해서 실을 뽑는 방적기술의 과정을 먼저 말해야만 하고, 이 기술 자체가 두 부분의 공정 기술들을 갖는 것임을 설명하지 않을 수 없게 된다. "소모(梳毛) 부분과 북의 이용 기술의 반 그리고 결합되어 있는 것들을 서로 떼어놓는 작업들, 이 모두를 아마도 모(毛)방적기술 자체의 한 부분으로 말할 수 있을 것이며, 또한 모든 분야에서 우리에게는 어떤 큰 두 가지 기술이, 곧 결합 기술(synkritikē)과 분리기술(diakrtikē)이 있다."(282b) 이를테면, 소모는 모를 빗질하여 짧은 것들은 버리고 긴 것들을 모으는, 또는 길이가 고른 것들은 가지런히 모으되 나머지 것들은 버리는 양방향의 작업이다. 이렇게 해서 얻은 모를 갖고서, 털실을 뽑는 과정은 물레를 이용해서 면사 따위를 자아내는 방식과는 다르다. 방추와 그 축, 고리 및 돌림추 등을 이용해서 털실을 뽑는 과정을 거침으로써 먼저 날실(stēmōn)을 얻고,[53] 이를 꼬아 얻은 씨실(krokē)을 분리해서 베틀에 앉히고서, 굵고 튼튼한 날실들이 잉아가 들림에 따라 교대되는 윗날과 아랫날 사이로 북에 담긴 부드럽고 가는 씨실을 통과시킨 다음, 바디로 조이는 과정을 되풀이함으로써 되는 것이겠다.

그런데 이 '직조기술을 씨실과 날실을 짜 넣는 기술로 곧바로 말하지 않고, 아주 많은 걸 정의하면서 빙 도는 것'과 관련해서, 아니 담론 일반과 관련해서는 필요([마땅한] 정도: to deon) 이상으로 길거나 그 반대인 경우에, 사람들은 그 지나침(hyperbolē, hyperokhē)과 모자람(elleipsis, endeia)을 갖고서 칭찬을 하거나 비난을 한다. 이와 관련해서 합리적으로 칭찬하거나 나무랄 수 있기 위한 기준을 갖는

---

53 이 기구를 이용해서 털실을 뽑는 과정과 그 기구들에 대한 설명은 필자의 역주서 『국가(정체)』 657쪽 각주 81 및 659쪽 그림을 참조하면 되겠다.

방책으로는 측정술(metrētikē)이 있다. 이를 계기로 이와 관련된 언급이 283c~287a까지 이어지는데, 이 논의는 이 대화편에서 마치 덤으로 하게 되는 것처럼 끄집어내는 것이다. 그러나 실은 정치와 관련해서도 아주 핵심적인 주제들 중의 하나임이 곧 드러난다.

　측정술은 두 부분으로 나뉠 성질의 것이고, 그 요지는 이런 것이다. "그 한 부분은 상호 간의 크고 작음의 관계에 관련된 것이지만, 다른 하나는 창출(생성: genesis)의 필수적인 성립에 관련된 것이다." 그러니까 앞 것은 상대적으로 크고 작음을 측정하는 경우의 것이고, 뒤엣것이 우리가 특히 주목해야 할 경우의 것이다. "적도(適度: 알맞은 정도: to metrion)의 본성(physis)을 초과하거나 이에 미치지 못하는 일이 우리의 언행들에서도 실제로 일어나는 걸로 말하며, 무엇보다도 이에서 우리 가운데 어떤 이들은 나쁜(못난) 사람들로서 또 어떤 이들은 훌륭한 사람들로서 차별된다. … 따라서 큼과 작음의 이들 두 형태의 존재들과 판단들을 인정해야만 하지만, 방금 우리가 말했듯, 서로에 대비해서만 그러지 말고, 오히려 지금 말하고 있듯, 서로에 대비한 걸 말하기도 해야 하지만, 적도와 대비한 것 또한 말해야만 한다. … 만약에 어떤 이가 더 큼의 성격을 더 작음과의 대비(對比) 이외에 다른 어떤 것과의 대비에서도 허용치 않는다면, 적도와의 대비는 결코 없게 될 것이다. … 그러니까, 이 주장에 의할진대, 기술들 자체도 이것들의 일체 생산품들도 우리가 절멸시킬 것이며, 특히 지금 추구되고 있는 정치가의 통치술과 거론된 직조기술도 소멸시키지 않겠는가? 왜냐하면 이와 같은 일체의 기술은 어쩌면 적도보다 '더함과 덜함(to pleon kai elatton)'을 없는 것으로서가 아니라, 그 실행과 관련하여 어려운 것으로서 조심스러워하며, 바로 이런 방식으로 적도를 보전함으로써, 그것들이 훌륭한 것들과 아름다운 것들을 이루어내게

되기 때문이다. … 따라서 만약에 우리가 정치가의 통치술을 사라지
게 한다면, 이다음의 우리의 왕도적인 지식의 탐구가 그 길을 잃게 되
지 않겠는가? … 이 길로 우리의 논의가 빠져나갔으므로, 이처럼 지
금도 '더함과 덜함'을 그것들 상호 간의 관계에서만이 아니라 적도
창출(hē tou metriou genesis)과의 관계에서도 측정 가능케 되도록
몰아붙여야만 하지 않겠는가? 이게 합의를 보지 못하면, 정치가도 행
위들과 관련된 것들에 대한 다른 어떤 전문가도 생기지 않을 것이라
는 데는 말다툼의 여지가 없을 것이다. … 모든 기술은 그러니까 같은
처지인 걸로 생각해야만 하며, 큼과 함께 덜함을 측정함에도 서로간
의 관계에서만이 아니라 적도 창출과의 관계에서도 해야 하는 걸로
또한 생각해야 한다. 적도가 있기에 기술들이 있으며, 또한 기술들이
있기에 이것 또한 있지만, 이것들 중의 어느 한쪽이 없으면, 이것들
중의 어느 쪽도 결코 있게 되지 못할 것이기 때문이다. … 우리가 측
정술을 나눌 거라는 건 명백하다. 이미 말했듯, 이런 식으로 둘로 가
름으로써 그러겠는데, 수(數)·길이·깊이·너비·속도를 그 반대인 것
과의 관계에서 측정하는 일체의 기술들을 그것의 한 부분으로 간주하
지만, 그것의 다른 한 부분은 적도(適度: to metrion)·적합(적정: to
prepon)·때맞음(適期·時宜: kairos)·마땅함(적절함, 필요: to de-
on) 그리고 양 극단에서 중간(to meson)에 위치하게 된 것과의 관계
에서 측정하는 일체의 기술들이다. … 기술에 속하는 모든 것은 어떤
방식으로건 측정술에 관여하고 있다."(283e∼285a)

이들 적도 등의 측정술에 대한 언급은, 마치 논의 이탈인 것처럼 말
하고 있지만, 실은 이것이야말로 정치가의 본령에 속하는 것들 중에
서도 핵심적인 것이겠다. 적도의 적중이야말로 모든 정치적 결단과
정책 시행에 있어서 지중한 것이겠기 때문이다. 이 적중 여부가 정치

의 기본 및 결정적 순간을 좌우하겠기 때문이다. 원리로서의 '좋음'의 현실적 구현도 바로 이를 통한 것이겠으니 말이다.

다시 '정치가' 자체로 돌아가, 직조기술의 예에서처럼, 정치가의 통치술에 고유한 것들만을 확인하기 위해, 인간들의 삶과 관련되는 일체의 '보조적인 것들'은 이에서 떼어내는 작업을 보자. 그래서 자유민들 중에서 생업에 종사하는 온갖 부류의 사람들과 그 기술들이 우선적으로 제외된다.(287b∼290b) 또한 나라 통치행위와 인접한 거리에 있는 주변의 것들을 제외할 차례다. 예언자들, 제관(성직자)들, '소피스테스들 모두 가운데서도 최대의 마법사'에 비유된 당대의 '이른바 정치인들(hoi politikoi legomenoi)'(291a∼c)도 배제 대상들이다. 이들 이외에도 왕의 부류와 가까운 부류로서 귀중한 부류의 전문지식들이 있으니, 이것들 또한 나라 통치지식에서 분리되어야 할 것이다. 장군의 통솔력 또는 지휘술(stratēgia)과 재판관의 전문지식(dikastikē)도 참된 왕도적 통치 지식에서 분리될 것들이다. 전쟁을 해야만 할 것인지 아닌지를 결정하는 것은 나라 통치자의 전문지식(basilikē)에 속하는 것이다. 계약들과 관련된 재판관들의 판결들도, 이미 법규들로 확립되어 있는 것들을 입법자인 왕에게서 넘겨받아서는, 이를 근거로 재판관으로서의 훌륭함(덕: aretē)을 발휘하여 공정하게 내려야 하는 것이다. 결국 이런 것들도 왕의 기능을 보조하는 것들이기는 마찬가지이니, 이것들 중의 어느 것도 그것들 자체가 나라 통치지식은 아니다. 따라서 "참된 왕도적 통치지식은 그것 스스로 행하는 것이 아니라, 실제로 행할 수 있는 전문기술들을 통할하는 것"이되, "나라들에 있어서의 중대사들의 시작과 추진을 적기(適期: enkairia) 및 적기 아님(akairia)과 관련하여 판단하고서" 그러는 것인 반면에, "다른 전문지식들은 각기 지시 받은 것들을 행하여야만 하는

것들"이다.(305c~d) 이들 전문지식들은 서로도 그것들 자체도 통할
하지 않지만, 각기 그것 특유의 어떤 활동과 관련되는 특유한 이름들
을 갖는다. "반면에 이것들 모두를 통할하고 법률과 나라에 있어서의
일체의 것에 마음 쓰며 그리고 모든 것을 지극히 바르게 하나로 짜는
전문지식은 그 공동체(to koinon)의 호칭으로 그것의 기능을 포괄해
서 '나라 통치지식(politikē)'으로 우리가 일컬어 지당할 것이다."
(305e) 그 공동체가 곧 '나라(polis)'이기 때문이다.

　이제 마침내 직조기술(hyphantikē)의 예를 따라, 왕도적인 직조
([hē] basilikē symplokē)가 어떤 것인지를 말하고서, 이게 어떤 식으
로 어떤 직물을 짜서 우리에게 제공하는지를 말할 차례이다. 직조기
술 자체의 공정(工程)에 대해서는 앞서 이미 말했다. 왕도적인 전문지
식(basilikē) 곧 그 통치지식은 '그것 스스로 행하는 것이 아니라, 실
제로 행할 수 있는 전문기술들을 통할하는 것'이기에, 나라 통치에 동
원될 각 분야의 전문 지식인들을 양성하고 선발해서 통할하는 것이
며, 그런 차원의 마음 씀이겠다. 그런데 여기에서 직조기술을 통해서
짜내려는 직물로 비유된 것은 서로 다른 두 기질의 혼화(混和)이다.
[사람으로서의] 훌륭함(aretē)의 부분 또는 종류로 용기(andreia)와
절제(sōphrosynē)가 있다. 이것들 각각은 발휘되는 계기에서 그 '알
맞은 정도나 때(kairos)'를 기준으로 지나치거나 미치지 못할 경우 비
난을 면치 못한다. 용기가 그럴 경우에는 오만무례하거나 미쳤다고
하는가 하면, 절제가 그럴 경우엔 비겁하고 게으르다고 힐난한다. 이
들 두 성향의 사람들은 좀처럼 서로 섞이지 않고, 심지어는 적대적인
관계로 치달아, 마침내는 나라에 병폐를 초래하기도 한다. 유별나게
절도 있는 사람들은 대내외적으로 조용한 삶을 살며, 전쟁도 싫어하
게 된다. 그러나 침략자들은 언제나 있게 마련이라, 이런 성향의 사람

들은 자칫 자유민들 아닌 노예들의 처지로 전락해버릴 수도 있다. 반대로 용기 쪽으로 쏠린 자들은 호전적이어서, 걸핏하면 이웃 나라들과 충돌하다가는, 자칫 제 나라를 파멸로 몰고 갈 수도 있다. 그러니 이들 두 부류의 갈등을 해소할 수 있는 방안이 있어야겠는데, 이를 할 수 있는 것이 나라 통치지식이다. 먼저 놀이로 시험을 거쳐, "교육하며 바로 이 목적에 봉사할 수 있는 자들에게 넘겨줄 것이니, 이 통치술은 지시하며 감독을 한다. 마치 직조기술이 소모(梳毛)하는 자들 그리고 이 직물 짬을 위해 협력하는 그 밖의 것들을 미리 준비하는 자들에게 지시하며 감독하여, 이와 같은 것들을 저마다에게 적시해 주어서, 제 직물 짜기에 적합한 것들로 생각되는 그런 제품을 완성토록 하듯이. 바로 똑같은 이것을 왕도적 통치지식도, 법에 따른 모든 교사와 양육자에게 지시하는 기능을 갖고 있어서, 이 통치지식의 그 혼합 기능을 위해 적절한 어떤 성격을 조성해서 구현하게 하지 않은 것은 무엇이든 이들이 수련시키는 것을 허용치 않고, 이런 것들만 교육하도록 권고한다."(308d~e) 그렇게 가려낸 자들 중에서 그 성향들이 교육을 통해 '고귀한 쪽으로 바뀔 수 있으며 또한 전문적인 기술의 도움을 받음으로써 서로 간의 섞임을 받아들일 수도 있는 자들', 그렇더라도 이들 중에서 용기 쪽으로 더 기우는 일부 딱딱한 성격을 날실과 같은 종류의 것으로, 반면에 절도 있는 쪽으로 기우는 자들은 풍성하고 보드라운 씨실과 같은 종류의 것으로 이용해서 함께 엮도록 하는 것이다.(309a~b) 또한 이들 반대되는 성향을 함께 엮어서 묶는 끈(desmos)으로 두 가지를 제시하는데, 그 하나는 '신적인 결합 끈'이고, 다른 하나는 '인간적인 끈'이라 일컫는 것이다. 앞 것은 '지자'인 정치가와 훌륭한 입법자가 '왕도적인 무사(mousa)' 곧 왕도적인 철학에 의해서 옳게 교육받은 자들에게 심어줄 수 있는 것이다. "그것은

아름다운 것들과 올바른 것들 그리고 좋은 것들과 관련된 진실하고 확
고한 '참된 판단(alēthēs doxa)'이 혼들에 생길 때의 것이다."(309c)
그런 판단이 생기게 된 "용감한 혼은 온순해지고 올바른 것들에 최대
한 관여하려고 하고", 그렇게 된 절도 있는 성향의 혼은 정말로 절제
있고 지혜롭게 될 것이다.(309e) 인간적인 끈은 반대되는 성향의 가
문들의 아들딸들을 혼인시킴으로써, 같은 성향의 가문끼리만의 혼인
이 이어짐으로 해서 종당엔 광기나 불구 상태로의 퇴화를 막는 길이
다. '두 부류가 훌륭하디훌륭한 것들과 관련해서 하나의 의견을 가질
경우에는,' 이 끈들로 양쪽을 묶는 데는 아무런 어려움도 없을 것이
다. "이것이 … 왕도적 통치지식의 하나로 짜는 일이니, 절제 있는 성
격들이 용감한 성격들과 떨어지는 걸 결코 허용치 않고, 의견의 일치
와 명예 그리고 불명예와 영광, 서로 간의 서약을 해 줌과 받기로써
함께 짜서, 부드러운 이른바 잘 짜인 직물을 이것들에서 짜내서는, 나
라들에 있어서의 관직들을 언제나 공동으로 이들에게 맡기는 것이
다."(310e~311a)

　그런데 이들 두 성격이 한 사람에게 있어서 조화됨과 관련해서는
『국가(정체)』편(411e~412a)에서 이런 말을 하고 있다. "바로 둘인
이것들을 위해서 어떤 신이 두 가지 교과목을 인간들에게 준 것 같다.
… 즉 시가와 체육을 [혼의] '격정(기개)적인 쪽(to thymoeides)'과
'지혜를 사랑하는 쪽(to philosophon)'을 위해서, 부수적인 경우가
아니고서는, 혼과 육신을 위해서가 아니라, 그 둘을 위해서, 곧 그 둘
이 '적절할 정도(to prosēkon)'만큼 조장되고 이완됨으로써 서로 조
화를 이루도록 하느라고 준 것 같다."고. 이는 곧 시가와 체육이 한 사
람의 혼에 조화를 가져다줄 수도 있다는 말이다. 그래서 '한 사람의
관리가 필요한 곳일 경우에는, 이 양쪽을 겸비한 감독자를 선발하여

서 하되,' '여럿이 필요한 곳일 경우에는, 이들 각각의 일부를 함께 섞도록' 하는데, "절제 있는 관리들의 성격은 몹시 조심스럽고 올바르며 안전하지만, 열정과 어떤 날카롭고 행동적인 대담성이 부족하기 때문이다. 반면에 용감한 성격들은 올바름과 조심스런 면에서는 저들보다는 부족한 편이나, 행위 면에서의 대담성은 각별하다. 그러나 나라들과 관련된 모든 것이, 공사 간에 이들 양쪽 것들이 갖추어지지 않은 경우에, 훌륭하게 되는 건 불가능하다."(311a~b) 이것이 고른 짜임새에 의해 함께 짜인 직물의 완성, 곧 나라 통치행위(politikē praxis)의 완성에 이르는 비유적 설명이다. 이런 두 갈래 성격들을 '왕도적 전문지식이 한마음(homonoia)과 우애(philia)에 의해서' 공동의 삶으로 이끌 때, "모든 직물들 중에서도 가장 위대하며 최선의 것을 완성하고, 그 나라들에 있는 다른 모든 사람을, 노예도 자유민도 이렇게 짠 것으로 감싸서 모두를 지키며, 가능한 행복한 나라가 되는 데 알맞은 정도에 어떤 면에서도 아무것도 부족함이 없게 다스리고 지도하게 될"(311b~c) 것이라면서 이 대화편을 마무리한다.[54]

6장 『필레보스』편을 통해서 드러나는 '좋음'의 모습들인 '적도 상태' 등등

1) 이 대화편이 갖는 철학적 의의

제2부에서 이제껏 우리는 『국가(정체)』편과 『파이돈』편에서 궁극

---

54 이런 직물(synyphē) 짜기에 비유된 '관직들의 임명'과 관련된 언급은 『법률』편 734e~735a에서도 보인다.

적 원리로서 제시된 '좋음'이 어떻게 원리로서 적용되고 구현될 수 있게 되겠는지를 『티마이오스』 편과 『정치가』 편을 통해서 살펴보았다. 앞 것의 경우에는 '좋음'의 원리가 우주의 창조 과정 및 자연에서 어떻게 원리 구실을 할 수 있게 되었겠는지 '그럼직한 설명들' 또는 '그럼직한 이야기'로 우리에게 들려준 것이었다. 그리고 『정치가』 편을 통해서는 참된 통치자의 구실 곧 그 기능이 무엇인지를 알아보고, 그런 통치자가 원리로서의 '좋음'과 관련해서 무슨 일들을 어떻게 할 수 있겠는지 살펴보았다.

이제 다루려는 『필레보스』 편에서는 원리로서의 '좋음' 자체에 대한 적극적이고 본격적인 이해를 위한 접근을 꾀하고 있다. 이 또한 어찌 보면 형상 결합의 방법에 의한 접근일 수도 있겠다. 실제로 '좋음'을 한 가지 모습에 있어서 추적할 수는 없기에, 여러 측면에서 접근하다가, 최종적으로는 가장 중요한 세 가지 모습에 의해서 포착하도록 인도하고 있기 때문이다.(64e~65a)

그런데 이 대화편은, 이 문제 이외에도, 우리가 예사롭게 대하거나 간과해버리기 쉬운 비근한 것들을 오히려 예사롭지 않은 새로운 가능성에 있어서 보도록 함으로써, 우리에게 창조적 시각을 또한 제공하고 있다. 그런 의미에서 어쩌면 창조 이론의 기본 틀을 우리에게 제공하고 있다고도 말할 수 있을 것 같다. 헬라스인들의 격언으로 "주어진 것을 선용할지어다(to paron eu poiein)"라는 게 있다. 실은 이 격언이야말로 내가 그들에게서 얻은 가장 큰 교훈들 중의 하나이다. 나를 에워싼 내 주변의 것들은, 그게 내게서 먼 거리에 있는 것이건 또는 가까이 있는 것이건, 그게 유형의 것이건 또는 무형의 것이건, 모두가 내게 주어져 있는 것들이다. 이처럼 내게 주어진 것을 그때마다 어떤 것으로 보고, 거기에서 무엇을 읽어내는가가 문제의 핵심이다. 그것

들은 내게 제약일 수도 있고, 무엇인가를 이룩할 수 있게 하는 조건일
수도 있다. 그것들을 활짝 열린 가능성에 있어서 보며, 그런 가운데
그 속에서 무언가를 읽어내는 것이, 그래서 이에서 무언가 새로운 것
을 일구어내는 것이 관건이다. 그것들은 여전히 '한정되지 않은 상
태' 또는 '한도 지어지지 않은 상태(apeiria)'로 있기 때문이다. 나는
플라톤 철학의 핵심이 이에 또한 있다고 보는 사람이다. "주어진 것을
선용함"[55]에 대한 그 나름의 이론적 그리고 방법적 해답 또는 시사가
곧 그의 철학 전체의 핵심이라 보기 때문이다. 아카데미아 학원 수립
의 단초부터가 그것을 위해서였다고 보아야 할 것이기 때문이다.

이제 그런 놀라운 진실을 함께 생각해 보게 할 실마리를 제공할 이
대화편의 내용을 살펴보기로 하자.

2) 하나와 여럿 그리고 한정되지 않은 것

이 대화편의 도입부는 즐거움(쾌락: hēdonē)으로 대표되는 것들
(유쾌함, 기쁨 등)이 좋은 것이라는 필레보스의 주장과 지혜로움으로
대표되는 것들(지성, 앎, 학술, 통찰력 등)이 좋은 것이라는 소크라테
스의 주장이 맞서는 데서 시작한다. 그런데 이들의 대화가 결말로 접
어들 무렵에(60a~b), 그동안의 논의 내용의 대강이 어떤 것이었는지

---

55 지난 세기의 유신 정권 때 우리 학생들로 하여금 의무적으로 암송케 했다는 '교
육헌장' 중에, 다른 대목은 낱말 하나조차도 기억나는 게 없지만, 유독 한 구절은 지
금도 나의 뇌리에서 떠나지 않고 있는 게 있다. 그건 "우리의 처지를 약진의 발판으로
삼고 …"라는 구절이다. 바로 헬라스인들의 이 격언을 연상케 하는 이 구절은 그 초안
에 참여했던 철학자 박종홍의 평소 소신이었고, 그걸 '발판'으로 힘차게 약진하는 우
리의 '새날'을 한평생 한이 맺히도록 다짐했던 분이 그다. 그가 '현실 파악'을 집요하
리만큼 그처럼 강조했던 것도, 현실이 그런 '발판'일 수 있음을 이 나라의 젊은이들에
게 일깨우기 위해서였다.

를 소크라테스가 일단 정리하는 형태로 간결하게 마무리하고 있다. 이게 상반되는 두 주장의 기본적인 내용이 무엇인지 그리고 문제의 성격이 무엇인지를 우리로 하여금 알게 하는 데 도움이 되겠기에, 이를 먼저 인용하는 게 좋겠다. "필레보스는 주장하기를, 즐거움(쾌락)은 모든 살아 있는 것(생물)에게 바른 목표이며 모든 것은 이것을 겨냥해 마땅하고, 더욱이 바로 이것이 모두에 좋은 것(tágathon)이며, '좋다(agathon)'와 '즐겁다(hēdy)'는 두 낱말은 한 가지 것과 한 성질의 것에 적용되는 게 옳다고 하네. 하지만 소크라테스는 주장하기를, 이는 하나(hen)가 아니라, 그 낱말(이름)들처럼 둘이어서, 좋은 것(to agathon)과 즐거운 것(to hēdy)은 서로 다른 성질을 갖기도 하지만, 즐거움보다는 지혜(사려분별: phronēsis)가 오히려 '좋음(좋은 것: to agathon)'의 부류에 더 관여하고 있다고 하네." 그러니까 이 인용구는 처음에 제기된 물음이 무엇인지와 함께, 대화의 시작과는 달리, 문제의 성격이, 필레보스의 경우처럼 무엇이 좋은 것이냐는 단순한 물음에 대해 즉답 형태로 대답하는 것이 아니라, "무엇이 좋음의 부류에 더 관여하고 있는지"를 본격적으로 캐물어 가는 것으로 바뀐 것을 동시에 말해 주고 있다. 그리고 좋음의 부류와 관련된 캐물음은 다시 좋음의 본성(physis)이 무엇인가의 물음으로 옮겨간다. 무엇이 좋은 것인가의 물음에 대한 대답은 좋음의 본성이 무엇인지가 밝혀지게 되는 대로 곧바로 얻게 되는 것일 뿐이기 때문이다.

그런데 우리가 '즐거움'이라 말할 때, 그걸 듣는 사람은 언뜻 막연히 한 가지로 생각하기 쉽겠지만, 그게 결코 그렇지가 않다는 데서 이 대화편의 본격적인 논의가 시작된다. "그것은 듣기에는 이처럼 단순하게, 즉 한 가지 것으로 들리지만, 그것은 아마도 온갖 형태를 보이고 있어서, 어떤 면에서는 서로들 다르기까지 하기 때문이야. 이를테면, 보게나. 무절제한 사람이 즐거워하고 있는 것으로 우리가 말하는 가 하면, 절제하는 사람 또한 바로 그 절제함에 의해서 즐거워한다고 말하네. 그런가 하면 또한 지성(nous)이라곤 전혀 없으면서 어리석은 생각(의견)들과 희망들로 가득 차 있는 사람도 즐거워한다고 하지만, 슬기로운 사람 또한 바로 그 슬기로움으로 해서 즐거워한다고 우리는 말하네. 그런데도 이들 양쪽의 즐거움들을 어떤 사람이 서로 같다(닮았다: homoia)고 말한다면, 그가 생각 없는 사람으로 보일 게 어찌 당연하지 않겠는가?"(12c~d)

실은 비단 즐거움만이 그런 건 아니다. 이를테면, 12e~13a에서 예를 들어 말하는 빛깔(khrōma) 또는 색의 경우를 보자. 우리 특유의 오방색이라는 게 있는가 하면, 흔히 일곱 가지로 말하는 무지개 빛깔도 있다. 그런데 이 무지개의 색도 식별 능력으로 나누면, 약 130종이나 된다고 한다. 그러나 모두가 빛깔이라는 점에서는 아무런 차이가 없어서, 곧잘 하나로 말한다. 그리고 검은색과 흰색은 다 같이 무채색으로 분류되지만, 서로가 "가장 반대되는 것이기도 하다." 그런가 하면 이른바 삼원색을 갖고, 이를 어떤 식으로 혼합하는가에 따라 온갖 색이 만들어지기도 한다. 또한 빛깔의 세 가지 속성이라 할 색상과 명도 및 채도에 따라 빛깔들은 여러 가지로 구별되기도 한다. 그리고 도형(skhēma)에 대해서도 비슷한 언급을 할 수 있다. 그래서 소크라테스가 말한다. "모든 도형은 부류(類: genos)로는 하나(hen)이지만, 그것의 부분(meros)들은 다른 부분들에 대해 서로 극단적으로 반대되는 것들인가 하면, 어떤 것들은 어쩌면 헤아릴 수 없는 차이를 가질 게야." 하고. 원의 모양에 따른 또는 각에 따른 여러 가지 도형들, 다양한 입체들, 다면체 또는 플라톤이 『티마이오스』편에서 말한 여러 가지 정다면체들 등등. 그러기에 더 나아가 다른 많은 것들의 경우에도 이러함을 우리는 발견하게 될 것이란다.

　아닌게아니라 이는 놀랍게도 이 세상에 있는 온갖 사물에 똑같이
적용되는 말이다. 그래서 소크라테스는 이런 전설이나 예언 또는 신
탁 같은 말(phēmē)을 하게 된다. "우리보다도 더 훌륭하고 신들에 더
가까이 살았던 옛사람들이 이런 전설을 전해 주었네. '…이다(…이
있다: einai)'[56]라고 일상 말하게 되는 것들은 하나(hen)와 여럿(pol-
la)으로 이루어져 있으며, 또한 이것들은 한정(한도, 한정자: peras)
과 한정되지(한도 지어지지) 않은 상태(apeiria)[57]를 자기들 안에 본

56　"'…이다(있다: einai)'라고"는 "…[이]라"로 바꾸어서 옮기는 것이 이해하는
데 더 도움이 되겠다. 이를테면, 그 다음에 이어지는 예들의 경우를 갖고 말한다면,
"음성이라 [또는 즐거움이라 또는 문자라] …"함이 이 구절의 본뜻을 제대로 나타내
는 것이라 할 것이다. 그리고 einai는 영어 be에 해당되는 것으로, 이 대화편에서는
존재를 의미하는 '있다'는 뜻과 '…이다'라는 계사적(繫辭的) 의미가 있다. 여기에서
는 '일상 말하게 되는 것들…'과 연결되므로, 일단은 '…이다'의 의미를 앞세워 이해
할 것이지만, 결국은 15b에서 언급된 내용과 연결되는 내용이므로, '있다'는 뜻이 함
께 한다는 것을 유의하고 있어야 할 것이다.

57　apeiria는 형용사 'apeiron(한정되지 않은, 한도 지어지지 않은, 무한한: 영어로
는 unlimited, boundless, infinite)'의 추상 명사형이며, 원래는 peras(영어로는 lim-
it)가 없는 상태, 즉 '무한', '무한성'을 의미한다. 이 대화편에서는 수량적으로나 어
떤 정도와 관련해서 '한도 지어지지 않은 상태' 또는 '한정되지 않은 상태(영어로는
unlimitedness)'를 의미하는 것으로 보면 되겠다. 그리고 이 대화편에서는 apeiron에
중성 정관사 to를 붙여서 '한도 지어지지 않은 것' 또는 '한정되지 않은 것'이라는 뜻
으로 to apeiron(영어로는 the unlimited)을 16d~e에서부터 쓰고 있다. 그런데 이
대화편에서 to apeiron과 peras가 수량적인 한정과 관계되느냐 아니면 어떤 정도(程
度)와 관계되느냐에 따라 우리말로는 차이를 두고 옮기는 게 좋을 것으로 여겨져 그
리 하기로 하되, 그때마다 해당되는 쪽을 우선적으로 괄호 밖에 앞세우고 다른 쪽의
것은 괄호 안에 함께 표기했다. 이를테면, 16b~19a에서는 peras가 수적인 '한정'을,
그리고 to apeiron은 수적으로 '한정되지 않은 것'을 나타내지만, 23c~31b에서는
peras는 정도와 관련되는 한정, 즉 '한도'를, 그리고 to apeiron은 '한도 지어지지 않
은 것'을 각기 나타낸다. 물론 이 경우에 '정도' 또한 결국 수치화하기는 마찬가지이
겠지만, 이것이 '알맞은 한도'나 '적도(適度)' 등과 연관될 경우에는 단순한 '수량'을

디 함께 지니고 있다는 전설일세. 따라서 이것들이 이와 같이 질서 지어져 있으므로, 우리는 늘 그때그때마다 모든 것과 관련해서 '하나의 이데아(mia idea)'를 상정하고서, [이걸] 찾아야만 한다는 게야.[58] 이는 그것이 그 안에 있는 걸 발견할 것이라 해서지. 그래서 우리가 그것을 포착하게 되면, 그 하나 다음에는, 혹시라도 둘이 있을 경우에는, 둘을, 그렇지도 않을 경우에는, 셋 또는 다른 어떤 수의 것들을 우리가 찾아야만 한다는 게야.[59] 그리고 다시 그것들의 하나하나를 각각 같은 방식으로 고찰해야 한다는 게야. 처음의 하나가 하나(hen)이면서 여럿(polla)이며 한정 없다(apeira)는 것뿐만 아니라, 몇 가지나 (hoposa) 되는지도 누군가가 알아내게 될 때까지는 말일세.[60] 그리고

뜻하기보다는 좋거나 나쁜 상태의 '질(質)'을 의미한다고 보는 것이 옳겠다.

58   이 구절은 『파이드로스』편(265d)에서 언급된 '모음(synagōgē)'에 상응하는 절차를 말하고 있는 셈이다. 모음이란 나눔(diairesis)에 선행하는 예비적 절차로서 나누어갈 하나의 유적 형상을 확정하는 것이다. 그리고 위에서 '모든 것과 관련해서 (peri pantos)'란 어구에서 '모든 것'이란 앞 문장에서 언급된 " '…이다(있다: einai)' 라고 일상 말하게 되는 것들" 모두를, 즉 17d7에서 반복해서 말하고 있는 '모든 하나와 여럿'이 의미하는 '모든'을, 그러니까 그때마다 탐구 대상으로 삼게 되는 각각의 것을 가리키는 것이다.

59   이 구절은 모음에 의해 알게 된 하나의 이데아(mia idea) 또는 형상(形相: eidos), 즉 유적 형상을 종(종적 형상)들로 나누어야 한다는 것을 뜻한다. 플라톤은 하나의 유적 형상을 나눔에 있어 주로 이분법(dichotomy)을 사용하지만, 이것이 언제나 가능한 것은 아니기에, 실재가 지닌 객관적인 구조에 따라 둘 혹은 셋, 아니면 다른 어떤 수로 나누어야 한다고 역설하고 있다. 이 점은 『파이드로스』편(265e1~3) 과 『정치가』편(287c)에서도 이미 강조되었던 것이다.

60   이 구절은 애초의 하나, 즉 하나의 유적(類的) 형상이 '얼마나 많은(hoposa)' 종(種的形相)을 가지고 있는지를 파악할 때까지 나눔이 이루어져야 한다는 걸 말하고 있는 것이다. 다시 말해서 하나의 유적 형상을 나누어서 확보하게 된 종적 형상들 각각을 "더 이상 나눌 수 없는 종(최하 종)들에 이르기까지"(『파이드로스』편 277b7) 하위의 종들(sub-species)로 나누어서 그 종들이 얼마나 되는지를 파악해야 한다는 것이다.

누군가가 한정되지 않은 [수의] 것(to apeiron)과 하나(hen) 사이에
있는 '다수(plēthos)'의 수를 모두 간파할 때까지는, 한정되지 않은
것(한도 지어지지 않은 것: to apeiron)의 성질⁶¹을 '다수'에다 적용
시켜서는 안 되고, 그때 가서야 모든 것의 하나하나를 한정되지 않은
것(한도 지어지지 않은 것)으로 보내고서, 그만두어도 된다는 게야.⁶²
그러니까 신들은, 내가 말했듯이, 이런 식으로 고찰하고 배우고 서로
가르치기도 하도록 우리에게 위임했다는 걸세. 그러나 오늘날의 현자
들은, 되는대로, 알맞은(마땅한) 정도(to deon)보다 더 빨리 또는 더
더디게, '하나'라거나 '여럿'이라 해버리는가 하면, '하나' 다음에는
곧바로 한정 없는 것들(한정되지 않은 것들: apeira)로 넘어가 버려
서, '그 중간 것들(ta mesa)'이 그들을 비껴가 버리지. 다시 이 중간
것들에 의해 우리는 서로 변증적으로(대화적으로: dialektikōs) 논의
를 하는지, 아니면 논쟁적으로(eristikōs) 논의를 하는지가 구별된다
네."(16c∼17a)

3) 음성이 음악 그리고 문자들을 이루게 되는 이치

마치 무슨 설화를 들려주듯 시작되는 이 인용구는 실은 이 세상에

---

61 '한정되지 않은 것(한도 지어지지 않은 것)의 성질'의 원어는 hē tou apeirou
idea인데, 여기에서 *idea*는 내용을 고려하여 '성질'로 번역했다. 같은 뜻의 것을 18a8
에서는 apeirou physis라 하고 있는데, 여기에서 *idea* 대신에 physis를 쓰고 있는 점
도 고려했다.
62 하나(하나의 유적 형상)와 한정되지 않은 [수의] 것 사이에 있는 다수(종들)의
수 모두를 간파한다는 것은 곧 최하 종에 이르기까지 나눈다는 것을 뜻한다. 그러니
까 위의 두 문장은 더 이상 나눌 수 없는 최하 종에 이르러 나눔의 절차가 종결된다는
것을 말하는 것이다. 이는 최하 종 밑에 있는 무수한 개별적인 것들은 학문의 영역에
속하는 것이 아니기 때문이다. 어디까지나 나눔의 방법은 하나의 유와 그것의 여러
종만을 대상으로 하는 것이다.

널브러져 있다시피 한 사물들, 그래서 자칫 간과해버리기 쉬운 비근한 사물들과 관련해서 정말 놀라운 비밀 같은 진리를 우리에게 새삼스럽게 계시하듯 들려주고 있다. 그래서 이에 바로 이어서(17a~18e에서), 먼저 우리가 내는 음성(phōnē)을 예로 들어 그 뜻을 설명해 주는데, 이는 소리글자의 문자 체계가 이루어지는 이치와 음악이 이루어지는 이치를 음성이 지닌 신비로움을 밝히는 것을 통해서다. 우리가 저마다 목구멍과 입을 통해서 내는 음성을 한 가지로 '음성'이라 일컫지만, 실은 그 수가 한정되지 않은 것이다. 그러나 '음성의 한정되지 않음(한도 지어지지 않음: to apeiron)을 아는 것으로나 음성을 하나(to hen)로 아는 것' 만으로는 사실상 음성에 대해서 거의 모르는 것이나 다를 바 없다. 또한 음성을 말하고 듣는 것으로 이용하는 데만 그치면, 언어는 갖더라도 문자는 가질 수 없다. 소리글자의 문자들은 음성들을 종류 또는 특성에 따라 기호화함으로써 가능해진다. 언어와 관련해서 도대체 "음성이 몇 가지나(posa) 되며, 그것들이 어떤 종류(성질)의 것들(hopoia)인지를 우리가 아는 것, 이것이 우리로 하여금 저마다 문자에 밝게끔 만든다." 막연히 한정되지 않은 것(한도 지어지지 않은 것: to apeiron)만 같은 음성 안에 오늘날 우리가 모음들 그리고 자음들이라 일컫는 것들이 있음을 일단 알아낸 다음, 이것들이 몇 가지나 되겠으며, 어떤 것들인지, 그리고 이것들의 중간에 있을 수 있는 묵음들이나 반모음들 등도 확인함으로써, 이것들을 이른바 자모(字母: stoikheion)로 확보하게 될 것이다. 이제 이에서 더 나아가 "이것들 모두를 묶어주는 것이 문법(문자학: grammatikē tekhnē)이라는" 것이다.

또한 음악의 경우에도 이치는 같다. 그러니까 "누군가를 음악에 밝게끔 만드는 것, 이것 또한 같은 것이라"는 말이다. 음악과 관련되는 음성에도 낮은 것과 높은 것 그리고 고른음이 있다는 것은 음악에 밝지 않은 사람도 아는 일이다. 궁-상-각-치-우의 5음 음계를 쓰는 쪽이 있는가 하면, 7음 음계를 쓰는 쪽도 있다. 어느 경우에나 음악에 통달한 자로 되려면, "음성의 높낮이와 관련하여 음정들이 수에 있어서 얼마나(hoposa) 되며, 또 어떤 종류(성질)의 것들(hopoia)인지를 파악하고, 음정들의 경계들을 파악하며, 또한 이것들로 이루어지는 하고많은 음계들을 파악해야만" 되는 걸로 말한다. 또한 "선인들은 이것들을 간파하고서 그들의 후손들인 우리에게 전하여 주되, 이것들을 선법(harmonia)들로 부르게 하며, 또한 몸의 움직임들 속에 생겨나 있게 되는 또 다른 그와 같은 상태들은 다름 아닌 수들에 의해 측정되는 것들로서, 리듬들과 박자(metron)들로 불리어 마땅하다고 그들은 말한다."

4) 좋은 것의 판단 기준들

이로 미루어 살필진대, 지혜(사려분별: phronēsis)를 위시한 앎에도 그리고 즐거움(hēdonē)에도 여러 가지가 있다는 것에 대해서는 재론의 여지가 없는 것으로 밝혀진 셈이다. 그렇다면 이 각각의 것들 중에서 어느 것이 좋음(좋은 것: to agathon)의 부류에 더 관여하고 있는 것으로 볼 것인가? 아니, 그보다도 먼저 '좋은 것(to agathon, tágathon)의 부류'일 수 있는 판단 기준들이 무엇인지부터 말해야 할 것이다. 그래서 그것들로 완전함(teleon)과 충족함(hikanon), 택함 직함(haireton)이 제시되고 있다. teleon(완전함)과 hikanon(충분함)은 20d에서 분명하게 표현되어 있으나 haireton(택함 직함)은 부정법(不定法) helein(택함)으로 일단 나타나고, 21d에 가서 형용사 haire-tos(택함 직함)로 표현되며, 22b에서는 이 세 단어가 함께 쓰이고 있

다. 또한 21a에서는 이런 세 가지 조건을 갖춘 것이어야 '참으로 좋은
것(to ontōs agathon)'일 수 있다고 한다. '완전하다(teleon)'는 것은
그 자체가 궁극적인 것임을 말하는 것이다. 다시 말해 다른 것을 위해
선택되는 것이 아니라, 바로 그것 때문에 선택하게 되는 것이다. '충
족하다(hikanon)'는 것은 더는 아무런 부족함도 없다는 뜻이니, 어쩌
면 '자족하다(autarkes)'는 말이 더 적합한 말일 수 있겠다. 이처럼
소크라테스는 좋은 것의 판단 기준으로 완전함, 충족함, 택함 직함을
꼽고, 이를 기준으로 삼아 즐거움과 지혜(사려분별)가 우리의 삶에
있어서 그것들 각각만으로, 즉 앎이나 지혜라곤 전혀 없이 즐겁기만
한 삶이 그리고 즐거움이라고는 전혀 없는 지혜로운 삶이 실제로 가
능하며 인간에게 좋은 것일 수 있는지를 고찰한다.

　과연 지적인 측면이 완전히 결여된 '즐거움의 삶(ho hēdonēs bi-
os)'이 도대체 가능하기나 할까? 자기가 즐거운지조차도 모를 테니,
이는 뇌가 없는 존재나 해파리 따위의 삶이지 인간의 삶일 수 없을 것
이다. 이게 완전하거나 충족한 그리고 택함 직한 삶일 수는 없다. 반
대로, 즐거움이라곤 없고 괴로움도 없는, 그래서 모든 것에 대해 아무
런 느낌도 없는(apathēs), 그런 '지혜의 삶(ho phronēseōs bios)'이
인간에게 가당키나 할까? 신이면 모를까. 그래서 33b에서는 기뻐하
지도 괴로워하지도 않는 삶을 모든 삶 중에서도 '가장 신적인(theio-
tatos) 삶'이라 해도 전혀 이상하지 않을 것이라 말하고 있다. 또한
『법률』편(792c~d)에서는 "바른 삶(ho orthos bios)은 즐거움들을
추구해야만 된다고도, 그렇다고 해서 괴로움들을 아주 피해야만 한다
고도 주장하는 것이 아니라, 바로 중용(중간)을 반겨야(aspazesthai
to meson) 한다는 것이라" 하면서, 이를 '심기가 편한 상태(hileōs)'
로 지칭하겠다고 한다. 그리고선 이를 바로 신의 상태(diathesis)라

해도 되겠다며, "장차 신과도 같이(theios) 되고자 하는 자 또한 추구해야만 하는" 상태로 말한다. 그러나 이는 즐거움들과 괴로움들을 초탈하여 있는 상태를 가리켜 하는 말이지, 그걸 느끼지 못한다는 뜻으로 하는 말은 아닐 것이다. 더구나 인간이 그런 신의 경지에 이른다는 것은 드물게는 가능한 일일 수도 있겠으나, 늘 그런 상태를 지속하기는 어렵다. 인간은 몸을 가졌으니, 이것의 상태에 따라 여러 가지를 느낄 것이고, 먹고 마시며 배설하고, 환경의 변화에 따라 추위나 더위 또는 그 밖의 병고나 여러 가지 불편 따위도 느낄 것이기 때문이다. 그러기에 아리스토텔레스는 『형이상학』(12. 9.)에서 신의 활동은 사유이고, 이는 저보다 더 나은 것이 없어 스스로를 사유하는 '사유의 사유(noēseōs noēsis)'라고 말했다. 반면에 "지성(nous)과 사유되는 것(to nooumenon)은, 이것이 질료를 갖지 않는 한, 다른 것이 아니므로, 같은 것이 될 것이니, 사유는 사유되는 것과 하나가 될 것이다." 라고 말했다. 따라서 그런 지성을 지닌 인간은 사유하는 동안만은 신과도 같은 셈이다. 그러나 그런 관상(theōria)의 활동을 위해서는 세속적인 뜻에서의 행복의 조건들이 갖추어져야 함을 말해두는 걸 잊지 않았던 그다.

그러니 이들 두 유형의 삶이 좋음 또는 좋은 것의 조건들을 충족시킬 수 없는 것들임이 분명하다. 그래서 22a~d에서 제시된 것이 셋째 유형의 삶 곧 '이들 양쪽 것들로 혼합되어 결합된 삶'이니, 이는 '결합된 삶(ho koinos bios)' 또는 '혼합된 삶(ho meiktos bios)'으로 지칭된다.

5) 한도와 한도 지어지지 않은 것, 혼합된 것 그리고 그 원인인 것

이런 논의와 관련되는 한, 이 우주(to pan)에 있는 모든 것은 네 부류로 나눠 볼 수 있다고 한다. 한도 지어지지 않은 것(한정되지 않은 것: to apeiron)과 한도(한정: to peras), 이들 둘이 '하나의 것으로 혼합된 것(hen ti symmisgomenon)' 그리고 '이것들 서로의 혼합(symmeixis, symmixis)의 원인(aitia)'인 것이 그것들이다. 우리가 우선적으로 살필 것들은 한도 지어지지 않은 것(한정되지 않은 것: to apeiron)과 한도 또는 '한도(한정: peras)를 갖고 있는 것'이다. 그런데 to apeiron의 번역어와 관련해서는 간단한 언급을 해두는 게 좋겠다. 앞에서는, 이를테면, 음악 및 문자와 관련되는 한, 음성은 그 자체로는 그 종류들이 아직 또렷이 나뉘지 않은 상태의 것인지라, 이 경우의 to apeiron은 수적으로 '한정되지 않은 것'으로 일단 번역해서 이해하는 것이 좋았다. 그러나 이제 하게 되는 논의(23c~31b)에서는 정도와 관련되어 그 한도가 정해지지 않은 상태를 위주로 언급되고 있기에, to apeiron을 우리말로는 '한도 지어지지 않은 것'으로 번역하는 것이 그 성격을 이해하는 데 도움이 될 것이다. 따라서 to peras도 '한도'로 이해하는 게 좋겠다. '한도 지어지지 않은 것'의 특성은 '더함과 덜함(더와 덜: to mallon te kai hētton)'의 성질을 그 안에 지니고 있다는 것이다. 이를테면, 더 뜨거움과 더 차가움, 강렬함과 미약함, 더 건조함과 더 습함, 더 빠름과 더 느림, 더 많음과 더 적음, 더 큼과 더 작음 등이 그것들인데, 이것들에는 그 양쪽으로 끝이 없으니, 이것들은 한도 지어지지(한정되지) 않은 것들이다. 이것들에 "일정한 양 또는 정도(to poson)와 적도(適度: to metrion)가 자리 잡게 되면", 그것들은 그 자리를 떠나버린다. 그러니 '더함과 덜함(더와 덜: to mallon te kai hētton)'은 한도 지어지지 않은 것(한정되지 않은 것: to apeiron)의 본성(physis)을 나타내는 징표(sēmeion)이다. 이것들에 '수를 개입시킴으로써(entheisa arithmon), 이것들을 균형과 조화를 이루는 것들(symmetra kai symphōna)로 만들어 주는 하고많은 부류,' 곧 '한도(한정)의 성질을 갖는 것(to peratoeides)의 부류'를 혼합함으로써 생성(genesis)을 보게 된다. "질병들의 경우에 그것들의 바른 결합(orthē koinōnia)은 건강한 체질(상태)을 생기게 한다." 그리고 "한도 지어지지(한정되지) 않은 것들인 높은 음과 낮은 음, 빠름과 느림에 같은 이것들이 함께 들어가 있게 됨으로써, 한도를 맺게도 하고, 음악 전체를 아주 완벽하게 구성해내지 않겠는가? … 더 나아가서는 혹한과 숨 막히는 더위의 경우에도, 그것(한도의 부류)이 그 안에 들어가 있게 됨으로써, 그것은 '너무 지나침(to poly lian)'과 한도 지어지지(한정되지) 않음은 없애는 한편, 알맞은 정도(to emmetron)와 동시에 균형 상태(to symmetron)를 실현하네. … 그러니까 계절들도, 우리에게 생기는 하고많은 아름다운 것도 모두 이것들이, 즉 한도 지어지지(한정되지) 않은 것들과 한도를 갖는 것들이 혼화됨으로써 생기는 게 아니겠는가? … 그리고 나는 그 밖의 다른 것들로 무수히 많은 걸 말하지 않고 남겨두고 있네. 이를테면, 건강과 함께 준수함(kallos)과 굳셈, 또한 그 밖에도 혼들에 있어서의 온갖 아름다운 것들을 말일세. 아, 필레보스! 아마도 그 여신[63]이, 모두의 히브리스(hybris: 방자함, 오만, 오만무례)와 온갖 사악(sympa-sa ponēria)을 내려다보고서, 즐거움(쾌락)들의 경우에도 또한 욕구

---

63 여태껏 프로타르코스를 상대로 대화를 하고 있던 소크라테스가 여기에서 갑작스레 필레보스를 부르며 지칭하는 '그 여신'이니, 그게 아프로디테임에는 틀림없겠다. 그러나 이 경우의 아프로디테는 '세속적인 아프로디테'가 아닌 '천상의 아프로디테'라 할 것이다. 12b의 본문 및 해당 주석을 참조할 것. 또한 헤시오도스의 『신들의 계보』 975를 보면, 그 뜻이 '조화'이기도 한 하르모니아(Harmonia)가 아프로디테의 딸이다.

충족(식욕)들의 경우에도 전혀 한도(peras)가 그들 안에 없음을 간파하고서는, 한도를 지닌 법(nomos)과 질서(taxis)를 정해 주었을 게야."(25e~26b) 이처럼 음악 전체도, 알맞은 기후나 좋은 계절도, 건강이나 건강한 체질도, 혼에 있어서의 온갖 아름다운 것들도, 요컨대 자연이나 인간 세계에 있어서의 온갖 아름답고 훌륭한 것들, 그 모두가 한도 지어지지(한정되지) 않은 것들과 한도를 갖는 것들의 혼화(混和)로 해서 생기게 된 것들이라 말하고 있는 것이다. 앞서 한도 지어지지 않은 것들에 '수를 개입시킴'을 말했다. 이를테면, 항온동물인 인간의 정상 체온이 평균 37℃이고, 닭의 그것은 41℃이며 침팬지는 사람과 비슷하다. 이는 그 자체로는 한도 지어지지 않은 것인 온도가 그런 종의 생물의 체온으로 한도 지어진 것을 의미한다. 반면에 냉혈동물은 외계의 온도 변화에 따라 체온의 수치가 바뀌는 변온동물이다. 이처럼 한도 지어지지(한정되지) 않은 것들과 한도의 소산물들인 이것들이 셋째 부류의 것들이다. "한도와 함께 실현을 보는 적도(適度: to metron)들[64]에 연유해서 존재하게 된 것을 말하는 것이라" 보면 된다는 것이다.(26d) 앞에서 말한 혼합된 삶(ho meiktos bios)도 그런 것이다. 넷째 것은 원인이 되는 것(to aition), 곧 원인(aitia)의 부류이다. "생성되는 것들은 모두가 어떤 원인(aitia)으로 해서 생기는 것이 필연적이다. 만드는 쪽인 것(to poioun, to dēmiourgoun)의 본성(physis)은 그 이름을 제외하고는 원인(aitia)과 전혀 다르지 않으며, 만드는 쪽과 원인이 되는 것(to aition)은 하나로 말해도 옳다."

---

64 to metron은 원래 '적도(the measure)'를 의미하지만, 이는 그 자체가 적도(適度: the due measure or limit)를 의미하기도 한다. 바로 이 경우가 to metrion(적도)과 같은 뜻으로 쓰인 경우라 볼 수 있겠다. 여기에서는 to metron의 복수 형태인 ta metra가 쓰였다.

더 나아가, "만들어지는 것과 생성되는 것도 이름을 제외하고는 전혀 다르지 않다." 그런데 "만드는 쪽인 것은 그 본성대로 언제나 이끌지만, 만들어지는 것은 생성됨으로써 그것에 따른다."(27a) 이렇게 해서 우리는 첫째 것으로 한도 지어지지 않은 것(한정되지 않은 것)을, 둘째 것으로 한도(한정)를, 그 다음의 셋째 것으로는 이 둘이 혼합되어 생성된 존재(ousia)를 그리고 혼합(meixis)과 생성(genesis)의 원인인 넷째 것을 확인하게 되었다.

그런데 28a에서 소크라테스는 필레보스에게 "지혜(사려분별: phronēsis)와 앎(지식: epistēmē) 그리고 지성(정신: nous)을 앞서 언급된 것들 중에서 도대체 무엇에 속하는 것으로 봄으로써 우리가 불경한 짓을 아니 하게 되는 걸까?" 하고 묻는다. 그러나 그는 자칫 실수할지도 모를 일이라며, 소크라테스 스스로 말해 주기를 청하니, 신화시대에 연원을 둔 거대 담론 성격의 우주론적 견해를 내비친다.

" '우리에게는 지성(정신: nous)이 하늘과 땅의 제왕이라는 데 현자들 모두가' 동의하고 있기 때문인데,[65] 이들은 그럼으로써 자신들을 진정으로 높이고 있지. 아마도 옳은 말이기도 할 게야. … 모든 것(萬有)과 이른바 이 우주는 비이성적이며 무계획적인 힘과 우발적인 것이 지배한다고 우리는 말해야 할까, 아니면 반대로, 우리의 선인들이 말했듯이, 지성과 어떤 놀랍고 질서를 잡아주는 지혜가 조종한다고 말해야 할까? … 모든 생물(동물)의 몸들에 있어서 본질적인 것(근원

---

65   이런 표현은 "참으로 슬기로운 사람들이라면, 모두가 동의할 것이다"라는 뜻으로 하는 말일 것이다. 하지만 nous를 신이나 모든 것의 원리로서 내세우는 철학자들이나 지성인들은 수없이 많았다. Diels-Kranz, *Die Fragmente der Vorsokratiker*, III. 296~298쪽에 걸쳐 수록되어 있는 색인을 참조할 것.

적인 것: physis)과 관련되는 것들이, 즉 불, 물, 공기, 그리고 흙이 그 구조 속에 있음을 아마도 우리는 알아볼 게야.[66] 우리 안에 있는 이것들 각각은 작고 하찮은 것이며, 어떤 면에서도 전혀 순수하지 못하고 그 본성에 걸맞은 성능을 지니고 있지 못한 것이라고 말일세. 그 하나를 예로 삼아, 그 모두에 대해 같은 걸로 생각하게. 이를테면, 불은 우리한테도 있겠지만, 우주에도 있네. … 우리한테 있는 것은 작고 약하며 하찮은 것이지만, 우주에 있는 것은 양과 아름다움, 그리고 불에 연관된 일체의 성능에 있어서 놀라운 게야. … 우주의 불로 인해서 내 것과 자네 것 그리고 다른 생물들의 것 모두가 그것들을 갖게 되네. … 방금 말한 이것들 모두가 하나로 뭉쳐 있는 것을 우리가 보고서 몸(sōma)이라는 이름으로 부르지 않았던가? … 그러면 우리가 우주(kosmos)[67]라 말하고 있는 이것에 대해서도 똑같이 이해하게나. 그것도 똑같은 식으로 똑같은 것들로 이루어져 있는 몸(몸통)일 게야. … 그래서 전체적으로 그 몸통에서 우리 몸이, 아니면 우리 몸에서 그 몸통이 공급을 받고, 또한 우리가 방금 이것들에 관련해서 언급한 모든 것을 얻어서 갖게도 되는가? … 우리 몸은 혼(psykhē)을 지니고 있다고 우리는 말하지 않겠는가? … 우리 몸과 똑같은 것들을 갖고 있되 모든 면에서 한결 더 아름다운 것들을 갖고 있는 우주의 몸(몸통)이

---

66 물, 공기, 불, 흙은 헬라스인들이 4원소로 간주했다는 점에 유의하고 이 부분을 읽는 게 좋겠다.

67 앞에서 '우주'로 옮긴 헬라스어들로는 to pan 또는 to holon이 있었는데, 이것들은 '모든 것' 또는 '전체'의 뜻이고, 라틴어 universum에서 유래하는 universe가 이에 해당되는 말이다. 원래 이것들과는 다른 뜻을 지닌 kosmos가 헬라스 사람들에게 '우주'를 가리키는 말로 또한 쓰인 데는 그만한 이유가 있다. 전하는 바에 의하면, 우주를 최초로 코스모스(kosmos)라 일컬은 이는 피타고라스이다. 그건 우주가 아름답고, 그 아름다움의 원인이 질서(taxis) 때문이라는 생각을 했던 탓으로 보인다.

그 안에 혼을 지니고(empsykhon) 있지[68] 않았다면, 그게[69] 어디서 혼
을 갖게 되었겠는가? … 그건 설마하니 우리가 이런 생각을 하지는
않을 것이기 때문이네. 네 가지 부류는 저것들, 곧 한도(한정), 한도
지어지지(한정되지) 않은 것, 결합된 것, 그리고 원인의 부류인데, 이
넷째 것이 모든 것 안에 있어서, 이것이[70] 우리한테 있는 것들(원소
들)에는 혼을 제공해 주는가 하면 몸 단련을 가능케 하며 비틀거리는
몸에는 의술을 제공하고, 다른 것들의 경우에는 또한 다른 것들을 강
구하고 치료해 주어, 일체의 온갖 지혜(sophia)로 불리기도 하지만,
[우리 것들과] 같은 것들인 이것들[71]이 온 천구(우주: holos ouranos)
속에는 대규모로, 게다가 아름답고 순수한 것들로 있는데도, 이것들
안에다 가장 아름답고 가장 귀중한 것들의 본질적인 것(physis)[72]을
고안해놓지는 못하게 되었다고 말일세. … 우리는 저 주장을 따르면서
이렇게 말하는 것이 더 나을 것이네. 즉 우리가 여러 차례 말했듯이,
우주(to pan)에는 한도 지어지지(한정되지) 않은 것(apeiron)이 많이
있으며, 한도(peras)도 충분히 있고, 또한 이것들 이외에도 평범하지

---

68 플라톤의 『티마이오스』 편에서는 우주가 몸, 즉 몸통을 가졌듯이, 혼(생명:
psykhē)을 그 안에 지니고 있는 것으로 말하고 있다. 『티마이오스』 편 30b에는 이런
구절이 보인다. 우주는 '그 안에 혼(생명)을 지녔으며 또한 지성을 지닌 살아 있는 것
(zōon empsykhon ennoun te)'으로 생긴 것이라는 주장이다. empsykhon은 '그 안
에(en) 혼(생명: psykhē)을 지니고 있는'이라는 뜻이지만, 복수 형태인 ta empsykha
는 '동물들'을 뜻한다. 우주 혼과 관련해서는 『티마이오스』 편 30b, 34b, c,
35a~36b, d, e, 37a~c, 41d, 46d를 참조할 것.
69 우리 몸을 가리킨다.
70 원인(aitia)의 부류를 가리킨다.
71 우리 쪽의 원소들(요소들)과 동일한 것들, 즉 물, 불, 흙, 공기를 가리킨다.
72 여기에서의 physis는 29a의 경우와는 다른 의미에 있어서 '본질적인 것'이라 할
것이다. 앞서는 물질적인 것을 의미했으나, 이 경우에는 원인 작용을 하게 되는 지성
그리고 이를 그 속에 지닌 혼을 의미하고 있다고 해야 하겠기 때문이다.

않은 어떤 원인(aitia)이 있어서, 이것이 연월(年月)과 계절들을 배열하고 질서를 잡아주는데, 이는 지혜(sophia) 및 지성(정신: nous)이라 불리는 것이 지당할 것이라고 말일세. … 그렇지만 지혜와 지성은 혼 없이는 결코 있을 수가 없을 것이네.[73] … 그렇다면 제우스의 본성(physis) 안에 제왕적인(제왕과도 같은) 혼(basilikē psykhē)과 제왕적인(제왕과도 같은) 지성(basilikos nous)이 생기게 되는 것은 원인의 힘에 의해서라네. … [이로써] 지성이 언제나 우주(萬有: to pan)를 지배한다고 옛날에 밝힌 그들과 한편이 되는 것일세."(28c~30d)

신화 세계에서의 제왕적인 제우스의 역할을 우주와 인간 세계에서 대신하는 것을 지성이라 여기기 시작한 현자들(hoi sophoi)은 "지성이 하늘과 땅의 제왕(basileus)이라" 했다. 여기에서 사실상 이제는 신화 아닌 철학적 이해와 사고로 이행하여 이 문제를 다루도록 유도하고 있는 것이기도 하다. 이렇게 해서 마침내 지성은 모든 것의 원인으로 말하게 되는 것의 부류에 속한다는 대답을 얻게 된 셈이다. 이처럼 "지성은 원인과 동류의 것이며 거의 이 부류에 속하는 것이지만, 즐거움 자체는 한도 지어지지(한정되지) 않은 것이며 그 자체에 그리고 그 자체로는 시작도, 중간도, 끝도 갖고 있지 않으며 결코 갖게 되지도 못할 부류에 속한다는 걸"(31a) 거듭 확인한 다음, 먼저 즐거움에 대한 본격적인 고찰을 하게 된다.

6) 좋은 것의 판단 기준들로 추가되는 것들과 이미 앞서 밝힌 기준들의 재확인

즐거움에도 거짓된 즐거움들이 있는가 하면, 순수하고 참된 즐거움

---

73 같은 주장을 『티마이오스』 편 30b에서도 찾아볼 수 있다.

들도 있다. 이를테면, "아름다운 빛깔들과 관련된 즐거움들, 형태(도형)들 및 대부분의 향기들 그리고 소리들과 관련된 즐거움들"(51b)이 그런 것들이다. 그런가 하면 학문들(배움들: mathēmata)과 관련된 즐거움들도 그런 즐거움들이다. 그리고 강렬한 즐거움에는 과도(ametria)라는 표현이, 그렇지 않은 것에는 알맞은 정도(emmetria)라는 표현이 맞다. 그러면 진실성(alētheia)은 어느 쪽에 있는가? "순수하고 무구한 것(to katharon te kai eilikrines) 그리고 충족한 것(to hikanon)인가, 아니면 강렬한 것과 많은 것 그리고 큰 것인가?"(52d) 참된 흰색은 그 순수성에서 찾을 것이지, 최대최다성에서 찾을 게 아니다.

"있는 것들(ta onta) 가운데 한쪽은 언제나 어떤 것의 목적이 되는 것(to … heneka tou)이지만, 다른 한쪽은 어떤 목적을 위해(목적으로) 생기는 것(to tinos heneka gignomenon)이 그때마다 언제나 그 때문에(그걸 목적으로: to hou kharin) 생긴다."(53e) 뒤엣것은 수단으로 되는 것이어서 언제나 다른 것을 목표로 삼고 있는 것이고, 앞것은 그 자체가 목적이 되는 것이니, 이것이 좋음(좋은 것: to agathon)의 부류에 속하는 것이다. 다시 "한쪽 것은 모든 것의 생성(생성 과정: genesis)이고, 다른 쪽 하나는 존재(ousia)이다."(54a) 즐거움은 일종의 생성이고, 생성되는 것에는 확고함(bebaiotēs)이 없다.

학문들(배움들: mathēmata) 또는 학술(기술)들(tekhnai)이나 앎(지식: epistēmē)의 경우에도 그 정확성(akribeia)과 명확성(saphēneia), 진실성(alētheia) 그리고 순수함(to katharon)에는 큰 차이가 있다. "내가 찾고 있었던 것은 이것, 즉 무슨 기술(tekhnē)이나 무슨 학문(앎, 지식: epistēmē)이 가장 위대하고 가장 좋으며 또한 우리를 가장 이롭게 한다는 점에서 다른 모든 것보다 월등한가 하는 것이 전혀 아닐세. 도대체 어느 것이, 설사 그게 사소하고 적게 이롭더라도, 명확함(명확성: to saphes)과 정확함(정확성: tåkribes) 그리고 가장 참됨(최대의 진실성: to alēthestaton)에 주목하고 있는지, 이것이 바로 지금 우리가 찾고 있는 것일세."(58b~c) "확고함(확실함: to bebaion) 및 순수함과 참됨(to katharon kai alēthes), 그리고 우리가 무구하다(eilikrines)고 말하는 것"은 '언제나 똑같은 방식으로 한결같은 상태로 있는 것들'에서 찾아볼 수 있다.(59c) 가장 귀하게 여겨야 할 이름들인 지성(지성에 의한 이해: nous)과 지혜(phronēsis)는 "진실로 있는 것(to on ontōs)에 대한 사유(思惟, 관념: ennoia)들에 정확하게 붙여진" 것들이다.(59d)

되풀이해서 말하지만, 좋음(좋은 것: to agathon)의 본성은 "살아 있는 것들 가운데서도, 그것에 좋음이 언제나 끝까지, 완벽하게 그리고 모든 면에서 나타나 있게 되는 것은, 더 이상 다른 것이 결코 추가로 필요하지 않고, 가장 완벽하게 충족함(to hikanon)을 갖추고 있다는 것이다."(60c) 그런데 즐거움은 지혜와 섞이지 않도록 하되, 지혜는 마찬가지로 최소한의 즐거움도 갖지 못하도록 하여 시험을 해 보았으나, 둘 중의 어느 한 쪽도 누구에게고 충족하지 못하다는 점은 앞서 논의를 통해서 이미 밝혀졌다. "그러니까 이들 양쪽 중 어느 쪽도 완전하며(teleon) 모두가 택함 직한(haireton) 것이고 전적으로 좋은 것(to pantapasin agathon)은 아니다."(61a) 그러다 보니 '좋음(tågathon)에 이르는 어떤 길'로 우리가 이미 잡아든 셈이다. "지금도 어떤 논의가, 처음과 마찬가지로, 좋음(tågathon)을 혼합되지 않은 삶에서 찾지 말고 혼합된 삶에서 찾도록 우리에게 알려주었기" 때문이다. "하지만 찾고 있는 것이 잘못 혼합된 삶보다는 훌륭하게 혼합된 삶에서 더 뚜렷하게 드러날 가망성이 더 많겠기에"(61b) 이 혼합

(synkrasis)에 최선을 다하도록 해야 할 것이다. 그래서 마치 포도주를 희석할 때처럼, 두 개의 샘을 상정하여, 두 샘물을 섞기로 한다. "누군가가 즐거움(쾌락)의 샘을 꿀의 샘에 비유하는 한편, 지혜의 샘은 쓰고 건강에 좋은 물의, 포도주가 섞이지 않은, 술기 없는 샘에 비유할 수 있겠네. 이것들을 우리는 최대한 훌륭하게 혼합하도록 애써야만 하네. … 우리가 그렇게 생각하고 있듯, 즐거움도 우리에게 있어서 어떤 것은 다른 것보다 더 참된 것이었으며, 특히 한 기술은 다른 기술보다도 더 정확한 것이었네. … 물론 앎(지식, 학문: epistēmē)들 간에도 서로 달라, 어떤 앎은 생성하고 소멸하는 것들에 주목하나, 어떤 앎은 생성하지도 않으며 소멸도 하지 않고 언제나 똑같은 방식으로 한결같은 상태로 있는 것들에 주목하네. 우리는 참(진실: to alēthes)에 유의함으로써, 이 앎을 앞 것보다 더 참된 것이라 생각했네. … 그렇다면 우리가 각각의 것에서 가장 참된 부분들을 우선 혼합하였을 경우, 이것들이 혼합됨으로써 가장 바람직한(만족할 만한) 삶을 충분히 이루어서 우리에게 제공해 주는 걸 우리가 보게 되겠네."(61c~e) 요컨대, 참된 앎과 참되고 순수한 즐거움들을 혼합해야만 된다는 말이다. 그럴 때에야 '가장 아름답고(훌륭하고) 가장 대립이 없는 혼합(meixis) 그리고 혼화(混和: krasis)'[74](63e)를 보게 된다는 것이다. "우리가 진실성(alētheia)을 혼합하게 되지 않는 것, 그것은

---

74 meixis 또는 mixis(mixing, mingling)는 '혼합'으로 옮기고, krasis(mixing, blending) 역시 일차적으로는 '혼합'을 의미하기는 하지만, 그 결과가 조화 또는 융화를 이룬 것일 경우 이는 단순한 혼합보다는 '혼화(混和)'라 하는 것이 옳을 것 같다. 이와 관련해서는 64d~e를 꼭 함께 읽어보는 게 좋겠다. 헬라스인들은 '기온'이나 '체질' 또는 '기질'도 krasis라 했는데, 이는 그들이 이것들을 한결같이 혼화 현상들로 보았기 때문이다. 또한 『국가(정체)』편 410a~412a 및 441e에는 시가(詩歌)와 체육의 혼화(krasis)를 통한 혼(정신)의 교육과 관련된 언급이 보인다.

진실로 생성될 수도 없겠고, 설사 생성되었다 해도, 존속하지도 못할 것이기"(64b) 때문이란다.

7) 마침내 '좋음(善: to agathon)'의 대문간을 지나 그 거처로 들어서다

이제야 "좋음(善: to agathon)의 대문간에 그리고 그와 같은 것의 거처의 대문간에 서 있다고 말할" 수 있게 된 셈이다. 일체의 혼합 (meixis, symmeixis)에 있어서 이것이 모든 이에게 사랑받는 것이게 하는 '가장 귀하고 가장 주된 원인인 것', "그것이 무엇보다도 가치 있는 것으로 되거나 아니면 전혀 아무런 가치도 없는 것으로 되게 하는 원인(aitia)"을 찾아낼 단계에 이르렀기 때문이다. 그래서 단언한다. "일체의 혼합(synkrasis)은, 그게 무슨 혼합이건 그리고 어떻게 이루어진 것이건 간에, 적도(適度: metron)와 균형성(hē symmetros physis)에 적중하지 못한 것이면, 그것은 그 혼합을 이루고 있는 것들을, 그리고 맨 먼저 그 혼합 자체를 필연적으로 파멸시킨다는 걸세. 그건 혼화(混和: krasis)가 아니라, 실로 혼화하지 못한 채(akratos) 한데 모인 것으로서, 그와 같은 불행[75]은 그런 혼합을 이루어 갖고 있는 것들에 실제로 그때마다 일어나기 때문일세."(64d~e) 적도(適度) 와 균형성에 적중한 혼화가 만인의 사랑을 받게 하는 것이라는 말이다. 그래서 "지금 막 우리에게서 좋음(to agathon)의 특성은 아름다움의 성질로 달아나버렸네. 왜냐하면 적도 상태(metriotēs)와 균형 (symmetria)은 모든 경우에 아름다움(kallos)과 훌륭함(훌륭한 상태,

---

75   여기에서 '불행' 또는 '재난'을 뜻하는 symphora와 그 앞에서 '한데 모인 것'을 뜻하는 sympephorēmenē(이의 원형은 sympheromai)를 쓰고 있는 것은 일종의 곁말 성격을 갖는 재담인 셈이다.

덕: aretē)으로 될 게 틀림없겠기 때문이네.[76] … 그렇지만 실은 혼화
(krasis)에는 진실성(alētheia)이 이것들과 뒤섞여 있는 것으로 우리
는 말했네. … 그러니까 만약에 우리가 좋음(to agathon)을 한 가지
모습(성질: *idea*)에 의해서는 추적할 수 없다면, 세 가지에 의해서,
즉 아름다움과 균형 그리고 진실성에 의해서 포착한 다음, 하나인 것
과도 같은 이것을 혼합(symmeixis) 상태에 있는 것들의 원인으로
우리가 주장하는 게 지당할 것이라고, 또한 좋은 것인 이것으로 말미
암아 그 혼합도 그와 같은 것[77]으로 된 것이라고 말하도록 하세."
(64e~65a) 따라서 '좋음(to agathon)'이 아름다움(kallos)과 진실성
(alētheia) 그리고 적도 상태(metriotēs) 또는 균형(symmetria), 이
세 가지 모습을 결합한 상태의 것으로 드러난 터이니, 그 각각의 관점
에서 즐거움과 지혜 또는 지성 중에서 과연 어느 쪽이 더 '좋음'에 관
여하고 있는지는 쉽게 판정할 수 있게 되었다. 그러나 이 마당에 그걸
굳이 우리가 하나하나 확인할 필요는 없게 되었다. "으뜸가는 것은 척
도(도량: metron)와 적도(適度: to metrion), 시의(時宜, 時中: to
kairion) 그리고 이와 같은 것들로 생각해야 할 모든 것의 테두리 안
어딘가에 있는 것"(66a)으로 드러났기 때문이다. 그리고 "버금가는

---

76   "적도 상태(metriotēs)와 균형(symmetria)은 모든 경우에 아름다움(kallos)과
훌륭함(훌륭한 상태, 덕: aretē)으로 된다." 이 문장에서 '적도 상태(metriotēs)'와
'균형(symmetria)'을 첫째 것과 둘째 것으로 위쪽에 놓은 다음, '아름다움(kallos)'
과 '훌륭함(훌륭한 상태, 덕: aretē)'을 셋째 것과 넷째 것으로 그 아래 놓으면, 내용
상 첫째 것과 넷째 것이 그리고 둘째 것과 셋째 것이 각기 대각선적으로 연결된다. 이
는 '교차 대구(對句)법'이라 하겠는데, 이런 수사(修辭) 기법을 chiasmus(khiasmos)
라 한다. 『파이돈』편 80a 앞부분 및 『소크라테스의 변론』편 25d의 뒷부분 등에 이런
수사 기법을 이용한 표현들이 보인다.
77   곧 '좋은 것'이라는 뜻이다.

것은 균형 상태(to symmetron)와 아름다움(to kalon), 완전함(to te-
leon)과 충족함(to hikanon) 그리고 또한 그런 일족(一族: genea)에
속하는 모든 것의 테두리 안에 있는" 걸로 또한 선언한다.(66b) "따라
서 셋째 것으로는, 나의 예측대로, 지성(nous)과 지혜(phronēsis)를
든다면, 자네는 진실에서 그다지 크게 벗어나지 않을 것이야. … 우리
가 혼 자체에 속하는 것들로 간주하는 것들, 즉 앎(지식, 학문: epi-
stēmē)들과 기술(tekhnē)들 그리고 옳은 의견(doxa orthē)들이라 불
리는 것들, 이것들이 그 세 가지 것들에 더한 넷째 것들이 또한 아니
겠는가? 과연 이것들이 적어도 즐거움보다는 더 좋음(to agathon)과
동류의 것들이라면 말일세." 이렇게 되니, 겨우 다섯째 차례가 '괴로
움이 없는 즐거움들'에 돌아간다. 이것들은 "혼 자체의 순수한 즐거움
이라 일컬은 것들로서, 이것들에는 앎(epistēmē)들에 수반되는 것들
이 있는가 하면, 감각적 지각(aisthēsis)들에 수반되는 것들이 있기도
하다."(이상 66b~c)

이렇게 해서 우리는 아름다움, 균형, 적도 등의 형태로 나타나는
'좋음(善)'과 관련되는 플라톤 사상의 속내에 조금은 접할 수 있게 된
셈이다. '좋음(善)'은 일체의 생성을 가능케 하는 그리고 일체의 생성
을 이해할 수 있도록 해 주는 궁극적 원리일 뿐, 그것이 실현되는 방
식 또는 형태는 여러 가지이기 때문이다. 정도와 관련되어서는 적도
(適度)로, 극단으로서의 지나침(hyperbolē)이나 모자람 (elleipsis,
endeia)과 관련해서는 중용(to meson)으로, 때와 관련해서는 시의
(時宜, 時中)로, 앎과 관련해서는 진실성(진리, 참)으로, 몸과 관련해
서는 건강으로, 기능과 관련해서는 훌륭한 상태 등등이 그것들일 것
이다.

헬라스 사상에서는 '무(無)에서의 창조(creatio ex nihilo)'란 없

다. "무에서는 아무것도 생기지(만들어지지) 않는다(ex nihilo nihil fit)." 주어진 상황 또는 처지(ta hyparkhonta)가 있고서야 어찌 하든 할 수가 있으며, 어찌 되든 될 수가 있다는 것이다. 인생이 즐거울 수도 있고 괴로울 수도 있는 것은 내 몸과 마음이 주어져 있어서이며, 즐거움(쾌락: hēdonē)과 괴로움(고통: lypē)도 '더함과 덜함(더와 덜)'을 받아들이는 것들, 곧 '한도 지어지지 않은 것'에 속하기 때문이다. 소리글자와 음악이 만들어지는 이치도 마찬가지였다. 우리가 어떤 인격 또는 성격의 인간으로 되는 것도 마찬가지 이치로 해서다. 그렇다면 사람이 마땅히 해야 할 일은 분명해진다. '한정되지(한도 지어지지) 않은 것'으로 '주어져 있는 것(to paron)'을 그리고 '주어진 상황 또는 처지'를 훌륭하게(eu) 만들거나 이용하는 것(poiein)이야말로 사람으로서 할 수 있는 일이며, 마땅히 해야 할 일일 것이다. 그런 가능성의 관점에서 보면, 그런 것들은 이 세상에 널브러져 있다. 그래서 일찍이 헬라스인들은 "주어진 것을 선용할지어다(to paron eu poiein)"라는 격언을 옛말로서 남겼다고 앞서 말했다. '한도 지어지지(한정되지) 않은 것'으로 '주어진 것'을 훌륭한 것 즉 '좋은 것(to agathon)'으로 만들거나 그리 되도록 하라는 타이름이다. 그게 사람이 할 일이라는 것이다. 자연(physis)에 있어서는 '좋음'이 그 이법(理法)대로 자연스레(kata physin) 실현되고 있기 때문이다. 문제는 인간이 그 질서를 어지럽히고 파괴하는 데, 아니 왜곡하는 데 있다. 앞서 『티마이오스』편에서 '최선자'인 '데미우르고스'가 '가장 훌륭한 것'으로 만든 것이 이 우주라고 말하고 있는데, 이는 뒤집어 말하면 '좋음'이 우주 및 자연에서 생성의 원리로서 작용하고 있음을 말하고 있는 것이다. 실은 '데미우르고스'를 상정하지 않더라도, 우주 또는 자연에 있어서 '좋음'은 생성의 원리로서 작용했으며 또한 하고 있음을 그대로 기술한 것이 『티마이오스』편이라 보아도 될 것이기 때문이다. 그러기에 플라톤은 『국가(정체)』편에서 '좋은 것 자체(auto ho estin agathon)', 즉 '좋음의 이데아'를 모든 존재와 인식의 궁극적 원리로서 제시했던 것이고, 이에 대한 앎이 철학자 그리고 통치자가 궁극적으로 깨쳐야 할 '가장 큰 배움'이라 여러 차례에 걸쳐 강조했던 것이다.

하지만 '좋음'이 생성의 원리 구실을 하는 것은 비단 자연계에 있어서만이 아니다. 모든 인위적인 것의 경우에도 그게 마땅히 따라야만 하는 원리가 되고 있기는 마찬가지가 아닌가? 실은 자연에 있어서의 생성의 이치를 흉내 내는 것이 기술일 것이기 때문이다. 플라톤의 기술관이 바로 그렇다. 『정치가』편(283e~285a)에서 기술의 생명을 바로 '적도의 창출'에 있어서 찾았던 것도 그 때문이었다.

7장 『법률』편: 법률 제정을 통한 적도의 현실적 구현

1) '좋은 것들' 중의 으뜸인 지성과 교육

『법률』편에서 알맞은 정도 곧 적도(適度: to metrion)가 언급되고 있는 횟수는 그의 전체 대화편들을 통해서 언급되는 횟수의 거의 반이고, 중간인 것 또는 중용(to meson)이 언급되고 있는 횟수는 전체의 거의 1/3에 달한다. 그러니 여기에서 다룰 수 있는 것도 어차피 중점적인 것일 수밖에 없겠다.

이 대화편에서 대화를 주도하며 자신의 생각을 거침없이 밝히는 아테네인은 나이 여든을 바라보는 플라톤 자신이라 해도 될 아테네인이다. 그리고 그보다도 연로한 메길로스라 불리는 한 스파르타인과 크레테의 새로운 가상의 식민지인 마그네시아(Magnēsia)의 입법을 위임받은 클레이니아스라는 크레테의 한 현자이다. 하지를 바로 앞둔 어느 무더운 여름날 새벽에 이들 셋이 크노소스에서 만나, 함께 이데(Idē)산의 동굴을 찾아가면서 중간에 나무 그늘이나 풀밭 등에서 충분한 휴식을 가지며 마그네시아의 이주민들을 위한 법률의 제정과 관련된 대화를 나누는 형식으로 구성되어 있다. 그런데, 이 대화편에서도, 이들이 이 새로운 식민지의 법률 제정을 이럭저럭 끝맺는 것과 때를 맞추어, 더구나 국사(國事)와 관련해서 최고의 숙의(熟議) 기구인 [새벽녘] 야간회의의 구성을 끝맺는 것과 맞추어 밤늦게라도 제우스가 어렸을 때 그곳에서 자랐었다는 전설이 어려 있는 이 동굴을 찾아들게 된다면, 그것으로 그들은 자신들이 함께 제정한 법률에 대한 제우스의 재가를 상징적 의미에서라도 받게 되는 것으로 짜여 있다.

이 대화편의 제1권 초입(627d 이후)에서는 "법률의 옳음(정당성, 타당성: orthotēs) 및 그름(hamartia)과 관련해서, 도대체 그런 무엇인가가 본래(physei) 있는지를 고찰하고 있다."는 대목이 나온다. 이 경우의 '옳음'은 법률이 옳게 제정된 것인지 아닌지를 가리켜 하는 말이겠는데, 이를 판정하기 위해서는 한 나라의 법률 제정에 있어서 목표(skopos)로 삼고 있는 것이 무엇인지가 먼저 제시되어야 할 것이고, 이것이 나라 차원의 목표로서 과연 옳은 것인지를 따져보아야 할 것이다. 그런 다음, 그 목표 달성에 과연 부합하는 법률의 제정은 어떻게 해야만 할 것인지, 그것들은 구체적으로 어떤 것들인지 그리고 최종적으로 그 한계점의 보완적 장치가 어떤 것일 수 있겠는지 등을 고찰해야만 할 것이다. 이 대화편의 논의 전개는 실상 이런 구도로 짜여 있다고 보아도 된다.

그래서 법률 제정(nomothesia)은 [사람으로서의] 훌륭함(덕: aretē)을 함양하는 데서부터 시작하는데, 이것도 그것의 어떤 한 부분이 아닌, [사람으로서의] 전체적인 훌륭함(덕)(pasa aretē)에 목표를 두고서 한다.(630e~631a) 그런데 "좋은 것들에도 두 부류가 있으니, 한 부류의 것들은 인간적인(세속적인) 것들(ta anthrōpina)이나, 다른 부류는 신적인 것들(ta theia)입니다. 한데, 앞 것들은 신적인 것들에 달려 있거니와, 어떤 나라가 그것들 중에서 더 큰 것들을 받아 갖게 되면, 더 작은 것들도 갖게 되지만, 그렇지 못할 경우에는, 양쪽 다를 앗기게 됩니다. 그러나 더 작은 것들 중에서는 건강이 앞장서고, 준수함(kallos)은 둘째이며, 셋째 것은 달리기나 그 밖의 모든 신체적 운동에서의 힘참이지만, 넷째는 부(富)입니다. … 다시 신적인 좋은 것들(ta theia agatha) 중에서도 제일 앞장서는 것은 물론 지혜(사려분별: phronēsis)이지만, 둘째는 지성(nous)을 동반한 절도 있는(절제하는) 혼(마음: psykhē)의 상태(hexis)요, 이들 둘이 용기와 함께 혼화(混和)됨으로써 셋째 것인 올바름(정의)이 있게 될 것이나, 넷째 것이 용기입니다. 이것들 모두가 앞의 것들보다는 본성상(physei) 앞서는 자리에 놓일 것이니, 특히 입법자로서는 그렇게 서열을 정해야만 합니다. 그 다음으로 그는 시민들 자신들에게 다른 법령(prostaxis)들은 이것들에 주목한 것들이도록 지시해야만 할 것이나, 이들 좋은 것들 중에서 인간적(세속적)인 것들은 신적인 것들에, 신적인 것들 모두는 앞장서 가는 지성(nous)에 주목해야만 하는 것으로 말씀입니다."(631a~d)

이에 따라 '아이 적부터 [사람으로서의] 훌륭함(덕: aretē)과 관련된 교육, 곧 올바르게 다스릴 줄도 그리고 다스림을 받을 줄도 아는 완벽한 시민(politēs teleos)으로 되는 것에 대한 욕구와 사랑을 갖는 자로 만드는 교육에 대해' 강조하게 되는데, '교육은 가장 훌륭한 사

람들에게 생기게 되는 가장 아름다운 것들 중에서도 으뜸가는 것'이
라 해서다.(643d~644a) 그런데 교육과 관련해서 우리는 이런 생각
을 해 볼 수 있겠다고 한다. 우리들 각자 안에는 "서로 대립되는 어리
석은 두 조언자를 갖고 있는데, 그것들을 우리는 즐거움(쾌락:
hēdonē)과 괴로움(고통: lypē)으로 부른다."(644c) 이 둘에 놀아나
는 우리의 처지는, 어찌 보면, 신들의 꼭두각시(인형) 같아서, 어떤 끈
이나 힘줄에 이끌리고 당겨짐에 따라, 이렇게도 저렇게도 되는 꼴이
다. 이때 우리가 휘둘리지 않기 위해서는 그 끌어당김 중에서 하나를
붙들고 놓지 않고서 언제나 따라야만 하겠거니와, 이것이 "헤아림(lo-
gismos)의 이끎(agōgē)이니, 이는 황금과도 같고 성스러운 것이어서,
나라의 일반법(koinos nomos)이라 불리는 것이다."(644e~645a)
"나라와 개인의 경우에 있어서도, 개인은 이들 끌어당김과 관련해서
자신 안에 참된 원칙(logos)을 확보함으로써, 이를 따르며 살아가야
하는 반면에, 나라는 신들 가운데 누군가에게서 또는 이것들을 알고
있는 사람한테서 그런 원칙을 받아서는, 이를 법으로 정할 일이
다."(645b) 따라서 "교육(paideia)은 법에 의해 규정된 바른 원칙(ho
logos orthos)으로의 아이들(paides)의 이끎(holkē) 그리고 인도
(agōgē)이며, 또한 이것은 가장 합리적이고 가장 연장자인 사람들한
테서 경험을 통해 정말로 바른 것으로 인정을 받은 것"(659d)이라
한다.

2) 통치권과 '히브리스': 스파르타의 통치 체제

　법률 제정에 있어서 다음으로 고찰하게 되는 것은 '다스리고 다스
림을 받을 자격들' 또는 그 형태와 관련된 것이다. 물론 '무지한 자는
따르되, 지혜로운 자가 이끌고 다스리도록' 하는 것이겠으나, 서로 간

에는 우의(philophrosynē)가 그 바탕을 이루고 있어야 한다. 다스림
은 나라와 그 구성원들 모두의 행복을 위한 것이다. 따라서 "강제적이
지 않은, 자발적인 자들에 대한 법의 지배야말로 어쩌면 자연에 어긋
나지(para physin) 않고 오히려 자연스런(자연에 따르는: kata phy-
sin) 것이다."(690c) 아무리 옳은 법일지라도, 강제보다는 교육을 통
한 납득에 의해서 법을 따르도록 하는 걸 강조하는 것이 이 대화편의
기본 구상이기도 하다. 이는 어느 면에서는, 유가의 덕치주의와 법가
(法家)의 법치주의의 혼화를 꾀하려는 시도와도 같은 성격의 것이라
볼 수도 있는 것이다. 공자가 이런 말을 했으니 말이다. "[백성을] 이
끌기를 정령(政令)으로써 하고(道之以政), 가지런히 하기를 형벌로써
하면(齊之以刑), 백성은 형벌을 면하려고만 할 뿐 부끄러워함이 없다
(民免而無恥). [백성을] 이끌기를 덕으로써 하고(道之以德), 가지런히
하기를 예로써 하면(齊之以禮), 부끄러워함이 있을뿐더러 마음이 바
로잡힌다(有恥且格)."(『논어』 위정 3)[78]

실상 이 대화편의 거의 2/3 분량이, 구체적인 법조문들보다도, 법
의 정신을 말하는 철학적 논의를 담은 법률의 전문(前文: prooimion)
이다. 그러나 통치권의 위임이나 관직의 임명은 상응하는 자격에 따
른 것이어야만 할 것이다. 그래서 말한다. "만약에 누군가가 한층 작
은 것들에 알맞은 정도(적도: to metrion)를 무시하고서 한층 큰 것
들을 부여한다면, 즉 배들에 돛들을, 몸들에 영양(음식)을, 혼들에 통
치권들(권력들, 관직들: arkhai)을 그리한다면, 아마도 모든 것이 뒤
집어지거나 파멸할 것이며, '히브리스(hybris)'에 빠져듦으로써 일부

---

78 '부끄러움'과 관련해서는 제1부 3장에서 '아이도스'와 관련된 언급을 새삼 참조
하는 것도 좋겠다.

는 질병들로 내닫고, 일부는 히브리스의 산물인 올바르지 못한 상태
(불의: adikia)로 내닫습니다. 그렇다면 우리가 뭐라 말하겠습니까?
그건 어쨌든 이런 것일 것입니다. … 죽게 마련인 [자의] 혼의 자질
(천성: physis)이, [아직은] 젊고 책임을 물을 수도 없는 처지에 있는
데도, 인간들 사이에서 가장 큰 통치권(권력: arkhē)을 감당해낼 수
있을 만한 경우는 결코 없어서, 그런 혼의 마음 상태(思考: dianoia)
에서는 그게 가장 큰 질병인 어리석음(anoia)으로 가득 차 있어서, 가
장 가까운 친구들한테서 미움을 사게 된다는 거죠. 이런 사태가 일어
나면, 이것은 그걸[79] 곧 파멸시키고 그것의 모든 힘을 사라지게 하는
법이라고 말씀입니다."(691c~d) 이런 경우에도 『계사전』에 나오는
공자의 말은 같은 생각을 나타낸 것이겠다. "덕이 적으면서 지위가 높
고(德薄而位尊), 지혜가 작으면서 꾀함이 크고(知[智]小而謀大), 능력
은 약한데도 맡은 일이 중하면(力小而任重), 족히 미치지 못하게 되지
않는 경우가 드물다(鮮不及矣)."[80] 이렇듯, '히브리스'는, 한마디로 말
해서, 알맞은 정도(적도: to metrion)를 짓밟거나 뭉개버리는 짓이
다. hybris에는, 그 구체적인 상황이나 사례가 명시되지 않은 경우에
는, 한 가지로 옮기기가 어려운 여러 가지 뜻이 있다. '히브리스'는 남
에 대해서건 자신에 대해서건 난폭함, 즉 지나침을 가리키는 말이다.
타인에 대한 경우에, 그것은 상대방으로 하여금 창피함(aiskhynē)이
나 불명예(atimia) 또는 모욕당함(propēlakizesthai)을, 곧 치욕을 느
끼게 하는 오만, 오만무례함, 방자함, 인격적·신체적·성적 폭행 등을
가리키며, 자신과 관련되는 경우에는 폭식, 황음(荒淫), 술에 곯아빠

---

79 바로 앞의 '죽게 마련인 [자의] 혼의 천성(자질: physis)'을 가리킨다.
80 周易傳義: 繫辭下傳 第四章.

짐 등의 무절제한 행위를 가리킨다. 남에 대한 '히브리스'에 대해서는 아리스토텔레스가 그의 『변론술(수사학)』(*Rhētorikē*) 1378b24~29에서 한 의미 규정이 아주 적절한 것이라 하겠는데, 그건 다음과 같다. "hybris는 그걸 당하는 사람에게 창피한 느낌(aiskhynē)을 갖게 하는 행동을 하거나 말을 하는 것인데, 이는 일어난 일 이외에 다른 것이 자기에게 일어나도록 하는 게 아니라, 그저 쾌감을 갖느라 하는 것이다. 이에 대한 앙갚음을 하는 자들은 hybris를 저지르는 것이 아니라 보복(timōria)을 하는 것이다. hybris를 저지르는 자들에게 있어서의 그 쾌감(hēdonē)의 원인은 고약한 짓을 함으로써 자신들이 '더 우월하다(hyperekhein mallon)'는 생각을 하기 때문이다. 이 때문에 젊은이들과 부자들이 hybris를 저지르는 자(hybristēs)들인데, 이는 hybris를 저지름으로써 [자신들이] 우월하다고 생각하기 때문이다." 그런가 하면 플라톤의 『파이드로스』편 (237e~238c)을 보면, 남에 대한 것과 함께 자신과 관련된 '히브리스'에 대한 이런 언급이 보인다. "판단(doxa)이 이성(理性: logos)에 의해서 최선의 것(to ariston)으로 인도되고 억제될 경우에, 이 억제(kratos)에 대해 절제(sōphrosynē)라는 이름이 주어진다. 반면에 욕망(epithymia)이 우리 안에서 비이성적으로(alogōs) 쾌락(hēdonē)으로 이끌리고 지배받게 될 경우에, 이 지배(arkhē)에 대해 '히브리스'라는 이름이 붙는다. 그렇지만 '히브리스'는 여러 이름을 갖는 것이다. 왜냐하면 그것은 여러 갈래의 것이고 여러 부분을 갖기 때문이다. … 욕망이 먹을 것과 관련해서 최선의 것인 이성 및 다른 욕망들을 제압하게 될 경우에, 이는 폭식(대식)이라 불리며, … 음주와 관련해서 욕망이 참주 노릇을 하며 이것에 사로잡힌 사람을 이런 식으로 이끌고 갈 경우에, 어떤 호칭을 얻게 될 것인지는 분명하다." 그런가 하면 아리스토파네스의 희극 『구름』

(1067~1070)에서 펠레우스와 테티스 여신의 혼인을 두고 두 가지 상반된 말이 오간다. 한쪽은 펠레우스의 건전한 마음가짐(sōphro-nein) 때문에 혼인을 하게 되었다고 하는데, 다른 쪽은 이를 반박하여 말하기를 테티스가 그를 떠난 것은 hybristēs([성적으로] 히브리스를 부리는 자 곧 색골)가 아니었기 때문이라고 한다. 물론 이에는 희극 특유의 풍자가 깔려 있는 대사다. 이 경우의 '히브리스'는 성적으로 지나칠 정도의 '음탕함'을 뜻하니, 건전한 마음 상태 또는 절제 (sōphrosynē)와는 반대되는 뜻으로 하는 말이다. 앞에서 말했듯, 단적으로 말해 '히브리스'는 남에 대해서건 자신에 대해서건 이처럼 난폭함 곧 지나침을 가리키는 말이라 했다. 이처럼 폭식이나 주색에 대한 탐닉으로 해서 스스로 질병들로 내닫는 경우와 남들에 대해서 오만무례해져서 인격적 파탄자가 되는 경우도 다 '히브리스'에 해당되는 짓이기는 마찬가지이겠는데, 이는 어느 경우에나 곧 '지나침'에 대한 지칭이다. 앞(213~214쪽)에서 인용한 『법률』편의 구절 중에서 "히브리스(hybris)에 빠져듦으로써 일부는 질병들로 내닫고, 일부는 히브리스의 산물인 올바르지 못한 상태(불의: adikia)로 내닫는다." 고 한 이 표현에서도 우리는 '히브리스'와 관련된 개인적 그리고 공적인 경우의 아주 좋은 대비적인 언급을 다시 확인하게 된다.

　그래서 통치권 또는 관직과 관련해서야말로 "알맞은 정도(적도)를 알고서 그런 일에 대비하는 것이 위대한 입법자들의 할 일임"(691d)을 역설하면서, 그런 역사적 사례를 들고 있다. 그것은 스파르타의 경우이다. "쌍둥이 왕들의 탄생을 한 혈통에서 얻게 함으로써, 오히려 알맞은 정도(적도)로 [통치권을] 줄일"(691e) 수 있었다는 것이다. 곧 왕권을 양분하게 됨으로써 한 사람이 행사할 수 있는 권한이 반으로 줄게 되었음을 말하고 있는 것인데, 여기에서 말하고 있는 쌍둥이란 프로클레스(Proklēs)와 에우리스테네스(Eurysthenēs)를 가리킨다. 이들은 전설상으로 스파르타의 최초 왕인 아리스토데모스(Aristodē-mos)의 쌍둥이 아들들이다. 이후로 스파르타는 제도적으로 두 왕을 두어, 서로 혼자서는 절대권을 행사하지 못하도록 견제하게 했다.(헤로도토스의 『역사』 VI. 51~52 참조.) 그렇게 되긴 했지만, 아직도 "왕가 혈통의 제멋대로 하려는 힘과 노령의 건전한 마음 상태의 힘을 결합하게 됩니다. 28명의 원로들의 힘을 가장 중대한 일들에 있어서 왕들의 힘과 대등한 표결권을 갖도록 만든 겁니다."(692a) 이는 제1부 1장에서 언급된 리쿠르고스라는 전설적 입법가에 의해 제도화되었다고 한다. 이들 원로들로 구성된 것이 이른바 '원로회(gerousia)' 인데, 이는 60세 이상의 원로들로 구성되었으며, 종신직이었고, 대표적인 귀족 가문 출신들로서, 시민들의 갈채를 많이 받은 사람들이 뽑히었으며, 결원이 생길 때도 그런 식으로 뽑았다 한다. 원로회(원로원)의 주된 일들은 30세 이상의 '동등한 지위를 갖는 남자 시민들(ho-moioi)'로 구성되는 민회(apella)에 상정할 안건의 사전 심의(pro-bouleusis), 중대한 범죄들을 다루는 최고 법정 역할, 법률 및 관습과 관련된 감독 등이었다. 게다가 더 나아가 스파르타가 이른바 '훌륭한 법질서(eunomia)'를 갖추게 하는 데 결정적으로 크게 기여한 것이 5명의 '에포로스(국정 감독관: ephoros)'들([hoi] ephoroi)을 두는 것이었다고 한다. 이 제도를 도입한 '구원자'는 테오폼포스(Theopom-pos, 약 720~675년) 왕이라고도 또는 리쿠르고스라고도 한다. 이들의 선출은 해마다 모든 스파르타 시민들을 상대로 했는데, 아마도 그 성격상 왕들과 귀족들을 견제하는 역할을 동시에 수행하도록 하기 위한 제도였던 것 같다. 이들은 달마다 왕들과 서로 서약을 했는데, 왕들은 국법에 따른 통치를 서약하고, 이들은, 왕들이 그 서약을 지키는 한, 왕들의 지위를 굳건히 지켜준다는 것이었다. 왕이 원정을 가게 되면 2명의 '에포로스'가 동행을 하는 등, 이들은 왕들에 대해 전반적인 통제를 했으며, 경우에 따라서는 자신들을 포함한 원로들로 구성되는 최고 법정에 왕을 기소하고 처벌까지 할 수 있었으며, 외국과의 조약과 관련된 협상도 했다. 그들은 또한 행정 전반을 통제하며, 민회의 소집과 사회, 교육 행정의 감독, 군대 동원과 파병에 대한 명령, 장군들의 소환이나 관리들의 파면과 기소, 중요한 정치적 재판권 행사 등, 실로 막강한 힘을 행사했다. 스파르타의 이런 제도에 대해서는 이 대화편의 그 다음 대목에서 이런 언급을 하고 있다. "통치가 아직도 염증 상태이고 격한 상태에 있음을 [구원자인 제우스가] 보고서는, 그것에, 이를테면 재갈 사슬처럼, '에포로스(국정 감독관)'들의 힘을 물렸으니, 이는 추첨에 의해서 배분하게 된 힘에 가까운 것입니다.[81] 바로 이 설명대로 스파르타의 왕정은, 마땅히 그래야만 하는 것들로써 혼성(절충)되고 적도(適度: metron)[82]도 갖추어서, 그 자체도 보존되고 다른 것들에 대해서도 안전의 원인이 되기도 한 겁니다. … 젊은 혼이, 참주 정치(tyrannis)로 바뀔 수도 있는, 그런 통치권(권력: arkhē)을 쥐게 된 다음에도, 그로 하여금 [처음의] 맹세들에 의해서 절도(적도)를 지키게 할(metriasai) 수 있을 것이라고는 어쩌면 그들이 결코 생각하지는 않았을 것이니까요. 하지만 최대한 존속하는 통치가 되기 위해서는 그게 어떤 것이어야만 했으며 또한 어떤 것이어야만 하는지를 이제 신이 보여주었습니다. 한데 우리가 이런 것들을

---

81 이를테면, 아테네의 민주정치에서 많은 관직이 추첨에 의해서 결정되는 것과 비슷한 제도라는 의미로 하는 말이다.

82 metron은 원래 '척도(measure)'를 의미하지만, 이는 그 자체가 적도(適度: due measure or limit)를 의미하기도 한다.

알게 된다는 것은 … 지금으로서는 일단 일어난 일이라 조금도 지혜
로운 게 아닙니다. 실제로 일어난 사례를 통해서 알아보는 것은 조금
도 어려운 게 아니니까요. 하지만 누군가가 그때 이것들을 앞질러 내
다보고서 권력들(arkhai)을 조절할(metriasai) 수 있어서, 그 셋을 하
나의 것으로 통합할 수 있었다면, 그때 구상하게 되었던 훌륭한 것들
모두를 그는 보전했을 것이며, 페르시아의 군대나 또는 그 밖의 어떤
군대도, 우리를 만만한 자들로 얕잡아보고서, 헬라스로 급습해오지는
않았을 것입니다."(692a~c) 여기에서 말하는 '셋'과 '하나'는 바로
앞에서 권력 구조를 왕권과 원로회 및 국정감독관직이라는 셋으로 분
산시킨 것 그리고 이것들로 혼성된 것이 적도를 갖춘 하나의 안정된
나라로 되었던 스파르타의 경우를 두고 하는 말이다. 바로 다음에 이
어지는 언급에서는 마찬가지로 헬라스 전체도 그렇게만 되었더라면,
과연 전체 헬라스가 어떠하였겠는가 하는 아쉬움을 말하고 있다고 할
것이다.

3) 나라의 목표는 '자유와 우애 그리고 지성의 공유'이다

이처럼 권력 또는 통치권(arkhē) 행사와 관련해서 '절도(적도)를
지키게(metriasai)'하기 위해서 권력 분할을 위한 제도를 마련하고,
다시 이들 분할된 '권력들(arkhai)을 조절하여(metriasai)', 이것들을
하나의 것으로 통합하는 것 등은 결국 통치권 행사나 나라 경영과 관
련된 적도(適度) 구현을 위한 시도일 것이다. "강력한 권력(통치권)들
도 또한 혼성(절충)되지 않은 권력(통치권)들도 법으로 보장해 주어
서는 안 된다는 것입니다. 이런 것을, 곧 나라는 자유로우며 슬기롭고
자체적으로 우애로워야만 하며, 입법하는 사람은 이런 것들에 주목하
여 입법을 해야만 한다는 생각을 하고서 말씀입니다. 한데 이미 여러

차례에 걸쳐 몇 가지 것들이 제시되고서, 입법자는 이것들에 주목하고서 입법을 해야만 한다고 우리가 말했던 것들, 그래서 내세우게 되었던 것들이 그때마다 우리에게는 똑같은 것들로 보이지 않는다고 하더라도, 우리는 놀라지 않도록 합시다. 그렇지만, 절제 있음(마음이 건전함: sōphronein)[83]에 주목해야만 한다거나 또는 지혜(사려분별: phronēsis)나 우애(philia)에 주목해야만 한다고 우리가 주장할 경우에, 이 목표(skopos)는 다른 것이 아니라 같은 것이라고 생각해야만 합니다."(693b~c) 그래서 이와 같은 많은 다른 낱말(표현)들이 제시되더라도, 혼란스러워하지는 않도록 하자고 한다. 아닌게아니라 이후로 이 목표는 "자유와 우애 그리고 지성(nous)의 공유(koinōnia)" (694b)로 정리된다. 다시 말해, "입법자는 세 가지 것을 목표로 삼고서, 즉 법 제정을 하게 되는 나라가 자유로우며 자체적으로 우애롭고 지성(nous)을 갖추게 되도록 입법을 해야만 한다."(701d)고 다짐한다. 그런데 여기서 '지성의 공유(nou koinōnia)'라 했는데, 687e 끝부분에서 나라도 개개인도 지성을 갖추도록 해야만 한다는 언급이나, 693b에서의 "나라는 자유로우며 슬기롭고 자체적으로 우애로워야만 하며, 입법하는 사람은 이런 것들에 주목하여 입법을 해야만 한다."는 말, 또는 701d 끝 부분에서 하고 있는 말, 즉 "… 지성을 갖도록(갖추도록) …"이라는 말로 미루어, koinōnia를 '공유'로 옮기는 게 무난할 것이라 판단된다. 그렇다면 '지성의 공유'가 어떻게 가능하다는 말인가? 그것을 공유하는 방법에는 여러 가지가 있을 수 있겠으나, 일차적으로 가장 확실한 것은 714a에서 하고 있는 시사다. 법이 '지성

---

83   여기에서 '자유' 대신에 '절제 있음'을 갑작스레 말하는 것은 방종에 가까운 지나친 자유를 연상하고서 하는 말일 수도 있겠다.

(nous)의 배분(dianomē)'이도록, 곧 법률 속에 지성이 최대한 반영
되게끔, 그리하여 법이 그 정당성 곧 '옳음(orthotēs)'을 확보하도록
한 나라의 지성이 최대한 동원되어 법률을 제정하는 것일 것이다. 이
는 바로 앞에서 한 말 곧 "그 지혜로움의 능력을 공동의 것으로 기여
케 했다."는 말과 같은 뜻으로 하는 말일 것이다. 그 다음으로는 시민
들이 스스로 이에 따르도록 하는 교육일 것이다.

　이런 목표를 갖는 나라를 논의를 통해서 수립하려는 것이 이 대화
편이 이제 하려는 일이다. 그러나 그런 나라를 수립해 보기에 앞서,
나라체제(政體: politeia)들 가운데서도 그 모태에 해당된다고 할 두
정치체제, 곧 1인 통치 체제(1인 전제 정체: monarkhia)와 민주정체
(dēmokratia)를, 각기 그 극단의 것들인 페르시아의 왕정과 아테네의
민주정체를 우선 살펴본다. 둘 중의 "하나는 필요 이상으로 1인 전제
적인 것만을 선호하는 반면에, 다른 하나는 자유로운 것만을 그리 하
여, 어느 쪽도 그것들에 있어서의 알맞은 정도들(적도들: ta metria)
을 갖지 못했습니다."(693e) 이것들에 비해 스파르타는, 앞에서 언급
했듯, 상당히 적도를 더 갖춘 셈이란다. 앞 것은 지나친, 아니 전적인
노예 상태(pasa douleia)와 전제적인 태도(despoteia)로 해서 잘못
경영되고 있으며, 아테네의 나라체제(정체: politeia)는 "완전하고 일
체 지배에서 벗어난 자유[곧 전적인 자유(pasa eleutheria)]가 남들에
의해 적도(適度: metron)를 갖게 되는 지배보다도 적지 않게 나쁘다
는 걸"(698b) 보여주고 있다.[84] 세 차례에 걸친 페르시아와 전쟁 때만

84　『국가(정체)』편 제8권 562b~563e에서도 우리는 아테네인들의 극단적인 이른
바 '멋대로 할 수 있는 자유(exousia)'의 행사가 어떤 상황을 초래했는지에 대한 생생
한 증언을 들을 수 있다. 그리고 '남들에 의해 적도(適度: metron)를 갖게 되는 지
배'란 그런 '멋대로 할 수 있는 자유'가 공동체를 구성하고 있는 같은 구성원들인 남

해도 "아테네인들 안에는 경외(敬畏, 공경: aidōs)가 안주인으로 있었으니, 이로 해서 우리는 그때의 법률에 복종하면서 살고 싶어 했습니다. 또한 거기에다가, 육지와 바다를 통해 엄청난 규모의 원정군이 닥치게 되어, 난감한 상태에서의 무서움에 떨어지게 하니, 우리로 하여금 통치자들과 법률에 한층 더 잘 복종하게끔 만들었으며, 또한 이 모든 것으로 해서 우리에게는 우리 자신들 사이에 강력한 우애가 일었습니다."(698b~c)

4) 법률 제정의 계기와 '최선의 법률'

나라의 수립은 법률 제정에서부터 시작된다. 그러나 사실 법률, 특히 새로운 법률의 필요성은 인간들 사이에 골칫거리 곧 문제가 생겼을 때에야 느끼게 되는 것이다. 말하자면 그것들은 인간사와 관련된 일종의 문제 해결책들로 제시된 셈이다. 왜냐하면 '우연(tykhē)들과 온갖 방식으로 일어나는 온갖 종류의 사건들'이 인간들로 하여금 법률 제정을 하게 하기 때문이다.(709a) 역설적으로 말해서, 사람들 아닌 전쟁이나 분쟁이, 심각한 가난의 곤경이 또는 역병 따위가 법률을 만들게 한다는 것이다. 그래서 "신이 모든 것을, 그리고 신과 더불어 우연과 시의(時宜, 기회: kairos)가 일체의 인간사를 조종한다."(709b)고도 한다. 인간은 이에 편승할 뿐이라고 보는 것이다. 이런 상황에서 인간들이 스스로 고안하는 기술이나 인간이 터득하게 된 지혜가 이 편승을 가능케 한다. 법률의 제정도 그 일환이다. 그러기에 "[한] 나라가 행복하게 경영되려면, 그 땅에 마땅히 갖추어져 있어야 할 다른 것들이 갖추어졌을 경우에도, 그런 나라에는 그때마다 진리(alētheia)

───────────

들에 의해 어느 정도 필요하고 적절할 정도로 제약받는 것을 뜻한다.

를 고수하는 입법자가 [때맞추어] 나타나야만 한다."(709c) 그건 물론 축복이다. 그런 지혜를 터득하고 '진리를 고수하는 입법자'가 다름 아닌 참된 뜻에서 지성(nous)을 갖춘 이일 것이다. 지성은 인간이 자신 속에 지니고 있는 '불사성(不死性: athanasia)' 곧 신성(神性)의 편린이다. 헬라스 신화에서 말하는 신들이 아니라, 플라톤이 진정한 뜻으로 말하는 신은 어쩌면 신격화된 지성 곧 정신(Nous)이라 해도 되겠기 때문이다. 이 지성에 복종하며 가정과 나라를 경영하고, 법률이 '지성(nous)의 배분(dianomē)'(714a)일 수 있도록 하였을 때에야, 최선의 법률(aristoi nomoi)이, 바른 법률(orthoi nomoi)이 확보될 것이다. 그리고 이런 법률이 지배하는 나라체제에서야말로, 오늘날 통치자들이라는 사람들이 이런 법률에 대한 봉사자들일 때에야말로 이상적인 법치(法治)가 실현되는 나라일 것이다. "법이 휘둘리고 권위를 잃은 곳에서는, 그런 나라에는 파멸이 닥쳐와 있는 게 보이니, … 법이 통치자들의 주인이고, 통치자들은 법의 종들인 곳에서는 구원이 내다보인다."(715d)고 한다.

그렇다면 '지성의 배분'에 합당한 법은 어떤 것인가? 715b에서부터 716c에 걸쳐 보이는 것으로 이런 언급이 있다. "나라 전체의 공동의 것(to koinon)을 위해 제정된 것이 아닌 것들은 바른 법률도 아니며 … 법률이 일부의 사람들을 위한 것일 경우에, 이 사람들을 우리는 도당이라 말하지 시민들이라 말하지 않는다. … 신이야말로, 옛말도 그렇듯이, 존재하는 것들(ta onta) 모두의 시작과 끝 그리고 중간을 쥐고 있어서, 자연[의 법칙]에 따라 순환하면서 곧장 그 여정을 완결한다. … 그러면 무슨 행위가 신의 사랑을 받고 신을 따르는 것일까? 한 가지가 있으며, 한 옛말로도 있는 것이다. 알맞은 정도의 것(적도인 것: to metrion)일 경우에, 닮은 것에게 닮은 것이 사랑을 받을 것이로되, 알맞은 정도(적도)가 아닌 것들(ta ametra)은 저들끼리도 또한 알맞은 정도인 것들(ta emmetra)에 대해서도 사랑을 받지 못한다. 우리에게는 무엇보다도 확실히 신이야말로 만물의 척도(metron)일 것이다." 그런 뜻에서 Brisson이, 『법률』의 역주서 서론의 끝(56쪽)을 맺으면서, 플라톤의 야심 찬 약속의 마지막 말은 "법 제정을 한다는 것은 신을 모방하는 것 곧 본받는 것이다(légiférer, c'est imiter le dieu)."라고 한 것은 적절한 것이라 할 것이다.

5) 법률의 전문(前文)

그런데 정작 알맞은 정도 곧 적도(to metrion)를 말하면서, 법률을 지극히 단순한 형식(to haploun)의 것으로만 불쑥 내밀 것인지도 묻게 된다. "법률의 첫머리에서 그와 같은 걸(법률의 前文: prooimion) 아무것도 공표하지 않고서, 바로 무엇은 해야 하고 무엇은 하지 않아야만 하는지를 말하고, 또한 형벌(zēmia)을 위협으로 내밀고서는, 다른 법으로 향하되, 법률로 제정된 것들(법규들: ta nomothetoumena)에 한마디의 권고(paramythia)나 설득(peithō)의 말도 덧붙이지 않을 것인가요? 마치 어떤 의사의 경우처럼 말씀입니다. … 반면에 자유민인 의사는 대개는 자유민들의 질병들을 돌보며 살피거니와, 이 질병들을 그 시초부터 그리고 자연의 이치에 따라 검토하며, 환자 자신과도 그리고 친구들과도 함께 하면서, 스스로 환자들한테서 뭔가를 배우기도 하면서, 동시에 할 수 있는 한도까지는 환자 자신을 가르쳐주는데, 어떤 식으로든 납득이 되기 전에는 지시를 내리지 않고, 언제나 환자를 설득과 함께 고분고분해지도록 준비를 한 그때에야, 건강으로 인도함으로써 만족한 결과를 얻도록 노력하겠죠? 의사가 치료를 하고 체육 교사가 체육을 시키는 것이 이렇게 하는 것이 더 나을지 아니

면 앞의 방식으로 하는 것이 더 나을지? 하나의 능력을 이중적인 방식
으로 실현할 것인지 아니면 한 가지 방식으로 그리고 둘 중에서도 더
나쁘고 거친 방식에 따라 이루어지도록 할 것인지? … 그러면 이 이중
적 형식(to diploun)과 단순한 형식(to haploun)이 법률 제정 행위들
자체에 적용되고 있는 걸 우리가 또한 보도록 할까요?"(719e∼720e)
그래서 이를 혼인에 관련된 법을 예로 들어 대비하며 말한다.

　　혼인과 관련된 단순한 형식의 법(ho haplous nomos) ─ 개인은 30세
가 되면, 35세까지는 혼인을 할 것.[85] 그러지 않을 경우에는, 벌금과 불
명예에 의한 처벌을 받을 것임. 벌금은 얼마 얼마이며, 불명예는 무엇
무엇임.
　　혼인과 관련된 이중적인 형식의 법(ho diplous nomos) ─ 개인은 30세
가 되면, 35세까지는 혼인을 할 것. 유념할 것은 인류가 어떤 본성에 의
해서 불사성(不死性: athanasia)에 관여(참여)하는 방식이 그것이며, 또
한 이에 대한 온갖 욕구를 모두가 선천적으로 지니고 있다는 것이니라.
유명해지며 죽어서 이름 없이 묻히지 않는 것이 그런 것에 대한 욕구이
기 때문이다. 따라서 인간들의 종족은 모든 시간과 함께 묶이어 있으니,
모든 시간[86]이 끝까지 인류에 동반하고 있으며 또한 동반할 것이다. 아
이들의 아이들을, 언제나 같은 하나의 것인 것을 남기는 이 방식으로,
곧 출산에 의해서 불사성에 관여(참여)할지니라. 그러니 자의로 저에게
서 이를 앗음은 결코 경건하지 못한 일이거니와, 자식들과 아내에 대해

85　『국가(정체)』편 460e에서는 출산 적령기로서 남자는 25세에서 55세까지의
30년, 여자는 20세에서 40세까지의 20년을 제시하고 있다.
86　모든 시간(ho pas khronos)은 영원(aiōn)을 뜻한다. 영원과 시간 등에 대해서
는 『티마이오스』편 37d∼38b를, 그리고 특히 그 대비는 37d를 참조할 것.

무관심한 사람이라면, 의도적으로 그걸 앗는 것이다. 따라서 법에 복종하는 자는 벌을 받지 않고 자유로울 것이나, 반대로 불복하는 자는, 즉 35세가 되어서도 혼인을 하지 않는 자는 해마다 얼마 얼마를 벌금으로 내게 하라. 독신 생활이 자신에게 이득과 편함을 가져다주리라고 생각하는 일이 없도록 하기 위해서다. 또한 그 나라에서 젊은 연배의 사람들이 자신들보다 연장인 사람들을 그때마다 존경해 주는 그런 명예도 누리지 못하게 하라.(721b~d)

이처럼 입법자는 전체 법률 앞에 언제나 전문(前文)들이 없는 상태로 만들어서는 안 되며, 법률 각각의 경우에도 이는 마찬가지여야만 한다고 한다.(723b)

6) 가장 신성한 소유물인 혼과 알맞은 몸의 상태 그리고 알맞은 재물의 소유

사람에게 있어서 "자신의 모든 소유물 가운데서도 가장 신성한 것은 혼(psykhē)이니, 이는 무엇보다도 제 자신의 것입니다. 모든 이에게는 제 자신의 것들로 모두 이중의 것들이 있습니다. 그러니까 더 강하고 더 나은 쪽 것들이 주인 노릇을 하는 것들인 반면에, 더 약하고 더 못한 쪽 것들은 종 노릇을 하는 것들입니다. 따라서 자신의 것들 중에서도 주인 노릇을 하는[87] 것들 … 신들 다음으로는 그걸 두 번째로 존중해야만 한다는 것입니다. 사람이 그때마다의 제 과실들을, 그것도 대부분의 가장 큰 잘못들을 제 탓으로 여기지 않고, 남들 탓으로

---

87   이를테면, 주인 노릇을 하는 혼의 기능들에 대한 언급으로는 『국가(정체)』 편 353d~e를 참조할 것.

여기면서, 자신에게는 늘 아무 탓도 없는 것으로 제외할 경우에도, 그는 제 혼을, 그리 보이듯, 존중하는 것이 아니라, 그러는 것과는 그가 동떨어져 있습니다. 실은 그걸 그가 해치고 있기 때문입니다. 그가 입법자가 말하는 것과 칭찬하는 것에 어긋나게 쾌락들에 탐닉할 때, 그 경우에도 그는 전혀 제 혼을 존중하는 것이 아니라, 나쁜 것들과 후회로 가득 채움으로써 그걸 불명예스럽게 하고 있는 겁니다. 그런가 하면 이와 반대로 칭찬받는 수고들과 무서움들, 고통들 그리고 슬픔들을 참으며 치러내지 못하고 굴복해버릴 경우에, 그 경우에도 그는 굴복함으로써 그것을 존중하지 않고 있는 겁니다. 이와 같은 짓들 모두를 함으로써 혼을 불명예스럽도록 만들게 되기 때문입니다. 어떻게든 살아남는 걸 좋은 것으로 생각할 경우에도, 혼을 존중하는(명예롭도록 하는) 게 아니라, 그때도 그걸 불명예스럽게 하고 있는 겁니다. … 또한 누군가가 [사람으로서의] 훌륭함(덕: aretē)보다도 준수함(kallos)을 더 귀히 여길 경우도, 이는 참으로 그리고 전적으로 혼의 불명예(atimia) 이외의 다른 것이 아닙니다. … 혼에 관해서 다른 의견을 갖고 있는 자는 얼마나 놀라운 것인 이 소유물을 자신이 등한시하고 있다는 걸 깨닫지 못하고 있는 겁니다. … 나쁜 것은 피하되 무엇보다도 가장 좋은 것을 추적하여 붙잡는 데 있어서, 그리고 일단 그걸 붙잡은 다음에는 이번에는 여생을 그것과 함께 사는 데 있어서, 인간에게 주어진 소유물로서, 혼보다도 더 그 성질상 적합한 것은 없습니다. … 명예로운 몸은 아름다운 것도 힘센 것도 날쌘 것도 큰 것도 아니며, 또한 튼튼한 것도 아니고, … 그렇다고 해서 이것들과 반대되는 것들도 아니니, 이 모든 상태의 중간을 유지하고 있는 몸들이 비교될 수 없을 정도로 아주 건전하고 든든한 것들이죠. 앞 경우의 것들은 그 혼들을 우쭐하고 대담하게 만드나, 뒤의 경우의 것들은 초라하고 비굴하게 만들기 때문입니다. 재화와 소유물들의 소유 또한 이와 같아서, 똑같은 척도로 평가할 일입니다. 이것들 각각의 과다는 나라들에도 사사롭게도 적대감들과 분쟁들을 야기하는 반면에, 이것들의 모자람은 대개 노예 상태를 야기하기 때문입니다. 따라서 아이들을 위해서, 이들이 최대한 부유한 상태가 되어 있도록 하기 위해서, 돈을 좋아하는 일은 없도록 해야 할 것입니다. 그건 그들에게도 또한 나라에도 더 나은 게 아니니까요. 젊은이들에게는 아첨꾼들이 꾀게 하지 않을 정도의 자산, 그러나 필요한 것들이 부족하지 않을 정도의 자산, 이것이 무엇보다도 가장 적당하며 최선의 것이기 때문입니다. 이것이 우리와 화합을 이루며 모든 것과 조화되어 고통 없는 삶을 실현하게 되니까요. 아이들에게는 많은 경외(공경, 염치: aidōs)를 물려주어야지, 금을 물려주어서는 안 됩니다. 한데, 우리는 부끄러움을 모르는 젊은이들을 꾸짖음으로써 이를 물려주게 될 것이라 생각하고 있습니다. 그러나 이는 오늘날 젊은이들에게 하는 교훈으로는, 즉 젊은이는 모든 이 앞에서 부끄러움을 느껴야만 한다고 말하며 훈계하는 걸로 생기는 게 아닙니다. 하지만 사려 깊은 입법자는 오히려 더 나이 많은 사람들에게 젊은이들 앞에서 부끄러움을 느끼도록 권고함 직하며, 또한 나이 많은 사람이 부끄러운 뭔가를 행하거나 말하는 걸 젊은이들 가운데 누군가가 혹시라도 보거나 듣게 되는 일이 없도록 조심할 것을 권고함 직합니다. 나이 많은 사람들이 부끄러움을 느끼지 않는 곳, 이곳에서는 젊은이들 또한 더할 수 없이 뻔뻔한 게 필연적이니까요. 왜냐하면 젊은이들의, 동시에 또한 나이 많은 이들의 돋보이는 교육(paideia)은 훈계하는 것(nouthetein)이 아니라, 누군가가 남한테 훈계하며 말함 직한 바로 그것들을 스스로 일생을 통해 행하여 보이는 것이기 때문입니다. … 올림피아 경기에서의 겨룸이나 일체의 전쟁 및 평화적인 겨룸들에서 승리하는 것보다도 제 나라의 법률에 대한 봉사의 평판으로 이기는 쪽을 택하는 사람이야말로 비교될 수 없을 정도로 아주 훌륭합니다. 법률에 대해 일생 동안 모든 사람들 가운데서도 가장 훌륭히 봉사했다는 평판 말입니다."(726a~729e)

그리고 관직 임명을 통해 봉사할 사람들의 선발에 대해서는 이런 말을 한다. 앞서『정치가』편에서 통치술, 특히 왕도적 통치술을 직조술(hyphantikē)에다 비유하고, 용감한 성품의 사람들과 절제하는 성품의 사람들을 날실과 씨실처럼 활용하여 적재적소에 임명함으로써 나라라는 훌륭한 직물(hyphasma)을 짜내는 정치적 행위의 과정에 빗대어 설명하고 있음을 보았다.『법률』편에서도 "마치 일종의 직물(synyphē)이나 또는 그 밖의 다른 어떤 엮어서 만든 세공품처럼, 씨와 날은 같은 것들로는 만들어질 수 없고, 날들의 부류는 그 훌륭한 상태(훌륭함: aretē)와 관련해서 차이가 나는 게 필연적입니다. 왜냐하면 이 부류는 강하고 그 특성들에 있어서 일종의 견고성을 지니고 있는 반면에, 다른 쪽은 한결 더 유연하면서 올곧은 적합성을 보여주니까요. 바로 이 때문에 나라들에 있어서 관직들을 맡아 통치를 하게될 사람들과 적은 교육으로 시험을 받은 사람들을 이런 식의 어떤 방법으로 그때마다 비례해서 가려야만 합니다."(734e~735a)

재산 문제와 관련해서는 역사적으로 형평성(epieikeia)과 적도(適度) 상태(metriotēs)를 유지하기 위한 정치적 시도들을 적잖이 해왔지만, 어느 나라의 경우에도 이는 용이하지 않았다. '정의감(dikē)과 함께 돈 욕심을 부리지 않는 것과 같은 그런 방책 이외의 다른 길'(737a)이 없었기 때문이다. 이제 새로운 나라를 세움에 있어서 "재산들은 서로 간에 말다툼 거리가 되지 않도록 어떤 식으로든 해놓아야만 합니다. … 지금의 우리 경우처럼, 신이 새로운 나라도 세우도록 해 주고

서로 간에 전혀 아무런 적대감도 없도록 해 준 사람들의 경우에, 토지와 가옥의 분배로 해서 이들에게 적대감의 원인들이 발생하도록 한다는 것은 온 사악을 동반한 무지라 할지라도 사람의 것일 수는 없습니다."[88](737b)

그래서 그런 시각에서 이제 '바른 분배(dianomē)의 방식'을 생각해 보게 된다. 시민들 모두가 '한마음 한뜻(homonoia)'이어서 그야말로 분열과는 먼 거리에 있는 '하나인 나라(mia polis)'라야 참으로 '아름다운 나라(kallipolis)'일 수 있고 '좋은 나라(agathē polis)'일 수 있다고 『국가(정체)』편에서는 강조했다. 그런 "으뜸가는 나라(prōtē polis)와 나라체제(정체: politeia) 그리고 최선의 법률은, 옛말이 온 나라를 통해 실현되는 그런 곳에 있습니다. 그건 친구들의 것들은 정말로 공동의 것이라고 하는 것입니다. 따라서 이 일이—아내들도 공동의 것들이지만, 자식들도 공동의 것들이요, 일체의 재물들도 공동의 것들인 일이—지금 어딘가에 있거나 언젠가 있게 될 경우, 이른바 사적인 것은 모든 방책을 써서 생활에서 모든 면에서 완전히 배제하게 됩니다. 그 성질상 사적인 것들까지도 어떻게든 가능한 한 공동의 것들로 되게끔 강구하게 됩니다."(739c) 이는 나라의 수호자들에게 '제 몫 이상을 챙기려는 욕망(pleonexia)' 곧 탐욕을 근원적으로 차단하는 극약 처방이어서, 문제의 핵심이 어디 있는지를 보여주기 위한 본(paradeigma)의 제시였을 뿐, 현실성은 전혀 없는 것이다. 그러나 본의 가치는 그걸 최대한 본받으려는 차선의 방책을 누군가로 하여금 강구토록 한다는 데서 비로소 찾을 수 있다. 그런 본에 따라

---

[88]   이런 언급들은 물론 크레테섬에 새로이 세우려는 가상의 식민지인 마그네시아(Magnēsia)의 좋은 조건들과 그렇지 못한 기존의 나라들의 형편들을 대비해가면서 하는 것들이다.

현실적으로 '나라를 최대한으로 하나이게 만들어 주는 법률'(739d)을 이 대화편이 말하고 있는 것이다. '바른 분배(dianomē)의 방식'을 말하게 되는 것은 바로 그런 까닭에서다.

마그네시아에 이주할 세대를 5,040으로 정하고서, 이들에게 "첫째로는 토지와 가옥을 배분할 것이며, 또한 공동으로 농사를 짓지는 않기로 하죠. 이런 것은 지금의 출산과 양육 그리고 교육에 비해서 큰 규모의 것이라 말할 테니까요. 그야 어쨌든 대체로 다음과 같은 취지로 분배토록 하죠. 그러니까 추첨에 의해 할당된 몫의 토지를 제 몫으로 갖게 된 사람은 이를 나라 전체의 공동 소유물로 여겨야만 하는데, 이 토지를 조국 영토의 일부로서, 자식들이 어머니를 보살피는 것보다도 더 크게, 보살펴야만 합니다. 대지는 여신으로서 죽게 마련인 존재들의 여주인이 되기도 하기 때문입니다."(739e~740a) "그 다음으론 처음에 알맞은 정도(적도: metrion)인 것으로 몫을 배정해 받은 재산의 수준과 크기를, 그걸 서로 사고팔고 함으로써, 무시하는 일이 없도록 하십시오. … 추첨으로 갖게 된 가옥이나 토지를 사거나 파는 자는 이에 마땅한 벌들을 받게 될 것임을 말입니다."(741c) 5,040가구 지분의 추첨에 의한 할당 토지(klēros)와 가옥의 일관된 유지는, 비록 땅의 비옥함 여부와 농사를 짓는 사람의 기술이나 근면성 따위로 인한 수확에서는 결과적으로 차이를 낳겠지만, 평등한 자유 시민으로서의 자격 유지를 위해서는 최소한의 기본적이고 필수적인 요건일 것이다. 토지와 가옥의 분배에 참여한 시민들 각자는 그런 취지로 세워지는 나라에 동참한 것이다. 따라서 그걸 팔고 산다는 것은 이런 취지를 무시하고 나라의 중대한 질서와 기본을 무너뜨리는 중대한 범죄 행위로 간주될 수밖에 없겠다. 또한 이의 후속 조치로 다음과 같은 법 제정을 한다. "나라가 어쩌면 가장 큰 질환에, 곧 불화(diastasis)

나 내란(stasis)이라 불리는 게 더 옳을 것에 말려들지 않으려면, 극심한 가난도 부도 그 나라의 일부 시민들에게 있어서는 안 된다고 우리는 주장합니다. 양쪽 것 다가 그 둘을 낳기 때문입니다. 그러므로 이제 입법자는 이것들 각각의 한도를 선언해야만 합니다. 가난의 한도는 추첨에 의한 할당 토지의 값이게 하죠. 이 한도는 유지되어야만 하며, 어느 통치자도 그리고 다른 사람들도 [사람으로서의] 훌륭함(덕: aretē)으로 명예를 열망하는 사람은 그 누구든 마찬가지로 그 누구의 경우에도 이 한도보다 더 적게 되는 걸 간과하게 되어서는 안 될 것입니다. 입법자는 이를 척도(metron)로 정하고서, 이의 두 배와 세 배 그리고 네 배까지는 획득하는 걸 허용할 것입니다. 하지만 누군가가 이를 초과하여 획득하게 될 경우에는, 뭔가를 발견함으로써 또는 어딘가에서 받음으로써 또는 돈을 벌게 됨으로써, 아니면 그와 같은 다른 어떤 행운으로 해서 그 척도를 초과하게 되는 것들을 획득하게 될 경우에는, 이를 나라에 그리고 나라를 지켜 주는 신들에게 떼어 바침으로써 명성도 얻고 벌도 받지 않게 될 것입니다. 하지만 만약에 누군가가 이 법에 불복할 경우에는, 원하는 자가 그 반을 받는 조건으로 고발할 것이고, 죄인은 또 다른 그만큼의 부분을 자신의 재산에서 지불하게 될 것이며, 그 나머지 반은 신들의 몫이 될 것입니다. 추첨에 의한 할당 토지(klēros) 이외의 모든 시민의 재산은 모두 법에 따라 임명되는 문서 보관 담당관들이 입회한 가운데 공개적으로 기록케 할 것이니, 이는 재물과 관련되는 모든 문제를 다루는 송사가 절차상 쉽고 아주 명확하도록 하기 위해서입니다."(744d~745a) 이렇게 함으로써 최소한 "사람들이 그와 같은 생활 공동체(synoikia)에 대해 불만을 품지 않으며, 재물은 정해진 알맞은 정도의 것을 평생토록 갖게 됩니다."(746a)

7) 관직들의 임명과 적도 또는 중용

이제 관직들과 그 임명을 위한 선출에 관련해서 적도 또는 중용의 문제를 생각해 볼 차례이다. 나라의 명운을 좌우할 중요한 관직에, 따라서 고도의 전문성과 인격이 요구되는 관직에 무작위로 선출된 사람을 앉힐 수는 없는 일이다. 이를테면, 1명의 총교육감독(ho peri paideias pasēs epimelētēs)을 뽑는 것과 관련해서, 그리고 그 직책의 중요성과 선출 절차에 대해서 이런 말을 하고 있다. "법률에 따라 이들을 관할하게 될 사람은 딱 한 사람이게 합니다. 50세 이상인 사람이고 … 뽑힌 사람 스스로도 뽑는 사람도 이 관직이 나라에서는 최고위 관직들 중에서도 월등하게 가장 중대한 것이라는 걸 유념하고 있게 합니다. 그야 자라는 모든 것의 첫 싹이 트기를 훌륭하게 시작했을 경우에, 이게 그것 자체의 본성의 훌륭한 상태(aretē)에 어울리는 완성을 보게 하는 가장 주된 것이기 때문입니다. 식물들의 경우에도, 길들인 또는 야생 동물들의 경우에도 그리고 인간들의 경우에도 말입니다. 우리가 말하듯, 인간은 길들인 동물입니다. 그렇기는 하지만, 바른 교육을 받고 천성이 복 받은 경우에는 더할 수 없이 신 같기도 하고 교화된 동물로 되는 편이지만, 충분히 교육을 받지 못하거나 훌륭히 양육되지 못했을 경우에는, 대지가 키우는 하고많은 것들 중에서도 가장 사나운 걸로 되는 편입니다. 이 때문에 입법자는 아이들의 양육이 이차적인 것이나 부차적인 것이 되게 그냥 두어서는 안 되고, 맨 먼저 장차 이들을 보살필 사람을 잘 뽑는 일부터 시작해야만 합니다. 나라 안에 있는 사람들 중에서 모든 면에서 가장 훌륭한 사람, 이 사람이 그들의 감독자로 임명되도록 가능한 한 최선을 다해서 지시해야만 합니다. 그러므로 협의회(boulē)와 그 운영(실무)위원회를 제외한[89] 일체의 관직에 있는 사람들은 아폴론의 성전으로 가서 비밀 투표를 하게 하는데, 각자가 호법관들(nomophylakes) 중에서도 누구든 교육과 관련해서 생기는 문제들을 가장 훌륭하게 관할할 것으로 여기는 자에게 투표케 합니다. 최다수표를 얻게 된 자가, 호법관들을 제외한 다른 관리들한테 심사를 받고서, 5년간 관할케 합니다. 6년째에는 같은 방식으로 이 관직에 다른 사람을 선출합니다."(765d~766b)

그래서 관리들의 선출은 "1인 통치의 정체(monarkhikē politeia) 와 민주적 정체(dēmokratikē politeia)의 중간(중용: meson)을 취하는데, 나라체제(정체: politeia)는 이것들의 중간을 언제나 유지케 합니다. … 평등하지 않은 사람들에게는 평등한 것들이, 알맞은 정도(적도: to metron)에 적중하지 못할 경우에는, 불평등한 것들로 되니까요. 이들 양쪽 처지로 인해서는 정체들이 분쟁(stasis)들로 가득 찹니다. 평등(isotēs)이 우정(philotēs)을 생기게 한다는 옛말[90]은 실상 참된 것이며, 아주 옳게 그리고 제대로 한 말입니다. 하지만, 이를 가능케 하는 평등이 도대체 어느 것인지, 이게 썩 명확하지가 않은 탓으로 우리를 몹시 혼란케 합니다. 왜냐하면 두 가지 평등이 있어서, 둘이 이름은 같으나, 실제로는 여러 점에서 거의 대립되는 것들이기 때문입니다.[91] 모든 나라와 모든 입법자가 족히 다른 한쪽 것을 존중하는데, 척도나 무게 그리고 수량에 의한 평등을 분배 문제에 있어서 추첨에 의해서 조절합니다. 하지만 가장 참된 최선의 평등을 모두가 알아보기

---

89 이들은 24시간 당직 형태로 비상시를 대비하고 있어야만 한다.

90 『디오게네스 라에르티오스』(VIII. 10)에는 "우정은 평등이다."라는 말을 피타고라스가 한 걸로 전한다.

91 여기서 말하고 있는 두 가지 평등이란 흔히 산술적 평등(arithmētikē isotēs)과 이에 대비되는 기하학적(등비적) 평등(geōmetrikē isotēs)으로 지칭되고 있는 것들이다. 앞것에 대한 언급이 『국가(정체)』편 558c에 보이고, 뒤엣것에 대한 언급이 『고르기아스』편 508a에 보인다.

는 쉽지 않습니다. 그건 물론 제우스의 판정에 속하는 것이기 때문이
겠는데, 그건 사람들을 언제나 조금씩 도와주지만, 그게 나라들이나
개인들을 도와주는 한, 모두가 좋은 결과를 가져다줍니다. 더 큰 것에
는 더 많이, 더 작은 것에는 더 적게 나눠주니, 그것들의 성격에 따라
각각에 알맞게 주는 거죠. 특히 명예들을 부여함에 있어서는 [사람으
로서의] 훌륭함(덕: aretē)과 관련해서 더 큰 인물들에게는 언제나 더
큰 것들을 그리하되, [사람으로서의] 훌륭함(덕) 및 교육(paideia) 면
에서 그 반대인 인물들에게는 그에 비례해서 적절한 것(to prepon)을
그리합니다. '공동체적(정치적) 올바름(정의로움)(to politikon di-
kaion)'이란 것도 우리에게 있어서는 언제나 바로 이것임에 틀림없겠
기 때문입니다. 지금 우리가 희구하고 있는 것도, 즉 지금 세워지고 있
는 이 나라도 우리가 이 평등에 주목하고서 수립해야만 합니다. … 언
젠가 누군가가 다른 나라를 세울 경우에도, 같은 이것에 유념하면서
입법해야지, 소수의 참주들이나 한 사람에 또는 민중(dēmos)의 어떤
힘(지배: kratos)조차도 유념하지 말고, 언제나 올바름(정의로움)에
유념하면서 해야만 합니다. 이는 방금 말한 것, 즉 평등하지 않은 자들
에게 자연스럽게 평등한 것이 주어지는 것입니다. 아닌게아니라 모든
나라는 이 두 평등의 약간 변형된 형태들을 추가적으로 이용하는 게
어쨌든 필연적입니다. 그 나라가 자체의 일부에서라도 분쟁에 말려들
지 않으려면 말입니다. 왜냐하면 형평(공평함: to epieikes)과 너그러
움(to syngnōmon)은, 그것들이 수용되는 경우에는, 엄격한 정의
(dikē)에 어긋나게 그 완벽성과 정확성을 손상하는 것이기 때문입니
다. 그래서 다중(hoi polloi)의 불만 때문에 추첨(klēros)의 평등을 추
가적으로 이용하지 않을 수 없게 되는 겁니다. 그때에도 이들은 기원하
는 가운데 신과 행운을 불러, 이들이 추첨을 가장 올바른(정의로운) 쪽

으로 옳게 인도해 주도록 합니다. 바로 이렇게 어쩔 수 없이 양쪽 평등을 이용할 수밖에 없기는 하지만, 행운을 요하는 평등은 최대한 소수의 경우들에나 이용하도록 해야만 합니다."(757a~758a)

8) 인류 역사상 처음으로 완전한 남녀평등권을 주장하다

그런데 정작 평등(isotēs)을 말하면서 남녀평등에 대해서는 말하지 않는다는 것은, 그것도 능력 곧 자격에 따른 평등을 말하면서도, 이에 입각한 여자의 평등은 말하지 않는다는 것은 그야말로 불평등하기 그지없는 일이다. 일찍이 인류사가 그랬다. 이야말로 인류사적인 부끄러운 스캔들이다. 『국가(정체)』편(557b, 558c)에서도 언급했듯, 일찍이 아테네는 "자유(eleutheria)와 언론 자유(parrhēsia)[92]로 가득 차 있어서, 이 나라에는 자기가 하고자 하는 바를 '멋대로 할 수 있는 자유(exousia)'가 있었으며," "무정부 상태의(우두머리가 없는: anarkhos) 다채로운 정체요, 평등한 사람들에게도 평등하지 않은 사람들에게도 똑같이 일종의 평등(isotēs)을[93] 배분해 주는 정체였다." 그러나 이는 여자에게도 적용된 것은 아니었다. 아리스토파네스의 『리시스트라테』에서는 펠로폰네소스 전쟁으로 시달린 아테네의 여인들이 적대 관계의 스파르타 및 테베의 여인들과 단합하여 남편들과의 섹스 거부 동맹을 맺어, 마침내 전쟁을 종식시키는 데 성공한다. 모처럼의 여권 신장 운동이었다. 그러나 이는 남성들의 행태에 대한 희극 작품을 통한 풍자적 저항일 뿐이다. 인류사상 비로소 민주주의가 완전히 실현을 보았다고 드높이 칭송받아온 아테네의 그런 반쪽짜리 평등과

92　pas(모든)+rhēsis(말을 함)의 합성어로서, '무슨 말이든 다 할 수 있음'을 뜻하는 말이다.

93　여기서 말하는 '일종의 평등'은 산술적 평등(arithmētikē isotēs)을 가리킨다.

자유에 대해 플라톤은, 아니 그만이 유일하게 신랄한 비판으로 정색을 하고 맹공을 가했던 셈이다. 과문한 탓인지 모르겠으나, 인류가 근·현대에 이르기까지는 그런 반토막의 평등과 자유를, 마치 온전한 것인 양, 구가해왔던 게 아니던가!『국가(정체)』편(453e∼466e)에서 남성과 똑같이 여성도 성향과 능력에 따라 얼마든지 나라의 수호자로 될 수 있음을 장황하리만큼 그리고 단호하게 강조하면서, 이런 주장이 동시대인들의 집단적인 큰 저항을 불러일으킬 것으로 말하며, 이를 큰 파랑에 빗대어 말하기도 한다.(457b∼c) "나라를 경영하는 사람들의 일(업무)로서 여자가 여자이기 때문에 여자의 것인 것은 없고, 남자가 남자이기 때문에 남자의 것인 것도 없다네. 오히려 여러 가지 성향이 양쪽 성의 생물들에 비슷하게 흩어져 있어서, 모든 일(업무)에 여자도 '성향에 따라(kata physin)' 관여하게 되고, 남자도 모든 일(업무)에 마찬가지로 관여하게 되는 걸세. 하지만 이 모든 경우에 여자가 남자보다 힘이 약하기는 하이."(455d∼e) "결국 우리가 '자연의 이치에 따라(성향에 따라)' 법(nomos)을 정하였을진대, 우리는 결코 불가능한 것들이나 소원과도 같은 것들을 입법한 게 아닐세. 오히려 이에 어긋나게 된 오늘날의 것들이 자연[의 이치]에 어긋나게(para physin) 된 것 같으이."(456c) "그동안의 우리의 검토는 우리가 가능한 것들을 그리고 최선의 것들을 말하고 있는가 하는 것이 아니었던가?"(456c) 그러나 실상『국가(정체)』편은 현실적인 나라를 상정한 것이 아니라, '올바름(정의)'이 원론적으로 작동할 수 있는 '아름다운 나라'의 수립 과정에서 대두되는 남녀 지도층의 평등과 관련해서 한 말이었다. 그런데『법률』편은 현실적인 나라 수립을 위한 법률 제정을 다루는 대화편이다. 그런데도 이 대화편(781a∼b, 804d∼806c)에서는 이보다도 한층 더 강한 어조로, 그러면서도 더욱 설득력 있게 남녀평등을 말하고 있는데, 일찍이 양성의 평등을 그만큼 선구적으로 외친 사상가는 없었던 것 같다. "모든 관행을 남녀에게 공통되게 제도화한다는 것은 나라의 행복을 위해서 더 좋을 것입니다."(781b) "어른이고 아이고 간에 모두가 가능성에 따라(kata to dynaton) 의무적으로 교육을 받아야만 합니다. 이들은 낳은 이들의 것들이라기보다도 오히려 나라의 것들이니까요. 그런데 여자들에 대해서도 똑같은 것들을 저의 법은 말하려 하는데, 남자들에 관련된 것들 모두와 똑같은 것들을 여자들도 수련해야만 한다는 겁니다. 또한 저는 이 주장을 주저하지 않고 말하겠습니다. 승마술의 경우에도 체육의 경우에도 그 어떤 점에서도 남자들에게는 적합하겠지만, 여자들에게는 적합지 않을 것이라곤 없다고 말입니다. 그야 제가 옛날이야기들을 곧이듣고 있기 때문입니다. 지금도 말하자면 흑해 주위에는 사우로마티스(Sauromatis)들[94]이라 일컫는 수도 없이 많은 여인들이

---

94   사우로마티스(Sauromatis)들에 대한 꽤 자세한 기록을 우리는 헤로도토스의 『역사』 IV. 110~117에서 찾아볼 수 있다. 이에 의하면, 이들이 바로 헬라스인들이 아마존족(Amazones)이라 일컫는 여전사족이다. 헬라스인들은 이들과의 싸움에서 이겨, 생포한 자들을 배 세 척에 싣고 가다가, 되려 이들한테 살해된다. 그러나 배를 조종할 줄 모르는 이들은 풍랑 덕에 어느 호숫가 절벽 지대에 닿아 뭍에 오른다. 그곳은 스키티아인들이 사는 곳이었고, 이들은 말들을 빼앗아 타고 스키티아인들을 습격한다. 영문을 모른 채로 이들을 맞아서 싸우던 스키티아인들은, 이들 중의 전사자 시신을 확인한 결과, 이들이 여자들인 것을 알게 된다. 그래서 이들을 죽이지 않고, 이들에게서 아이들을 얻기로 하고서, 스키티아의 젊은이들로 하여금 이들 곁에서 진을 치되 싸우지는 않도록 한다. 언어도 통하지 않는 이들과 같이 행동하며 가까워지도록 온갖 노력을 기울인 끝에, 마침내 자신들을 해칠 의사가 전혀 없는 것을 알아챈 여전사들은 이들의 접근을 허용하고, 혼인까지 하게 된다. 그러나 이들은 스키티아의 여인들과 동화되기를 거부하는지라, 남편들과 함께 타나이스(Tanais)강을 건너 3일 동안 이동한 끝에, 그곳에서 정착하여, 여인들은 옛날의 자기들 관습대로 남자들과 똑같이 말을 타고 사냥도 하고, 같은 복장을 하고 전투에도 함께 참가했다고 한다.

있는 걸로 저는 알고 있습니다. 이들의 경우에는 말들뿐만 아니라 활들과 그 밖의 무기들을 공유(koinōnia)하며 남자들과 동등한 의무를 지고 동등하게 수련을 받습니다. 한데, 이에 더하여, 저는 이것들과 관련해서 다음과 같은 헤아림(logismos)을 갖게 됩니다. 만약에 이런 일들이 정말로 이처럼 일어날 수 있다면, 지금 우리의 고장들에서 모든 남자들이 온 힘을 다해 여자들과 일제히 똑같은 것들을 추구하지 않는 일이 진행되고 있다는 것은 그 무엇보다도 가장 어리석은 일이라고 저는 주장합니다. 왜냐하면 아마도 모든 나라가 똑같은 비용과 수고로 두 배 대신에 이렇듯 거의 그 반인 꼴로 있고 또한 있게 되겠기 때문입니다. 그렇다고 한다면, 입법자에게는 바로 이 일이 놀랄만한 실수가 될 것입니다. … 이것들이 일어날 수 있는 것들이라는 점이 사실들에 의해 충분히 증명되지 못할 경우에는, 어쩌면 이론적으로 뭔가 반론도 펼 수 있을 것입니다만, 지금으로선 이 법을 도저히 받아들이지 못하는 이는 아마도 뭔가 다른 방도를 찾아야만 할 것입니다. 그러나 그것들[95]로는 우리의 권유가, 곧 여성이 우리 남성과 함께 교육 및 다른 것들에 최대한 관여해야만 한다는 주장을 하는 것이 잠재워지지는 않을 것입니다."(804d~805d)

플라톤의 이런 주장은 동시대인들의 여성관을 고려한다면, 참으로 파격적이고 가히 혁명적이다. 17세에 아카데미아에 입문하여 향후 20년을 그의 문하에서 보낸 아리스토텔레스만 해도, 『정치학』에서 남녀 차별과 관련해서 이런 식의 발언을 서슴지 않고 하고 있으니 말이다. "남성은 여성에 비해서 본성적으로(자연적으로: physei) 더 우월하나, 다른 쪽은 열등하며, 한쪽은 지배하는 쪽이고 다른 쪽은 지배받는

---

95 바로 앞에서 든 반론 등의 방도를 가리킨다.

쪽이다. 그리고 이는 모든 인간들에게도 필연적인 관행이다."(I. 5. 1254b13~15) "자연에 어긋나게 잘못된 경우가 아니라면, 남성은 본성적으로 여성보다도 더 능하게 지도할 수 있기 때문이다."(I. 12. 1259b1~3) 놀라운 것은 이런 추론의 전제가 되고 있는 것이 자연에서의 지배 관계나 인간 사회에서의 주종 관계 그리고 페르시아에서의 군신 및 백성과의 관계라는 점이다. "어떤 이들은 본성적으로 자유인들이지만, 어떤 이들은 노예들임이 분명한데, 이들에게는 노예인 것이 유익하기도 하고 올바르기도 하다."(1255a1~3)고 해서란다. 참으로 놀랍디놀라운 발언이다.

『논어』 양화(17. 25)에 공자의 말로 이런 것이 있다. "여자와 소인만은 다루기가(기르기가) 어렵다(唯女子與小人爲難養也). 가까이하면 불손해지고(近之則不孫), 멀리하면 원망한다(遠之則怨)." 이에 대해 『논어집주』를 낸 성백효 교수나 『논어』 편저를 낸 김학주 교수는 일언반구도 토를 달아놓은 게 없다. 그러고 보면, 오늘날의 우리에겐 무척 당혹감을 느끼게 하는 발언인 것은 분명한 것 같다. 그런데 방대한 『논어한글역주』 1~3권을 낸 김용옥 교수는 3권(524~526쪽)에서 이를 두고 단호하게 "공자의 말일 수 없다."고 잘라 말한 다음, 약 2쪽 분량의 변론을 덧붙이고 있다. 그러면서 그는 『코린토 신자들에게 보낸 첫째 서간(고린도 전서)』(11. 3~16)의 일부 내용에서 여자가 하느님께 기도할 때 [면사포로] 머리를 가려야 하는 것과 관련된 구절을 인용하면서, 오히려 이를 더 큰 여성 비하의 사례로 제시하고 있다. 필자로서는 공자나 바오로의 여자와 관련된 이런 발언에 대해서 굳이 객담까지 곁들일 필요성을 느끼지 못한다. 독자들이 어련하랴 싶어서다.

9) 부의 추구와 적도의 지킴

다음으로 언급할 것은 만족할 줄 모르는 부의 추구와 분쟁체제 그리고 이와 관련된 알맞은 정도 곧 적도의 지킴과 관련해서이다. "부(富)에 대한 사랑으로 인해서 그 모든 시간 동안 개인적인 소유물들 이외에 다른 것들에 대해서는 마음 쓸 시간적 여유를 전혀 갖지 못하고, 모든 시민의 혼이 이에 매달려 있어서, 날마다의 이득 이외의 다른 것들에 대한 관심을 결코 가질 수가 없게 됩니다. 그리고 무슨 배움 또는 무슨 활동이건, 이것에 기여하는 것이면, 모두가 사사로이 배우고 수련할 만반의 준비가 되어 있지만, 다른 것들에 대해서는 비웃습니다. 이것이 그 하나라고, 이게 그 한 가지의 원인이라고 말해야만 합니다. 즉 나라가 그런 훈련이나 그 밖의 훌륭하디훌륭한 어떤 활동에는 전혀 열의를 보이려 하지 않고, 금과 은에 대한 만족할 줄 모르는 욕심으로 인해서, 일체의 기술이나 방책을, 그게 비교적 볼품 있는 것이건 또는 볼품없는 것이건 간에, 부유해지게만 된다면, 모든 사람이 이용하려 하며, 경건하거나 경건하지 못한 행위도 또는 아주 부끄러운 행위도 행하게 되는 원인이라고 말입니다. 마치 짐승의 경우처럼, 온갖 걸 먹고 마찬가지로 마시며 욕정들의 전적인 충족을 모든 면에서 실현시켜 주는 능력을 가질 수만 있다면, 아무것도 거리끼지 않고서 그러는 원인 말입니다."(831c~e) 아리스토파네스의 희극『부의 신』(*Ploutos*)(188~197)에서는 다른 모든 것에는 언젠가는 물리는 인간들이지만, 부에 대해서만은 그런 일이 없다고 단언한다. "누군가가 13탈란톤(6천 드라크메 상당의 은)을 갖게 되면,/ 오히려 더 16탈란톤을 갖고자 하죠./ 이 또한 얻게 되면, 40탈란톤을 갖길 바라요./ 그렇지 못하면 자기로선 삶이 살 가치가 없다고 말하죠."(194~197) 이 대화편의 이 대목에서도 바로 그런 말을 하고 있는 것이다. "어찌 이

들을 아주 불운한 자들이라 제가 말하지 않을 수 있겠습니까? 어쨌든
일생을 통해 언제나 자신들의 혼이 굶주린 상태로 지내게 하지 않을
수 없게 된 사람들일진대 말입니다. … 저로서는 그 원인들을 앞에서
의 논의들에서 여러 차례 말한 나라체제(정체)들, 즉 민주체제(dē-
mokratia)와 과두체제(oligarkhia) 및 참주체제(tyrannis)라 말한
'나라체제(politeia)들도 아닌 것들'이라 주장합니다.[96] 그야 이것들
가운데 그 어떤 것도 나라체제가 아니고, 모두가 분쟁체제들
(stasiōteiai)이라 말하는 게 지당하겠기 때문입니다. 이것들 중의 어
떤 것도 자발적인 사람들을 자발적으로 지배하는 게 아니라, 자발적
이지 않은 사람들을 언제나 일종의 강제력에 의해 지배를 하니까요.
지배하는 쪽은 피지배자 쪽을 두려워해서, 이 쪽이 훌륭해지는 것도,
부유해지는 것도, 강해지는 것도, 용감해지는 것도, 그리고 전사답게
되는 것도 절대로 자발적으로 허용하는 일이 결코 없을 테니까요. 그

---

96 여기에서 '나라체제(politeia)들도 아닌 것들'로 번역한 것의 원어는 hai ou
politeiai이다. 원론적으로, 더구나 이 대화편에서처럼 수립과정에서 본 나라(polis)는
시민들(politai)의 공동체(koinōnia)일 것이니, 이는 마땅히 공동의 것(to koinon)을
위한 조직체(systēma)요, 이런 것이라야 그 참뜻에 있어서의 나라체제(정체: polite-
ia)일 것이다. 자유롭되 화목하고 아울러 지혜를 갖춘 나라(693b~694b)가 그런 나
라이다. 나라와 같은 조직체의 구성원들 사이에 '대립'과 '분쟁', 더 나아가 이로 인
해 일어나게 되는 '내란'까지를 다 아우르는 헬라스어가 stasis이다. 제대로 된 나라체
제를 갖추지 못한 것들은 모두가 분쟁체제(stasiōteia)들이다. 그런 체제에서 사는 시
민들은 공동체의 시민들(politai)이 아니라, 도당들이요 패거리(stasiōtai)이다. 그러
니 페르시아의 극단적인 1인 독재체제나 참주체제 또는 이에 준하는 과두정체 그리고
플라톤 시대의 아테네에서 중우정치(okhlokratia)로 전락한 민주정체도 엄밀한 의미
에서는 모두가 '나라체제들도 아닌 것들'이기는 마찬가지이다. 715b 그리고 693d를
참조할 것. 또한 『정치가』편 293b~e를 보면, 참된 의사의 기준이 의술이듯, 바른 유
일한 나라체제는 그 안에서 '참으로 아는 자'인 통치자를 찾아볼 수 있을 경우의 것이
라고 한다.

러니까 이것들 둘[97]이 특히 거의 모든 [나쁜] 것의 원인들이니, 아무
튼 이런 것들[98]의 실제 원인들로는 둘이 두드러집니다. 그러나 우리가
법률을 제정하고 있는 지금의 나라체제의 경우는 우리가 말하는 두
가지 다에서 벗어나 있습니다. 왜냐하면 아마도 이 나라는 더할 수 없
는 여가를 누리겠고, 시민들도 서로에게서 자유롭되, 이들 법률로 해
서, 돈을 좋아하는 건 제일 덜할 것이라 저는 생각하기 때문입니다."
(832a~d) "그러니까 갈망들로 해서 사나워진 혼을 지배하게 된 욕망
은 막강한 것입니다. 이는 특히 여기에 있어서 그러하니, 많은 사람에
게 있어서 가장 크고 가장 강한 열망을 찾아볼 수 있는 데죠. 곧 그 만
족할 줄 모르며 끝도 없는 소유의 수도 없이 많은 욕망들을 낳는 재물
의 힘이니, 이는 천성과 잘못된 교육으로 인한 것입니다. 이 잘못된
교육의 탓은 헬라스인들도 이방인들도 하게 되는 부에 대한 잘못된
찬양의 말입니다. 왜냐하면 좋은 것들(ta agatha) 중에서도 셋째 것인
부를 으뜸으로 앞서 선택함으로써, 그들은 후손들도 자신들도 불구
상태로 만들고 있기 때문입니다. 사실 모든 나라에서 부에 대해 진실
을 말하게 된다는 것은 무엇보다도 가장 아름답고 가장 훌륭한 것입
니다. 그것은 몸을 위한 것이고, 몸은 혼을 위한 것이라 함은 말입니
다. 그러니까 좋은 것들이 있어서, 부는 그 성격상 이것들을 위한 것
이니, 몸의 훌륭한 상태(훌륭함: aretē)와 혼의 훌륭한 상태(훌륭함)
다음인 셋째 것일 겁니다. 그렇게 되면, 이 말은 행복하게 되고자 하
는 이는 부유해지려고 꾀할 것이 아니라, 올바르게 그리고 건전한 마
음으로 부유해지려고 꾀해야만 한다는 걸 가르쳐 주는 선생이 되겠군

---

97 요컨대, '부에 대한 사랑'과 나쁜 정치적인 지배 형태를 가리킨다.
98 이제껏 말한 '나쁜 것들'을 가리킨다.

요."(870a~c) 그러니까 만족할 줄 모르는 욕망(aplēstia)과 이를 부추기거나 방임하는 나라체제가 문제라는 것이다. "사람들 중에서는 작은 부류가 그리고 천성에 있어서 소수이며 최정상의 양육을 받은 부류가, 어떤 것들에 대한 필요와 욕망에 직면할 때 알맞은 정도(適度: to metrion)에 대응해서 참을 수 있거니와, 많은 재물을 취할 수 있을 때에도, 자제할 수 있으며, 다량(to pollon)에 앞서 알맞은 정도(적도)를 유지하는 쪽을 택하죠. 반면에 다수의 사람들은 이와 정반대이며, 필요한 것들은 한도 없이 요구하며, 알맞은 정도의 것들을 이득으로 얻을 수 있을 때에도 만족할 줄 모르며 이득을 취하는 쪽을 택합니다."(918c~d)

부 그리고 탐욕과 관련된 인간들의 이런 딱하고 끝없는 추구에 대한 신랄한 지적을 읽다 보면, 그로부터 24세기나 지난 오늘을 살고 있는 바로 우리 자신의 마음 속 치부를 마구 헤집어대는 비아냥거림에 맞닥뜨리게 된 것만 같다. 부와 탐욕에 관련되는 한, 그때나 지금이나 인류의 마음가짐이 달라진 게 하나도 없는 것 같으니 말이다. "그러니 이 나라에서 무슨 방법으로 많은 사람으로 하여금 다방면에 걸쳐 극단적으로 몰아가는 욕망들을 멀리하게 되겠습니까? 이성이 법이고자 하며 그것들을 멀리하도록 지시한들 말입니다. 그러니 여러 가지 욕망들을 앞서 제정된 법규들(ta nomima)이 제압하고자 하더라도, 이는 놀랄 일이 아닙니다. 지나치게 부유한 것을 허용하지 않는 것은 절제함을 위해서는 적잖이 좋은 것이니까요. 또한 교육 전체가 그와 같은 것들과 관련해서 알맞은 법률을 갖추고 있으며, 이에 더해 관리들의 시선은 다른 데를 응시하지 않고, 언제나 바로 젊은이들을 지켜보는 훈련을 받았습니다. 이들이 하고많은 인간적인[99] 다른 욕망들에 대해 적도(適度)를 지키는지를[100] 말입니다."(835e~836a) 그러나 부도 문제이지만 가난도 문제다. "부는 인간들의 혼을 사치로 타락하게 하는 반면에, 가난은 괴로움(고통)들로 그 혼을 파렴치로 내몰기"(919b) 때문이다. 이것들은 둘 다가 나라의 큰 질환이다. 이 질환에 대한 구제책이 강구되어야 할 것이다. 그래서 강구된 대책을 보자.

이 나라에서는 세대마다 알맞은 정도(적도)의 몫으로 배정받은 '추첨에 의한 할당 토지(klēros)'와 도심 및 농촌에 각각 갖게 되는 가옥을 갖는다. 그러나 이것들은 어떤 경우에도 사고파는 일이 용납되지 않는 것이어서, 심지어 벌금을 물려야 할 경우에도 이것에는 손상을 입히지 않게 한다. 이는 시민으로서의 기본 요건이고 그 자격을 계속 유지케 해 주는 것이기 때문이다. 그러나 각 세대마다 마그네시아에 이주하면서 갖고 온 재산이나 농토의 조건이나 경영에 따른 수익의 차이가 있을 수 있겠다. 일부 시민의 극심한 가난이나 부는 자칫 나라를 가장 큰 질환이라 할 불화(diastasis)나 내란(stasis)에 말려들게 할 것이므로, 이에 한도를 정한다. 가난의 한도는 방금 언급된 추첨에 의한 할당 토지와 가옥이다. "이 한도는 유지되어야만 하며, 어느 통치자도 그리고 다른 사람들도 [사람으로서의] 훌륭함(덕: aretē)으로 명예를 열망하는 사람은 그 누구든 마찬가지로 그 누구의 경우에도 이 한도보다 더 적게 되는 걸 간과하게 되어서는 안 될 것입니다. 입법자는 이를 척도(metron)로 정하고서, 이의 … 네 배까지는 획득하는 걸

---

99   여기에서 '인간적(anthrōpina)'이란 '신적인(theia)'과 대비시켜 하는 말이다. 인간에 있어서 우리의 몸과 관련된 것들은 인간적인 것들로 비유되는 반면에, 혼과 관련되는 것은 신적인 것들로 비유되고 있다.

100   '적도(適度)를 지키는지'의 원어는 metron ekhei인데, 직역하면, '척도(metron)를 갖고 있는지'로 된다. 이 경우, metron은 그 자체가 '알맞은 정도(한도)' 곧 '적도(to metrion)'를 뜻하기도 한다.

허용할 것입니다. 하지만 누군가가 이를 초과하여 획득하게 될 경우에는, 뭔가를 발견함으로써 또는 어딘가에서 받음으로써 또는 돈을 벌게 됨으로써, 아니면 그와 같은 다른 어떤 행운으로 해서 그 척도를 초과하게 되는 것들을 획득하게 될 경우에는, 이를 나라에 그리고 나라를 지켜 주는 신들에게 떼어 바침으로써 명성도 얻고 벌도 받지 않게 될 것입니다."(744e~745a) 이 인용구는 6)항에서도 언급되었던 것의 일부이다.

10) 법치와 그 한계의 보완책: 통치자들의 [새벽녘] 야간회의

"언제고 인간들 중에서 누군가가 신적인 섭리에 의해 천성으로 충분히 자질을 타고남으로써 그런 지위를 얻게 될 경우에는, 그로서는 자신을 지배할 법률이 전혀 필요하지 않을 것입니다. 왜냐하면 앎(epistēmē)보다는 법도 그 어떤 법령(taxis)도 더 우월하지 못하며, 지성(nous)이 그 어떤 것에 종속된다거나 종노릇을 한다는 건 가당치도 않기 때문입니다. 과연 지성이 그 본성대로(kata physin) 정말로 참되고 자유로울진대, 그게 모든 것의 지배자여야 함은 당연하니까요. 하지만 현실적으로는 그 어디에도 그런 지성[을 지닌 인물]은 단연코 없습니다. 드문 경우들을 제외하고는 말입니다." 더구나 "누군가가 … 감사(監査)를 면제받으면서 절대권(전권)을 행사하는 자(autokratōr)로서 나라를 다스리게 된다면, … 나라에 있어서 공적인 것을 우선적으로 보살피면서, 사적인 것은 공적인 것에 종속시키며 끝까지 살아갈 수도 결코 없을 것이기 때문입니다. 오히려 죽게 마련인 자의 그 인간성이 그를 탐욕과 사익(私益)의 추구(idiopragia)로 언제나 몰고 갈 것이니, 비이성적으로 고통은 피하면서 쾌락을 추구할 것입니다." "바로 이 때문에 차선의 것(to deuteron), 곧 법령과

법을 택해야만 하는 겁니다. 그런데 이것들은 많은 경우를(epi to poly) 보며 염두에 두는 것들이겠으나, 모든 경우를(epi pan) 그럴 수는 없는 것들입니다."(이상 875b~d) 흔히 하는 말로 만전을 기한다는 게 있다. 그렇지만 아무리 훌륭하게 제정된 것이라 할지라도, 법률은 모든 경우를 시시콜콜 속속들이 알고서 대비한 것일 수는 없는 일이다. 더구나 끊임없이 변화하는 사태들, 아직 일어나지도 않은 미래의 사태들까지 예측하고서, 이에 대비해 법률 제정을 해둔다는 것은 원천적으로 불가능한 일이겠다. 『정치가』편(294a~b)에서도 그 까닭을 이렇게 말하고 있다. "법은 모든 경우들에 동시에 가장 좋으며 가장 올바른 것을 정확하게 포괄해서 최선의 것을 지시할 수는 결코 없기 때문이다. 왜냐하면 사람들과 그들의 행위들이 같지 않은 점들이 그리고 실제로 인간사 중에서 그 어느 것도 결코 가만히 머물러 있지 않는다는 점이 그 어떤 분야의 어떤 전문적 지식도 모든 것과 관련해서 모든 때에 절대적인(단순한) 아무런 것도 제시할 수 없게 하기 때문이다."

　법률의 그런 태생적 한계와 입법 당시와는 바뀌어버린 상황에 대응하여 새로운 적도를 제시할 필요성을 충족할 대안으로서, 저 『정치가』편에서 말한 한 사람의 왕도적 치자를 대신하여, 제시된 것이 '통치자들의 [새벽녘] 야간회의(ho tōn arkhontōn nykterinos syllogos)'이다. "이 회의는 젊은이들과 원로들로 혼성된 것이게 하는데, 날마다 반드시 새벽녘에서 해가 뜰 때까지 회합을 갖는 것입니다. 이 모임은 첫째로 수훈을 세운 제관(祭官)들로, 그 다음으로는 호법관들 중에서 언제나 원로들인 10명으로 혼성된 것이게 합니다. 더 나아가서 일체 교육(paideia)과 관련된 신임 감독관과 함께 이 관직에서 퇴임한 자들도 포함됩니다. 한데, 이들 각자는 혼자서 참석하는 것이 아

니라, 서른 살에서 마흔 살까지의 젊은이로 제 마음에 드는 자를 대동
케 합니다. 이들에게 있어서의 회합과 논의는 언제나 법률 및 제 나라
와 관련된 것입니다."(951d~e) 이들 젊은이들에 대해서는 심사 과정
을 거쳐, 회원들의 동의를 얻은 젊은이들만 회의에 계속해서 참석케
하는데, 이들의 기여에 대해서는 이런 말을 하고 있다. "나라 자체는
몸통 같은 것이어서, 수호자들 가운데서도 자질이 훌륭하고 혼 전체
를 통해서 날카로움을 지닌 젊은이들이 선발되어, 이를테면 머리 꼭
대기에서 나라 전체를 빙 둘러 조망하여, 지켜보면서 지각한 것들을
기억들에 넘겨줌으로써, 연장자들을 위해 나라에서 일어나는 모든 일
의 보고자가 되고, 반면에 많은 주목할 만한 일들에 있어서 특출하게
지혜를 발휘함에 의해서 지성에 비유되는 사람들, 곧 원로들은 숙의
결정을 하고, 젊은이들과의 협의와 함께 이들을 조수들로 이용함으로
써, 바로 이처럼 양쪽이 공동으로 나라 전체를 진정으로 보전하는 게
명백합니다."(964e~965a) 이에 앞서서는(961d~e) 이들 젊은이들
을 훌륭한 감각들에 그리고 원로들은 지성에 비유해서, 이런 말도 했
다. "가장 훌륭한 감각(aisthēsis)들(시각과 청각)과 함께 지성(nous)
이 혼합되어, 하나로 될 경우." 이게 사람들에게, 따라서 나라에 안전
을 보장해 줄 수 있을 것이라는 주장이다. [이를테면] "조타수와 함께
선원들이 [이들의] 감각들을 조타술에 밝은 지성과 혼합함으로써 자
신들을 그리고 배와 관련된 것들을 안전토록" 하듯 말이다. 이렇게 함
으로써 이 [새벽녘] 야간회의라는 기구가 '사려 깊은 사람들의 머리
그리고 감각들을 닮게 될' 것이라 한다. 똑똑한 젊은이들의 현실감 있
는 예민한 감각과 원로들의 축적된 경험과 지혜를 통합하려는 것이
다. 게다가 쉰 살 이상이 되어 10년쯤 나라 밖으로 나가, "다른 나라
사람들에게 있어서의 법규들을 시찰하고서 돌아온 자는 물론 이 회의

에 곧바로 참석하게 해야 할 것이며, 법률 제정과 관련된 어떤 소식이
나 또는 교육 및 양육과 관련해서 말해 줄 수 있는 사람들을 찾아냈을
경우에는, 또한 그 스스로 몇 가지 것들을 생각하고서 돌아왔을 경우
에는, 전체 회의에 이를 보고하게 한다."(952b) 그리고 이 회의 시간
으로 새벽녘의 야간 시간을 택한 것은 "모두가 다른 사적인 그리고 공
적인 일들에서 가장 한가로울 때인, 새벽에 있어야만 한다."(961b)
해서다. 그런데 이 기구에 대해 "이를, 이를테면, 온 나라의 닻처럼 내
려놓는다면, 이 나라에 어울리는 모든 걸 다 갖추게 되어, 우리가 원
하는 모든 걸 구원하게 될 것이라"(961c)는 소망 어린 말을 덧붙인다.
이 '신적인 회의체(ho theios syllogos)'(969b)가 그 운용에 따라서는
'나라의 보전을 위한 수호 장치(phylakē)'(968a)가 될 수도 있고 안
될 수도 있기 때문이다. 그리고 보면, 이 기구는 나라에서 일어나는
사태들에 대한 현실감 있는 예민하고 참신한 감각을 지닌 똑똑한 청·
장년들과 온 나라를 통틀어 가장 사려 깊고 축적된 경험과 지혜를 갖
춘 원로 지성들을 그리고 나라 밖 세상에서 얻은 견문을 총집결한 회
의체(syllogos)일 것이다. 따라서 이들을 통한 법률의 상시적인 보완
이야말로 '지성의 배분'으로서의 새롭고 때에 맞는 적도 또는 중용이
최대한 구현된 법률의 지속적인 확보가 가능할 것이다. 이야말로 어쩌
면 인류가 확보할 수 있는 가장 이상적인 대의제도인지도 모를 일이
다. 그런 의미에서 아리스토텔레스가 『정치학』 III. 16. (1287b4~5)
에서 "법은 중용이다(ho nomos to meson)"라고 말한 것은 법다운
법에 대한 그런 신념을 플라톤과 공유하고 있는 발언이라 할 것이다.

제3부

아리스토텔레스의 중용사상

1장 『니코마코스 윤리학』을 통해서 본 중용사상

1) 행위의 학문들로서의 윤리학과 정치학의 상관성

　"모든 인간은 본성적으로 앎을 갈망한다."는 말은 아리스토텔레스의 『형이상학』 첫머리에 나오는 문장이다. 아닌게아니라 인간들의 오랜 지혜사랑(philosophia)이 애초에 시작된 것도 그래서였을 것이고, '지혜사랑'으로 통칭되어 오던 이 학문 활동은 곧 다양한 학문 활동들로 전개되었다. 플라톤의 대화편들을 통해서도 이미 여러 분야의 학문들 또는 기술들이 언급되고 있다. 이를테면, 『국가(정체)』편(제7권)에서 수학 분야만 해도, 산술과 수론, 기하학, 그리고 이것도 평면 기하학과 바야흐로 태동 중이던 당시의 입체기하학의 발전에 대한 희망 섞인 언급도 보인다. 더 나아가 천문학, 의학으로서의 의술, 항해술, 그 밖에 온갖 기술 분야들에 대한 언급도 보인다. 그러나 여러

분야에 걸친 이런 학문 활동들을 체계적으로 분류한 것은 아리스토
텔레스에서 비롯되었다고 할 수 있겠는데, 이런 작업은 그 나름의 빼
어난 장기들 중의 하나였다. 그는 학문들을 크게 세 부문으로 나누었
거니와, 그것들은 관상(觀想: theōria)의 영역에 속하는 것들과 행위
(praxis)의 영역에 속하는 것들 그리고 제작(poiēsis)의 영역에 속하
는 것들이다. 그리고 이들 학문 모두를 탐구하기 위한 유용한 수단 또
는 도구(organon)가 되는 이른바 논리학 체계(Organon)가 있다. 오
늘날 전하여지고 있는 그의 방대한 책들은 실은 그가 남긴 것들의 1/5
에 불과하다고 하는데, 완전한 형태의 것들은 대체로 이들 항목들 아
래 분류될 수 있겠다.

　이미 앞의 장들에서 보았듯, 플라톤의 경우에는 적도 또는 중용의
문제가 여러 대화편에서 그때마다의 주제와 관련해서 다루어지는 데
반해, 아리스토텔레스의 경우에는 중용의 문제가 정치학과 함께 행위
의 학문 영역에 속하는 것으로 분류된 윤리학의 한 핵심적인 과제로
서 따로 다루어지는 것도 그런 분류 작업에 따른 소산인 셈이다. 그의
경우에 윤리학은 '일종의 정치학'인데,[1] 이는 더 정확히 말하면, 윤리
학이 정치학에 종속되는 것이라는 뜻이기도 하다. 모든 기술과 탐구
그리고 행위나 선택이 목표로 삼고 있는 것이 어떤 좋음일 것이고, 우
리가 행하는 것들의 목적도 '좋은 것' 아니 궁극적으로는 '가장 좋은
것'일 텐데, 물론 이는 '사람을 위한 좋음'이겠다. 한데 이런 "목적은
단 한 사람에게도 바람직한 것이겠지만, 민족이나 나라에는 더욱 귀
하기에," 이는 최종적으로는 정치학의 관심사이기도 하다.[2] 게다가

1　『니코마코스 윤리학』 I. 2. 끝 부분.
2　같은 책, 같은 장.

"정치학은 시민들을 어떤 성격의 사람들로 곧 훌륭한 사람들로 그리고 훌륭한 것들을 행하는 사람들로 만드는 데 최대의 관심을 갖고 있으며,"[3] 참된 정치가는 "시민들이 훌륭하도록 그리고 법률에 순종적이도록 만들려고 하기" 때문이다.[4] 어찌 보면 이들 두 학문의 종속 관계를 말하고 있는 것 같은 『니코마코스 윤리학』 첫째 권 여기저기에서의 이런 언명들의 분명한 의도는 이 책의 마지막 장인 10권 9장에서 명시적으로 언급되어 있다. 아리스토텔레스는 이 장에서 행위의 학문들로서의 윤리학과 정치학의 불가피한 연계성을 주장하고 있다. 인간의 행위(praxis)와 관련되는 문제들 곧 '행위의 대상들(ta prakta)'에 대해서는 고찰하고 아는 것이 그 목적 곧 그 끝(telos)[5]이 아니고, 그것들을 실제로 '행하는 것(to prattein)'이다. "[사람으로서의] 훌륭함(덕: aretē)은 아는 것으로 충분한 것이 아니라, 갖추어 갖고서 이용하도록 애써야만 한다." 선량한 사람들로 만드는 데에 '논의(논술: hoi logoi)'만으로도 족하다면야, 그런 다행이 없을 것이다. 윤리적 논의로 해서 다중(hoi polloi)이 [사람으로서의] 훌륭함 곧 덕에, 훌륭하디훌륭함(kalokȧgathia)에 사로잡히고 빠져들게 되지는 않는다. "이들은 천성으로 부끄러움(aidōs)에는 굴복하지 않고 두려움(phobos)에 굴복하며, 이들이 못된 짓들을 멀리하게 되는 것도 수치스러움으로 해서가 아니라, 처벌로 해서이기 때문이다." 사람들이 훌륭하게 또는 선량하게 되는 것은 천성으로 또는 습관이나 가르침으로 해서라고 말한다. 그런데 천성은 인간의 소관이 아니고, 신적인 것 또는 운에 맡겨진 것이다. 사람이 하는 도덕적인 논의나 가르침이 힘을

---

3   같은 책, I. 9.
4   같은 책, I. 13.
5   헬라스 말 telos에는 목적·끝·완성 등의 뜻들이 있다.

쓰려면, 마치 씨앗을 받아 이를 제대로 키워줄 토양처럼, 그걸 받아들일 수 있는 바탕이 먼저 형성되어 있어야만 할 것이다. 그걸 반기고 싫어하기를 제대로 곧 훌륭하게 하도록 준비되어 있어야만 한다는 것이다. 다중은 그런 논의나 가르침을 들으려고도 하지 않지만, 애써 듣도록 해 봤자 이해도 못하니 더더구나 따를 리가 없다. 그러니까 "성품이 먼저 [사람으로서의] 훌륭함(덕)과 어떻게든 친숙한 상태에 있어야만 한다. 아름다운 것은 좋아하되 추한 것은 못마땅해하면서 말이다. 그러나 바른 법률 아래 자라지 못하고서는 젊어서부터 [사람으로서의] 훌륭함(덕)을 향한 바른 지도를 받기가 어렵다. 왜냐하면 절도 있고 인내심 있게 산다는 것은 다중에게는, 특히 젊은이들에겐 즐겁지 못해서다. 이 때문에 그들의 양육과 종사하는 일들은 법률에 의해 제도화되어야만 한다. 그들이 익숙해지면, 이것들은 고통스럽지 않게 될 것이기 때문이다. 그렇지만 젊어서 바른 양육과 보살핌을 받는 것으로는 아마도 충분치 못할 것이고, 어른들이 되어서도 이것들에 종사하며 습관화되어야만 하겠기에, 이것들과 관련해서 또한 우리로서는 법률이 필요하다. 그러니까 일반적으로 말해서 이는 온 생애에 걸쳐서다. 다중은 논의(말: logos)보다는 강제성(anankē)에, 고귀함(to kalon)보다는 처벌에 복종하기 때문이다. 바로 이 때문에 어떤 사람들은 입법하는 사람들이 [사람으로서의] 훌륭함(덕)으로 향하도록 권유하며 고귀함을 위한 격려를 해야만 하는 걸로 생각한다.[6] 습관

---

6   플라톤의 『법률』편이 바로 그런 구도로 저술된 것이라 하겠다. 전체가 12권으로 이루어진 이 책은 제5권의 1/3쯤에 가서야 법조문들에 관련된 논의를 하게 되는데, 그 앞의 것들은 사실상 그 전문(前文: prooimion)에 해당되는 셈이다. 그럴 뿐만 아니라 이후로도 어떤 분야의 법조문들을 말하게 될 때마다 관련된 전문에 해당하는 것들을 언급하게 되는데, 이는 법적인 강제성보다는 설득(peithō)을 위한 것이다.

들로 해서 적절히 진전을 보게 된 사람들은 이런 것을 귀담아듣고 따르겠지만, 불복하거나 자질이 못 미치는 사람들에게는 벌과 형벌을 과해야만 한다고 해서다. ⋯ 법은 강제력을 갖지만, 논의(logos)는 일종의 슬기로움(행위의 지혜: phronēsis)과 지성(nous)에서 나오는 것이다." 그래서 아리스토텔레스는 이처럼 윤리학의 한계를 말하면서, 이에 이은 『정치학』의 구상 그리고 그 서론에 해당할 법한 말을 이 장에서 결론 삼아서 하고 있다.

2) '좋음' 또는 좋은 것, 이와 관련된 플라톤에 대한 비판, 그리고 행복

아리스토텔레스가 알맞은 정도 곧 적도에 대해서 한 언급은 대체로 지엽적인 경우로, 그것도 지나가는 투로 하는 간단한 것들이다. 이를테면, 『니코마코스 윤리학』 I. 6. 1096a26에서 질(質: to poson)을 말하면서 예를 든 '알맞은 정도(適度)'(to metrion), 같은 곳 1096a33에서의 먹을 것의 '알맞은 정도', V. 9. 1136b20에서의 '적도를 지키는 자들(hoi metrioi)', 그리고 『정치학』 IV. 11. 1295b4에서 "적도(適度: to metrion)와 중용(to meson)이 최선이다."라는 식으로 간단히 언급하는 정도이지, 적도 자체를 갖고서 별도로 확장해서까지 문제 삼는 경우는 거의 없는 것으로 보아도 될 것 같다. 따라서 그의 경우에는 굳이 포괄적 의미의 '적도'를 들먹일 필요까지는 없고, 그 나름의 '중용(mesotēs, to meson)' 사상의 관점에서만 다루는 게 오히려 마땅한 일일 것이다.

그가 중용의 문제를 본격적으로 다루게 된 것은 인간으로서 누릴 수 있는 가장 행복한 삶이 어떤 것인지를 밝히는 작업의 일환이기 때문이었다. 이는 그의 『니코마코스 윤리학』 및 『에우데모스 윤리

학』에 똑같이 적용되는 말이다. 그러나 논의의 산만함을 피하기 위해
여기에서는 이들 두 윤리서 중에서 특히 앞 것을 위주로 언급하겠다.
실제로 우리의 논의와 관련되는 한, 논의의 치밀함과 풍부함은 아무
래도 앞의 것이 더 잘 보여주고 있기 때문이다. 앞의 것(I. 5~13)에
서는 일단 행복(eudaimonia)의 문제에 대해 논하고 나서, 사람 구실
곧 사람의 기능(ergon)에 따른 [사람으로서의] 훌륭함(덕: aretē)에
대해 본격적으로 논하기 시작하면서, 그 일환으로 중용을 언급하게
된다.

그는 사람들이 택하는 행복한 삶에는 대체로 세 유형이 있다고 하
면서, 향락적인 삶(ho apolaustikos bios)과 정치적인 삶(ho poli-
tikos bios) 그리고 관상적(觀想的)인 삶(ho theōrētikos bios)을 들고
있다. 이 분류는 『에우데모스 윤리학』(I. 4)에서도 내용상으로는 같
다. '관상적인 삶' 대신에 '지혜를 사랑하는 삶(ho philosophos bi-
os)'을 말하나, 곧이어 이를 지혜와 진리에 대한 관상(theōria)에 뜻
을 둔 것으로 말하고 있기 때문이다. 그러나 이것들 중에서 어느 유형
의 삶이 진실로 부족함이 없는 완전한 행복을 누리게 해 주는 것이라
고 말할 수 있는지에 대해서는 사람을 사람답게 해 주는 가장 참된 기
능(ergon)의 활동(energeia)에 대한 고찰을 거침으로써 밝혀지게 된
다. 물론 사람을 가장 사람답게 해 주는 기능은 그에게 있어서도, 소
크라테스가 강조했듯, 이성(logos)이고, 더 나아가, 플라톤의 경우와
똑같이, 지성(nous)이다.[7] 그러나 이 지성을 궁극적으로 어떻게 이용,
아니 선용할 것인가 하는 문제에 있어서는 그와 플라톤이 현저한 차

---

7 아리스토텔레스의 경우에 nous가 앎(gnōsis)의 일종으로 언급될 때엔, 그것은 근
원적 원리들(arkhai)에 대한 직관 및 그 기능을 가리킨다.

이를 보였다.

　이를테면, 플라톤의 『국가(정체)』 편에서는 장차 나라의 수호자들로 될 사람들은 30세에 이르기까지 수학 등의 일체 예비교육(propaideia) 과정을 거쳐, 5년간의 변증술(dialektikē)과 관련된 수련을 거친 다음, 다시 현실 생활로 돌아가 실무 수련 과정을 15년에 걸쳐서 밟게 한다. 그래서 "이들이 쉰 살이 되었을 때, 이들 중에서도 [시험들을] 무사히 치렀으며 실무에 있어서나 학식에 있어서 두루 모든 면에서 가장 훌륭했던 자들을 이제 최종 목표로 인도해서, 이들로 하여금 … 혼의 눈(곧 지성)으로 모든 것에 빛을 제공하는 바로 그것을 바라보지 않을 수 없게끔 만들어야만 한다. 그리하여 '좋음(善) 자체(to agathon auto)'를 일단 보게 되면, 이들은 그것을 본(paradeigma)으로 삼고서, 저마다 여생 동안 번갈아 가면서 나라와 개개인들 그리고 자신들을 다스리지 않을 수 없도록 만들어야만 한다. 이들은 여생의 대부분을 지혜사랑(철학)으로 소일하지만, 차례가 오면 나라일로 수고를 하며, 저마다 나라를 위해 통치자로도 되는데, 이들이 이 일을 하는 것은 이것이 훌륭한 것이어서가 아니라 불가피한 것이어서이다. 그리고 이처럼 언제나 자기들과 같은 또 다른 사람들을 교육시켜서는 나라의 수호자들로서 자기들 대신에 남긴 다음, '축복받은 자들의 섬들'로 떠나가서 살게 되도록 해야만 할 것이다. 한편, 나라는 이들을 위해 기념물을 만들고 공적인 행사로 제물을 올리는 의식을 행할 것이며, 만약에 피티아(Pythia)[8]가 동의의 대답을 내린다면, 이들을 수호신(신령: daimōn)들로 모시되, 만약에 그런 대답을 내리지 않는다면, 복되고 신과도 같은 분들로서 모시도록 해야만 할 것이다."(540a~c)

8　델피 신전의 여제관.

이 인용구절에서 짐작할 수 있다시피, 철학자는 지혜사랑으로 소일하
는 것 못지않게, 자기가 지성(nous)에 의해서 보게 된 이데아들과
'좋음(善) 자체'를 본으로 삼고서 현실에 어떤 형태로든 '좋음'을 구
현하는 현실 참여의 실천을 그는 강조하고 있다. 이 점은 특히 그의
마지막 저술이 『법률』편이었고, 이 대화편에서 그는 법을 '지성의 배
분'(714a)이라 말하며, 법률 제정을 통한 적도(適度)의 현실적 구현을
꾀했다는 데서도 확인되는 바다. 또한 『정치가』편(297a~b)에서도
지혜로운 통치자들은 '지성과 기술로써 가장 올바른 것을 그 나라 사
람들에게 언제나 배분해 주는' 것으로 말하고 있을뿐더러, 더 나아가
그럼으로써, "이들을 보전할 수 있고 또한 이들이 더 못한 상태의 사
람들에서 되도록 더 나은 상태의 사람들로 되게" 하는 걸로 말하고 있
다. 이는 특히 시민들의 도덕성 함양을 염두에 둔 발언이다. 이 또한
시민들 나름의 '좋음'의 구현일 것이요, 건실한 시민생활의 영위일
것이며, 삶의 보람일 것이기 때문이다. 역시 같은 취지의 발언임에는
틀림없겠다.

그런 반면에 아리스토텔레스의 경우는 사뭇 다르거니와, 최종적으
로는 그 대척점에 서 있게 된다고도 볼 수 있다. 그의 『형이상학』(12.
9)을 보면, 지성(nous)과 관련된 이런 내용의 언급이 보인다. 지성이
아무리 신적인 것일지라도, 정작 사유하지(noein) 않으면, 존귀할 것
이 못된다. 마치 잠자는 사람처럼. 그것은 그 기능(ergon)의 가능성
(가능태: dynamis)일 뿐인 것이다. 그것의 그것다움은 사유(noēsis)
에 있으니, 이것이 그 기능의 활동(활동태: energeia)이다. 이것이 곧
관상(theōria)이기도 한 것이다. 그러나 인간 지성의 활동은 다른 것
에 대한 것이니, 최선의 것이랄 수는 없다. 최선의 사유는 '사유의 사
유(noēseōs noēsis)'이니, 이는, 저보다 더 나은 것이 없어서, 스스로

를 사유할 수밖에 없는 신의 활동이다. 지성은 인간 안에 있는 신적인 것이다. 지성이 질료를 갖지 않은 사유 대상(to nooumenon)을 사유할 때는, 지성은 그것과 같은 것이 되니, 사유와 사유 대상은 하나의 것이 된다. 따라서 이런 관상(觀想: theōria)이야말로 인간 지성의 완성된 상태(완성태: entelekheia)라 할 것이니, 가장 행복한 삶을 이 활동에서 찾는 것은 그의 경우에는 당연한 귀결인 셈이다.

그의 이런 생각은 『니코마코스 윤리학』에서도 그대로 피력되어 있다. 그러나 이 책에서는 행복을 인간의 관상 활동에서 찾아서 제시하기에 앞서, 그 첫째 권 전체에 걸쳐서 '좋은 것' 또는 '좋음'을 목표로 이를 추구하는 인간의 활동이나 행위를 말하면서, 플라톤의 '좋음의 이데아' 또는 '좋음 자체'와 관련된 신랄한 비판을 하고 있다. 그러나 플라톤이 말한 원리로서의 '좋음 자체' 또는 '좋음의 이데아'가 어떤 것인지는 앞의 장에서 이미 웬만큼은 다룬 터라, 여기에서는 이 비판의 내용을 검토해 보며, 이와 관련된 언급을 하는 데 초점을 맞추기로 한다. 먼저 그 비판 내용의 요지를 정리해 보면, 그 대강은 이런 것이다.

모든 기술과 탐구 그리고 인간의 모든 행위(praxis)도 어떤 목적이 있으며, 이것은 '좋은 것' 아니 '가장 좋은 것'이다. 그리고 이는 '사람에 맞는 좋음(to anthrōpinon agathon)'이다. 이를 사람들은 행복이라 말한다. 그러나 정작 행복이 무엇인지 또는 어떤 것인지에 대해서는 사람마다 생각을 달리한다. 아니, 같은 사람도 때 따라 생각이 바뀐다. 어렵게 살 때는 부유한 것이 더없이 간절한 소망이다가도, 큰 병이라도 나면 건강 이상 더 바랄 것이 없는 심정이 되는 게 사람이니 말이다. 그래서 의견들이 분분한 이런 좋은 것들 말고, 어떤 이들은 '그것 자체로 좋은 것'이면서, 다른 좋은 것들이 좋은 것들일 수 있게 하는 원인인 것이 있다는 생각을 한다.[9] 그런데 그는 이런 것을 제6장에서 바로 '보편적인 좋음'으로 지칭하면서, 이것과 관련되는 의문들을 제기하는 게 좋겠다고 하며, 플라톤의 '좋음의 이데아'와 관련해서 그 나름의 호된 비판을 하게 된다. 그런데 다음과 같이 시작되는 그 서두는 사뭇 단호하다. "비록 이런 탐구가, 우리의 친애하는 분들이 이데아들을 도입한 탓으로, 못마땅한 것이 될지라도 그렇다. 하지만 진리의 구제를 위해서라면, 우리와 친밀한 것들조차도 격파하는 것이 어쩌면 더 낫고 또한 그리 해야만 하는 것으로 여겨지는데, 지혜를 사랑하는 사람들인 우리이기에 특히 그렇겠다. 왜냐하면 양쪽 다가 친애하는 것들일 경우에는, 진리를 더 존중하는 것이 경건하기 때문이다." 이를 훗날 사람들은 간결하게 라틴어로 "플라톤이 친구이지만, 진리는 더 친구이다.(amicus Plato, sed magis amica veritas)"라는 말로 요약해서, 아리스토텔레스의 비판 정신을 높이 사는 표어로 삼으며, 적잖은 사람들이 그런 그를 지지했던 것 같다. 그렇다면 과연 그는 플라톤도 진리도 제대로 친구로서 대접을 했던가? 필자는 일찍이 '아리스토텔레스의 플라톤 비판'이란 글을 썼는데, 훗날 『헬라스 사상의 심층』의 제8장에 이를 수정 보완해서 수록했다. 무려 100쪽이 넘는 분량이니, 웬만한 한 권의 소책자에 해당되는 셈이기도 하겠다. 따라서 거기에서 이 비판의 내용을 웬만큼은 됐다 싶을 정도로 다룬 셈이라, 여기에서까지 새삼스레 장황하게 논급하지는 않을 생각이고, 다만 관련된 최소한의 요점만 언급하겠다. 우선 앞의 인용구에 이어지는 그의 비판 내용을 살피기로 하자.

'좋음(to agathon)'은 실체·질·양·관계·시간·장소 등의 모든 범

---

9   이상은 1~4장의 내용을 정리한 것임.

주에서 진술된다. 다시 말해 "'좋음'은 이를테면 신이나 지성과 같은 '무엇인 것'의 경우에도, 훌륭함 곧 덕들과 같은 '질'의 경우에도, 알맞은 정도와 같은 양의 경우에도, 유용함과 같은 관계의 경우에도, 알맞은 때와 시간의 경우에도, 바른 자리와 같은 장소의 경우에도 그리고 이와 같은 그 밖의 경우에도 말하게 된다." 이것들 모두에 공통되는 이데아 또는 '보편적이고 하나인 공통된 어떤 것'은 없다. 명예와 슬기로움 그리고 즐거움이 좋은 것들이라지만, 그것들 나름으로 좋은 것들일 뿐, 서로 다르다. 같은 알맞은 정도(適度: metrion)의 경우에도, 음식과 관련해서 의술에서 말하는 것과 운동과 관련해서 체육에서 말하는 것이 같지 않다. 알맞은 때(kairos)의 경우에도, 전술상의 것과 의술에서의 것이 같은 것일 수가 없다. "따라서 좋음(to agathon)은 하나의 이데아에 상응하는 어떤 공통된 것이 아니다." "설령 하나의 어떤 좋은 것이 있거나 또는 그것 자체가 분리된(khōriston) 것으로서 그 자체로 있다고 할지라도, 이것은 인간으로서는 행위에 의해 성취할 수도 없고 획득할 수도 없을 게 명백하다. 그러나 지금 찾고 있는 것은 그런 것이다. 하지만 아마도 누군가에게는 이걸 획득할 수 있고 행위에 의해 성취할 수도 있는 좋은 것들과 연관시켜서 아는 것이 더 나은 것으로 여겨질 수도 있겠다. 이를테면 이걸 본(paradeigma)으로 가짐으로써 우리에게 좋은 것들도 더 잘 알게 될 것이며, 우리가 이것들을 알게 되면, 이것들에 이를 수도 있을 테니까. 그래서 이 주장은 어떤 설득력을 지니고 있기는 하지만, [전문적인] 학문들과는 배치된다. 왜냐하면 모든 [전문적인] 학문들은 어떤 좋음을 목표로 삼고서 부족함은 보완해가려 하면서도, 정작 좋음 자체에 대한 앎은 제쳐놓기 때문이다. 그렇지만 이처럼 큰 도움을 모든 전문가들이 모른다는 것은 그리고 찾지도 않는다는 것은 이치에도 맞지 않

다. 또한 이 좋음 자체를 안다고 해서 직물을 짜는 사람이나 목수가 자
신의 기술과 관련해서 무슨 득을 보게 될 것인지도, 또는 이 이데아를
본 사람이 어떻게 의술에 더 밝아지거나 전술에 더 밝아질 것인지는
모를 일이다. 왜냐하면 의사가 건강을 살피는 것은 이런 식으로 하는
게 아니라, 사람의 건강, 아니 그보다는 어쩌면 개인인 아무개의 건강
을 살피는 것으로 보이기 때문이다. 그는 개개인을 치료하니까."

　이쯤 되면, 모든 사물의 기본적 존재 방식을 제대로 이해하고 우리
의 삶의 방식도 이에 따라야 함을 말하기 위해 제시된 플라톤의 원리
로서의 '좋음 자체'에 대한 거의 막말 수준의 맹공이다. 그러면서도
정작 그 자신은 이와 비슷한 것을 천연덕스럽게 새삼 내세우고 있다.
이는 『헬라스 사상의 심층』의 380~381쪽에서도 지적했던 것이지만,
그 부분을 그대로 옮겨놓겠다.

　아리스토텔레스는 『자연학』(제2권 제3장, 195a)에서 원인으로 되
는 것들(ta aitia)로 네 가지를 들면서, 목적인(目的因)으로 되는 것에
대해 이런 말을 하고 있다. "반면에 어떤 것들은 다른 것들의 목적
(telos) 및 좋음(tâgathon)으로서 원인인 것들이다."(195a23~4) 그
리고 『형이상학』(제1권 제3장, 983a31~2)에서도 비슷한 내용의 말을
하고 있다. "원인들로 되는 것들이란 네 가지로 하는 말이다. … 넷째
원인을 우리는 … '위함인 것(목적: to hou heneka=the 'whose
sake')'과 '좋음(tâgathon)'이라 말한다. (모든 생성과 운동의 목적은
이것이기 때문이다.)" 그런데 제2권 제2장(994b9~16)에서도 목적인
과 관련되는 이런 말을 하고 있다. "'위함인 것(to hou heneka)'이 목
적(telos)이므로, 이런 것은 다른 것을 위한 것이 아니라, 다른 것들이
이를 위한 것이어서, 이런 것으로서 최종적인 어떤 것이 있다면, 이게
(이 진행이) 무한적이지는 않을 것이다. 만약에 이런 것이 없다면, '위

함인 것(to hou heneka)'은 없을 것이다. 그러나 [목적의] 무한함을 내세우는 사람들은 부지중에 '좋음의 본성(hē tou agathou physis)'을 제거하고 있는 것이다. 그렇다면, 끝(peras)에 이를 수가 없고서는, 아무도 무엇이건 하려 들지 않을 것이다. 또한 존재하는 것들에 지성도 없을 것이다. 지성을 가진 자는 언제나 무엇인가를 위해서 행하고 있기 때문인데, 이것이 끝이다. 목적(telos)이 끝(peras)이기 때문이다."

그렇다면 여기에서 말하는 '좋음의 본성(physis)'이란 무엇을 뜻하는 것인가? 다른 경우에는 그냥 '좋음(tâgathon)'으로 말하더니, 왜 여기서는 굳이 '좋음의 본성'으로 말하고 있을까? 로스(W. D. Ross)는 무슨 생각으로 그리 번역했는지 모르겠으나, 이 '좋음의 본성(hē tou agathou physis)'이란 표현을 'the nature of the good'로 하지 않고, 그냥 'the Good'으로만 했다.[10] 어떤 거북함 때문이었을까? 다른 영어 번역들은 'nature'를 살려서 'the nature of the good'로 번역했고, 몇 권의 독일어 번역들도 같은 뜻의 Wesen(본질, 본성)을 그대로 살려서 옮겼다. 그런가 하면 트리코(J. Tricot)는 la notion même du Bien(좋음 자체의 관념)으로 일단 번역하고서, 이를 주석에서 le Bien lui-même(좋음 그 자체)로 지칭하고 있는데, 이는 플라톤이 말하는 '좋음 자체'와 표현상으로 다를 것이 조금도 없다. 그러면 이 경우의 본성(physis)은 도대체 무슨 뜻으로 쓴 것일까? 이에 대한 분명한 답을 우리는 이 책의 제3권 제2장(996a22~29)에서 얻을 수 있다. 여기서는 운동의 원리(kinēseōs arkhē)와 그것이 동일시되고 있음을 확인할 수 있다. "그 자체로 그리고 그 자체의 본성으로 해서 좋은 모든

---

10   J. Barnes가 편찬한 『아리스토텔레스 전집』(*The Complete Works of Aristotle*)에 수록된 로스의 번역에서는 the Good 아닌 소문자 형태로 the good으로만 적었다.

것이 목적이다."라고 말하는데, 이게 무한 소급될 수는 없고, 결국은 최종적으로 그런 것이 있다는 것이다. 그걸 그는 신, 더 정확히는 '신의 활동'으로 말하고 있는 것이다. 그렇다면 신을 제외한 다른 모든 것은 '좋음'에 이르기 위한 운동 또는 변화를 하고 있고, 그 '좋음'에 이른 다음에는 그걸 누리는 활동을 하는 셈이다. 결국 '좋음'이 원리로 되고 있다는 것 자체에는 크게 다름이 없지 않은가? 다만 '좋음'의 내용이 다를 뿐이다. 그의 경우에는 결국 살아생전에 신의 사유 활동에 잠깐씩이나마 참여하려는 '사람에 맞는 좋음(tánthrōpinon agathon)'이 궁극적 목적이다. 그렇게 됨으로써 다른 모든 생물의 목적도 사람이 그 최상위에서 대표해서 그것들 대신에 달성해 준다. 그런 뜻에서, 정작 원리로서의 좋음 자체는 부정하되, 오히려 철저하게 사람 중심의 '좋음'을 향한 목적론적인 것이다. 그러나 플라톤의 경우는 이와 판이하다. 이와 관련해서는 앞서 제2부 2, 3, 4장들에서 이미 어느 정도 언급한 터라, 새삼 군더더기가 될 말을 할 필요는 없겠다. 다만 거듭 강조하려는 것은 플라톤이 말하는 원리로서의 '좋음 자체'는, 아리스토텔레스가 이를테면 『니코마코스 윤리학』(I. 2, 7)에서 연거푸 강조하는 '사람에 맞는 좋음'에 국한되는 것이 아니라는 점이다. 인간들만이 아니라, 어느 면에서는 인간들과는 전혀 상관없이, 자연에 있는 모든 것의 존재 방식 자체가 그것들 나름으로 '좋음'을 구현하고 있으니, 그것들을 제대로 이해하려면 그런 시각에서 보아야 함을 플라톤은 말하고 있는 것이다. 이와 관련해서는 이미 제2부 4장의 앞부분에서 다룬 바 있다. 거기에서는 어떤 생물 종(eidos=species)의 소멸이나 새로운 종의 탄생 가능성까지도 '적도' 곧 '좋음'의 구현과 관련해서 언급되었거니와, 심지어는 인간의 관점에서 본 해충들이 존재함도 그것들 나름의 생존과 좋음의 구현 현상이라고까지 말했다.

　그래도 이와 관련해서 아직도 남아 있는 큰 문제가 하나 더 있다. 앞서 인용한 구절에서 아리스토텔레스는 "우리의 친애하는 분들이 이데아들을 도입한 탓으로 …"라며, 그것에 대한 비판을 하지 않을 수 없게 되었다면서, 이는 '못마땅한 일이 될' 것임을 말하고 있다. 또한 "설령 하나의 어떤 좋은 것이 있거나 또는 그것 자체가 분리된(khōriston) 것으로서 그 자체로 있다고 할지라도, …"라고 말하며 형상 또는 이데아의 '분리'를 말한 것에 대해서도 비판하고 있다. 여기에서 이데아 설을 도입한 사람들을 복수로 지칭한 것은 플라톤 및 그의 사후에도 아카데미아에서 그를 우러르며 활동하는 사람들을 겨냥한 것이고, 이는 아리스토텔레스가 자신이 설립한 리케이온 학원에서 자기의 강의(akroasis)를 듣고 있는 제자(akroatēs)들을 상대로 하고 있는 말이다. 그러니까 그의 강의에서는 십 리가 못 되는 거리의 반대편에 있는 그곳 학원과 그곳 사람들을 그때마다 의식하면서 관련된 발언들을 했던 것이다. 플라톤 사후에 아테네를 떠났던 그는 12년 만에 귀환했는데, 그 사이에 아카데미아의 학원의 수장은 두 번이나 바뀌어 있었다. 한창 왕성한 학문 활동을 야심차게 하고 있던 그로서도 자신의 학문 활동의 본거지를 확보해야만 했을 것이다. 그래저래 아카데미아와는 어쩌면 강한 대결 의식을 갖게 되었을 것이라는 건 능히 짐작할 수 있는 일일 것 같다. 그러나 아무리 그렇기로 『분석론 후서』(83a33)에서 플라톤이 말하는 형상들에 대해서 그가 하고 있는 말은 해도 너무한 막돼먹은 언사인 것 같다. 더구나 제 스승에게! "형상들(eidē)이여, 잘 가라! 그것들은 새들의 조잘거림들(teretismata)이니까." 아리스토텔레스 저술들의 대표적인 주석가이자 번역자인 로스가 그의 주석에서 말했듯, "이것은 플라톤의 형상들에 대해 일찍이 아리스토텔레스가 말한 가장 가혹한 것이다." 과연 그리 말해도 그만인 것일까?

아닌게아니라 플라톤과 아리스토텔레스를 대척적인 관점에서 대비해서 보게 된 서양철학사의 핵심은 이데아 설과 관련되어 있다고 해도 과언이 아닐 것이다. 필자의 『헬라스 사상의 심층』 제8장에서는 이 문제도 이미 장황하게 다룬 터라, 새삼 길게 다룰 기력도 흥미도 없다. 따라서 역시 간략하게 요점적인 언급만 할 것인데, 이에 대한 판단은 독자의 몫이다. 이로써도 미흡하다면, 일단은 방금 말한 필자의 책을 읽으면, 그 궁금증이 어느 정도는 해갈이 될 것이라 생각한다.

플라톤이 이데아 설을 본격적으로 내세우기 시작한 것은 그의 중기 대화편인 『파이돈』에서부터이다. 나중에 그의 전문 용어로도 쓰이게 된 *idea* 또는 eidos(形相)는 원래는 '모습'이나 '생김새' 또는 '외관'을 뜻하는 그리고 이에서 더 나아가 같은 '모습'이나 같은 '특성'을 나타내 보이는 사물들의 '종류'를 뜻하는 일상 용어였다. 이 두 낱말이 이 대화편에서 실제로 어떤 뜻으로 몇 번씩 쓰이고 있는지에 대해서는 제2부 제3장의 앞머리에서 이미 통계를 갖고 언급하기도 했다. 그런데 이와 관련해서 우리가 이 대화편에서 특히 유념해야 할 것이 하나 있다. 그것은 이 대화편에서만도 이미 세 군데(80b, 81b, 83b)에서 그가 이데아나 형상을 '지성에 의해서[라야] 알 수 있는 것(to noēton)'으로 언급하고 있다는 점이다. 이 대화편(79a, 83b)에서는 '있는 것들(존재하는 것들: ta onta)'이 근본적으로 구별되는, 그러나 결코 분리되는 것은 아닌, 두 종류로 나뉘는 것으로 말하고 있다.[11] 곧 '감각에 의해 지각될 수 있는 것(aisthēton)이며 [눈으로] 볼 수 있는 것(horaton)'과 혼이 보는 것으로서 '지성(nous)에 의해서[라야] 알

---

11 헬라스어 khōriston은 물리적 분리와 논리적 구분의 양면적 가능성의 뜻이 다 있는 말이다.

수 있는 것(noēton)이며 [눈에는] 보이지 않는 것(aides)'이 그것들이다. 이런 구분은 이 대화편에서부터 시작된다. 이 뒤엣것을 알기 위해서는 우리의 혼이 감각에만 의존하는 버릇을 버려야만 한다는 것인데, 이를 이 대화편에서는 혼의 정화(katharsis, katharmos)로 말하고 있다. '혼의 정화'란 원래는 종교적인 것이지만, 이 대화편에서는 사실상 인식주관의 순수화를 그리 말하고 있다. 이는 감각적 지각에만 의존하는 일상적인 앎의 틀에서 벗어남을, 곧 혼의 해방(풀려남: lysis)을 뜻한다. 이런 경우의 혼의 정화가 정확히 무엇을 뜻하는지에 대해서는 이보다 나중 것인『국가(정체)』편(527d~e)에서 그 정답을 찾을 수 있다. 여기에서는 인간의 혼이 지닌 사고력을 키우는 학문들을 통해서 "각자의 혼의 어떤 기관(器官: organon)이 순수화되어(ek-kathairetai), [그동안의] 다른 활동들로 인해서 소실되고 눈멀어버린 이 기관이, 눈 만 개보다도 더 보전될 가치가 있는 이 기관이 다시 점화(點火)된다."고 하는데, 이 기관이 바로 지성(nous)이다.

플라톤이 60세 무렵이었을 때인 기원전 367년경에 17세의 젊은이로 아카데미아에 입문한 아리스토텔레스는 향후 플라톤이 사망하기까지 20년간 이 학원의 경내에 머문다. 그가 플라톤에게서 어떤 것들을 얼마만큼 직접 배웠는지는 확인할 길이 없다. 더구나 367년에서 365년까지는 플라톤이 시라쿠사이의 참주 디오니시오스 II세와 디온의 간청을 물리치지 못해 그곳으로 갔다가, 철인 치자의 꿈 실현은커녕 억류까지 당하는 곤욕을 치르던 시기였다. 그러니 어쩌면 플라톤의 부재중에 그가 이 학원에 입문했을지도 모르는 일이다. 게다가『국가(정체)』편에 보이는 단계별 수련과정과 소크라테스의 문답법(dialektikē)이 적용된 대화편들의 저술을 고려한다면, 아카데미아에서의 수련 자체가, 대체로 직접적 가르침보다는 소수의 수준별 또는

분야별 지도나 수련 그리고 그의 대화편들 읽기를 통한 것이었을 것
이라는 건 능히 짐작할 수 있는 일일 것이다. 아마도 직접적인 강의
는, 저 유명한 이벤트성 강의였던 '좋음에 관한 강의'[12]의 경우가 보
여주듯, 드물었을 것으로 짐작된다. 그야 어쨌든 그가 가장 크게 영향
을 받은 것은 대화편 『파이돈』에서 이데아 설에 처음으로 접하고서였
던 걸로 보인다. 이때 이데아 설과 관련해서 그가 품어 갖게 된 생각
은 이후로 거의 변함없는 것으로서 굳혀졌고, 그 반발도 기본적으로
는 이에 근거한 것이라 할 것이다.[13] 그야 물론 앞에서 '좋음의 이데
아' 또는 '좋음 자체'와 관련된 인용문에서 확인되듯, 『국가(정체)』
편에서도 이데아 설과 관련되어 보완적으로 얻어갖게 된 정보들은 있
었을 것임은 분명한 일이다. 그런데 아리스토텔레스의 경우에, 이데
아 설과 관련되는 한에서, 비판의 기본 전거가 된 것이 『파이돈』편이
지만, 여기에서 그가 고의적으로 외면한 것으로 판단되는 한 가지 것
이 있다. 이 대화편에서는, 방금도 말했듯, 이미 세 군데서 이데아나
형상을 '지성에 의해서[라야] 알 수 있는 것(to noēton = the intelli-
gible)'으로 언급하고 있었는데, 놀랍게도 그는 이 사실을 끝까지 철
저하게 모른 척하고 있었다. 이렇게 단언할 수 있는 근거는 『국가(정
체)』편에서는 셀 수도 없이 많은 곳에서 이런 앎의 대상들에 관련된
언급들에 우리가 접하게 되는데, 역시 모른 체하는 걸로 일관하기는
마찬가지라는 사실이다. '이데아'를 이데아로 언급하는 횟수 못지않
게 '지성에 의해서[라야] 알 수 있는 것'으로도 언급하더니, 마침내는
그런 것들에 대한 총칭으로서 '지성에 의해서[라야] 알 수 있는 부류

12 『헬라스 사상의 심층』의 368~373쪽을 참조할 것.
13 Guthrie가 바로 그런 말을 하고 있다. *A History of Greek Philosophy*, VI. pp.
21~22, 247 참조.

(to noēton genos)'를 말하는가 하면, 더 나아가서는 지성(nous)의 대상들인 그것들의 영역을 '지성에 의해서[라야] 알 수 있는 [것들의] 영역(ho noētos topos)'으로 일컫기까지 했는데도 말이다.

그렇다면 그는 왜 이런 표현을 썼으며, 아리스토텔레스는 또 왜 이를 그토록 외면하는 걸로 일관했을까? 이 수수께끼 아닌 수수께끼를 푸는 것은 이 문제로 해서 두 위대한 철학자들을 대척점에서 보게 됨으로써 시달려온 후학들의 과제 아닌 과제로 남아 있어서다. 왜 이런 벙벙한 말을 하느냐 하면, 좀 전에도 말했듯, 한쪽은 이데아나 형상을 '지성에 의해서[라야] 알 수 있는 것(to noēton＝the intelligible)'으로 열심히 언급했으나, 다른 한쪽은 그런 말은 들은 적도 읽은 적도 없다는 투로 일관하기 때문이다. 만약에 아리스토텔레스도 이데아나 형상을 플라톤이 그랬던 것처럼 '지성에 의해서[라야] 알 수 있는 것(to noēton＝the intelligible)'으로 지칭했다면, 그의 철학은 어떤 식으로 전개되었을까? 사물들에서의 이데아나 형상의 분리(khōrismos)를 그리도 강조한 그였으니 하는 말이다.

이와 관련해서, 여담 삼아, 하나의 비근한 예를 들어 보겠다. 나는 오전에 차 한 잔을, 점심 뒤에 커피 한 잔 그리고 오후에 차 한두 잔을 마신다. 그동안 예쁜 1인용 찻잔도 몇 개나 깨어먹었다. 어떤 때는 얼마 전에 깨어버린 그 찻잔의 고운 자태와 추운 날 두 손바닥으로 감쌌던 그 따뜻한 질감이 생각나기도 한다. 그 찻잔은 그 기능(ergon) 때문에 생기게 된 것이었고, 그게 깨어진 순간, 그 기능도 함께 잃어버렸기에, 종이로 두껍게 꼭꼭 싸서 쓰레기통에 버렸다. 그러면 '찻잔 자체'의 기능(＝이데아 또는 형상)도 사라진 것인가? 나는 그 기능을 이을 다른 찻잔을 곧바로 쓰게 되었다. 그런 용도(khreia)의 기능을 갖는 찻잔은 얼마든지 인간들이 만들어낼 수 있고, 인간들이 차를 마시는 한, 찻잔은 한 '종류(eidos, idea)'의 사물로서 이 세상에 존속할 것이다. 그러나 인류가 마침내 차를 마시지 않게 되는 날엔 그것들은 박물관에서 그런 기능을 하던 유물로서 전시되어 있을 것이지만, 그런 기능은 다른 형태의 음료를 담는 다른 형태의 용기로 재등장할 수도 있다. 찻잔은 그런 '용도'를 위해, 그 '쓰임새' 때문에 도토나 규석 따위의 '물질(아리스토텔레스의 '질료')들'을 주원료로, 그 기능을 생각하며 그것에 대해 알고 있는 도공에 의해 빚어진 다음 도요에서 구워져 나온다. 그런 기능을 갖는 그런 형태의 것으로 그런 물질을 이용해 만들게 된 것이 '찻잔'이다. 여기에서 이 찻잔의 '용도'나 '기능'은 '지성의 대상(to noēton 곧 지성(nous)에 의해서 알게 되는 것)'이고, 그 형태나 구조 또는 물질 자체의 화학적 성분은 '사고(dia-noia)'의 대상이며 이는 넓은 뜻에서는 역시 to noēton이고, 나머지 물체적인 측면이 '감각대상(to aisthēton)'이다. 이 찻잔의 경우에 지성의 대상(to noēton)인 형상 또는 이데아에 해당하는 '기능'은 물질적인 감각대상(to aisthēton)과는, 우리의 인식주관의 관점에서는, 엄연히 구별될 수 있는(khōristos＝distinguishable＝separable in thought) 것일 뿐, 공간적으로 분리 여부를 따질 성질의 것이 전혀 아니다. 그런 물리적 공간은 따로 어디에도 없고, 이들 두 부류 사이에는 오직 사유영역에서의 구분이 가능할 뿐이다.

그런데 플라톤이 들지도 않은 이 찻잔의 예는 이 항목 끝 쪽에서 플라톤이 언급한 '북 자체'의 예보다도 더 실감 나는 비근한 예를 드느라 언급하게 된 것일 뿐이다. 이데아나 형상에 대해 그도 그리 이해했던들, 그것의 분리 여부는 애당초 논란거리가 되지도 않았을 것이기 때문이다. 그랬던들 아리스토텔레스는 전혀 다른 사람으로 우리에게 알려졌을 것이다. 역사에서 가정은 부질없는 일이라고들 말한다. 그렇

다고 해서 아리스토텔레스가 'noēton'이라는 이 낱말 자체를 안 쓴 것
도 아니다. 다만 그는 이 말을 플라톤이 말하는 형상이나 이데아에는
적용하지 않고 있다는 점에 주목할 이유가 있다는 걸 나로서는 새삼 강
조하고 있을 뿐이다. 이를테면, 그의 저술들―실은 강의 노트들―에
서 '노에톤'과 관련된 언급을 한 대목들을 추려보면 이런 것들이다.

　『형이상학』 제8권(1043b23~32)에서 은과 같은 것을 정의할 경우
에 그 일부분은 감각에 지각되는 질료에 대한 것이 되겠지만, 다른 한
부분은 지성에 의해서 알게 되는(사유되는: noētē) 형태(morphē)에
대한 것이 될 것이라는 언급과 함께 제7권(1036a9~12)에서 비슷한
언급을 하고 있는 것이 보이는데, 그 내용은 이러하다. "질료(hylē)는
그 자체로는 알 수가 없다(agnōstos). 그 일부는 감각에 지각되는 질
료(hylē aisthētē)이지만 다른 일부는 지성에 의해서 알게 되는(사유
되는) 질료(hylē noētē)이다. 감각에 지각되는 것은 이를테면 청동이
나 나무 그리고 운동(변화) 가능한 하고많은 질료이지만, 지성에 의
해서 알게 되는(사유되는) 것은 감각에 지각되는 것들 안에 있되, 감
각에 지각되는 것들로서가 아니라, 이를테면 수학적인 것들(ta
mathēmatika)로서 있다."¹⁴ 이 '수학적인 것들'이란 플라톤이 넓은
의미에서는 '지성에 의해서 알 수 있는 부류(to noēton genos)'에 포
함되기는 하지만, 정확히는 '추론적 사고(dianoia)'의 대상이라 한 것
들로서, 형상이나 이데아를 가리킬 때와는 구별된다.¹⁵ 그 밖에 '지성
에 의해서 알게 되는(사유되는)' 것과 관련된 집중적인 언급들이 『형
이상학』 제12권 7, 9장에 보이지만, 이것들은 모두가 '최초로 운동

14　이런 내용을 가리키는 언급은 두어 군데(1037a4~5, 1045a33~36) 더 보인다.
15　『국가(정체)』편 제6권 509d~511e를 참조할 것.

(변화)을 일으키는 자'와 관련된 것들일 뿐이다. 그 밖에 '지성에 의
해서 알게 되는(사유되는) 것들(ta noēta)'에 대한 언급으로서, 그나
마 형상들과 직접적으로 연관되는 것으로 찾아볼 수 있는 것은 겨우
『혼에 관하여』의 제3권 8장(431b22~432a5)에서나 가능하다.[16] "있
는 것들(ta onta)은 감각에 지각되는 것들(ta aisthēta)이거나 지성에
알려지는 것들(사유되는 것들: ta noēta)이다. … 공간적인 크기를 갖
는 것들(ta megethē) 곧 감각에 지각되는 것들을 떠나 분리된 상태로
(kekhōrismenon) 있는 것은 아무것도 없는 것 같으므로, … 지성에
알려지는 것들(사유되는 것들)은 감각에 지각되는 형태들 안에(en
tois eidesi tois aisthētois) 있다. 곧 추상해서 말하게 되는 것들과 감
각에 지각되는 것들의 상태들 및 속성들로서 말이다." 겨우 이 정도가
고작이다.

이 마지막 인용문에서 확인되듯, 사물로부터의 형상 또는 이데아의
분리(khōrismos)가 문제의 핵심이다. 이와 관련해서는 좀 더 직접적
인 언급을 그의 『형이상학』에서 찾을 수 있다.

"소크라테스는 도덕적인 훌륭함(덕)들(ēthikai aretai)과 관련된 일
로 바빴으며, 이것들과 관련해서 보편적 정의(to horizesthai katho-
lou)를 최초로 추구했다. … 소크라테스의 공적으로 돌려서 옳은 것
들이 두 가지가 있는데, 그건 귀납적 논구(hoi epaktikoi logoi)와 보
편적 정의(의미 규정)이다. 이 둘은 실로 학문의 시작과 관련된다. 그
러나 소크라테스는 보편자들(ta katholou)도, 정의들(의미 규정들:
horismoi)도 분리되는 것들(khōrista)로 만들지 않았다. 반면에 다른

---

16 지성(nous) 및 그 대상과의 관계 등에 대한 언급은 같은 권 4, 5장에서 하고 있
으나, 형상과 직접 관련지어 언급하지는 않고 있다.

쪽 사람들은 이것들을 분리·독립시켜서는(khōrizein), 이런 존재들 (ta onta)을 이데아들로 일컬었다."[17]

"이데아론자들은 이데아들을 보편적인 것들로 간주할 뿐만 아니라 더 나아가 동시에 개체들에서도 분리되는 것들로 간주하고 있다. … 개별적인 감각 대상들 이외에도 보편적인 것(to katholou)이 있고 이 것은 다른 것이라 여겼다. 소크라테스는 정의들(의미 규정들)을 통해 서 이런 생각의 실마리는 제공했지만, 이것들을 개체들에서 분리하지 는 않았다. 이것들을 분리하지 않음으로써 그는 옳게 생각했다. 이는 사실들이 밝혀 주는 바이다. 보편적인 것 없이는 앎(지식: epistēmē) 을 가질 수가 없지만, 이를 분리함(khōrizein)은 이데아들과 관련된 못마땅한 결과들이 초래되는 원인이기 때문이다."[18]

앎과 관련해서 우리는 다섯 가지 감각 기관들 덕분에 이것들에 상 응하는 다섯 부류의 대상들을 각각 알아보게 된다. 시각은 시각 고유 의 대상들을 알아보고, 청각은 청각 고유의 대상들을 알아본다. 나머 지 다른 감각 기관들과 그 고유의 대상들과의 관계도 마찬가지이다. 따라서 시각의 대상은 청각 고유의 대상이 아니다. 미술과 음악이 서 로 영역을 달리하는 이유가 바로 거기에 있다. 이들 오관을 총칭해서 감각기관(aisthērion)이라 일컫고, 이 능력을 감각 또는 감각적 지각 (aisthēsis)이라 말한다. 그렇다면, 앎과 관련해서 우리에겐 감각과 감 각에 지각되는 것들 이외에는 없는가? 과연 그럴 뿐이라면, 우리의 앎은 감각적 지각으로 끝나고, 우리의 삶도 그 테두리를 벗어나지 못 할 것이다. 그러나 오관의 각각이 그러듯, "별개의 능력(dynamis)은

---

17 『형이상학』 제13권 4장 1078b17~32.
18 같은 책, 같은 권, 9장 1086a32~1086b7.

그 본성상 별개의 대상에 관계한다."[19] 헬라스 철학이 이제 오관의 지
각 능력들을 넘어서는 다른 능력과 그 대상들에 대한 앎을 본격적으
로 찾아가게 되는 인식론적 전기를 소크라테스에서부터 중점적으로
만 짚어보기로 하자.

소크라테스가 지혜사랑의 행각을 시작할 무렵에 소피스테스로서
명성이 높던 프로타고라스(Prōtagoras)는『진리 또는 뒤엎는 주장들』
에서 이런 주장을 했던 걸로 전한다. "만물의 척도(metron)는 인간이
다. …인 것(있는 것)들(ta onta)[20]에 대해서는 …이다(있다)고 하되,
이지 않은 것(있지 않은 것)들(ta mē onta)에 대해서는 …이지(있지)
않다고 하는 척도이다."라는 것이 그것이다. 이 구절의 해석을 아리스
토텔레스는 그의 『형이상학』(제11권 6장 1062b14~19)에서 이렇게
하고 있다. "이는 각자에게 [그리] 생각되는(판단되는) 것(to dok-
oun)이 또한 확실히 그것이기도 하다고 말하는 것과 다를 게 없다.
그러나 이렇게 되면, 같은 것이 …이기도 하고 아니기도 하며, 나쁘기
도 하고 좋기도 한데, 다른 대립되는 주장들도 다 그러하니, 이는 특
정한 이것이 어떤 이들에게는 아름다워 보이지만, 어떤 이들에게는
그 반대로 보이기도 하는 일이 종종 있기 때문이다. 하니, 각자에게
[그리] 보이는 것(to phainomenon)이 척도(metron)이다."

그런데 이 주장이 담고 있는 뜻들에 대한 좀 더 실감 나는 해석을

---

19 『국가(정체)』편 478a.

20 여기에서 ta onta(단수는 to on임)는 '있는 것들'을 뜻하기도 하지만, 문맥상으
로는 '무엇인 것들' 또는 '어떠어떠한 것들'을 일차적으로 뜻한다. 이는 곧 술어의 실
질적 내용인 명사나 형용사가 생략된 형태의 '…인 것' 더 정확히는 '…ㄴ 것'으로 표
현될 수 있는 것이겠는데, 오늘날의 우리는 '…' 대신에 'x'나 'F' 같은 기호로 표시
하면 되겠으나, 당시의 헬라스인들은 이런 표현법까지는 미처 쓰지 못했던 것 같다.

우리는 플라톤의 『테아이테토스』 편에서 만나게 된다. "그러니까 그는 대충 이런 말을 하고 있는 게야. 각각의 것들이 내게 보이는 그대로의 것들이 내게 있어서의 것들이요, 네게 보이는 그대로의 것들이 또한 네게 있어서의 것들이다. 그런데 너도 그리고 나도 사람이다. … 불어오는 바람은 같은 것인데도 때로 우리 중에 누군가는 추위하나 누군가는 추위하지 않지 않는가? 또한 어떤 이는 약간 추위하나 어떤 이는 몹시 추위하고? … 그렇다면 그때 바람이 그 자체로 차다거나 또는 차지 않다고 우리는 말할 것인가? 아니면 프로타고라스를 좇아, 추위하는 이에겐 바람이 차지만, 추위하지 않는 이에겐 차지 않다고 할 것인지? … 그러니까 역시 각자에게 [그리] 보이는(phainetai) 그대로이겠지? … 어쨌든 [그리] '보인다는 것'은 '지각됨(aisthanest-hai)'이겠지? … 그렇다면 [그리] 보임(phantasia)과 지각(aisthēsis)은 같은 것일세. 뜨거운 것들 그리고 이와 같은 것들 모두의 경우에 있어서 말일세. 각자가 지각하는 그대로 각자에게 역시 그런 것들인 것 같기 때문이지."(152a~c)

그럴 경우, 프로타고라스에게 이런 반문이 가능하겠다. "만약에 지각을 통해서 판단하는(의견을 갖게 되는) 바가 각자에게 진실이라면, 그래서 다른 사람의 느낌 상태(pathos)를 다른 누구도 더 잘 판별할 수도 없으며, 다른 사람의 판단(의견: doxa)을 다른 사람이 옳거나 틀렸는지를 검토함에 있어서 더 자격이 있는 것도 아니라면, … , 자신의 것들인 것들을 각자 자신만이 판단하게 되어, 이것들 모두가 옳고 진실이라면, …, 도대체 어떤 점에서 프로타고라스는 지혜로워서, 많은 보수와 함께 남들의 선생으로 대접받는 게 정당하지만, 우리로선 덜 배운 자들로서 그에게로 배우러 찾아가야만 했는지? 각자가 저마다 자신의 지혜의 척도이면서도 말이다."(161d~e)

이에 대해 프로타고라스가 할 수 있는 대답은 이런 것일 수 있겠다. "병약한 자에게는 그가 먹는 것이 쓴 것 같고 또 [실제로] 쓰지만, 건강한 자에게는 그 반대인 것 같고 또 [실제로도] 그 반대이다. 그러므로 이들 중의 어느 쪽도 더 지혜롭다고 할 일은 아니다. 이는 가능하지도 않기 때문이다. 병든 사람이 이런 판단을 한다고 해서 무지하다고 비난해서도 안 되지만, 건강한 사람이 다른 판단을 한다고 해서 지혜롭다고 할 일도 아니고, [다만] 다른 쪽으로 바꿔야만 할 일이다. 다른 상태가 더 낫기 때문이다. 이처럼 교육에서도 다른 상태에서 더 나은 상태로 바꿔야 한다. 하지만 의사는 약으로써 그리 바꾸지만, 소피스테스는 말(언변)로써 그리 한다."(166e～167a)

그런데 '인간 척도(homo mensura) 명제'로 또는 '프로타고라스적 척도(Prōtagoreion metron)'로도 불리는 이 주장에서 일차적으로 '…인 것들'로 번역된 ta onta는 또한 '있는 것들'로도 번역되어야만 하는 것이기도 하다. 이는 각자에게 그리 보이는 대로의 것들 곧 그리 지각되는 것들이 곧 '있는 것들'이라는 주장을 하고 있는 것이기도 하다. 더 나아가 이는 또한 이것들 곧 지각되는 것들 이외에 달리 있는 것은 없다는 주장도 동시에 하고 있는 것이기도 하다. 이는 탈레스 이래로 자연에 있어서 근원적이고 본질적인 것으로서의 참된 존재(to on)에 대한 탐구에 매달렸던 이른바 자연철학자들의 한 세기 반 동안의 노고를 마치 헛일처럼 만들어버리려는 주장이기도 하다. 바로 그 극단적인 경우를 우리는 『있지 않는 것(to mē on)에 관하여 또는 자연(본질적인 것: physis)에 관하여』[21]라는 고르기아스의 책 이름 자체에서 접하게 된다. 이는 다분히 냉소적이고 의도적으로 붙인 책 이름

---

21   원어 제목은 *Peri tou mē ontos ē Peri physeōs*이다.

이다. 이는 이전의 자연철학자들이 많은 경우에 자신들의 책 이름을
『physis에 관하여』로 붙인 것과 관련해서, physis(본질적인 것)도 to
on(실재)도 모두가 to mē on(존재하지도 않는 것)이라고 빈정대기
위한 의도를 강하게 담고 있다. 그러한 그의 의도는 이 책에서 그가
증명해 보이고자 한 세 가지 것이 잘 말해 주고 있다. (i) 아무것도 존
재하지 않는다. (ii) 설사 어떤 것이 존재한다 할지라도, 우리가 그걸
알 수는 없다. (iii) 설령 우리가 어떤 것을 알 수 있다고 할지라도, 우
리는 그것을 우리 이웃에 전달할 길이 없다. 그에게서는 앞선 철학자
들이 참된 존재(實在: to on)로서 내세운 존재가 철저하게 부인되고,
따라서 이것에 대한 인식이나 객관성 있는 지식의 성립도 전적으로
무망한 것으로 그가 보고 있음을 우리는 알 수 있다.

　이처럼 사물은 각자가 지각하는 대로의 것이라고 보기 때문에, 감
각적 지각(aisthēsis)이 사물의 상태 및 존재 여부에 대한 판단의 척도
(metron), 즉 기준(kritērion)으로 된다. 더 나아가서 느낌, 즉 감각
이 기준이기에 감각에 의해 지각되지 않는 것은 존재하지 않는다. 지
각되는 것(to aisthēton)만이 '있는 것(to on)'이요, 이것만이 '있다
(einai)'. 지각되지 않는 것은 '있지 않는 것(to mē on)'이니, 이것은
'있지 않다(mē einai)'. 이리하여 소피스테스들에 있어서 존재(to
on) 즉 '있는 것'은 순간적이고 개별적인 감각적 지각의 대상으로 해
체되어버리고 만다. 그래서 소크라테스는 프로타고라스가 왜 자기의
책『진리』의 첫머리를 "만물의 척도는 돼지다."라든가 "비비이다." 또
는 다른 것으로서 감각적 지각을 가진 것들 중에서도 더 이상한 것이
라고 하면서 시작하지 않았는지, 그게 오히려 이상하다고 하며, 차라
리 그렇게 했던들, 위풍당당하게 그리고 아주 경멸하는 투로 우리한
테 말할 수 있었을 것인데, 결국 그렇게 하지 않음으로써, 그도 결국

은 지혜에 있어서 다른 사람은 말할 것도 없고 올챙이보다도 더 나을
것이 없게 되었다고 하며 딱해한다.[22]

어쨌든 모든 것은 보기 나름이고 지각하기 나름이다. "내가 판단하
기에는 그러하고(내게는 그리 생각되고: dokei moi＝it seems to
me)", "네가 판단하기에는 그러하기에(네게는 그리 생각되기에:
dokei soi＝it seems to you)", 모든 것은 각자 나름이다. 따라서 그
모든 의견 또는 판단(doxa)이 다 옳고, 모든 주장은 대등한 권리를 갖
고 주장될 수 있다. 모든 것이 각자의 개별적인 감각적 지각으로 해체
되어버린 이상, 자기 동일성을 유지하는 대상 또는 존재도, 보편성을
갖는 앎(epistēmē)도 가질 수 없다. 이는 인식론이나 윤리학의 관점
에서는 철저히 상대주의적이고, 존재론의 관점에서는 회의주의적이
다. 참 존재도 없고 참된 앎도 불가능하기에, 대등한 권리를 갖는 의
견(판단: doxa)들과 이에 따른 주장들만 드세다. 참일 수 있는 주장
은 원천적으로 있을 수가 없고 강하거나 약한 주장만 있을 수 있다.
'강한 주장(kreittōn logos)'은 다수의 지지를 받는 것이다. 그리하여
상대방의 주장은 약화시키되, 자신의 '약한 주장을 강한 주장으로 만
드는 것(ton hēttō logon kreittō poiein)'이 정치적 야망을 가진 자
들, 특히 그런 젊은이들에게 현실적으로 요구되는 능력이다. 이를 가
능케 하는 기술(tekhnē)이 바로 변론술(rhētorikē)이다. 변론술은 진
실을 말하려는 데 그 의도가 있는 것이 아니라, 제 주장을 효과적으로
말하려는 데 그 의도가 있기에, 설득(peithō)이 그 일차적 목표이다.
그래서 소크라테스는 "변론술이 설득의 명수이다"라고 확신하고 있
는 사람이 고르기아스라고 말하고 있다.[23] 민주주의의 장(場)인 아테

22　『테아이테토스』편 161c~d.

네에서, 특히 민회나 법정에서 다수를 설득하는 데 가장 효과적인 수
단이 변론술이기 때문이다. 언변에 능한 사람들로 만드는 것이 자신
이 해야만 하는 일로 믿은 사람이 고르기아스였다.(『메논』편 95c)

　변론술을 앞세운 소피스테스들의 등장은 당시의 시대적 요구에 부
응한 것이다. 그것은 무엇보다도 아테네의 민주적인 상황과 관련된
다. 아테네는 솔론이 594년에 집정관(ho arkhōn)으로 선출된 후에
단행한 일련의 민주화 조치에 의해서 최초로 민주화 과정에 들어서게
된다. 비록 그에게서 시작된 민주화 과정이 참주 페이시스트라토스
및 히피아스 등의 집권으로 상당 기간 후퇴하나, 508년부터 502년에
걸쳐서 집권한 클레이스테네스는 대대적인 민주화 조치들을 다시 취
하게 된다. 열 개의 구민들로 나뉜 시민들의 대표들 500인으로 협의
회(boulē)를 구성케 하고, 각 구에 정식 시민자격자들로 등록된 18세
이상의 성인 남자들이면 모두가 참여할 수 있는 민회(ekklēsia)에 최
고의 의결권을 부여하는 등의 민주제도를 확립한다. 이후 490년의 마
라톤 전투와 480년의 살라미스 해전 그리고 479년의 플라타이아 전
선에서의 육상전과 이오니아 연안에 정박해 있던 페르시아 함대의 대
대적인 격파 등으로 인해 3차에 걸친 페르시아와의 전쟁에서 완전 승
리를 거둔 아테네는 에피알테스 및 페리클레스 시대에 이르러서는 문
자 그대로 완전히 민주화된다. 이 시기는 461년에서 429년 사이다.
429년은 소크라테스의 나이가 40세인 때다. 각 구에서 30세 이상의
성인 50명씩이 뽑혀 구성된 협의회는 각기 1년의 1/10 기간 동안 사
실상의 운영위원회 기능을 수행하며, 이 임기 동안 네 차례의 정기적
인 민회와 필요에 따른 임시 민회를 소집하며 의사일정을 주관하는

23　『고르기아스』편 453a.

일을 한다. 물론 민회에서 토의하고 의결할 안건 심의를 포함하여, 일부 중요한 나랏일의 결정권도 위원회별로 행사한다. 아고라에서 서남쪽으로 400미터쯤의 거리에 있는 거대한 바위 언덕 북쪽을 수직으로 날개 형태로 자른 단면을 배경으로 조성된 민회의 전용 집회 장소는 프닉스(Pnyx)로 불리는 곳이다. 게다가 맞은편에는 아고라의 공공 건축물들이 많으니, 웅장한 목소리에 설득력 있는 언변을 구사하는 발언자라면 음향 효과까지 기대할 수 있는 곳이다. 이곳에서 민회가 열리는 날엔 대개 5,000명 안팎의 시민이 참여하고, 협의회를 통해 회부된 안건과 관련해서는 원칙적으로 누구나 연단(bēma)에 올라 발언할 수 있다. 그러나 실제로는 정치적 세력을 형성한 정객들이나 기원전 501년부터 시행된 제도에 따라 각 구에서 뽑힌 10명의 스트라테고스(stratēgos)들(stratēgoi)이 대표적인 발언자들이었다. 스트라테고스는 원칙적으로 각 구의 중무장보병들(hoplitai)을 지휘하는 장군일 뿐만 아니라, 전쟁 때는 이들 중에서 총사령관이 선출되기도 했다. 또한 이들은 사실상 정치인들이기도 하여, 나랏일과 관련해서 큰 영향력을 행사할 수 있었으니, 민회에서의 이들의 정치적 역량은 많은 부분이 변론가(rhētōr)로서의 능력에 달렸던 셈이다. 문제는 결과적으로 그 발언이 다수의 지지를 얻느냐 못 얻느냐다. 법정에 나가서도 이는 마찬가지여서, 다수표의 확보만이 자신의 권익과 생명을 보장하는 길이다. 나랏일의 결정이나 사사로운 권익의 보호에도 변론술(rhē-torikē)이 바로 그 열쇠이며 해결책이다.

　이런 상황에서 소피스테스들은 시민들에게 그럴 수 있는 능력을 갖도록 해 줌을 표방하면서 아테네에서 제 자신의 입신양명을 꾀한다. 그들은 어느 날 아테네의 아고라 같은 공개 장소에 나타나 많은 사람을 상대로 한바탕 연설을 한 다음, 즉석에서 무엇이나 묻도록 하여 재치 있는 즉석 대답을 한다. 이 뽐내면서 선보이는 연설이 ‘에피데익시스(epideixis)’이다. 말하자면 ‘헬라스의 학교(tēs Hellados paideusis)’로 불리며 번영을 누리던 당시의 아테네에 자신의 등장을 당당히 알리는 데뷔 연설인 셈이다. 이런 일종의 선보임이 일단 성공하면, 그는 바야흐로 명성을 얻는 것과 함께 돈방석에 앉는다. 헬라스인들의 속담으로 공연한 짓을 하는 걸 빗대어 하는 말로 “올빼미를 아테네로(glauk’ Athēnaze : glauk’ eis Athēnas)”라는 게 있다. 이는 한쪽에는 부리부리한 눈을 가진 아테나 여신이 그리고 다른 쪽에는 올리브 가지와 함께 올빼미가 새겨진 아테네의 은화를 굳이 마련해 갖고서 아테네로 올 필요가 없다는 뜻이다. 맨몸으로 와서도 얼마든지 입신양명할 수 있는 곳이 아테네이기 때문이다. 아마도 이 속담이 유행했던 것도 이 무렵이었을 것이다. 그들에게서 변론술을 익히려는 돈 많은 사람들의 수요가 그만큼 많았기 때문이다. 그들에 대한 아테네인들의 반김과 환대가 어느 정도인지를 가히 짐작할 수 있게 해 주는 하나의 생생한 사례를 우리는 플라톤의 『프로타고라스』편(314e~317e)에서 확인할 수 있다. 5세기 아테네에서의 첫째가는 부자 가문을 이룬 히포니코스(Hipponikos)의 아들이었던 칼리아스(Kallias)의 집에 동시에 유숙하고 있던 당대의 쟁쟁한 소피스테스들이었던 프로타고라스(Prōtagoras)와 히피아스(Hippias) 그리고 프로디코스(Prodikos)가 한 자리에 모이게 되는 장면을 보자.

　“우리가 들어갔을 때, 우리는 프로타고라스가 회랑에서 왔다 갔다 하는 걸 목격했네. 그분 뒤로 한쪽으로는 히포니코스의 아들 칼리아스 … 페리클레스의 아들인 파랄로스 그리고 글라우콘의 아들인 카르미데스가 뒤따르고, 다른 한쪽으로는 페리클레스의 다른 아들 크산티포스와

필로멜로스의 아들 필리피데스 그리고 멘데 출신의 안티모이로스가 뒤
따랐네. 바로 이 사람이 프로타고라스의 제자들 중에서 가장 이름나 있
으며, 소피스테스가 되려고, 전문적으로 배우고 있는 이지. 이들 뒤에서
이들이 하는 말을 귀담아들으며 뒤따르는 사람들은 대부분이 외지인들
로 보였네. 이들은 프로타고라스가 지나는 각 나라에서 데리고 온 사람
들로서, 그가 오르페우스처럼 그 목소리로 호린 것일세. 이들은 호림을
당한 상태로 그 목소리를 따라가지. 하지만 그 무리에는 본바닥 사람들
조차도 몇몇이 있었네. 이 무리를 보고 있노라니 나로서는 무척 즐거웠
네. 결코 프로타고라스 앞에서 방해가 되는 일이 없게끔 얼마나 조심들
을 하는지, 그분이 그리고 그와 함께 있는 사람들이 돌 때, 이들 경청하
는 무리는 어쩌면 그리도 질서정연하게 요리조리 돌며, 원을 지으면서
뺑 돌아서는 언제나 뒤로 아주 훌륭하게 자리를 잡더군. … 다음으로 나
는 보았네, 엘리스 출신인 히피아스가 맞은편 회랑의 의자에 앉아 있는
것을. 한데, 그 둘레의 걸상들에는 … 에릭시마코스와 … 파이드로스,
… 그리고 외지인들로는 히피아스와 같은 나라 사람들과 몇몇 다른 외
지인들 또한 앉아 있었네. 그들은 그에게 몇 가지 자연 및 천문학적인
문제들에 관해 질문을 해댔는데, 그는 의자에 앉아서 이들 각자에게 질
문들에 대해 구별지어가며 자세한 설명을 해 주었네. … 프로디코스 또
한 … 한 방에 있었는데, 이 방은 이전에는 히포니코스가 창고로 썼던
것이지만, 지금은 숙식을 하는 사람들이 많은 탓으로 칼리아스가 말끔
히 비우고선, 이 또한 손님들을 위한 객실로 만들었네. 그래서 프로디코
스는 아직도 침상에 누워 있었는데, 몇 장의 양털가죽과 침대보들로, 이
것도 아주 여러 겹으로 감싼 상태인 것으로 보였네. 그의 옆 가까이의
침상들에는 … 파우사니아스와 함께 아직 어린 편인 젊은이가 앉아 있
었는데, 내가 생각하기로는, 그 성정이 곱고 착하며, 외모도 잘생겼더

군. 그 이름을 아가톤이라 들은 것으로 생각되거니와 … 두 사람의 아데
이만토스가 또한 있었네. … 또한 다른 몇 사람도 보였네. 그러나 그들
이 무엇들에 대해 대화를 했는지는 밖에 있던 나로서야 알 수가 없었네.
비록 프로디코스의 말을 실은 듣고는 싶었지만 말일세. 내게는 그가 아
주 지혜롭고 비범한 분이라 생각되기 때문이야. 그러나 목소리가 묵직
함으로 해서 방안에서 울림이 생기게 되니 하는 말들을 또렷하지 못하
게 만들었네. 그리고 우리가 막 들어가자, 바로 우리를 뒤따라, 자네가
그리 말하고 내가 승복하듯, 그 잘생긴 알키비아데스와 … 크리티아스
도 들어왔네. … 우리 모두는 지혜로운 분들의 말을 듣게 될 것이라 해
서 기꺼워하며, 스스로 의자와 침상들을 붙잡고서는 히피아스 곁에 배
치했네. 거기에 의자들이 이미 있었기 때문이었지. 그러는 사이에 칼리
아스와 알키비아데스가 프로디코스를 침상에서 일으켜서는, 프로디코
스의 일행과 함께, 모시고 왔네."

아닌게아니라 그들을 통해서 습득할 수 있을 것으로 기대되는 설득
능력, 즉 변론술의 구사는 일반 대중에게 있어서만이 아니라 특히 최
고의 통치자들에게는 각별히 요구되는 것이었다. 493년에 그의 연호
(年號)를 쓰게 되어 있는 최고위의 집정관(ho arkhōn)이 되고, 490년
엔 스트라테고스로 선출되었던 테미스토클레스는 아테네의 성벽 구
축과 피레우스항을 요새화하고, 특히 483년엔 라우리온 은광에서 얻
게 된 막대한 수입의 분배를 바라는 시민들을 설득해서 삼단노 전함
(triērēs) 130척을 건조하는 데 씀으로써 전함 수를 70척에서 200척
으로 늘리게 되었다. 이로써 훗날(480년) 살라미스 해전에서 페르시
아와의 결전에 대비할 수 있었던 것도 아테네인들을 상대로 한 테
미스토클레스의 설득 능력이 없었다면, 결코 이룰 수 없는 일이었다.

페리클레스는 451년 이후로 실질적으로 아테네를 지배하다시피 했는
데, 그 역시 443년부터는 역병으로 사망할 때(429년)까지 15년간이
나 연속해서 스트라테고스로 선출되기도 했다. 위풍과 진중함 그리고
깨끗한 처신도 겸비했지만, 지적 교양에다 위엄까지 갖춘 뛰어난 그
의 언변은 아테네를 명목상의 민주체제로 머물러 있게 했을 뿐, 실상
은 그에 의한 1인 통치였다고 해도 과언이 아니었다. 그는 연설로써
시민들을 "그만큼 홀렸다(houtōs ekēlei)."²⁴ 파르테논 신전을 비롯한
공공시설들의 신축, 남이탈리아 및 흑해까지의 아테네의 영향력 확
대, 그리고 무엇보다도 동맹국들에 대해 아테네가 사실상의 제국으
로 군림케 한 그의 시책은, 그게 잘한 것이었든 잘못한 것이었든 간
에, 변론술이 뒷받침된 그의 그런 정치력에 힘입은 것들이었다고 할
것이다.

　앞서 사람들이 저마다 갖는 '의견' 또는 '판단'을 '독사(doxa=
opinion, judgment)'라 했다. 그런데 누군가가 나랏일과 관련해서 갖
게 된 이 '독사'를 협의회나 민회에 제의하게 되면, 이는 의안이 되는
데, 이 또한 '독사'라 한다. 누군가의 제의에 따라 그 의견은 우선 협
의회에서 민회에 넘길 의제로 채택되어, 민회에 상정되어야만 한다.
한 의견 또는 판단이 설득력이 있어서 협의회에서 다수결에 의해 의제
로 채택되었다는 뜻으로, 그들은 이런 표현을 썼다. "협의회는 이렇게
의결했다(edoxe tē boulē tade)." 이 표현은 민회의 경우에도 그대로
적용되는 것이니, "민중은 이렇게 의결했다(edoxe tō dēmō tade)"는
형식을 취한다. 예컨대, 아리스토파네스의 한 희극 작품에는 이런 장

24　Eupolis, *Fragmenta*, 94. 6~7(TLG)

면이 보인다.[25] "여성 협의회는 이렇게 의결했다. 이른 아침에 민회를 소집할 것을. …" 그런데 여기에서 edoxe(에독세)는 앞서 프로타고라스적 척도를 언급할 때의 dokei moi(내가 보기에는 그러하다)에서 dokei의 과거 형태이다. 이 dokei moi는 또한 "내게는 그게 좋아 보인다(it seems good to me)"는 뜻으로도 쓰이기 때문에, 이 경우의 edoxe는 결국 "협의회나 민중(민회)으로서는 …하는 것이 좋은 것으로 판단했다"는 뜻이 된다. 그리고 이런 식으로 결의된 안건은 doxan이라 하는데, 이는 "…을 하도록 의결된 것임"을 뜻하는 것이다. 처음엔 한 사람의 의견이었던 것이 다수에게 납득되어 다수의 의견으로 되고, 이것이 법령으로 선포되기에 이른 것이다. 이런 표현들은 직접 민주주의 제도를 가졌던 아테네에서의 시민들의 의사결정 과정이 어떤 것인지를 잘 보여주는 것들이기도 하다.

이런 상황을 실감 있게 엿볼 수 있게 하는 사건 하나를 보자. 아직도 펠로폰네소스 전쟁이 한창이던 기원전 427년에 아테네의 민회에서 벌어졌던 일이다. 428년에 여태껏은 델로스 동맹에 속했던 미틸레네(Mytilēnē)가, 메티므네를 제외하고는, 레스보스섬에 있는 나라들 전체가 아테네에 반기를 들고 대항하도록 주도했다. 그러나 이들에 대한 스파르타의 지원을 차단하는 데 성공한 아테네에 이듬해(427년) 미틸레네가 항복한다. 그래서 아테네는 동맹국들에 대한 경고의 본보기로 미틸레네의 문제를 어떻게 처리할 것인지를 두고, 민회에서 격론을 벌인다. 클레온(Klēon)이 강경론자로 나선다. 그는 페리클레스가 죽기 2년 전부터 그에게 정치적 공세를 펴오던 자였는데, 그의 사후에는 가장 설득력 있는(pithanōtatos) 정객으로 활약했으며, 어

---

25 *Thesmophoriazousai*, 372~5.

느새 민중 선동가(dēmagōgos)로 악명이 높아만 갔다. 그의 이번 제의는 미틸레네의 모든 남자는 처형하고 여자와 아이들은 노예로 만들자는 것이었는데, "아테네인들은 분노로 해서 이런 결의를 했고(hypo orgēs edoxen autois)," 이 결의를 집행하라는 지시를 현지의 책임자에게 전할 삼단노 전함을 곧바로 보낸다. 그러나 너무도 잔혹한 처사인지라, 밤사이에 여론이 바뀌어, 다음날 이 문제는 재론된다. 디오도토스(Diodotos)라는 정치가가 나서서 주동자만 처형하도록 하는 온건한 제의를 한다. 서로가 반대되는 생각들을 말한 뒤에 "아테네인들은 의안(doxa)의 대결(agōn tēs doxēs)에 들어갔는데, 거수가결(kheirotonia)에서 거의 동수가 되었으나, 디오도토스의 제의(doxa)가 우세했다."[26] 그래서 이번에는 전날의 지시를 받고 떠난 배를 전속력으로 뒤쫓아 가서, 그 결의가 번복되었음을 알리도록 삼단노 전함을 다시 급파한다. 앞서 출발한 쪽은 내키지 않는 명령을 전달하는 터라 천천히 항해를 한 반면에, 뒤쫓는 쪽은 마음이 급한 터라 필사적으로 항해를 한 덕에, 천만다행으로 대량 학살의 불상사를 아슬아슬하게 중지시킬 수 있었다. 이 사건은 한 사람의 무모한 의견 또는 판단(doxa)이 아테네의 5천 명 안팎의 민주시민들의 모임인 민회에서 의안(doxa)으로 제의된 뒤에 다수결로 가결되면, 이것이 곧 법령(dox-an)으로 시행하게 되고 그 결과가 어떻게 되는 것인지를 극명하게 보여주는 것이다. 물론 이와 반대되는 아주 지혜로운 경우들도 얼마든지 있었다. 앞서 언급한 테미스토클레스의 경우가 바로 그런 것일 것이다.

이처럼 의견(판단: doxa)에는 극악한 경우의 것도 있지만, 아주 지

---

26   투키디데스의 『역사』 3. 49.

혜로운 경우의 것도 있어서, 극에서 극인 데다가 천차만별이다. 플라
톤의 대화편 『메논』(97b~98c)에서는 소크라테스가 역사상 훌륭한
인물들의 참된 판단(참된 의견: alēthēs doxa) 또는 옳은 판단(바른
의견: orthē doxa)에 대해서 이런 말을 하고 있다. "가령 누군가가,
그 길을 가보지도 않았고 알지도 못하면서도, 어느 것이 그 길인지를
옳게 판단한다면." 이 사람 역시, 그 길을 알고 있는 사람 못지않게,
그 길로 인도할 것이다. 그러나 이것들은 그 결과에 있어서는 앎(지
식: epistēmē)에 비해 조금도 못지않게 유익하지만, 그 논거가 불명
하여, 지속성이 없다는 것이 그 근본적 약점이라는 것이다.

실제로 내가 40년쯤 전에 경험한 일로서, 재직했던 대학의 교수 산
행 때 일이다. 일행 중에 아무도 답사한 일도 없는, 경기도의 한적한
어느 산을 올랐는데, 실제 그 산에 대한 정보로는 해발 800미터 남짓
에 당시로서는 드물게 등고선이 그려진 지도 한 장이 전부였다. 등고
선을 제대로 읽은 덕에 산 정상에 오르긴 올랐으나, 하산 길은 외길이
아니고, 몇 갈래라 잠시나마 난감했다. 지도를 면밀히 보고 하산 길을
잡고 내려오는 중간에 그만 어두워졌다. 다행히 비상용 전등으로 길
을 밝히며 내려왔는데, 학교 버스를 돌아서 오도록 한 곳에 1미터 정
도의 차이로 하산에 성공했다. 산에서 길을 잃지 않으려면, 그 산에
대한 개념도를 머릿속에 그려 갖고 있어야만 한다. 그날 우리는 무모
했지만, 최소한의 등고선 정보 때문에 그나마 무사했던 것이다. 아무
렴, 개인 아닌 나라의 운명마저 개인의 아무 의견이나 요행에 가까운
판단에 마냥 내맡긴 채로 안달만 하고 있을 수는 없지 않은가! 우리의
판단이나 앎이 감각적 지각의 틀 속에만 머무는 한, 그런 불안한 상황
에서 벗어날 길은 없다. 대부분의 경우에 그저 요행에 기댈 수밖에는.

아테네의 민주주의가 처한 그런 상황에서, doxa의 한계를 벗어날

수 있는 길의 가능성을 내다보고, 그 일터로 사람들을 열심히 불러낸
이가 소크라테스였다. 그는 소피스테스들을 먼저 인식론적 측면에서
공박하며 극복하려 한다. 참된 앎 곧 보편성을 갖는 지식(epistēmē)
이 근원적으로 불가능하다고 하는 소피스테스들의 주장에 맞서 소크
라테스는 참된 지식 획득의 가능성을 밝히어 보이기 위해, 이른바 문
답법(dialektikē)이라는 자신의 철학적 방법을 활용한다. 이 방법은
두 가지 절차를 밟는다. 그 첫째 것은 소피스테스의 이론적 근거로 되
는 감각적 지각(aisthēsis)에 의해서 얻게 되는 의견(판단: doxa)을
근본적으로 포기하게 하는 논박(elenkhos)이다. 이는 어설픈 앎을 무
지로 드러나게 함으로써 스스로 무지를 자각케 하는 것이다. 자신의
무지를 철저하게 자각할 때에야, 진정한 앎에 대한 욕구가 일어, 그걸
찾는 단계로 비로소 들어서게 될 수 있을 것이라 해서다. 따라서 그의
논박은 소피스테스의 쟁론술(eristikē)적인 반론과는 근본적으로 다
르다. 소피스테스는 다른 사람의 '독사(의견)'를 자신의 doxa로, 즉
약한 doxa를 강한 자신의 doxa로 대체시키거나 상대방의 강한 doxa
를 약한 doxa로 바꿀 뿐이다. 이에 비해 소크라테스의 논박은 아예
doxa 자체를 포기케 한 다음, doxa와는 전혀 차원을 달리하는 앎
(epistēmē)을, 앞서 이미 논박당한 이로 하여금, 스스로 낳아 가지도
록 하려는 것이다. 이 둘째 절차가 곧 지적 산파술(maieutikē)이다.
산파술을 통해서 낳도록 하려는 앎은 이성(logos)에 의해서 알게 되
는 것이다. 그는 대화 상대자에 대해 지적 산파로 자처했던 사람이다.
인간은 이성의 능력을 가졌기에 참된 지식을 가질 수 있다는 것이 그
의 확신이었기 때문이다.

   플라톤은 이러한 소크라테스의 방법을 계승하여, 철학하는 방법 자
체를 아예 dialektikē로 말했다. 이를 우리는 편의상 '변증술'로 일컫

고 있는데, 이는 헤겔식의 변증법(Dialektik)과 구분하기 위한 편법으로 붙인 지칭이다. 소크라테스의 '디알렉티케'가 문답법인 데 비해, 플라톤의 그것은 사유 체계이며 인식 체계이다. 문답법은 대화의 쌍방이 묻고 대답하는 가운데 결코 지식일 수 없는 '의견(doxa)'의 폐기와 지식을 낳는 과정을 거친다. 따라서 문답하는 이들은 어떤 문제의 공동 탐구자들(syzētētai)이다. 이에 비해 플라톤의 대화편들은 그 자체로는 비록 문답 형식을 취하지만, 사실에 있어서는, 이를테면, 책을 읽는 사람이 마음속으로 자신과 문답을 하게 하는 사유 과정을 거쳐 마침내 스스로 진리를 직관하도록 인도하기 위한 것들이다. 그렇기 때문에 플라톤의 대화편들은 기본적으로 산파술적인 특성을 갖는다. 소크라테스의 문답법의 두 절차를 플라톤에 대비해 보면, 논박에 해당하는 것이 인식 주관의 순수화(katharsis)이고, 산파술에 해당하는 것이 상기(想起: anamnēsis)로 비유되기도 하는 것으로서, 감각적 지각에 의존하지 않고 지성(nous)에 의한 앎(이해) 또는 순수 사유에 의한 직관 내지 인식(noēsis, epistēmē)이다. 그는 『국가(정체)』편 (6, 7권)에서 인식 주관의 순수화를 위한 예비교육(propaideia) 과정으로서 수학 등의 학과목들을 제시한다. 이 교육과정을 거친 다음, 더이상 감각에 의존하지 않고 변증술적 논변의 단련 기간(5년간)을 거쳐 마침내 진리 인식의 길로 들어서게 하고 있다. 그러나 이제야 참된 지혜사랑의 길로 접어든 사람이 향후 15년 동안이나 다시 현실과 부대끼면서 실무와 학식에서 더할 수 없이 훌륭하게 되었을 때에야 저 원리로서의 '좋음 자체' 곧 좋음의 이데아를 육안 아닌 혼의 눈 곧 지성(nous)으로 볼 수 있는 단계에 이른다는 말을 하고 있다. 이게 '가장 큰 배움'이란 것이다. 그러나 『국가(정체)』편에서의 원리로서의 좋음에 대한 언급은 많이 미진한 데가 있고, 이를 후기 대화편들이 보

완하고 있다. 『필레보스』 편에서는 70대의 원숙기로 접어든 노철학자
가 마침내 원리로서의 '좋음'을 어떻게 이해해야 할 것인지에 대해 더
이상 달리 어떻게도 말할 수 없는 함축적인 언급을 하고 있는 걸 발견
하게 된다. 그리고 『티마이오스』 편은 '좋음'이 우주에 있어서 어떻게
원리로서 작용할 수 있는지를 보여주려 한 것이다. 그리고 그의 마지
막 대화편인 『법률』 편은 원리로서의 '좋음'이 '적도(適度: to metri-
on)'의 형태로 법률에 최대한 구현될 수 있는 방도에 대한 논의를 담
고 있는 것이다. 이와 관련된 자세한 언급은 제2부에서 이미 했다.

    플라톤의 앎에 대한 이런 인식 과정은 물론 새로이 확인된 앎의 대
상들과 그 인식에 맞물려 있다. 앞서도 말했듯, 오관의 각각이 그러
듯, "별개의 능력(dynamis)은 그 본성상 별개의 대상에 관계하기"
(『국가(정체)』 편 478a) 때문이다. 그렇다면 이제 오관의 지각 능력
이외의 다른 능력과 그 대상들에 대해 생각해 보기로 하자. 소크라테
스는 감각을 넘어서는 능력을 이성(logos)이라 했다. 이는 우리가 사
용하는 말의 보편적인 의미 규정 곧 정의를 가능케 하는 능력이고, 이
런 정의된 말들의 확보를 통해 마침내는 바른 삶을 위한 원칙도 도출
할 수 있을 것이라는 굳건한 믿음을 가졌던 그였다. 그런 이성의 연장
선상에 있는 능력을 플라톤은 nous(지성)로 지칭하며, 이를 두 단계
로 구분해서 그 대상들도 함께 말했다. 넓은 뜻에서 지성(nous)은
dianoia(추론적 사고)와 noēsis(지성에 의한 앎)의 두 단계의 능력들
로 나뉜다. 역시 "별개의 능력은 별개의 대상에 관계하는 것이기에"
'추론적 사고'는 수학적 대상들 또는 이와 같은 것들에 관계하고, '지
성에 의한 앎'은 이데아 또는 형상들에 대해 관계한다. 이들 두 단계
의 능력을 통합해서 지성(nous)이라 하고, 그 대상들을 통합해서 '지
성에 의해서[라야] 알게 되는 것들(ta noēta = the intelligibles)'이라

한 것이니, 이는 결코 감각적 지각의 대상이 아닌 것들 곧 직접 감각으로는 지각할 수 없는 것들(ta anaisthēta＝the insensibles)이다.

그렇다면 이제 이런 시각에서 곧 플라톤의 관점에서 생각해 보자. 앞서 『형이상학』에서 인용한 글 가운데 이런 문장이 있었다. "질료(hylē)는 그 자체로는 알 수가 없다. 그 일부는 감각에 지각되는 질료(hylē aisthētē)이지만 다른 일부는 지성에 의해서 알게 되는(사유되는) 질료(hylē noētē)이다. … 지성에 의해서 알게 되는(사유되는) 것은 감각에 지각되는 것들 안에 있되, 감각에 지각되는 것들로서가 아니라, 이를테면 수학적인 것들(ta mathēmatika)로서 있다." 플라톤의 『티마이오스』편 47e~59d에서는 태초에 생성의 수용자(hypo-dokhē)로서의 공간(khōra)과 4원소의 형상들 그리고 원초적 물질들(prōta sōmata)로서의 4원소를 포함한 초기 사물들의 생성에 관한 언급을 하고 있다. 이에 의하면, 최초의 공간에는 불·물·공기·흙이 그 흔적들로만 있었으나, 이것들이 공간의 운동에 따라 그 형태와 수적인 구성에 의해 생성을 보게 되었다는 것이다. 그리고 구체적인 이 형태와 수적인 구성을 설명함에 있어서 동원되는 것은 이른바 요소 삼각형인데, 불·물·공기의 경우는 부등변삼각형이고 흙의 경우에는 직각이등변삼각형이다. 이들 요소 삼각형들의 기본 결합 형태가 정6면체를 이룬 것이 흙이고, 정8면체가 공기, 정4면체가 불, 정20면체가 물이 되는데, 그 밖의 다양한 물질들은 이들 요소 삼각형들의 형태와 크기의 다양한 결합들에 따른 것이라는 설명이다. 이어서 그는 이들 물질들의 구성과 성질에 따른 다양한 기능들을 설명하기도 한다. 물론 이는 꼭 그렇다는 것이 아니고, 그럼직한 설명을 해 보면, 구조적으로는 그리 말해 볼 수 있다는 이야기이다. 이는 19세기 초에 '아보가드로의 가설'이 제기될 무렵부터 물질을 분자구조에 의해서 설명하기 시작한 것과 기본 착상은 비슷한 접근법이라 말해도 크게 빗나간 것은 아닐 것이다. 말하자면, 기체화된 물 곧 수증기에서 그 분자 구조를 읽어낸 것과도 발상은 같은 것이다. 반면에 "질료는 그 자체로는 알 수 없다."고 말한 아리스토텔레스의 경우에, 이른바 4원소는 앎(epistēmē) 곧 인식의 대상일 수 없는 것이다. 물질 자체는 미처 형상(eidos)을 갖추지 못한 것 곧 덜 형상화한 것이기 때문이라 해서다. 다만 '지성에 의해서 알게(사유) 되는 질료'를 '수학적인 것들'로 말했다는 점에서는 어쩌면 플라톤이 말한 추론적 사고(dianoia)의 대상, 곧 넓은 뜻에서 '지성에 의해서 알게 되는 것(noēton)'과 기본적으로는 같은 말을 하고 있다고도 할 수 있겠지만, 이는 어디까지나 질료의 한계를 벗어나지 않는 범위의 것이다.

다음으로 이데아 또는 형상을 '지성에 의해서[라야] 알 수 있는 것(to noēton=the intelligible)'으로 말할 경우, 플라톤이 그랬듯, 이를 기능(ergon)의 관점에서 접근해 보는 게 어쩌면 더 실효적일 수도 있겠다. 사람의 손이나 코, 눈 따위가 무엇인지를 말하려면, 그것의 신체적 부위와 구조 및 구성 성분도 말해야겠지만, 무엇보다도 우선적으로 그 기능을 반드시 언급해야만 할 것이다. 손이 손이고 발이 아닌 것은 바로 그 기능 즉 그 쓰임새 때문이다. 이는 인위적인 제작물이나 구성물의 경우에는 더더욱 분명해진다. 인위적인 산물들은 바로 그 기능 즉 용도(khreia)를 위해 만들어졌다. 그것들이 그러한 구조를 갖는 것도 그것이 수행할 기능 때문이다. 하나의 도구가 어떤 특유의 구조를 갖고 어떤 특정한 물질적 구성 요소로 만들어지는 것도 그것이 갖게 될 기능을 원만히 수행할 수 있는 방식으로 이루어진다.

『국가(정체)』편 제10권(601d~602a)에는 이런 언급이 보인다. "각각의 도구와 생물 및 행위(praxis)의 훌륭함(aretē)이나 아름다움

(kallos) 그리고 옳음(orthotēs)은 다름 아닌 그 쓰임새(khreia), 즉 각각이 만들어졌거나 생기게 된 용도와 관련된 것이다.”라고 하면서, 이 쓰임새를 알고 이를 사용할 줄 아는 이가 그것에 대한 앎을 지니고 있는 것으로 말하고 있다. 여기에서 ‘쓰임새’로 옮긴 khreia란 말은, 고즐링이 지적하고 있듯,[27] 기능(ergon)의 대체 용어이기도 하다. 쓰임새가 없는 물건들은 언젠가는 소멸되게 마련이다. 생물들에 있어서도 쓰임새가 없는, 즉 제 기능을 잃은 기관들은 도태되어가고 있다고 하지 않는가? 그 쓰임 또는 기능 때문에 생기게 된 문자나 기호도, 쓰임새가 없게 되면, 같은 운명을 겪기는 마찬가지이다. 그리고 보면 어떤 것의 기능 내지 쓰임새가 그것의 존재(ousia)를 좌우하는 것이기에, 기능 또는 쓰임새는 곧 그것의 본질(ousia)이기도 하며 그것의 존재 이유이기도 하다. 따라서 어떤 것의 기능이나 쓰임새를 모르고서는 그것의 인식에 결코 이를 수 없다. 플라톤이 실제로 어떤 것의 기능을 형상(形相: eidos)과 관련지어 언급하는 대목들을 우리는 더러 찾아   볼 수 있다. 역시 『국가(정체)』편 제10권(596b)에서 “각 가구의 장인은 그 이데아를 보면서 저마다 우리가 사용하는 침상들이나 식탁들을 만들며, 또한 여느 것들도 마찬가지 방식으로 만든다.”는 구절을 만나게 되는데, 이 이데아를 곧 그 쓰임새와 관련지어 말하고 있는 것이다. 또한 『크라틸로스』편(389a~390a)에는 옛날 베틀 기구의 한 가지인 북(kerkis)과 관련된 언급으로 이런 내용의 구절이 보인다. 목수가 북을 만들 때는, 본성상(physei) 직물을 짜게 되어 있는 그런 것을 주시하면서 만든다. 그가 북을 만들다가 이를 망가뜨리게 되어 다시 만들게 될 경우에도, 그는 이 망가진 것을 그가 만들 때도 주시

---

27 J. C. B. Gosling, *Plato* (London and Boston, 1973), 33쪽.

하던 바로 그 형상(eidos)을 주시하면서 만들지, 망가진 것을 주시하면서 만들지는 않는다. 이 주시, 즉 바라봄(blepein)의 대상을 '북인 것 자체(auto ho estin kerkis)', 즉 북의 형상 또는 이데아라 말하고 있는 것이다. 그가 올이 가는 옷감을 위한 북을 만들건 혹은 올이 굵은 옷감을 위한 북을 만들건, 아마포 또는 모직물을 위한 북을 만들건 간에, 모든 북은 '북의 형상'을 지녀야만 하거니와, 그는 본성상 각각의 옷감에 적합한 북을 목재에 구현해야만 한다. 각종의 직조물에는 본성상 적합한 각각의 북이 있다. 다른 기구들의 경우에도 이는 마찬가지이다. 날실들 사이를 오가며 씨실을 풀어 넣어 주는 기능(ergon)을 하도록 만들어진 제작물(ergon)인 북은 그것이 짜게 되어 있는 옷감의 종류에 따라 외형상 다소 다른 형태를 취할 수는 있어도, 그것이 기본적으로 수행해야 될 기능에 있어서는 차이가 없다. 그러나 오늘날의 첨단 직조에선 이런 형태의 북은 사라져버리고, 생산성과 품질을 높이기 위해 공기 분사식(air-jet)이나 물 분사식(water-jet)의 사출 장치를 이용한다고 한다. 아예 북을 쓰지 않는 직기(織機)를 사용하게 된 탓으로 북 자체가 없어지게 되었다. 하지만, 역설적으로 말해서, 북은 사라졌으되, 그 기능은 결코 사라지지 않았다. 오늘날의 직기에서는 분사식 사출기의 기능에 그 기능이 흡수되었지만, 오히려 그 기능은 더 잘 수행되게 된 셈이다. 앞서 '좋음'의 한 형태로 '적합함'을 들었지만, 북의 이런 운명은 원사와 옷감 자체의 변화로 해서 그 기능 수행에서 이전의 형태상의 적합성을 더 이상 유지할 수 없게 되었기 때문일 뿐이다. 말하자면 그 기능 수행을 더 잘하기 위해 진화시킨 것이다. 현실적인 북 곧 어떤 형태의 물질로 만들어진 북 이전에 그 기능에 대한 앎이, 곧 북 자체에 대한 앎이 먼저 있는 것이다. 감각적 지각의 대상인 최초의 북이 만들어지기도 전에 말이다.

오래 전에 우리나라에서도 방영된 〈부시맨(Bushman)〉(원제는 The Gods must be Crazy임)(1980)에서는 이 '기능'과 관련된 재미있는 이야기가 나온다. 어느 날 남아프리카의 상공을 날던 경비행기에서 떨어진 콜라병 하나로 해서, 그걸 주워 갖게 된 한 부시맨이 제 부족 마을에 그걸 갖고 감으로써 갖가지 불상사가 벌어진다는 이야기이다. 이 일들의 사단은 부족민 중의 누구도 이 콜라병의 정확한 용도 곧 그 기능을 몰랐다는 것이다. 그런 채로 그 병의 원래 용도와는 전혀 상관없이 그 쓸모가 다양함을 발견하게 된 사람들이 서로 자기가 쓰겠다고 다투게 된다. 마침내 이 빈병 하나가 커다란 우환덩어리로 된다. 그렇게 되자, 신들이 미쳐서 자기들에게 그걸 보낸 것이라며, 결국 그걸 바닷가로 가져가서 거기에 던져버리기로 결정한다. 그래서 내륙인 보츠와나의 칼라하리 사막 지대를 지나가는 길에 마침 내전이 벌어진 지대를 지나며 여러 가지 고초를 겪게 되는 이야기가 곁들여진다. 콜라병은 그 기능을 위해서 만들어진 것이고, 유리를 구성하는 물질들은 그것들 나름의 분자구조를 갖는다. 그 시대의 기준에 따라, 플라톤식으로 말하면, 그 기능과 그 구성 물질들의 분자구조는 감각 대상인 것(to aisthēton, the sensible)이 아니라, 곧 감각에는 지각되지 않는 것(to anaisthēton, the insensible)이요 지성(nous)의 대상인 것(to noēton)이다.

기능과 관련한 이해를 돕기 위해 집 이야기를 하나 더 하기로 한다. 옛날 원시시대로 돌아가 생각해 보자. 플라톤의 대화편 『프로타고라스』(320c~321e)에는 옛날에 인간이 다른 온갖 동물들 사이에서 아무런 삶의 방편(euporia)도 없이 거의 내버려진 상태로 살게 된 상황 곧 그런 곤경(aporia)에 대한 이야기가 나온다. 물론 신화는 헤파이스토스와 아테나 여신에게서 기술과 관련된 지혜와 불을 프로메테우스가 훔쳐다 주어서 문제가 해결된 걸로 전해지고 있지만, 실제로는 그런 원시시대의 상황 타개는 전적으로 인간들 자신의 몫이었음을 우리는 익히 알고 있다. 그건 구석기 시대의 뗀석기나 신석기 시대의 간석기 유물들과 거주 공간의 유적들이 입증하는 바다. 나무의 열매를 먹을거리로 취하는 건 문제가 아니겠으나, 물고기나 짐승을 먹을거리로 취하자면, 갖가지 용도의 곧 그런 기능 수행을 위한 도구들이 필요했을 것이다. 그래서 만들어진 것들이 오늘날 그 쓰임새를 가까스로 짐작할 수 있는 것들로 박물관에 전시되어 있는 석기들이다. 그러나 이런 도구들의 제작 못지않게 난감한 일은 거처를 마련하는 일이었을 것 같다. 거처로는 우선 동굴이나 바위 아래의 푹 들어간 공간만큼 안전하고 안성맞춤인 곳을 찾기는 어려웠을 것이다. 이른바 혈거(穴居) 생활을 했던 것이다. 천 년 동안이나 인간들이 동굴 생활을 했다고 한다. 그러나 인구는 늘고 먹을 것도 넉넉지 않게 되자, 먹을 것을 채집 위주에서 재배를 통해 확보하는 단계에 이르게 되자, 갖가지의 농경 기구를 마련하였을 것이다. 일만 년 전에야 농경생활을 하게 되었다는 이야기다. 거주공간도 동굴처럼 찾아 갖는 단계에서 이른바 집을 지어 갖는 단계로 넘어가게 되었을 것이다. 움집이나 수혈식 주거 또는 귀틀집이 그런 것들의 일환이었을 것이다. 그러나 거주 지역에 따라 해변의 수상 가옥이나 삼림지역의 나무 위에 걸친 형태의 가옥도 있다. 오늘날 사람들은 온갖 재료로 온갖 형태의 집을 지어 갖고 살고 있다. 하고많은 집들이 지어지고 없어지고 또 새로이 지어지고 있다. 그러나 옛날에 굴이나 바위 아래 공간을 거처로 삼던 시절부터 거주 공간으로서 집의 기능에 대한 인간의 기본적 이해는 같다고 보아야 할 것이다. 최소한 비바람을 피할 수 있게 해 주며 추위를 막아주고, 더 나아가 안전하고 편리하며 안온한 삶을 보장해 줄 수 있는 공간으로서의 집의 기능에 생각이 먼저 미친 덕에 인간들이 집을 갖게 된 것이다. 하지만 어디 그뿐인가! 인간들의 생활 형태와 그 방식 그리고 그 수준이 달라짐에 따라, 집의 기능도 덩달아 그만큼 다양한 면모들을 갖추게 됨을 보게 된다. 이를테면, 옛날엔 단순한 거주 공간이었을 뿐이었던 집이, 이제는 세분된 기능에 따라 서재나 공부방, 침실, 응접실, 식당, 다용도실 등의 여러 면모를 갖게 된 것이다. 이는 플라톤의 단일한 모습(monoeides)의 형상에서 나아가 형상들의 결합의 한 훌륭한 사례라 할 수 있는 것이기도 하다. 어쨌거나 이런 갖가지 기능의 도구들과 집의 기능을 갖는 구조물에 대해 생각이 먼저 미친 뒤에야 그런 것들을 만들어 갖게 된 것이 이 모든 사태들의 진행 과정일 것임은 틀림없는 일이겠다. 플라톤식으로 말하면, 우리의 감각적 지각과는 상관없이 우리의 지성이 그런 기능들에 대한 앎을 갖게 된 것임은 분명한 일이다.

우리의 육안에 보이는 개별적인 북이나 침상, 칼 또는 집이나 아름다운 사물이 아니라, 우리의 지성(nous)이 보게(katidein) 되는 '북인 것 자체(auto ho estin kerkis)'나 '침상인 것 자체' 또는 '아름다운 것 자체(auto ho estin kalon)'의 '참모습', 즉 각각(hekaston)의 to noēton(지성에 의해서 알게 되는 것, 사유되는 것)이 보이는 그 '본모습'을 지칭하는 것이 이데아 또는 형상이라 할 것이다. 그러니까 엄밀한 의미에서 말한다면, '지성에 의해서 알 수 있는 부류'에 속하는 각각의 것, 즉 '각각(x)인 것 자체(auto ho estin hekaston, auto hekaston to on)'가 '참으로 x인 것' 또는 '참으로 있는 것(to ontōs on)'이고, 이데아나 형상은 그 각각의 것의 '참모습' 또는 '본모습'을 가리키는 것이라 함이 이 말의 진짜 쓰임새일 것이다. 말하자면, 아무개의 생김새나 모습 또는 얼굴처럼 말이다. 우리가 어떤 사람의 생김

새나 그림 또는 사진을 보고, 그가 누구라는 걸 알아보기는 하나, 그
렇다고 해서 그 생김새가 바로 그 사람인 것은 아니다. 그래서 이데아
나 형상은 그냥 이데아나 형상이 아니고, '무엇(x)의 이데아', '무엇
(x)의 형상'으로 불리는 것이다. '아름다운 것 자체(auto ho estin
kalon, auto to kalon)'가 '아름다움의 이데아(hē tou kalou idea)',
즉 아름다움의 참모습 또는 불변하는 본모습을 지닌 것을 가리키는
것이다.『국가(정체)』편 479a~e에는 'idea tis autou kallous'라는
표현과 auto to kalon이라는 표현이 있는데, 뒤엣것은 '아름다운 것
자체' 또는 '아름다움 자체'로 옮기면 되겠으나, 앞 것은 문자 그대로
하면 '아름다움(kallos) 자체의 어떤 이데아'로 되는데, 이는 아무래
도 어법에 맞지가 않다. '아름다움 자체'가 곧 이른바 '이데아'이기
때문이다. 게다가 '아름다움 자체의 이데아'도 아니고 '어떤' 이데아
라니, 이는 아무래도 우스운 표현이다. 그것은 '아름다움 자체의 어
떤 본(참)모습'이라 말하고, 그리 이해하는 것이 자연스럽다. 그런 의
미에서 테오도라코풀로스가 하고 있는 다음과 같은 말은 충분히 경청
할 가치가 있다고 할 것이다. "플라톤이 사유(Denken)를 봄 또는 직
관(Schauen)으로 표현한 것과 같은 근거에서, 그는 이 봄의 대상 또
한 이데아라 부른다. 이데아나 에이도스는 플라톤 시대에는 사람의
얼굴(Gesicht)을 의미하고 있다. 얼굴은 보이는 바로 그것이다. … 그
러나 플라톤에 따르면, 이데아들은 존재의 얼굴들(die Gesichter des
Seins)이요, 존재의 본모습들(Urbilder)이다. 사람이 그의 얼굴을 통
해서 보이듯, 존재는 이데아들을 통해서 보인다(erscheinen)."[28] 플라

---

28 J. Theodorakopoulos, *Die Hauptprobleme der Platonischen Philosophie* (Hei-
delberger Vorlesungen, 1969), (Martinus Nijhoff, The Hague, 1972), 46쪽.

톤은 중기 대화편들에서 때 따라 달리 보이는 '여러 모습의(poly-eides)' 사물들과는 달리, 형상 또는 이데아를 '언제나 똑같은 방식으로 한결같은 상태로 있는,' 따라서 '한 가지 보임새인 것(monoeidos on)'[29]으로 다룬다. 그러나 후기 대화편들인 『소피스테스』나 『정치가』에서 형상들의 결합(koinōnia tōn eidōn) 문제를 다룬 것은 하나의 형상, 아니 존재에 대해 여러 측면에서 접근함으로써 이를 그 전모에서 보려는 데 따른 방법적 진화일 뿐이다. 따라서 플라톤의 이데아나 형상은 지성 또는 '지성에 의한 앎'이나 '지적 직관(noēsis)'의 '대상'이라는 의미에서는 to noēton(지성에 의해서 알 수 있는 것)으로 우선적으로 지칭되어 마땅하다는 견지에서는 변한 것이 없다.

앞서 인용한 구절에서도 읽었듯, 아리스토텔레스는 플라톤이 "그것(좋음) 자체가 분리된(khōriston) 것으로서 그 자체로 있다."고 보았다며 비판한다. 마찬가지로 모든 이데아 또는 형상을 분리한 것(khōrizein)이 잘못되었다는 주장을 그는 하고 있다. 앞에서 든 몇 가지의 예에서 보듯, 플라톤은, 아리스토텔레스가 그처럼 단호하게 말하는 공간적 또는 물리적 분리와는 아무런 상관도 없이, 다만 감각의 대상이 아닌 것들(ta anaisthēta=the insensibles) 곧 '초감각적인 것들(the supersensibles, the suprasensibles)'을 말하고 있을 뿐이니, 이를 감각 아닌 지성에 의해서[라야] 알게 되는 것들로 말하고 있는 것이다. 앞서도 언급한 바 있지만, 아카데미아의 출입문에 게시되었다는 저 전설적인 권고문 곧 "기하학을 모르는 자는 그 누구도 … 들여보내지 말라(ageōmetrētos mēdeis eisitō)"고 한 것은 사실 진리 탐구를 위해 이 문을 들어서려는 자는 감각에만 의존하는 버릇을 털어

---

29   『파이돈』편 80b, 78d 참조.

버릴 각오가 되어 있어야만 함을 다짐하는 뜻을 담고 있는 것이라 해
석될 성질의 것이다. '초감각적인 것들'에 대한 앎을 위한 준비 단계
로서의 추론적 사고(dianoia)의 함양을 위한 마음 자세를 갖추길 강
조한 것이다. 그게 우리의 인식 주관이 감각적 지각에 매몰되어 있는
상태에서 벗어날 수 있게 하는 데 결정적인 기여를 한다고 해서다.

　그런 점에서 플루타르코스의 *Moralia* 중의 하나에 나오는 다음 구
절은, 이 문제와 관련되는 한, 일반인들의 일상적인 판단에 기댄 아리
스토텔레스의 과장되고 오도하는 확대해석을 근본적으로 되돌아볼
필요성을 느끼게 한다. 그도 이데아 또는 형상을 '감각 대상(to ais-
thēton)'과 구별되는 '지성의 대상(to noēton)'으로 보고, 그리 받아
들였더라면, 그걸로 이 문제는 저절로 해소되었을 성질의 것이었다.
그러나 그리 하지 않음으로써 아리스토텔레스 철학의 상당 부분이 그
대척적인 관점에서 형성을 보게 된 것이다. "이데아들과 관련해서 플
라톤을 비난하는 아리스토텔레스는 그것들을 도처에서 들쑤시며, 그
것들과 관련된 온갖 난문(難問: aporia)을 제기한다. 즉 그의 윤리서
들과 [『형이상학』], 『자연학』 및 공개된 대화록들에서 말이다. … 이
런 견해들로 해서, 어떤 사람들이 보기에 그는 지혜를 사랑하기
(philosophōteron)보다는 경쟁을 더 좋아하는(philoneikoteron) 것
으로 판단되었다. 마치 플라톤의 철학을 전복하도록(hypereipein) 제
의하기라도 하는 것처럼. 그는 이처럼 플라톤을 따르는 것에서 멀리
떨어져 있었다."[30]

　이쯤에서 이런 '지성에 의해서 알게 되는 것들(ta noēta)'과 관련
된 언급은 접기로 하고, 다시 아리스토텔레스 자신의 철학 이야기로

30　Plutarch's *Moralia*, *Adversus Colotem*, 1115b8~c4.

돌아가자. 그가 말하는 '사람에 맞는 좋음' 그리고 '사람에 맞는 행복'을 말할 차례가 된 것 같다. 그의 중용사상도 이와 관련되어 있다. 그에 의하면 "행복은 완전한 훌륭함(덕: aretē)에 합치하는 혼(psy-khē)의 어떤 활동(energeia)이기에, [사람으로서의] 훌륭함(덕)에 대한 고찰을 해야만 할 것이다. … 고찰해야만 하는 것은 사람에 맞는 훌륭함(덕)(aretē anthrōpinē)에 대해서인 게 명백하다. 왜냐하면 우리가 탐구해온 좋음도 사람에 맞는 것(t'agathon anthrōpinon)이었고 행복도 사람에 맞는 것([hē] eudaimonia anthrōpinē)이었기 때문이다. 그러나 우리가 사람에 맞는 훌륭함(덕)(aretē anthrōpinē)을 말하는 것은 몸의 훌륭함[31]이 아니라 혼의 그것이기 때문이다. 행복이라는 것도 혼의 활동을 우리는 말하고 있는 것이다."(I. 13. 1102a5-17) 그러니까, 여기에서 새삼 확인할 수 있듯, 아리스토텔레스가 말하는 행복은 보통 우리가 생각하고 있는 그런 것이 아니라, "[사람으로서의] 완전한 훌륭함(덕)에 따른(합치하는) 혼의 어떤 활동이다." 이 경우에 그가 뜻하는 '혼의 활동(energeia)'이란 혼이 지니고 있는 가능성(가능태: dynamis)을 현실화해서 활동하는 상태(energeia)로 유지하고 있음을 뜻하고, '완전한 훌륭함'이란 인간 혼의 기능이 그 완성(telos)의 상태(entelekheia)에 이른 것을 뜻한다.

그래서 역시 같은 논조를 이어가는 이 책의 마지막 권인 제10권의 7장 및 8장에서 내리고 있는 결론은 이러하다. "만약에 행복이 [사람

31　여기에서 '몸(sōma)의 훌륭함(aretē)'(hē tou sōmatos aretē)이라 했는데, 이 경우의 aretē도 흔히 '덕'으로 옮기는 것이다. 그러나 우리는 '몸의 덕'이라 말하지는 않는다. 내가 어떤 것의 '훌륭한 상태'를 뜻하는 이 말을 고집스럽게 '훌륭함'으로 옮기되, 사람의 경우에는 [사람으로서의] '훌륭함(덕)'으로 옮기고 있는 것은 이런 이유로 해서다.

으로서]의 훌륭함(덕: aretē)에 따른(합치하는) 활동이라면, 그것은 '최상의 훌륭함(덕)에 따른(합치하는)'(kata tēn kratistēn [aretēn]) 활동이어야 합당하다. 한데, 이것은 최선인 것(to ariston)의 훌륭함(덕)일 것이다. 이 최선인 것이 과연 지성(nous)이건 또는 다른 무엇이건 간에, 이것이야말로 그 본성상 통솔하고 주도하며 아름다운 것들과 신적인 것들에 대한 관념(ennoia)도 갖게 되는 것이다. 그것 자체 또한 신적인 것(theion)이건 또는 우리 안에 있는 것들 가운데서 가장 신적인 것이건 간에, 그것에 특유한 훌륭함(덕)에 따른(합치하는) 그것의 활동(energeia)이 완벽한 행복일 것이다. 그 활동이 관상적(觀想的)인 것이라는 것은 이미 언급되었다." 이 관상적인 활동이야말로 행복의 조건들과도 일치하고 진실과도 일치한다. 이것이야말로 최상의 활동이기 때문이다. 지성은 우리에게 있는 것들 가운데서 '최상의 것'이고, 지성이 대상으로 삼는 것들은 우리가 알 수 있는 것들 가운데서도 최상의 것들이기 때문이다. 더 나아가 그런 활동이야말로 '가장 지속적인 것(synekhestatē)'이다. 관상함(theōrein)은 그 어떤 행함(prattein)보다도 더 지속적으로 우리가 할 수 있기 때문이다. 그리고 [사람으로서의] 훌륭함(덕)에 합치하는 활동들 중에서도 지혜(sophia)에 합치하는 것인 이 활동은 '가장 즐거운 것(hēdistē)'이다. 지혜사랑(철학)이 제공하는 즐거움은 그 순수성과 지속성으로 해서 놀라운 것이기 때문이다. 또한 이른바 '자족성(autarkeia)'도 다른 어떤 활동보다도 관상적인 활동에서 찾을 수 있는 것이다. 그래서 반즈는 흔히 '행복'으로 번역하는 '에우다이모니아(eudaimonia)'에 대해서 이런 말을 하고 있다. "eudaimonia는, 영어에서 happiness가 그러는 경향이 있듯, 심적인 만족 상태(a mental state of euphoria)를 가리키지는 않는다. eudaimōn(eudaimonia의 형용사)하다는 것(to be eudaimōn)은 '활발히 활동함(to flourish)', 즉 '인생의 성취함(to make a success of life)'이며, eudaimonia와 happiness의 연결 또한 간접적이다. … '활발히 활동함'은, '어떤 상태에 있는 것'과는 반대되는 것으로서, 일들을 하고 있음을 의미한다. … '활발히 활동함'은 어떤 일들을 훌륭하게(excellently) 또는 잘(well) 함이다. …『니코마코스 윤리학』에서 하고 있는 아리스토텔레스의 주된 주장은 행복이 지적인 활동에 있다는 것이 아니라, 훌륭한 지적인 활동이 사람을 위한 성취 또는 활발한 활동을 이룬다는 것이다."[32] 역시 비슷한 생각을 하고 있는 허친슨도 아리스토텔레스의 윤리학을 해설하면서 아예 중간 소제목을 'Living Successfully'로 뽑았다.[33] 이런 해석을 통해 아리스토텔레스의 관상(theōria) 활동이 신적 경지를 지향하는 현실 일탈의 것이 아닌, 따라서 활발한 철학적 사유 활동임을 강조하려는 것임을 짐작케는 한다. 그러나 반즈나 허친슨의 이런 아리스토텔레스 해석의 시도는, 바로 이어지는 아리스토텔레스 자신이 실제로 말하는 관상 활동과는 상당한 괴리감을 느끼게 하는 것이기도 한 것이다. 아리스토텔레스는 관상(觀想: theōria)과 관련해서 이런 말을 하고 있다. "자족(自足: autarkeia)은 관상적인 활동에 최대로 있을 것이다. … 지혜로운 사람에게 … 삶을 위해서 필요한 것들이 충분히 갖추어졌을 때, … 지혜로운 사람은 혼자서도 관상함(theōrein)이 가능하거니와, 더 지혜로울수록 더 그럴 수 있다. … 지성의 활동은 그 존귀함에 있어서 탁월하며, 그것 이외의 다른 어떤 목적도 추구하지 않으며, 그 고유한 즐거움을 가진다. … 또한 자족함과 한가로움, 물리지 않음 …

---

32 Barnes, J., *Aristotle* (Oxford, 1982), pp. 78~79.

33 Barnes, J.(ed.), *The Cambridge Companion to Aristotle* (Cambridge, 1995), p. 199.

그리고 그 밖의 것들로 축복받은 사람에게 주어지는 하고많은 것이 있다. … 이게 온 생애에 걸친 것이라면, 이것이 인간의 완벽한 행복일 것이다. … 이런 삶은 인간 이상의 것일 것이다. 인간인 한, 이렇게 살지는 못할 것이지만, 그의 안에 신적인 무엇인가가 있는 한은, 이렇게 살게 될 것이다. … 지성(nous)이 인간에 비해 과연 신적인(thei-on) 것이라면, 이에 따른(합치하는) 삶 또한 인간적인 삶에 비해 신적인 것이다. … 할 수 있는 한까지는 사멸하지 않도록(athanatizein) 할 것이며, 자신 안에 있는 것들 중에서 최상의 것에 따라 살기 위해 진력해야 할 것이다. … 이 신적인 것이 정녕 각자에게 있어서 주인 노릇을 하는 것이며 더 나은 것이라면, 이것이야말로 우리 각자인 것으로 여겨질지 모르겠다. 그러니 인간이 자신의 삶을 택하지 않고 인간 이외의 다른 것의 삶을 택한다면, 그것은 이상한 일일 것이다. … 각자에게 고유한 것이 본성상 가장 좋으며 가장 즐거운 것이다. 따라서 지성이 정녕 가장 인간인 것일진대, 인간에겐 지성에 따른(합치하는) 삶(ho kata ton noun bios)이 그러하다."[34] 이런 언급에 이어, 그는 그다음 장(8장)에서 '다른 덕(훌륭함)에 따른(합치하는) 삶'을 이등급의 삶으로 비하하면서, 그 까닭은 그것에 따른(합치하는) 활동들이 인간적인 것들이기 때문이라 한다.[35] 그러니 "살아 있는 자에게서 행함(prattein)이 제외된다면, 더 나아가 제작함(poiein)마저 제외된다면, 관상(theōria) 이외에 무엇이 남겠는가? 그러니 신의 활동은 … 관상적인 것일 것이다. 인간적인 활동들 중에서도 이에 가장 유사한 것이 가장 행복한 활동이다." 그래서 "행복은 일종의 관상이겠다."[36]고

---

34 『니코마코스 윤리학』 10. 7. 1177a27~1178a4.
35 같은 책, 8장 1178a9~10.
36 같은 장, 1178b20~32.

까지 말한다.

그의 이런 생각은 그가 플라톤 사후에 아테네를 떠나기 전인 30대에 쓴 것으로 추정되는 것으로서 지금은 부분적으로만 전해지고 있는『철학함을 위한 권유』(*Protreptikos*)의 곳곳에서도 확인되고 있다. 여기에서도 '관상적인 활동(theōrētikē energeia)' 또는 '관상함(theōrein)'이 가장 즐거운 것이고, 그런 활동을 하는 삶이 '완벽하게 사는 것'이며 '행복하게 사는 것'임을 몇 번이고 강조하고 있다.[37]

아리스토텔레스의 이런 주장에 접하다 보면, 적잖은 사람이 그를 플라톤과 새삼스레 대비해 보지 않을 수 없게 되겠는데, 이때 연상하게 되는 것이 어쩌면 라파엘로(Raphaello)의 저 유명한 아테네학당의 그림이겠다. 문제는 이 그림이 시사하고 있는 바가 과연 맞는가 하는 것이다. 이 그림에서 플라톤은 왼손으로 우주론을 다룬『티마이오스』를 옆구리에 낀 채 오른손은 하늘을 향하게 하고 있다. 반면에 아리스토텔레스는 왼손으로『윤리학』을 역시 옆구리에 끼고서 오른손은 땅을 향하게 하고 있다. 관상 활동과 연계된 아리스토텔레스의 행복론을 알게 되면, 현실 참여의 실천을 강조한 플라톤의 처지가 이 그림에서 뒤바뀐 꼴이 된다. 그러고 보면, 두 철학자가 가리키고 있는 손들의 방향은 실은 그들 철학의 시발점에서 볼 때나 맞다. 플라톤은 인간의 오관을 이용한 감각적 지각에만 의존할 것이 아니라, 감각적 지각(aisthēsis)으로는 지각할 수 없는 것들(ta anaisthēta = the insensibles)이 있으니, 이것이야말로 우리가 알지 않으면 안 됨을 그는 강조했다. 그런 능력을 지성(nous = intellect)으로 일컬으며, 이것에 의존해서라야만 알 수 있는 것들(ta noēta = the intelligibles)이 있다는 것

37　W. D. Ross, *Aristotelis Fragmenta Selecta* (Oxford, 1955), pp. 50~51.

을 그는 강조했던 것이다. 수학적인 것들도 넓은 뜻에서는 그런 것들
이며, 이른바 이데아들로 불리는 것들도 그런 것들이다. 여기에서 더
나아가 그는 인간 중심이 아닌 우주적 또는 지구적 차원에서 인간의
문제도 생각해야 함을 강조했던 것이다. 왜냐하면 그는 '적도(適度)'
나 '좋음'을 말하되, 이를 우주와 지구에 사는 모든 생물의 생존에까
지 적용되는 원리로서의 '좋음'으로 말하고 있기 때문이다. 이에 반
해 아리스토텔레스는 현실적이고 상식적인 것을 우선시한다. 그런 점
에서 그의 주장들은 호소력이 있고 설득력이 강하다. 그도 '좋음'을
말하지만 '사람을 위한 좋음'을 말할 뿐이었다. 행복도 인간의 행복
이다. 식물들에도 다른 동물들에도 삶은 있지만, 이것들에는 '영양섭
취와 성장의 삶' 그리고 '감각적 지각을 하는 삶'이 있을 뿐이다. 물
론 이성도 지성도 없기 때문이다. 이것들은 인간 특유의 것들이다. 인
간 세계를 넘어선 초월적인 존재가 신이다. 그래서 인간의 궁극적인
목표는 신의 활동에 참여하는 것인데, 이것이 관상 활동(theōria)이
다. 이쯤 되면 라파엘로의 그림에서 두 철학자가 가리키는 손의 방향
은 완전히 뒤바뀌어야만 맞다. 그리고 보면 한 유명한 고전학자가 "관
상적인 활동을 행위적인 활동보다 더 높임에 있어서 아리스토텔레스
는 플라톤보다도 더 플라톤주의자이다."[38]라고 한 말은 바로 정곡을
찌른 것이라고 할 것이다.

3) 도덕적(인격적) 훌륭함(덕)과 중용

물론 중용(mesotēs, to meson)은 이런 관상 활동과 직접적으로 관
련되는 훌륭함(덕: aretē)이 아니라, '도덕적 또는 인격적인 훌륭함

---

[38]   F. M. Cornford, *Before and After Socrates* (Cambridge, 1972), p. 103.

(덕)´(hē ēthikē aretē)에 관련되는 것이다. 그러나 "어떤 활동도, 방해를 받고서는, 완전할 수가 없다."(7. 13. 1153b16)[39] 그 누구의 경우든, 신체적으로 너무 악조건에 처하거나 물질적으로 너무 곤궁하고서는, 지성의 활동이, 관상(觀想) 활동이 방해를 받지 않을 수는 없을 것이다. 더더구나 인격적인 결격자라면, 더 이상 말할 나위도 없을 것이다. 무엇보다도 중용의 훌륭함을 갖춘 인격이 요구되는 까닭이 이에 또한 있다고 할 것이다.

그러면 그의 중용 이론의 기반이 되는 인간 이성의 조건과 관련된 그의 주장부터 알아보는 것에서 시작하자. 그에 의하면 "혼의 일부는 비이성적인 것(to alogon)이지만, 일부는 이성을 지닌 것(to logon ekhon)이다."(1102a28) 그런데 "혼의 또 다른 어떤 성향(특성: physis)도 비이성적인 것 같기는 하지만, 이건 어떤 점에서는 이성에 관여하고 있다. 자제하는 자와 자제하지 못하는 자를 두고 그 이성을, 그리고 혼을 두고서도 이성을 지닌 부분을 우리가 칭찬하고 있으니까 말이다. 이성은 옳게 그리고 최선의 것들로 향하도록 권유하기 때문이다. 그들에게 있어서 다른 어떤 부분은 이성을 거스르는 성향을 지니고 있는 걸로 보이는데, 이것은 이성과 다투며 항거한다. … 그러니까 비이성적인 부분도 이중적인 것으로 보인다. 왜냐하면 식물에 속하는 부분은 결코 이성에 관여하지 않지만, 욕구적이며 전반적으로 충동적인 부분은 어느 면에서 이성에 관여하기 때문인데, 그것이 이성에 복종하고 따르는 한에 있어서 그렇다. … 비이성적인 부분이 이성에 의해 설복된다는 것은 권고도 일체의 비판도 그리고 권유도 말해 주고 있는 바다. 이 부분도 이성을 지니고 있다고 말해야 한다면,

---

39 이하 이런 형태의 인용구 표시는 『니코마코스 윤리학』의 것이다.

이성을 지닌 부분 또한 이중적인 것이 되겠는데, 한쪽은 그 본뜻에 있어서 그리고 그 자체에 이성을 지닌 것이지만, 다른 쪽은 마치 아버지에 복종하듯 이성에 복종하는 것이다. 하니 [사람으로서의] 훌륭함(덕: aretē) 또한 이 차이에 따라 구별된다. 왜냐하면 우리는 이것들의 일부를 지적인 훌륭함(덕)들([hai] dianoētikai aretai)로 말하나, 일부는 도덕적(인격적) 훌륭함(덕)들([hai] ēthikai aretai)로 말하기 때문이다. 곧 철학적 지혜(sophia)와 이해(이해력: synesis) 그리고 슬기로움(행위의 지혜: phronēsis)은 지적인 훌륭함(덕)들로, 반면에 너그러움(eleutheriotēs)과 절제(sōphrosynē)는 도덕적(인격적) 훌륭함(덕)들로 말한다. 왜냐하면 우리는 인격(성품: ēthos)에 대해서 말하면서 지혜롭다거나 이해력이 뛰어나다고 말하지 않고, 온유하다거나 절제 있다고 말하기 때문이다. 그러나 우리는 또한 지혜로운 이를 그 [마음] 상태(hexis)와 관련해서 칭찬하기도 한다. 그런데 [마음] 상태들 중에서 칭찬받을 만한 것들을 우리는 [사람으로서의] 훌륭함(덕)들로 말한다."(I. 13. 1102b13~1103a10)

　이처럼 "[사람으로서의] 훌륭함(덕: aretē)에는 두 종류가, 곧 지적인 것과 도덕적(인격적)인 것이 있어서, 지적인 훌륭함(덕)(hē dianoētikē aretē)은 대부분 가르침으로 해서 생기기도 하고 증대하기도 하는데, 바로 이 때문에 경험과 시간을 요한다. 반면에 도덕적(인격적) 훌륭함(덕)(hē ēthikē aretē)은 습관(ethos)으로 인한 결과이고, 이로 해서 그 이름도 ethos(습관)[40]에서 비롯된 약간의 변형을 갖게 된 것이다. 이로 미루어 도덕적(인격적) 훌륭함(덕)들 중의 어느

40　ethos는 습관 및 관습을 뜻한다. 그리고 ēthos(ἦθος)는 인격, 성품, 습속, 관습 등을 뜻하는데, ēthikē는 이의 형용사 형태이다. 윤리학은 ta ēthika(the ethics)라 한다.

것도 자연적으로는(physei) 우리에게 생기지 않는다는 것도 명백하
다. 왜냐하면 자연적인 것들 중의 어느 것도 달리 버릇 들일 수는 없
기 때문이다. 이를테면, 돌은 자연적으로 아래로 옮겨지는 것이어서
위로 옮겨지도록 버릇 들일 수 없을 것이니, 이것을 누군가가 만 번이
나 위로 던져 버릇해도 이는 안 되는 일이다. 불 또한 아래로 향하도
록 버릇 들일 수는 없을 것이며, 그 밖의 다른 어떤 것도 자연적으로
다른 성질을 가진 것들을 다르게 버릇 들일 수는 없을 것이다. 따라서
[사람으로서의] 훌륭함(덕)들이 자연적으로도 자연에 어긋나게도 우
리 안에 생기게 되는 것은 아니지만, 우리는 이것들을 자연적으로 받
아들여서, 습관을 통해서 완전케 한다. … [사람으로서의] 훌륭함(덕)
들을 우리가 갖추어 갖게 되는 것은 먼저 [그런] 활동들을 함으로 해
서다. 마치 다른 기술들의 경우에 있어서처럼 말이다. … 이를테면,
집을 지음으로써 집 짓는 사람들이 되고, 키타라를 탄주함으로써 키
타라 탄주자들이 된다. 바로 이처럼 우리는 올바른(정의로운) 것들을
행함으로써 올바른(정의로운) 사람들이 또한 되는 반면, 절제 있는
것들을 행함으로써 절제 있는 사람들이 되는가 하면, 용감한 것들을
행함으로써 용감한 사람들이 된다. 이는 나라들에서 진행되고 있는
사태가 입증하고 있기도 한다. 왜냐하면 입법자들은 시민들을 버릇
들임으로써 훌륭하도록 만들거니와, 이것이 모든 입법자의 의도이나,
이를 잘 해내지 못하는 이들은 그 목표를 놓치고 있기 때문이다. 이것
에 의해서 훌륭한 나라체제와 나쁜 나라체제가 차이를 보이게도 된
다. 더 나아가 똑같은 것들로 해서 그리고 똑같은 것들을 통해서 [사
람으로서의] 모든 훌륭함(덕)이 생기기도 하고 소멸되기도 한다. 기
술 또한 마찬가지이다. 키타라 탄주로 해서 훌륭한 키타라 탄주자들
로 되기도 하고 신통치 못한 탄주자들로 되기도 하니까. 건축가들도

그리고 나머지 모두의 경우에도 이치는 같다. 훌륭하게 집을 지음으로 해서 훌륭한 건축가들이 되나, 잘못 지음으로 해서는 나쁜 건축가들이 되기 때문이다. … [사람으로서의] 훌륭함(덕)들의 경우에도 이러하다. … 왜냐하면 사람들을 상대로 하여 거래에 관련되는 일들을 함으로써 어떤 사람들은 올바른(정의로운) 사람들이 되는가 하면, 어떤 사람들은 올바르지 못한(불의한) 사람들이 되거니와, 무섭고 위험스런 것들과 관련되는 일들을 하다가 두려워하는 버릇이 들거나 대담해지는 버릇이 들게 됨으로써 어떤 사람들은 용감해지고 어떤 사람들은 비겁해지기 때문이다. … 한마디로 말해서, 습성 또는 [마음]상태(hexis)들은 같은(닮은) 활동(energeia)들로 해서 생긴다. 바로 이 때문에 활동들은 어떤 성질의 것들인지를 드러내게 마련이다. 왜냐하면 이 활동들의 차이에 따라 습성들 또는 [마음]상태들이 뒤따르기 때문이다. 그러니 연소할 때부터 줄곧 이렇게 또는 저렇게 버릇이 드느냐는 사소한 차이가 나게 하는 것이 아니라, 아주 큰, 아니 그렇다기보다는 전적인 차이가 나게 한다."(II. 1. 1103a14~1103b25)

흔히들 먹어 버릇하고, 말해 버릇한다든가 해 버릇한다고도 말한다. 사람들의 식습관도 언어 또는 행동 습관도 버릇 들이기(ethizontes) 나름이라는 뜻으로 하는 말일 것이다. 헬라스어로 '헥시스(hexis)'는 원래 '가짐(having)'을 뜻하는데, '몸가짐'이나 '마음가짐'을 뜻하게도 되었고, 이의 반복적인 버릇 들임은 마침내 그 사람의 '마음상태'를 그런 식으로 굳혀 갖게 한다. 이 '굳어진 마음상태' 곧 '습성'을 마침내 hexis라 지칭하게도 되었다. 이 습성이 습관(ethos)으로 굳어지고, 이것이 마침내는 어떤 사람의 인격 또는 성품(ēthos)으로 자리 잡게까지도 된다는 걸 방금 말한 장문의 인용구가 우리에게 말해 주고 있다. 『논어』 양화 17. 2에 나오는 공자의 말로 이런 것이 있다. "[처음의] 본성은 서로 비슷하나, 버릇 들이기에 따라 서로 차이가 크게 난다(性相近也, 習相遠也)." 그런가 하면, 사물잠(四勿箴)을 말한 정이(程頤)는 동잠(動箴)에서 "습관이 몸에 배어 천성처럼 되어버리면, 성현과 함께 돌아가리라(習與性成, 聖賢同歸)"[41]고까지 말했다. 이 또한 같은 이치를 말하고 있다고 할 것이다. 버릇 들이기에 따라 사람됨에 그만큼 차이가 결국엔 나게 된다는 이야기일 것이다. 누군가가 어쩌다가 모처럼 용기 있는 행동을 하거나 절제 있는 언행을 했다 해서, 그가 곧 그런 성품까지 갖게 되는 것은 아니다. 헬라스인들의 속담으로 "한 마리의 제비가 봄을 만들지는 못한다."는 게 있는데, 아리스토텔레스는 이 속담에 덧붙여 "또한 하루가 그러지도 못한다."고 말했다. 이는 나쁜 뜻에서 하는 말이지만, 우리 속담에 바늘 도둑이 소도둑 된다는 게 있다. 그렇게 해 버릇한 탓이다.

"모든 훌륭함(훌륭한 상태: aretē)은, 그게 무엇의 훌륭함이건, 그것을 지니고 있는 걸 훌륭하도록 만들어주며, 그것의 기능(할 일: ergon)을 잘(훌륭하게: eu) 수행토록 한다. 이를테면, 눈의 훌륭함(훌륭한 상태)은 눈이 그리고 그 기능이 훌륭하도록 만들어준다. 왜냐하면 눈의 훌륭함으로 해서 우리가 잘 보기 때문이다. 마찬가지로 말의 훌륭함이 말을 훌륭하도록 만들어, 달리기에도 올라탄 사람을 태워가는 데도 그리고 적들을 상대로 버티는 데도 훌륭하도록 만든다. 따라서 이게 모든 경우에 이러하다면, 사람의 훌륭함(hē tou anthrōpou aretē)도 이런 마음상태(습성: hexis), 곧 그것으로 해서 사람이 훌륭해지고 또한 그것으로 해서 그가 자신의 기능(일: ergon)을 잘(훌륭하게) 수행하게 되는 그런 것일 것이다." (II. 5. 1106a15~24)

41　『古文眞寶 後集』卷十 四勿箴.

그렇다면 마음을 어떻게 다잡아서 버릇 들일 것인가가 문제일 것이다. 아리스토텔레스의 경우, 이에 제시되는 기준이 바로 중용이다. 이를테면, "절제도 용기도 지나침(hyperbolē)과 모자람(elleipsis)에 의해서는 소멸되나, 중용(mesotēs)에 의해서는 보존되기"(II. 2. 1104a 25~27) 때문이다. "모든 전문가 곧 식자(pas epistēmōn)는 지나침과 모자람은 피하되, 중간인 것(중용: to meson)을 추구하고 이를 선택하나, 이 중간은 사물 쪽의 것이 아니고, 우리와의 상관관계의 것이다."(1106b) 그래서 잘된 결과물들을 두고 덧보탤 것도 떼어낼 것도 없다고 사람들이 말하는 것은 중용(mesotēs)에 적중했다고 해서일 것이다. 의술이나 체육 또는 요리 기술 따위의 전문적 기술도 그것에 유의하는 것들이다. 사람을 사람답게 하는 도덕적(인격적) 훌륭함 (덕)(hē ēthikē aretē)은 더더욱 그러하다. "이것은 감정(pathos)들 및 행위(praxis)들과 관련되어 있어서, 이것들에는 지나침과 모자람 그리고 중간인 것(중용: to meson)이 있기 때문이다. 이를테면, 두려워함과 자신 있어 함, 욕구함, 화냄, 가련해함, 그리고 즐거워함이나 괴로워함 전반은 더하기도 하고 덜하기도 한데(mallon kai hētton), 양쪽 다가 잘못하는 것이다. 그러나 마땅히 그래야만 할 때에, 그래야만 할 것들에, 그래야만 할 사람들에 대해, 그리고 마땅히 그런 목적으로 그래야만 하는 방식으로 그러는 것은 중간이며 최선인 것이니, 바로 이것이 [사람으로서의] 훌륭함(덕: aretē)의 특징이다. 마찬가지로 행위들의 경우에도 지나침과 모자람 그리고 중간인 것(중용)이 있다."(1106b16~24) 그러나 "그러니까 훌륭함(덕)은 중간인 것(to meson)을 겨냥한 것으로서, 일종의 중간 상태(중용: mesotēs)이다. 또한 잘못하는 데에는 여러 방식이 있지만, … 옳게 하는 데에는 한 가지 방식만 있다."고 한다. 그만큼 "과녁에서 빗나가기는 쉽지만, 그것에 적중하기는 어렵다." 해서 하는 말일 것이다.

맹자도 그래서 말했을 것이다. "얼핏 보아서는 취해도 되겠는데, 깊이 살펴보니 취하지 말아야 하겠는 경우에, 취했다간 청렴함에 손상을 입힌다(可以取 可以無取 取傷廉). 얼핏 보아서는 주어도 되겠는데, 깊이 생각해 보니 주지 말아야 하겠는 경우에, 주었다간 은혜에 손상을 입힌다(可以與 可以無與 與傷惠). 얼핏 보아서는 죽어도 되겠는데, 깊이 생각해 보니 죽지 말아야 하겠는 경우에, 죽었다간 용맹함에 손상을 입힌다(可以死 可以無死 死傷勇)."(『맹자』離婁章句 下 23)라고. 이 모두는 지나침이 미치지 못함과 같다는 뜻으로, 중용을 행함이 그만큼 어렵다는 걸 일깨우기 위한 말일 것이다. 그런데 아리스토텔레스가 방금 언급된 단서들을 덧붙이듯 말했듯이, 과녁에 적중하듯, 중용을 행함은 어려운 것이다. 더구나 마땅한 때와 마땅한 대상, 마땅한 방법 등에 어긋남이 없이 그런다는 것은. 그래서 또한 맹자가 말했을 것이다. 자신을 위함(爲我)만을 취한 양자(楊子)와 사람을 가리는 일이 없이 하나같이 사랑하는 무조건적인 겸애(兼愛)를 말한 묵자(墨子) 사이에서 그 중간을 취한 자막(子莫)에 대해서 이런 말을 하고 있다. "중간을 잡음이 도(道)에 가깝기는 하나(執中爲近之), 중간을 잡되 저울질함이 없는 것은(執中無權) [그저] 한쪽 걸 붙잡고 있는 것과 같다(猶執一也). 한쪽을 잡는 걸 미워하는 것은 도를 해쳐서이니(所惡執一者爲其賊道也), 하나를 들고서 백 가지를 폐하는 것이니라(擧一而廢百也)."(『맹자』盡心章句 上 26) 자신만을 위함(爲我)은 인(仁)을 해치는 반면에, 겸애는 의(義)를 해치며, 그저 중간을 붙잡는 데만 마음을 쓰고 정작 저울질은 하지 않는 것은 시중(時中)을 해치는 것이니, 이 모두는 하나를 들고서 백 가지를 폐하는 것임을 말하고 있는 것이란다. 앞서 말한 플라톤의 측정술에서 상대적인 비교를 통한 측정이 아닌, 적도·

시중·마땅함 등의 창출적 측정술이 요구되는 것도 그 때문이겠다.

그런데 "훌륭함(덕)은 선택과 관련된 습성(hexis proairetikē)인데, 그건 우리와 상관관계에 있는 중용에 있어서 성립하거니와, 이는 이성(logos)에 의해서 그리고 행위와 관련해서 슬기로운 자(ho phronimos)가 결정함 직한 방식으로 결정되는 것이다."(1106b36~1107a2) 이런 사람의 슬기로움 또는 사려분별이 아리스토텔레스가 말하는 이른바 프로네시스(phronēsis)인데, 이를 로스는 practical wisdom으로 번역했다. 우리말로는 고심 끝에 '슬기로운 대처나 일처리 등'의 용법을 고려해서 '슬기로움(행위의 지혜)'으로 일단 옮겨보기로 했다. 이는 물론 philosophical wisdom(철학적 지혜: sophia) 등과 구별될 경우의 용어로서이다. 그러나 이는 도덕적(인격적) 훌륭함(덕) 아닌 지적인 훌륭함(덕)이기에, 일단 접어두었다가 '5)항'에서 다시 다루기로 하겠다. 되돌아가, 그 훌륭함 곧 도덕적(인격적) 훌륭함(덕)은 "두 나쁨들, 곧 지나침에 따른 나쁨과 모자람에 따른 나쁨의 중간 상태(mesotēs)이다. 더 나아가 감정들과 행위들에 있어서 적절함(to deon)보다도 한편은 모자람으로 해서이고 다른 한편은 지나침으로 해서지만, 훌륭함(덕)은 중간인 것을 찾아서 선택한다. 이래서 그 본질(ousia) 그리고 그것의 '무엇임(to ti ēn einai)'을 말해 주는 의미 규정(logos)에 따라서는 [도덕적] 훌륭함(덕)은 중간 상태(mesotēs)이지만, 최선인 것 및 잘된 것에 따라서는 극단의 상태(akrotēs)이다. 그러나 모든 행위가 그리고 모든 감정이 중간 상태를 수용하는 건 아니다. 어떤 것들은 지칭되는 즉시 무분별함(phaulotēs)을 함의하기 때문이다. 이를테면, [감정의 경우로는] 이웃의 불행을 반김, 파렴치, 질투, 행위들의 경우로는 강간, 도둑질, 살인이다."(1107a2~12)

다시 덕목으로서의 중용을 구체적으로 확인하고, 그 어려움에 대해 유념해두는 데는 역시 다음 구절이 간결한 정리를 해 줄 것 같다. "두려움 및 대담함과 관련해서는 용기가 중용(mesotēs)이다. 대담함에 있어서 지나친 경우는 만용이나, 두려워함에 있어서 지나치되 자신감이 부족한 사람은 겁쟁이다. 즐거움 및 괴로움과 관련해서 중용은 절제이나, 지나침은 무절제이다. … 재물을 주고받는 것과 관련해서 중용은 후함이나, 지나침과 모자람은 낭비와 인색이다."(II. 7. 1107a34~1107b10) 그렇지만 "각각의 경우에 중간인 것을 취한다는 것은 어려운 일이다. 이를테면, 원의 중심을 찾는 것은 모두 아닌 아는 자의 일이다. 이처럼, 화를 내는 것은, 그리고 돈을 주거나 쓰는 것도 누구나 할 수 있고 또 쉬운 일이다. 그러나 이를 누구에게 얼마만큼 언제 무엇 때문에 그리고 어떤 방식으로 해야만 하는지를 아는 것은 결코 누구나 할 수 있는 일도, 쉬운 일도 아니다. 바로 이런 까닭으로, 잘하는 것(to eu)은 드물기도 하고, 칭찬받을 만하며 훌륭하다."(II. 9. 1109a24~30)

4) 정의의 종류들 그리고 형평성

그런데 『니코마코스 윤리학』 제5권에서는 도덕적(인격적) 훌륭함(덕)(hē ēthikē aretē)들 중의 하나로서, 특히 타인과의 관계에 있어서 성립하는 정의(dikaiosynē)의 문제를 집중적으로 다루고 있다. 이제 우리가 특히 주목해서 다루게 되는 것은 이와 관련된 것이다. 아리스토텔레스가 이를 어떻게 규정하고 있으며, 이것에는 어떤 종류의 것들이 있는 것으로 보고 있고, 더 나아가 공동체의 구성원들 사이의 형평의 문제를 어떤 시각에서 다루고 있는지도 이제 알아볼 것이다.

먼저 정의는 어떤 종류의 행위들에 관련된 것이며, 어떤 종류의 중용인지 고찰하기로 한다. 앞서 말했듯, 도덕적(인격적) 훌륭함(덕)

은 혼에 있어서 일종의 굳어진 상태 곧 습성(hexis)이다. 습성이 다시 습관(ethos)으로 굳어지고, 이것이 마침내는 어떤 사람의 인격 또는 성품(ēthos)으로 자리 잡게 되기 때문이다. 그래서 말한다. "우리는 모든 이들이 이런 습성(굳어진 마음상태)을 정의의 뜻으로 말할 것임을 확인할 것이다. 그것으로 해서 정의로운 것들을 행하는 데 적극성을 보이며 또한 그것으로 해서 올바른 것들을 행하며 올바른 것들을 원하는 습성(마음상태)으로 말이다. 그러나 불의와 관련해서도 같은 식으로 말할 것이니, 그것으로 해서 불의를 저지르고 올바르지 않은 것들을 원한다고."(V. 1. 1129a) 그리고 올바르지 못한 사람(ho adikos)은 "불법한 사람(ho paranomos)과 제 몫보다 더 차지하려는 사람(탐욕스런 사람: pleonektēs) 그리고 불평등한 사람(ho anisos)"일 것이다.(V. 1. 1129a) 그리고 정의는 다른 훌륭함(덕)들과는 달리 혼자만의 것이 아닌 타인과의 관계에 있어서의 것이라는 점에서 '완벽한 훌륭함(덕)(aretē teleia)'이다. "이 때문에 정의는 훌륭함(덕)들 중에서도 종종 가장 강력한 것으로 여겨진다. … 잠언 삼아 우리는 '요컨대 정의에 모든 훌륭함(덕)이 있다'고 말한다. 이것은 더할 수 없이 완벽한 훌륭함(덕)이기도 한데, 이는 이것이 완벽한 훌륭함(덕)의 사용이기 때문이다. 이것이 완벽한 것인 것은 이를 가진 자가 타인과의 관계에 있어서도 이 훌륭함(덕)을 사용할 수 있어서, 비단 자신에게만 국한시키지는 않기 때문이다. … 그러기에 비아스(Bias)가 말한 바가, 곧 통치가 그 사람을 보여줄 것이라고 한 것은 잘한 것이라 여겨진다. 왜냐하면 통치자는 이미 타인과의 관계 속에 그리고 공동체 안에 있기 때문이다. 같은 이 이유로, 곧 타인과의 관계에 있어서의 것이라는 점 때문에 [사람으로서의] 훌륭함(덕)들 중에서도 정의만이 남[에게] 좋은 것(allotrion agathon)이라 여겨진다.⁴² 통치자나 동료는 남에게 편익이 되는 것들을 행하기 때문이다.
… 가장 훌륭한 사람은 [이] 훌륭함(덕)을 자신에 대해서가 아니라 타
인에 대해서 사용하는 자이다. 이는 실로 어려운 일이다. 실상 이 정
의는 [사람으로서의] 훌륭함(덕)의 부분이 아니라 전체적인 훌륭함
(덕)(holē aretē)이다."(1129b~1130a)

그런데 정의에도 여러 가지가 있다. 그는 전체적인 훌륭함으로서의
그것을 말하는 것에서 더 나아가, 좀 더 구체적으로 말하고자 해서,
여러 가지의 부분적인 정의들을 세부적으로 언급하게 되는데, 그 몇
가지만 정리해 보도록 한다.⁴³ 그 첫째 것은 한 정체에 관여하고 있는
시민들에게 분배될 수 있는 온갖 것들, 이를테면 공유의 것들인 관직
과 같은 명예와 재화 등의 분배(dianomē)와 관련된 분배적 정의(to
dianemētikon dikaion)이다. 분배는 서로 기여한 몫들과 같은 비율
에 따른 것이 될 것이기 때문이다. 분배와 관련해서 "정의로운 것은
적어도 넷인 것들에 있어서 성립하는 게 필연적이다." 곧 거기에는 네
개의 관계 항(項)들이 있다. 분배를 받을 사람이 둘, 분배될 사물 또한
둘이기 때문이다. 둘이 평등하고 나뉘는 것들도 평등하면, 같은 평등
이 성립한다. 이들 사이의 비례(analogia) 관계는 등비(isotēs logōn)
곧 등비비례(기하비례: geōmetrikē analogia)에 따른 것이다. 둘이
평등하지 않으면, 평등하게 갖지 못하게 되겠는데, 평등한 사람들이
평등하게 갖지 못해도, 평등하지 못한 사람들이 평등하게 갖거나 분

42 『국가(정체)』편 343c에서 그 취지는 다르지만, 표현상으로는 트라시마코스가
이런 주장을 하고 있는데, 그 발언은 다음과 같다. "올바름 및 올바른 것이란 실은
'남[에게] 좋은 것(allotrion agathon)', 즉 더 강한 자 및 통치자의 편익이되, 복종하
며 섬기는 자의 경우에 있어서는 '자신에게 해가 되는 것(oikeia blabē)'이다."
43 이와 관련해서는 V. 2~5. 1130b~1134a에서 다루고 있다.

배받아도 다툼과 불평이 인다. 모두가 분배에 있어서는 어떤 자격에 따르는(kat' axian) 것이, 곧 그 자격에 비례해서 하는 것이 정의로운 것이라는 데는 동의하지만, 그 자격을 같은 것으로 말하지는 않는다. "민주제를 지지하는 사람들은 자유를, 과두제를 지지하는 사람들의 일부는 부를, 이들 가운데서도 다른 일부는 좋은 출생(가문)을, 최선 자들의 정체를 지지하는 자들은 [사람으로서의] 훌륭함(덕)을 그 자격으로 말한다. 그러니까 정의로운 것은 비례적인 것이다." 그런데 정의로운 것은 평등한 것이고, 평등한 것은 중간인 것이기에, 정의로운 것은 중간인 어떤 것일 것이다. 그가 "사람들은 정의로운 것(to dikaion)을 찾음으로써, 중용(to meson)을 찾고 있다. 법이 중용이기 때문이다."⁴⁴라고 말한 것도 같은 뜻에서 하는 말일 것이다.

다음으로 들 수 있는 것은 상호 거래와 관련된 시정적(是正的)인 정의(to diorthōtikon dikaion)이다. 상호 거래에도 두 가지가 있다. "그 일부는 자발적인 것들이나 일부는 비자발적인 것들인데, 자발적인 것들은 이런 것들, 곧 매매, 대금(貸金), 전당, 대여, 세놓음이다. (이것들이 자발적이라 말하게 되는 것은 이들 거래들이 자발적이기 때문이다.) 반면에 비자발적인 것들 중에서도 일부는 은밀한 것들, 이를테면 도둑질, 강간, 독물 이용, 매춘 알선, 노예 빼돌림, 암살, 위증이지만, 다른 일부는 강제적인 것들, 이를테면 폭행, 구금, 살해, 강탈, 불구로 만듦, 비방, 모욕이다."(1131a) 이 정의는, 분배적 정의의 경우처럼 등비비례에 따른 것이 아니라, 등차비례(산술비례: arithmētikē analogia)에 따른 것이다. 따라서 시정적 정의의 경우엔 거래 당사자들 또는 가해자와 피해자가 어떤 사람들이건, 이에 차이를

두지 않고, 평등하게 곧 동등하게 대한다. "법은 가해 또는 피해(bla-bos, blabē)의 [정도] 차이에만 주목하지, [당사자들을] 평등(동등)한 사람들로 대한다. … 재판관은 이 불의한 것이 동등한(평등한) 것이 아니기에, 이를 동등(평등)하게 만들려(isazein) 애쓴다." 그건 불평등한 당함(pathos)과 가해 행위(praxis)를 "벌(zēmia)로써 동등(평등)하게 만들려(isazein) 애쓰는" 것이다. 가해한 쪽은 덕을 보고, 당한 쪽은 피해를 본 것이기에, 이를 평등하게 하는 중간이 정의로운 것이다. 따라서 "시정적인 정의는 손해(피해: zēmia)와 이득(kerdos)의 중간인 것(to meson)일 것이다. 이 때문에 사람들이 말다툼을 하게 될 때는, 재판관에게 호소한다. 재판관에게 간다는 것은 정의로운 것에로 가는 것이다. 왜냐하면 재판관은 살아 있는 정의와 같은 것이 되려고 하기 때문이다. 사람들은 재판관을 중간으로서 찾거니와, 더러는 중간인 자(mesidios) 곧 중재자(mesitēs)로 부르는데, 이는 그들이 중간인 것을 맞히게 되면, 정의로운 것을 맞히게 될 것이라 해서다. 그렇게 되면 정의로운 것(to dikaion)은 중간인 어떤 것(meson ti)이다. 재판관 또한 그럴진대 말이다. 그러나 재판관은 동등하게 만들고자 한다. 또한 마치 동등하지 않게 나뉜 선분에서, 반보다도 더 큰 부분이 초과하는 그만큼의 부분을 떼어서 작은 부분에 덧붙이듯. 한데 전체가 둘로 나뉘되, 동등한 걸 갖게 되면, 그땐 제 것(to haut-ou)을 갖고 있는 것으로 사람들은 말한다. 동등한 것(to ison)은 더 큰 것과 더 작은 것의 등차비례(산술비례)에 따른 중간이다."

또한 보상(報償, 補償: to antipeponthos)도 일종의 정의로 간주되고 있다. 이에는 보복적 의미의 갚음도, 보답하는 의미의 갚음도, 상호 간에 필요한 물건들의 구매로 인한 교환적인 보상도 포함되겠는데, 이 또한 어떤 이들에겐 무조건 정의로운 것으로 여겨지고 있기 때문이다. 그런데 이런 보상 관계가 균형을 잡을 수 있도록 해 주는 수단은 화폐이다. 이를테면, 이런 수단이 없을 경우, 어떤 사람들 사이에 당장 필요하지 않은 물품들의 교환은 성립할 수 없게 될 것이다. 그러나 언젠가 이것들이 이들에게도 상호 간에 필요한 날이 있을 것이고, 그들 아닌 다른 사람들에게 그것들 중의 한쪽 것이 필요한 경우도 있을 것이다. 게다가 같은 단위로 가치를 잴 수 없을 경우에도 거래가 성립하기는 어렵다. 이럴 경우에, 그 물품들에 화폐로 환산되는 값이 매겨져 있다면, 언제나 누구든 무슨 물품이든 필요할 경우에는 적정 가격으로 상호 간에 매매를 할 수 있게 될 것이다. 그래서 "화폐는, 마치 척도(metron)처럼, 같은 단위로 잴 수 있게(symmetra) 함으로써, 균등하게 한다. … 왜냐하면 그것은 모든 것을 화폐로 측정하기 때문이다." 화폐를 뜻하는 nomisma는 '그 통용이 공인된 것'이라는 뜻이다.

또 다른 정의의 일종으로 오늘날의 우리에게도 큰 관심사들 중의 하나라 할 형평성(epieikeia＝equity)과 형평(공평함: to epieikes＝the equitable)에 대해서 알아볼 차례가 되었다. 아리스토텔레스가 이 문제를 다루고 있는 것은 제5권 9장과 10장 그리고 제6권의 11장에서다. 이는 제 몫보다도 더 챙기려는 탐욕(pleonexia)과는 정반대로 제 몫보다도 덜 가짐(meionexia)의 현상이다. 먼저 그의 주장부터 알아보기로 하자. "만약에 누군가가 자신보다 남에게 더 많이 배분하기를 알면서도 자진해서 한다면, 이 사람은 스스로 자신에게 부당한 짓을 하는 것이겠다. 바로 이 짓을 적도를 지키는 자들(hoi metrioi)이 하는 걸로 판단된다. 왜냐하면 공평한 자(형평을 지키는 자: ho epieikēs)는 제 몫보다도 덜 챙기는 성향이기(elattōtikos) 때문이다." (1136b) 물론 이것은 자신에게 부당한 짓을 하는 것이다. 비록 그렇긴 하지만, 그것이 남을 배려한 것이기에 그래서 제 몫보다도 덜 챙기는 것이기에, 이는 공동체의 구성원들 전체를 위해 실질적인 민주적 평등과 화목의 가치를 드높이려는 이해심(gnōmē)의 발로일 것이다. 그런 뜻에서 그는 이것을 법의 보정(epanorthōma nomou)이며, 남들과의 관계에서 성립하는 것인 올바름(정의: dikaiosynē)의 일종이라 말하고 있다. 그의 주장을 마저 들어보는 게 좋겠다. "같은 것이 정의롭고(dikaios) 공평하거니와(epieikes), 양쪽 다가 진지한 뜻에서의 것들일 경우에는, 공평한 것이 더 우위의 것이다. 그러나 문제를 제기케 하는 것은 공평함(형평: to epieikes)이 정의롭더라도, 법에 따라 그런 것이 아니라, 법적인 정의(nomimon dikaion)의 보정(補正, 시정: epanorthōma)이라는 점이다. 한데, 그 까닭은 법(nomos)이 모두 보편적(katholou)이기는 하지만, 어떤 경우들과 관련해서는 옳게 보편적인 언표를 할 수가 없다는 것이다. 따라서 보편적인 언표를 해야만 하는 경우들에, 옳게 그럴 수가 없는지라, 법이 틀릴 수 있는 것(to hamartanomen)임을 모르는 건 아니면서도, 대부분의 경우를 취한다. 그렇더라도 법은 조금도 못지않게 옳다. 법에 있어서의 틀림(잘못: hamartēma)은 입법자에게 있는 것이 아니라, 사물(일: pragma)의 성질(physis)에 있기 때문이다. 실제적인 것들의 주제는 처음부터 이런 것이니까. 그런데 법이 보편적인 언표를 할 때, 그게 특정한 이 경우에 보편적인 것(to katholou)에 어긋날 경우, 곧 입법자가 간과하여 단순하게 말해버리는 경우, 그땐 그 부족한 것(to elleiphthen)을 보정함(epanorthoun)은 옳은 일이다. 입법자가 그 현장에 있었다면 스스로도 말했을 것 그리고 그가 알았다면 법제화했을 것을 그리 한다는 것은. 이렇기 때문에 공평한 것(형평)은 정의로운 것이며, 어떤 종류의 정의로운 것보다는 더 낫지만, 절대적으로 정의로운 것보다 그런 것은 아니나, 절대적임으로 인해 틀린 것(잘못된 것)보다는 낫다. 그리고 이것이 공평함(형평: to epieikes)의 성질이니, 이는, 법이 보편적임으로 해서 부족한 경우에, 법의 보정이다. 이게 모든 것이 법에 따른 것일 수는 없음의 이유이기도 한 것이니, 어떤 경우들에 대해서는 법을 제정하는 게 불가능한 까닭에, 법적 명령(psēphisma)이 필요하게 된다. 일정하지 않은 것에 대해서는 자 또한 일정하지 않기 때문이다. 마치 레스보스식 건축방식에서 쓰이는 납으로 된 자(mo-libdinos kanōn)처럼. 왜냐하면 이 자는 그냥 그대로 있지 않고 돌의 형태를 따라 변형되기 때문인데, 법적 명령 또한 일(사물)들에 따라 바뀐다. 그래서 공평함(형평)이 무엇인지가, 그리고 그게 정의로우며 어떤 종류의 정의보다는 더 낫다는 것도 명백하다. 이로써 공평한 자(형평을 지키는 자)가 누구인지도 분명하다. 그런 것들을 선택하고 행하는 사람, 그리고 법을 왜곡하지 않고, 비록 법이 제 편일지라도, 제 몫보다도 덜 챙기는 성향인(elattōtikos) 사람이 공평하기 때문이다. 그리고 이 상태(hexis)가 형평성(공평: epieikeia)이니, 이는 일종의 정의이지, 다른 어떤 상태도 아니다."(1137b~1138a)

  그런데 이런 형평(공평함: to epieikes)에 대한 바른 판별력(krisis orthē)을 이해심(gnōmē)이라 하며, 우리가 관대해지는 것은 이에 따른 것이라 한다. "공평한 자(ho epieikēs)는 지극히 관대하며, 어떤 경우들에 대해서 관대해지는 것이 형평이다. 관대함(syggnōmē = syngnōmē)은 형평(공평함)에 대해 옳게 판단을 내리는 이해심이다. 그리고 옳은 이해심은 참된 것에 대한 것이다."(1143a) 여기에서 '관대함'으로 옮긴 syggnōmē는 '동료 의식'이나 '관용' 또는 '용서'를 의미하기도 한다. 오늘날의 헬라스인들도 '용서'의 뜻으로 이 말을 쓰는데, 우리가 '실례합니다(Excuse me)'라고 말할 때에도, 이 낱말

을 쓴다. 다만 그 낱말 자체의 현대식 발음은 '싱그노메' 아닌 '시그
노미'이고, 정작 "실례합니다!" 하고, 용서를 구할 경우의 표현으로
는, 목적격으로 "시그노민!(Syggnōmin!)" 하고 말한다.『대학』10장
에서 '혈구지도(絜矩之道)' 곧 자신을 생각하는 마음을 척도로 삼아 남
에 대해서도 헤아리도록 하는 방도를 말하는 것이나, 이에서 더 나아
가 스스로를 미루어 남에게도 그리 대하도록 하라는 '추기급인(推己及
人)의 서(恕)'를 강조함도 그런 이해심과 관대함을 말하고 있기는 마찬
가지일 것이다.『논어』위령공 15. 23에 나오는 것으로, 한마디 말로
종신토록 실천할 만한 것이 있는지를 묻는 자공에게 한 공자의 대답
도 같은 취지의 것일 것이다. "그것은 서(恕)이다!(其恕乎). 자기가 바
라지 않는 것은(己所不欲) 남에게도 하지 말라는 것이지(勿施於人)."

그런데 참으로 흥미롭고 놀라운 것은 '恕'가 같을 '如'와 마음 '心'의
합자이듯, 헬라스어 syngnōmē도 '함께' 또는 '같이'를 뜻하는 syn-
과 '생각'·'마음'·'판단' 등을 뜻하는 gnōmē의 합성어라는 사실이다.
곧 '같이하는 생각' 또는 '함께하는 마음'이겠기 때문이다.

또한 바오로가『로마 신자들에게 보낸 서간』(13. 9~10)에서, 우리
말 번역 성서에서는 '사랑이 율법(nomos)의 완성임'을 말한 것도 같
은 뜻으로 한 것일 것이다. 모든 계명(entolē)들은 "모두 이 한마디 곧
'네 이웃을 너 자신처럼 사랑해야 할 것이니라'는 말로 요약됩니다.
사랑은 이웃에게 해악을 저지르지 않습니다. 따라서 사랑은 율법을
채우는 것(plērōma)입니다." 여기에서 종교적인 의미의 '율법'으로
옮긴 nomos는 곧 '법'을 말하며, '완성'으로 옮긴 plērōma는 모자라
는 것을 '채우는 것' 또는 '보완하는 것'을 뜻하는 말이다.『마태오 복
음서』7. 12의 이른바 '황금률'로 일컫기까지 하는 것도 엇비슷한 말
이라 할 것이다. "그러므로 사람들이 너희에게 해 주기를 바라는 그

모든 것을, 그처럼 너희도 이들에게 해 주어라. 이런 것이 율법이고 선지자들이니라." 역시 『마태오 복음서』 19. 30~20. 16에 나오는 '선한 포도밭 주인의 비유'도 남을 배려함과 사람의 기본적인 생존 조건을 염두에 둔 형평에 대한 교훈으로 삼을 수 있겠다. 이른 아침에 집을 나선 포도밭 주인은 일꾼들과 하루 1데나리온의 품삯을 지불키로 하고 포도밭으로 보냈다. 아침 아홉 시에 장터에 나가보니, 하는 일 없이 장터에 서 있는 사람들을 발견하곤, 이들에게도 정당한 품삯을 주겠다고 약속하고 포도밭으로 보낸다. 다시 열두 시와 오후 세 시쯤에도 장터에 나가서 그리했다. 오후 다섯 시에 또 장터에 나가보았더니, 역시 그런 사람들이 있어서, "당신들은 왜 온종일 하는 일 없이 여기 서 있소?" 하고 물으니, 아무도 자기들에게 삯일을 시키지 않아서 그렇다고 대답하매, 그들도 포도밭으로 가서 일하게 한다. 저녁때가 되어, 포도밭 주인은 관리인에게 품삯을 지불케 하되, 맨 나중에 온 사람부터 1데나리온씩 똑같이 지불케 한다. 마침내 이른 아침부터 일한 사람들의 차례가 되자, 더 많은 품삯을 기대하고 있던 일꾼들에게도, 한 시간만 일한 사람과 똑같은 품삯을 지불하는 데 대해 불평을 한다. 그러자 포도밭 주인이 이렇게 대답한다. "친구여, 내가 당신에게 부당한 짓을 하고 있는 건 아니오. 당신은 나와 1데나리온으로 합의하지 않았소? 당신 것이나 받아 가시오. 나는 맨 나중에 온 이 사람에게도 당신에게도 주었듯이 주고 싶소. 내 것으로 내가 하고 싶은 대로 할 수가 없나요? 혹시 당신의 눈길이 험한 것은 내가 후하다고 해선가요?"[45] 이 이야기의 처음과 끝에 덧붙인 말은 "첫째가 꼴찌 되고

---

[45] 우리말 신약 성경을 참조하되, 번역은 헬라스어 원전에 되도록 가깝도록 필자가 옮긴 것이다.

꼴찌가 첫째 되는 이들이 많을 것이다."이고, 끝에서는 첫째와 꼴찌의 순서만 바뀌었을 뿐이고 그 내용은 같다. 이 포도밭 주인은 하늘나라에 대한 비유라고 한다. 그리고 그 뜻은 언제고 예수의 부름에 응답하는 자들은 첫째고 꼴찌고 간에 천국의 은혜를 입을 것이라는 뜻으로 하는 말인 것 같다. 그러나 앞서 말했듯, 나는 이를 인간 생활의 최소한의 기본적인 형평에 대한 배려의 뜻으로도 해석할 수 있을 것이라 여겨 여기에 인용했다.

구약 성서『탈출기』23. 10~11의 안식년에 대한 언급도 그런 최소한의 형평을 고려한 것이라 할 수 있을 것이다. "여섯 해는 네가 네 땅에 씨를 뿌리고서 그 땅의 소출을 거두어들일 것이다. 허나 일곱째 해에는 그 땅을 내버려두면, 너희 무리 중에서 거지 처지의 사람들이 그걸로 먹고살 테고, 남은 것들은 들짐승이 먹을 것이다. 네 포도밭과 올리브 밭도 그렇게 해야 하느니라." 역시 이런 형태의 옛것으로는 아테네의 '테오리카(theōrika)' 정책을 또한 들 수 있겠다. 이는 원래는 축제 때 극 공연 관람료를 지급하던 제도였으나, 나중에는 재판이나 민회에 참석한 데 대해서까지 지급하게 되었던 것이다. 이는 처음엔 일종의 극빈자 구제책으로 도입된 제도였으나, 나중엔 선심성 증액으로 인해 국고에 큰 재정적 부담을 주게까지 되었다.

맹자도 항산(恒産)과 항심(恒心)을 말했다. 떳떳한 사람으로서 살아가기 위해서는 기본적으로 갖추어 갖고 있어야 할 떳떳한 재산과 생업이라 할 항산이 있어야만 하며, 이것이 있고서야 언제나 지니는 떳떳한 마음도 기대할 수 있다는 주장이다.[46] 우리나라 경주의 최 부잣집에서 전해져 온 여섯 가지 가르침(六訓) 중에는 '재산은 만 석 이

---

46   『孟子』滕文公章句 上 3.

상 모으지 말 것'과 '사방 백 리 안에 굶어 죽는 사람이 없게 할 것'이
있었다고 한다. 이는 개인인 한 부자가 빈곤의 문제와 관련되는 한,
적어도 자신이 살고 있는 백 리 지역 안에서는 형평의 문제를 그 나름
으로는 최대한 해결해 보려 한 구체적 방책의 실천이었던 셈이다.

　존 롤스가 그의 『정의론』에서 '제도를 위한 두 원리' 중의 둘째 원
리로 제시한 것은 이런 것이다. "사회적 경제적 불평등들은 이런 식으
로 조치되어야 할 것이다: (a) 가장 적게 혜택을 받는 자들의 최대 이
익이도록 하며. … (b) 관직과 지위는 기회 균등의 조건 하에 모두에
게 개방되도록 함." 이는 그의 말처럼 '순수한 마음(purity of heart)'
이 강구하는 배려일 것인데,**47** 이 또한 사회 구성원들의 형평성을 최
대한 배려하는 하나의 처방임에는 틀림없을 것이다.

　이런 형평성과 관련된 플라톤의 생각에 대해서는 앞서 『법률』편을
다루면서 이미 언급했다. 그건 두 가지 문제와 관련된 것이었는데, 그
첫째 것은 토지의 분배와 관련된 것이었다. 헬라스 역사에서 토지 문제
와 관련해서 일대 변혁을 단행했던 정치가는 솔론이었다. 그는 기원전
594년에 집정관(ho arkhōn)으로 선출된 뒤에 민주화 조치의 일환으
로 농민들이 그동안 저당 잡힌 농지를 원래의 임자에게 돌려주게 하고
빚 때문에 노예로 된 사람들을 해방시켜 주는 등의 이른바 '빚 탕감
(seisakhtheia)' 조처와 통화 개혁 및 다른 나라에서 기술인들을 유입
시키는 등 일련의 경제 시책을 씀과 더불어 세금 부과와 참정권 확대를
위해 시민들을 수입에 따라 4계층으로 나눴다. 시민이 자유민이기 위
한 최소한의 조건은 제 땅을 갖고 농사를 지어 생계를 유지하는 것이라
는 걸 그는 확신하고 있었다고 보아야 할 것이다. 이 문제와 관련되는

47　John Rawls, *A Theory of Justice* (Oxford, 1972), p. 302 & p. 587.

한, 플라톤도 『법률』편에서 재산 문제에서의 형평성과 적도 상태(me-triotēs)를 고려하여, 추첨에 의한 최초 할당 토지(klēros)의 바른 분배와 함께 이를 어떤 경우에도 매매할 수 없게 함으로써 이의 철저한 유지에 특히 유념했다는 것을 우리는 알고 있다. 그리고 시민들 간의 재산상의 격차도 과세기준 재산(timēma)으로 따져 4배 이상을 허용하지 않고, 국고에 납부토록 했던 것도 어쩌면 솔론의 그 조치를 연상케 하는 것인 것 같다. 그리고 다른 하나의 문제는 관직 참여와 관련된 형평성이었다. "명예들을 부여함에 있어서는 [사람으로서의] 훌륭함(덕: aretē)과 관련해서 더 큰 인물들에게는 언제나 더 큰 것들을 그리하되, [사람으로서의] 훌륭함(덕) 및 교육(paideia) 면에서 그 반대인 인물들에게는 그에 비례해서 적절한 것(to prepon)을 그리한다." 그러나 평등을 요구하는 다중(hoi polloi)의 불만을 수용하여 추첨(klēros)의 평등을 추가적으로 이용해야만 하지만, 이는 행운을 요하는 평등이기에, 최대한 소수의 경우들에나 이용하도록 해야만 한다고 한다.

오늘날 많은 나라에서 사회복지나 사회 진출을 위한 기회 균등 등과 관련해서 고심 끝에 내놓는 갖가지 정책들도 그리고 이와 관련해서 더 확산되어가는 관심들도 실은 인류의 그런 오랜 역사적 고뇌에 대한 본격적인 호응일 것이다.

5) 도덕적(인격적) 훌륭함(덕)들과 슬기로움(행위의 지혜: phronēsis)의 관계 그리고 그 밖의 지적인 훌륭함(덕)들

앞서 말했듯, 도덕적(인격적) 훌륭함(덕)은 선택과 관련된 습성(hexis proairetikē)이고, 우리와 상관관계에 있는 중용의 선택에 있어서 성립하며, 이는 이성(logos)에 의해서 그리고 행위와 관련해서

슬기로운 자(ho phronimos)가 결정함 직한 방식으로 결정될 때의 것
이다. 이런 사람의 슬기로움 또는 사려분별이 아리스토텔레스가 말하
는 이른바 '프로네시스(phronēsis)'이다. 이를 우리말로 '슬기로움'
또는 '행위의 지혜'로 내가 옮기기로 한 이유와 관련해서는 3)항의
끝 부분에서 이미 언급했다.

그런데 플라톤의 경우에는 phronēsis가 epistēmē(지식, 앎:
knowledge) 및 sophia(지혜: wisdom)와 물론 낱말 자체로는 각기
다르지만, 대개의 경우 거의 구별되지 않고 같은 뜻의 것들로 교체적
으로 쓰이고 있다. 이 사실은 다음에 인용하는 『국가(정체)』편 제4권
의 두 인용문에서도 단번에 확인할 수 있다. 이 점은 아리스토텔레스
의 경우와 혼동을 피하기 위해서라도 꼭 유념하고 있어야 할 일들 중
의 하나이다.

"그러니까, 성향에 따라 수립된 나라 전체가 지혜로울 수 있는 것
은 이 나라의 최소 집단과 부류에 의해서, 그리고 이들 지도자와 통치
자 집단의 지식(앎: epistēmē=knowledge)에 의해서일세. 그리고 이
것은, 그렇게 여겨지다시피, 그 성질상 최소 부류가 되는데, 모든 지
식(앎) 중에서도 유일하게 지혜(sophia=wisdom)라 불리어 마땅한
그런 지식에 관여하는 게 어울리는 것은 이 부류에 있어서일세."
(428e~429a)

"내가 보기엔, 이미 우리가 검토했던 것들, 즉 절제와 용기 그리고
슬기(지혜: phronēsis), 이것들 말고 이 나라에 있어서 [우리가 찾고
있던 걸로 여전히]⁴⁸ 남아 있던 것은 이런 것이네. 이들 세 가지 모두
가 이 나라 안에 생기도록 하는 그런 힘을 주고, 일단 이것들이 이 나

---

48 괄호 안의 것은 전후 맥락의 연결을 위해서 필자가 삽입한 것이다.

라 안에 생긴 다음에는, 그것이 이 나라 안에 있는 한은, 그것들의 보전을 가능케 해 주는 그런 것일세. 그렇지만, 다른 셋을 우리가 찾아내게 되면, 그것들 말고 남는 것은 올바름(정의)일 것이라고 우리는 말하기도 했네."(433b~c)

이 두 인용문에서는 한 나라가 지혜와 용기, 절제 그리고 올바름(정의)을 갖춘 나라로 되는 것과 관련해서 논의하는 과정에서 특히 나라의 지도자 또는 통치자 집단이 갖추어야 할 '훌륭함(덕: aretē)' 곧 그 덕목을 '지혜'로 언급하면서, '에피스테메'·'소피아'·'프로네시스'를 같은 뜻으로 쓰고 있음이 확연히 드러난다. 그래서 많은 영어 번역서들에서도 이 인용문에서의 phronēsis를, sophia와 마찬가지로, wisdom으로 옮기고 있다. 플라톤이 이들 낱말들을 같은 뜻으로 교체적으로 쓰고 있는 데는 물론 그 나름의 이유가 있다. 그의 경우에 지혜사랑이 추구하는 참된 앎은 그냥 아는 것으로 그치는 게 아니라, 그 앎을 깨친 자의 인격과 함께 행위로 드러나게 되고, 그 영향은 개인의 처신에서 더 나아가 그가 속하는 공동체에 실제로 참여하지 않을 수 없게 됨으로써 확산되게 마련이라는 확고한 신념과 연계되어 있다. 그리고 그의 이 신념은 바로 스승인 소크라테스에게서 연유한다.

소크라테스가 남긴 유명한 언명으로 "훌륭함(훌륭한 상태: aretē)은 앎(epistēmē)이다."라고 한 것이 있다. '아레테'에 대해서는 제1부의 4장에서 이미 자세하게 언급한 셈이라, 이 언명 자체에 대해서만 간단히 언급키로 한다. 그 자신이 비근한 예로서 든 제화공의 경우를 보자. 제화공의 '훌륭한 상태'는 그 뭣보다도 구두에 대한 앎과 구두를 제대로 만들 줄 아는 것과 관련되어 있으며, 그의 '나쁜 상태'는 이와 반대되는 경우의 것이다. 그러나 구두를 제대로 만들 줄 안다는 것은 구두의 기능이 무엇인지를 알 때나 가능한 일이다. 따라서 제화

공의 '훌륭한 상태(aretē)', 즉 제화공으로서 훌륭함은 구두의 기능
(ergon)에 대한 '앎(epistēmē)'과 그것을 제대로 만들 줄 아는 '앎
(epistēmē)', 즉 기술(tekhnē)이 있어야만 되는 일이요, 그 반대의 경
우, 즉 그의 '나쁜 상태(kakia)'는 구두의 기능에 대한 '무지(agnoia,
amathia)'와 그걸 제대로 만들 줄 모르는 무지에서 비롯되는 게 당연
한 귀결이다. 같은 이치로, 사람으로서 훌륭함(aretē)도 궁극적으로는
사람 구실(ergon)에 대한 앎(epistēmē)이, 더 나아가서는 사람 구실
을 할 줄 아는 앎이 있어야 비로소 실현을 볼 수 있다는 게 그 언명을
통한 소크라테스의 주장의 요지이다. 그렇다면 사람을 사람답게 해
주는, 더 나아가 사람을 사람으로서 참으로 훌륭할 수 있게 하는 사람
구실을 우리는 무엇에서 찾을 것인가? 이와 관련해서 그가 원용해서
외친 것이, 두루 알려져 있듯, 저 델피의 아폴론 신전 입구에 새겨져
있던 "너 자신을 알라(Gnōthi sauton)"는 헬라스인들의 잠언이다. 소
크라테스는 사람들로 하여금 그 잠언의 가르침대로 저 자신을 아는
일에 마음을 쓰도록 종용했다. 그가 저 델피의 교훈을 그처럼 되뇐 까
닭은 사람은 누구나 혼(psykhē)을 지니고 있으며, 이 혼이 각자에게
있어서 가장 귀한 것이니, 저마다 자신의 혼이 최대한 훌륭하고 지혜
로워지도록 혼을 보살펴야만 한다는 것인 셈이다. 그리고 혼이 훌륭
해지고 지혜로워짐으로써 비로소 사람으로서 훌륭함(aretē)도 기대해
볼 수 있다는 이야기이다. 앞서 말했듯, 어떤 것의 '훌륭한 상태'는
그것의 '기능'과 관련된다. 그렇다면 도대체 사람의 혼은 무슨 특유
한 기능을 가지고 있다는 것인가? 그걸 캐묻고 찾아야만 한다고 해
서, "캐묻지 않은 삶은 사람에게는 살 가치가 없다."[49]는 극언까지도

---

49 『소크라테스의 변론』 편 38a.

그는 삼가지 않았다. 이는 같은 시대의 사람들에게 사람 구실, 즉 인간 특유의 기능에 대한 자각을 일깨우기 위해서였으니, 모든 이의 혼에 깃들인 이것을 그는 이성(logos)이라 했다. 사람 구실을 할 수 있게 해 주는 사람의 진정한 기능이 이성임을 알아야 할 뿐만 아니라, 이 이성을 제대로 활용할 줄도 알 때에야 사람으로서 훌륭한 상태에 이를 수 있다는 것이 "아레테(훌륭함)는 앎이다."라는 명제의 궁극적인 의미일 것이다. 그리고 이 이성의 구체적인 활용과 관련해서는 제1부 1장의 후반부에서 이미 언급했다.

그런데 『정치학』 제7권 제1장(1323a27~29)에서도 "용기와 절제, 정의 그리고 지혜(phronēsis)의 조그만 부분도 갖지 못한 사람을 복되다(makarios)고는 아무도 말하지 않을 것이다."라고 말하고 있는데, 이 경우의 '프로네시스'는 앞서 인용한 『국가(정체)』 편에서의 것과 똑같은 뜻으로 쓰고 있다. 이 대목에서 조금 지나, 똑같은 경우를 1323b32~36에서도 만나게 된다. 특히 각 개인이 이들 덕목들에 관여함으로써 그런 사람으로 말하게 되는 것과 똑같이 나라의 경우도 그러함을 말하고 있으니 말이다. 따라서 이런 경우에는, 『정치학』 제7, 8권이 플라톤의 영향을 많이 받은 걸로 보기도 하지만, 굳이 그의 윤리학에서 말하는 '행위의 지혜'로 뜻바꿈까지 해서 이해할 일은 아닐 것이다.

앞서 구별했듯, 아리스토텔레스의 경우에, 혼의 훌륭함(덕)들 중에서 그 일부는 인격 또는 성품(ēthos)에 속하는 훌륭함(덕)들(aretai), 곧 도덕적(인격적) 훌륭함(덕)(hē ēthikē aretē)들이고, 다른 일부는 사유(dianoia)에 속하는 훌륭함(덕)들, 곧 지적인 훌륭함(덕)(hē dianoētikē aretē)들이다. 이 구별은 혼에서 이성을 지닌 부분(to logon ekhon)과 비이성적인 부분(to alogon)으로 나눌 수 있되, 도덕적

(인격적) 훌륭함(덕)은 이 비이성적인 부분 중에도 이성에 복종하는 부분이 있음에 근거한 것이다. 그런데 이성을 지닌 혼의 부분 중에서도, 역시 그 한 부분은 그 원리들(arkhai)이 달라질 수 없는 그런 것들을 대상으로 삼지만, 다른 한 부분은 그 원리들이 달라질 수 있는 그런 것들을 대상으로 삼는다. 대상들의 부류가 다르면, 그것에 상응하는 이성적인 부분 또한 달라지게 마련이니, 이것들에는 유사성과 친근성에 따른 앎(gnōsis)이 있기 때문이다. 이성을 지닌 부분들 중의 "하나는 인식하는 부분(to epistēmonikon [meros])이나, 다른 하나는 헤아리는 부분(to logistikon [meros])이다. 왜냐하면 심사숙고함(숙의 결정함: to bouleuesthai)과 헤아림(to logizesthai)은 동일한 것이거니와, 달라질 수 없는 것들에 대해서는 아무도 심사숙고하지 않을 것이기 때문이다. 따라서 헤아리는 부분은 이성을 지닌 부분의 하나이다."(『니코마코스 윤리학』 1139a) 이 헤아리는 부분이 갖게 되는 지혜가 앞서 말한 '슬기로움' 또는 '행위의 지혜'라 할 phronēsis이다. 이는 우연적인 영역에 있어서 드러나는 지적인 훌륭함(덕)으로서, "이성을 지닌 혼의 두 부분 중에서 의견(doxa)을 갖는 부분의 훌륭함(덕)일 것이니, 의견은 달라질 수 있는 것들과 관련된 것이며, 슬기로움(행위의 지혜)도 그렇기 때문이다."(1140b25~30) '인식하는 부분의 훌륭함'과는 구별되는 이 슬기로움에 대해서는 제6권에서 거의 집중적으로 언급하고 있는 셈인데, 다음의 인용문들이 비교적 간결하고 명료하게 추가적인 설명을 해 주고 있으므로, 이를 바탕으로 그 내용을 정리해 보는 게 좋겠다.

사람들이 말하는 슬기로운 사람의 특징은 자신에게 좋은 것들이며 편익이 되는 것을 생각함에 있어서 부분적으로 그러는 것이 아니라, "훌륭하게(잘) 사는 것(to eu zēn) 전반과 관련해서 훌륭하게 심사숙

고할 수 있음"(1140a25~28)이다. "슬기로움(행위의 지혜)은 인간사
(ta anthrōpina)에 대한 것이며, 심사숙고할(bouleusasthai) 수 있는
것들에 대한 것이다." 따라서 슬기로운 자의 기능도 훌륭하게 심사숙
고함이겠고, 달라질 수 없는 것들에 대해서나 어떤 목적이 없는 것들
에 대해서는 그 누구도 심사숙고하지 않는다. "이 목적은 행위에 의해
성취할 수 있는 좋음(prakton agathon)이다. 조건 없는 뜻에서 훌륭
하게 심사숙고하는 사람은 행위의 대상들 중에서 사람에게 가장 좋은
것을 헤아림(logismos)에 따라 목표로 겨냥할 수 있는 사람이다. 슬
기로움(행위의 지혜)은 보편적인 것들 만에 대한 것도 아니니, 개별
적인 것들 또한 알아야만 한다. 왜냐하면 그것은 행위적인 것이고, 행
위(praxis)는 개별적인 것들에 관련되기 때문이다. 이 때문에 더러는
식자가 아니면서도 다른 식자들보다도 더 실제에 밝으며, 다른 일들
에 있어서도 경험이 많다. 왜냐하면 가벼운 육류가 소화가 쉽고 건강
에도 좋다는 건 알지만, 어떤 것들이 가벼운지를 모르면, 건강이 생기
게 하지는 못하지만, 닭고기가 건강에 좋다는 것을 아는 자는 더 건강
이 생기게 할 것이기 때문이다. 슬기로움(행위의 지혜)은 행위적인
것이다." 따라서 슬기로우려면 보편적인 것들에 대한 앎과 개별적인
것들에 대한 앎 양쪽 다를 갖거나, 아니면 오히려 뒤엣것에 대한 앎을
가져야만 한다.(이상 1141b8~22)

    "사람의 기능(ergon)은 슬기로움(행위의 지혜)과 도덕적(인격적)
훌륭함(덕)(hē ēthikē aretē)에 따라 완성된다. 훌륭함(덕)은 목표를
정당화하지만, 슬기로움(행위의 지혜)은 그것에 이르는 수단들을 정
당화하기 때문이다."(1144a6~9) 그런데 성품 또는 인격(ēthos)의
훌륭함(덕)도 우리로 하여금 자칫 혼동케 하는 면이 있다. 이를테면,
영리함(deinotēs)과 슬기로움(phronēsis)에 비슷한 면이 있듯이. 아

닌게아니라 플라톤의 『국가(정체)』편 518e1~519a5에서는 '똑똑함 (to phronēsai)'의 훌륭함(덕)이 그 전환에 의해서 유용하고 유익하게도 되는가 하면 반대로 무용하고 해롭게도 되는 것과 관련해서 언급하고 있다. 그래서 궁리를 하되(phronein), 옳게(orthōs) 또는 잘 (eu) 또는 훌륭하게(kalōs) 하는가, 아니면 나쁘게(kakōs) 하는가에 따라, 곧 그 의도와 방식에 따라 판이한 결과가 초래되는 것과 관련된 용례들을 헬라스어 사전에서도 확인할 수 있다.

그러니까 사람들에겐 "각각의 성품(ēthos)이 어떤 식으로든 천성으로 이미 갖추어져 있는 것으로 여겨지고 있다. 우리는 태어나면서부터 올바른(정의로운) 사람들이고, 절제 있는 사람들이며, 용감한 사람들이고 또한 그 밖의 다른 성품들도 지니고 있으니까. 하지만 그렇더라도 우리는 진정으로 훌륭한 것인 다른 어떤 것 그리고 그와 같은 것들을 다른 식으로 갖추어갖기를 추구한다. 아이들과 짐승들에도 자연적인 상태들은 있지만, 이것들은 지성(nous) 없이는 해로운 것들인 것으로 보인다. 시각은 없이 움직이는 힘센 몸뚱이가 시각을 갖지 못함으로 인해서 비틀거리게 되듯, 이 경우도 이러하다는 정도까지는 알아볼 수 있을 것 같다. 그러나 그가 지성을 갖게 되면, 행위를 함(to prattein)에 있어서 차이를 보인다. 그럴 경우에, 닮은 것인 그 상태도 진정한 뜻에서 훌륭함(덕)이 될 것이다. 따라서 의견을 갖는 부분에 두 종류가 곧 영리함(deinotēs)과 슬기로움(행위의 지혜: phronēsis)이 있듯, 이처럼 도덕적(인격적)인 부분에도 두 종류가 있으니, 그 하나는 천성적인 훌륭함(덕)(hē physikē aretē)이지만, 다른 하나는 진정한 훌륭함(덕)(hē kyria aretē)이며, 둘 중에서 진정한 훌륭함(덕)은 슬기로움(행위의 지혜) 없이는 생기지 않는다. … 슬기로움(행위의 지혜) 없이는 진정으로 훌륭할 수도 없으며, 도덕적(인격적) 훌륭

함 없이는 슬기로울 수도 없다는 것이 명백하다." 따라서 어떤 사람이
어떤 훌륭함(덕)은 이미 획득했으나, 어떤 훌륭함(덕)은 아직 획득하
지 못하고 있다고 보는 것은 불가능한 일이다. 이는 천성적인 훌륭함
들의 경우에는 가능한 일일 수 있겠으나, 무조건적으로 훌륭한 것으
로 말하게 되는 훌륭함(덕)들 곧 진정한 훌륭함(덕)들의 경우에는 불
가능한 일이다. "하나인 슬기로움(행위의 지혜: phronēsis)이 갖추어
짐과 동시에, 모든 훌륭함(덕)들이 갖추어질 것이기 때문이다. 설령
슬기로움이 행위적인 것이 못 될지라도, 그 부분의 훌륭함(덕)임으로
해서 그것이 필요할 것임은 명백하다. 슬기로움 없이는 선택이 옳은
것이 되지 않을 것이며, 훌륭함(덕) 없이도 그리 되지 않을 것이라는
것도 명백하다. 뒤엣것은 목적을 정해 주지만, 앞 것은 목적에 이르는
것들을 하도록 만들기 때문이다."(이상 1144b1∼1145a5)

그리고 "인격(성품: ēthos)에 속하는 훌륭함(hē tou ēthous aretē)
은 여러 면에서 감정들(정서들: pathē)과 밀접히 연관되어 있다. 슬
기로움(행위의 지혜: phronēsis) 또한 인격에 속하는 훌륭함(덕)과
엮이어 있으며, 이것 또한 슬기로움과 엮이어 있다. 슬기로움의 원리
들(arkhai)이 도덕적(인격적)인 훌륭함들(hai ēthikai aretai)과 합치
하고, 도덕적(인격적)인 훌륭함들의 옳음(정당성: to orthon)이 슬기
로움(행위의 지혜)과 정녕 일치할진대 말이다."(1178a16∼19)

그런데 천성적인 능력들로서 슬기로움(행위의 지혜: phronēsis)을
뒷받침해 주는 것들이 있다. '훌륭한 심사숙고(euboulia)'와 이해(이
해력: synesis) 그리고 이해심(gnōmē)이 그것들이다. 역시 이것들에
대한 간략한 언급을 해 두기로 한다.

"훌륭하게 심사숙고함이 슬기로운 자들의 특성이라면, '훌륭한 심
사숙고'는 목적을 위한 편익과 합치하는 옳음일 것이고, 슬기로움(행

위의 지혜)은 이에 대한 참된 판단이다."(1142b31~33) 슬기로움(행위의 지혜)이 무엇은 해야만 하고 무엇은 하지 말아야 하는지를 지시하는 것인 데 비해, '이해(이해력)'는 판별하는 것일 뿐인 것이다. 이해는 슬기로움(행위의 지혜)을 지님도 이를 얻게 됨도 아니다. 그것은 "슬기로움(행위의 지혜)이 관련되는 것들에 대해 남이 말할 때, 이것들에 대해 판별을 함에 의견(doxa)을 이용하는 경우"의 것이다. (1143a8~14) 그리고 "'이해심'으로 일컫는 것, 이것에 따라 우리가 관대한 사람들로 그리고 이해심을 가졌다고 말하는, 이것은 형평(공평함: to epieikes)에 대한 바른 판별이다." 그리고 앞서 말했듯, "관대함(syngnōmē)은 형평(공평함)에 대해 옳은 판단을 하는 이해심이다. 그리고 옳은 이해심은 참된 것에 대한 것이다."(1143a19~24)

그리고 이들 상태들은 같은 데로 향해 모인다. "이해심과 이해, 슬기로움(행위의 지혜) 그리고 '누스(nous)'를 말하길, 같은 사람들에 이를 적용해서, 이해심과 함께 어느 결에 '지각도 갖게(noun ekhein)' 되었으며, 슬기롭기도 하고 이해하는 사람들이기도 한 걸로 말하기 때문이다."(1143a26~28) 그 자체로는 '지성'을 뜻하면서도, 가장 고차적인 직관이나 직각 또는 직감의 능력이기도 한 '누스 (nous)'가 이 경우에는 우리가 흔히 '지각 있음' 또는 '감각 있음 (noun ekhein)'을 말할 때의 '지각' 또는 '감각'을 뜻하기도 한다. 그러나 이는 단연코 단순한 '감각적 지각'을 의미하지는 않는다. 이를 두고 저오어킴(Joachim)은 '특수한 경우에서 어떤 원리의 연관성을 알아보는' 재능을 지니고 있음을 뜻한다고 말하고 있는데,[50] 옳은 지

---

50   H. H. Joachim, *Aristotle: The Nicomachean Ethics, A commentary*, ed. D. A. Rees (Oxford, 1951), p. 213.

적이다. 그리고 이런 능력(dynamis)들은 '최종적인 것들이며 개별적인 것들에 대한 것들'이다. 모든 행위의 대상들은 개별적인 것들이고 최종적인 것들이다. 이해와 이해심도 행위의 대상들에 관련된 것이며, 이것들은 최종적인 것들이다. 그런데 방금 말했듯, "'누스(nous)'는 양방향으로 최종인 것들에 관련된다." 행위의 문제와 관련될 수 있는 삼단논법적 추리에서 처음 제시되는 대전제 곧 보편적인 진리도 그리고 그 결론에 해당되며 곧 행위로 귀결될 최종적인 것도 '누스(nous)'의 대상들이겠기 때문이다.[51] 앞의 경우에는 '누스'가 직관 또는 직각의 능력이고, 뒤의 경우에는 '누스'가 앞서 말한 직감적인 지각이나 감각의 능력이라 할 것이다. 그래서 1143b5에서는 지각(aisthēsis)을 곧 '누스'로도 말했는데, 이는 그 미숙한 단계에서는 아직은 이른바 천성적인 것으로서의 제육감과도 같은 것이겠다. 이런 경우에 이것 또한 '천성적인 것'이겠으나, 이는 제대로 계발됨으로써, 곧이어 말하게 되는 참된 지적 훌륭함으로 될 것이다. 따라서 "[혼의] 이런 상태들은 천성적인 것들로도 여겨지고 있거니와, 아무도 천성으로 지혜롭지는 않지만, 이해심과 이해 그리고 '누스'는 갖는 걸로 여겨지고 있다. 그 증거는 이것이다. 이들 천성적인 능력들이 나이를 따르기도 하며, 이 나이가 직관 또는 직각과 이해심을 또한 갖게 한다고도 우리가 생각하는데, 이는 천성(physis)이 그 원인이어서이다."(1143b6~1143b9)

---

51   행위와 관련되는 삼단논법의 추리의 실례를 아리스토텔레스가 『니코마코스 윤리학』에서 직접 제시하지는 않았다. 다만 앞서 가벼운 육류와 소화 그리고 닭고기와 건강 등에 대한 언급(1141b8~22)에서 그런대로 이를 구성해 볼 수는 있겠다. 그리고 이와 관련된 논의로는 W. F. R. Hardie, *Aristotle's Ethical Theory*, 2nd ed. (Oxford, 1980), 228~236쪽을 참조할 것.

이제 슬기로움(행위의 지혜: phronēsis)이 그 밖의 지적인 훌륭함
(덕)(hē dianoētikē aretē)들과 어떤 점에서 구별되는지와 관련해서
언급할 차례가 된 것 같다. 이것들은 슬기로움(행위의 지혜)과는 달
리 심사숙고의 대상이 아닌 것, 곧 달라질 수 없는 것들에 대한 앎들
이다. 그중의 한 가지가 '학적 인식' 또는 '지식'이라 할 '에피스테메
(epistēmē: [scientific] knowledge)'인데, 이는 "보편적인 것들과 필
연적인 것들에 대한 파악(hypolēpsis)이다."(1140b31~32) 그런 점
에서 그것은 논증적인 것이다. 그런데 논증되는 것들이나 인식되는
것들에는 그 논거가 되는 원리들(arkhai)이 있다. 이 원리들 자체를
대상으로 삼는 것을 '누스(nous)'라고 하는데(1141a7~8), 이 경우
에 이것은 그냥 '지성'이 아니라 원리들에 대한 '직관'을 의미한다.
"지혜로운 자(ho sophos)는 원리들에서 도출되는 것들을 알아야만
할 뿐만 아니라, 원리들과 관련해서도 그 진리에 이르러야만 한다. 따
라서 철학적 지혜(sophia: philosophical wisdom)는 직관(nous)이
며 학적 인식(epistēmē)이겠다." 그러니까 "학적 인식들 중에서 가장
정확한 것이 철학적 지혜(sophia)이며", 철학적 지혜는 "본성상 가장
귀중한 것들에 대한 앎이며 직관임이 명백하고," 마치 '가장 귀중한
것들에 대한 완결된 앎' 같다고 말한다.[52] 그리고 여기서 '가장 귀중
한 것들에 대한 앎'이라 말하는 것은 인간이 우주에 있는 것들 중에서
최선의 것은 아니라 해서다.(이상 1141a16~1141b3) 이를테면, 그의
경우에는, 우주를 이루며 영원한 회전운동을 하는 천체들과 영원한
사유 활동(noēsis)을 하는 신이 그런 존재이다.

---

52   앞에서 "직관 또는 직각(nous)은 양방향으로 최종인 것들에 관련된다."고 말
했다.

2장 『정치학』에서 만나는 중용사상

1) '시민 정체'와 중산층

플라톤의 『법률』편(643e)에서 아이들의 교육과 관련해서 이런 말을 하는 대목이 보인다. 그건 "아이 적부터 [사람으로서의] 훌륭함 (덕: aretē)과 관련된 교육, 곧 올바르게(meta dikēs) 다스릴 줄 (arkhein)도 그리고 다스림을 받을 줄(arkhesthai)도 아는 완벽한 시민(politēs teleos)으로 되는 것에 대한 욕구와 사랑을 갖는 자로 만드는 교육"에 대한 것이다. 역시 아리스토텔레스의 『정치학』 III. 4. (1277a25~27)에서도 같은 생각을 엿볼 수 있다. "다스릴 수도 있고 다스림을 받을 수도 있음은 칭찬을 받는다. 존경받는 시민의 훌륭함 (덕: aretē)은 훌륭하게 다스리기도 하고 다스림을 받을 수도 있음이라 여겨진다." 이런 통치는 출생으로 해서는 같은 사람들과 자유민을 다스리는 통치로서, 이를 '시민적 통치(hē politikē arkhē)'라 일컬으며, 이는 '다스리는 자가 다스림을 받으면서 배워야 하는 것'이라 한다. "다스림을 받아보지 않고서는 잘 다스릴 수 없을 것이라 함은 훌륭한 말이다. 이들의 훌륭함(덕)은 다른 것이지만, 훌륭한 시민은 다스림을 받을 줄도 다스릴 줄도 알고 또한 그럴 수 있어야만 한다. 그리고 이것이 시민의 훌륭함(덕)이니, 자유민들의 통치를 양쪽으로 아는 것이다."(1277b7~17)

그런데 III. 7. 1279a~b에서는 이런 내용의 것이 보인다. 정체 (politeia)와 통치기구(정부: politeuma)는 같은 것을 뜻하고, "통치기구가 나라들의 주체(to kyrion)이지만, 이 주체는 1인(heis)이나 소수자들(oligoi) 또는 다중(hoi polloi)일 게 필연적이다." 이 주체가 "공동의 편익(to koinon sympheron)을 목표로 하여 다스릴 경우에

는" 바른 정체들이겠지만, 이 주체가 "사사로운 편익(to idion sym-
pheron)을 목표로 한 것들"일 경우에는, 이것들은 '탈선한 것(parek-
basis)들'이다. 반면에 "1인 정체(monarkhia)들 중에서도 공동의 편
익을 목표로 삼는 정체를 우리는 왕도 정체(basileia)로 일컬어 버릇
하고 있는 반면에, 1인보다는 많으나 소수인 사람들의 정체는 최선자
들의 정체(aristokratia)라 하는데, 이는 최선자들(hoi aristoi)이 다스
리기 때문이거나 나라와 이에 관여하는 사람들을 위해 최선인 것(to
ariston)을 목표로 하여 다스리기 때문이다. 그러나 다수(대중: to
plēthos)가 공동의 편익을 목표로 정체에 관여할 때는, 모든 정체들에
공통된 명칭 곧 *politeia*(시민정체)로 지칭된다." 이것들의 탈선 형태
들은 각기 참주정체(tyrannis)와 과두정체(oligarkhia) 그리고 민주
정체(dēmokratia)이다. "참주정체는 1인 통치자의 편익을 목표로 하
는 1인 정체인 반면에, 과두정체는 부유층의 편익을 목표로 하고, 민
주정체는 빈곤층의 편익을 목표로 삼기 때문이다. 이들 정체들 중의
어느 것도 공동의 이익이 되는 것을 목표로 하지 않는다."

한데 여기서 필자가 '시민정체'로 번역하고 있는 *politeia*는, 방금
말했듯, 원래 모든 정체를 뜻하는 중립적인 명칭이기도 하지만, 우리
말로도 달리 지칭할 마땅한 이름을 찾지 못해, 그 취지를 살려 일단
그리 지칭하기로 한 것이다. 영어권에서도, 달리 번역할 도리가 없었
는지, 그냥 constitution, polity 또는 '과두정체와 민주정체의 혼합체
(mixis olgarkhias kai dēmokratias)'(1293b34)라는 뜻으로 mixed
constitution(혼합정체)으로도 일컫는다. 그러나 내가 이 정체를 '시
민정체'로 번역한 것은 이 정체가 '시민들(politai)이 공동의 편익(to
koinon sympheron)을 목표로 하여 다스릴 수도 있고 다스림을 받을
수도 있는 정체'를 뜻한다는 점을 고려해서 한 것이다. 아닌게아니라

III. 13. (1283b37~1284a3)에서는 한 나라에 있어서의 '공정함(to isōs orthon)'과 함께 시민의 기본 자격과 관련된 규정을 이렇게 하고 있으니 하는 말이다. 가장 바른 법률을 제정하려는 입법자에게 바름(정당성: to orthon)은 공평하게(isōs) 그런 것으로 이해되어야 할 것이니, "공정함은 나라 전체의 편익과 관련되며 시민들 공동의 것(to koinon)과 관련된 것이다. 시민(politēs)은 공통되게 다스림(arkhein)과 다스림을 받음(arkhesthai)에 관여하는 자이지만, 이는 각각의 정체에 따라 다르다. 그러나 그는 최선의 정체와의 관계에 있어서는 [사람으로서의] 훌륭함(덕)에 따른 삶을 목표로 다스림을 받을 수도 다스릴 수도 있고 이를 선택하기도 하는 자이다." 더 나아가 같은 권 16장(1287a16~1287b8)에서는 이런 통치 형태를 법제화하고, 이를 통해 정의로움(to dikaion)을 추구하게 되는 것이 중용(to meson)을 추구하는 것임을 말하게 된다. 그런 뜻에서 법이 곧 중용이라고까지 단언한다. 그 추론 과정을 보자. "동등한 사람들이 다스림을 받기보다 다스리기만 하는 것은 전혀 정의로운 게 아니며, 따라서 차례로 그러는 것이 정의롭다. 이제 이것이 법이다. 순서가 법이기(hē taxis nomos) 때문이다. 따라서 시민들 중의 어느 한 사람이 다스리는 것보다는 법이 다스리는 게 더 택함 직하다. 똑같은 이치로, 설령 어떤 사람들이 다스리는 게 더 낫다고 할지라도, 이들은 법률 수호자들로 그리고 법률에 대한 봉사자들로 임명해야만 한다. … 하지만 어쨌든 법이 결정을 내릴 수 없는 걸로 판단되는 경우의 것들은 사람 또한 결정을 내릴 재간이 없겠다. 그러나 법은 바로 이 목적으로 관리들을 교육한 다음에 임명해서, 이들로 하여금 미처 법제화하지 못한 남은 문제들을 가장 올바른 판단력으로 판별하여 집행케 한다. 더 나아가서는 시행과정에서 무엇이건 현행법보다도 더 나은 것으로 판단되

는 것으로 개정토록 허용한다. 그러므로 법이 다스리도록 지시하는
자는 신과 지성만이 다스리도록 지시하는 것으로 판단되지만, 사람이
그러도록 지시하는 자는 짐승도 거기에 보태는 것으로 판단된다. 욕
구가 바로 그런 것이며, 격정은 통치자들과 가장 훌륭한 사람들까지
도 오도하기 때문이다. 바로 이런 까닭으로 법은 욕망이 빠진 상태의
지성이다." 의사는 우애 때문에 원칙을 거스르지는 않는다. 그는 환자
들을 치료해 주고서 보수를 받는다. 그러나 정치적인 통치에 종사하
는 사람들은 곧잘 악의나 호의와 관련된 짓들을 한다. 그래서 사람들
은 의사들도 적들에 설득되어, 이득을 취하려 자기들을 파멸케 하지
않을까 의심하게 될 경우에는, 의서에 적혀 있는 그대로의 치료를 받
고자 할 것이다. 그러나 정작 의사들 자신이 병이 들었을 경우에는,
다른 의사들을 불러들이는데, 이는 자신들의 상태와 관련해서 스스로
판단함으로 해서 그리고 자신들의 흥분 상태로 해서 진실을 판별할
수 없을 것이라 해서이다. "따라서 정의로운 것을 추구함으로써 사람
들은 중용을 찾고 있는 게 분명하다. 법이 중용이기 때문이다(ho gar
nomos to meson)".(1287b4~5)

바로 앞에서 "법은 욕망이 빠진 상태의 지성이다."라고 그리고 법
이 정의를 추구하는 한, 법은 중용이라고도 했다. 이는 플라톤이 『법
률』편(714a)에서 법을 '지성의 배분'이라 말한 것이나 『정치가』편
(297a~b)에서 '지성과 전문 지식으로써 가장 올바른 것(to dikaiota-
ton)을 그 나라 사람들에게 배분하는 것'이라 한 것도 기본적으로는
같은 취지를 말하고 있는 것이라 할 것이다. 이 대화편에서 말하는
'적도(適度: to metrion) 창출'을 꾀하는 측정술(metrētikē)에 의한
'가장 올바른 것'의 구현도 적도 곧 중용의 구현을 뜻하고 있기 때문
이다. 법이 중용의 구현이어야 함을 강조하고 있는 아리스토텔레스는

시민의 삶도 중용의 삶(ho mesos bios)이 바람직한 것이듯, 정치적인 공동체인 나라의 삶도 중산층이 다수를 점유하게 되는 '시민정체'의 나라가 훌륭한 나라임을 주장하고 있다. 제4권 제11장(1295a~1296a)에서 그런 언급들에 접하게 되는데, 그 핵심적인 부분은, 군더더기 같을 부연 설명 없이, 그대로 인용하는 게 좋겠다. 먼저 대부분의 나라들과 대부분의 사람들에게 무엇이 '최선의 나라체제(aristē politeia)'이고 무엇이 '최선의 삶(삶의 형태)(aristos bios)'인지를 묻는다. 이에 대한 대답을 찾음에 있어서 그는 보통 사람들의 수준을 넘는 [사람으로서의] 훌륭함(덕)이나, 자질(physis)과 행운을 요하는 교육에 비추어 본 삶도 아니고, 기원(祈願)을 통해서나 요행으로 생길 법한 나라체제에 비추어 본 것도 아닌 나라체제에서 찾도록 할 것을 다짐한다. 물론 "사람들이 최선자들의 정체(aristokratia)들로 일컫는 것들은 대부분의 나라들로서는 미칠 수 있는 범위 바깥에 있지만, 이른바 시민정체(politeia)와는 경계를 맞대고 있다. 바로 이 때문에 이들 양쪽에 대해서는 하나의 것으로서 말해야만 한다. 그렇긴 하나, 이것들 모두와 관련된 판단은 같은 근본 요소들에서 얻어지는 것이다. 왜냐하면 『윤리학』에서 행복한 삶은 [외적인 것들이나 일신상의 일들로 해서는] 지장을 받지 않는 [사람으로서의] 훌륭함(덕)에 따른 삶이고, 이 훌륭함(덕)은 중용(mesotēs)이라고 말하는 것이 옳다면, 중용의 삶(ho mesos bios)이, 저마다 이를 수 있는 중용의 처지에 있게 되는 것이 최선의 것임에 틀림없기 때문이다. 이들 똑같은 기준들이 나라 및 정체의 훌륭함(aretē)과 나쁨(kakia)의 판단 기준들임에 틀림없다. 정체(정치 체제: politeia)는 그 나라 삶의 한 형태이기 때문이다. 그런데 모든 나라들에는 나라마다 세 부류(meros)가 있는데, 한 부류는 아주 부유하나(euporoi), 다른 한 부류는 몹시 빈곤하고(aporoi), 셋째 부류는 이들 양쪽에 대해 중간인 부류(중산층: hoi mesoi)이다. 그러면 적도(to metrion)와 중용(to meson)이 최선이라는 데(to metrion ariston kai to meson)는 합의를 본 터이니, 행운의 복(eutykhē-ma)을 누림도 중간인 것이 무엇보다도 가장 좋은 것임이 분명하다. 그 정도가 이성(logos)에 가장 쉽게 순종하지만, 지나치게 잘났거나 지나치게 힘세거나 지나치게 출생이 좋거나 지나치게 부유하여도, 또는 이와 반대여서도, 곧 지나치게 가난하거나 지나치게 허약하거나 몹시 미천하여도 이성에 따르기가 어렵기 때문이다. 한쪽은 히브리스(hybris)를 저지르는 자들[53]이나 크게 나쁜 사람들로 더 되는 편이나, 다른 쪽은 불한당들이나 자질구레한 불량배들로 되는 경우가 아주 많다. … 행운의 복이나 체력, 부, 친구들 그리고 이런 등속의 것들에 있어서 월등한 자들은 다스림을 받고 싶어 하지도 않거니와 그럴 줄도 모른다. 이 점은 아이들일 때의 가정에서부터 곧장 나타나는 것이기도 하다. 사치와 응석으로 해서 이들은 학교들에서조차도 다스림을 받는 데 익숙지 않으나, 다른 쪽은 그것들이 지나치게 부족해서 너무 초라하다. 그래서 이들은 다스릴 줄은 모르고, 굴종적인 다스림을 받을 줄만 아는 데 반해, 다른 쪽은 그 어떤 다스림도 받을 줄은 모르고, 전제적인 다스림만 할 줄 안다. 그렇게 되면 노예들과 주인들의 나라가 생기지, 자유민들의 나라는 생기지 않으니, 시샘하는 자들과 업신여기는 자들의 나라가 생기는 것이다. 이런 점들에서 이 나라는 우정과 정치적인 공동체와는 아주 멀리 떨어져 있다. 공동체는 우호적인

---

53 히브리스를 저지르는 자의 원어는 hybristēs이다. '히브리스'에는 남에 대한 경우의 것과 제 자신에 대한 경우의 것이 있고, 어느 경우나 난폭함이나 지나침을 가리킨다. 난폭한 사람, 제멋대로 하는 사람, 오만무례한 사람, 욕정에 사로잡힌 사람, 자제하지 못하는 사람 등이 그 대강의 뜻이다.

것이기 때문이다. 적대관계에 있는 사람들은 길도 함께 가려고 하지 않으니까. 그렇지만 나라는 최대한 동등하고 유사한 사람들로 이루어지는 것이길 바라는데, 이는 중간인 부류(중산층: hoi mesoi)에 그 실현 가능성이 높다. 따라서 우리가 말하는 이들로 자연스럽게 나라의 구성을 본 이 나라가 가장 잘 통치될 것은 필연적이다. … 정치적인 공동체(hē politikē koinōnia)도 중간인 부류(중산층)로 해서 이루어진 것이 최선이거니와 중간인 부류(중산층)가 특히 나머지 두 부류보다 다수이고 더 강력한, 만약에 그렇지 못할 경우에는, 다른 어느한쪽보다는 더 그런 나라들이 잘 통치될 수 있을 것이라는 건 명백하다. 이게 어느 한쪽에 붙게 됨으로써 기울게 하여 반대쪽으로의 치우침을 막을 것이기 때문이다. 바로 이 때문에, '자유민들로서 정체에관여하고 있는 시민들(hoi politeuomenoi)'이 중간인 충족한 재산(ousia mesē kai hikanē)을 갖고 있다는 것은 최대의 행운이다. 한 부류는 아주 많은 재산을 가졌으나 다른 한 부류는 아무것도 가진 것이 없는 곳에서는 극단적인 민주정체나 전혀 혼성되지 않은 과두정체가 생기거나, 또는 양쪽으로의 지나침(hyperbolē)들로 해서 참주정체(tyrannis)가 생기기 때문이다. 또한 참주정체는 걷잡을 수 없이 제멋대로인 민주정체에서 그리고 과두정체에서도 생기지만, 중간인 부류(중산층)와 이에 가까운 부류에서 생길 가능성은 훨씬 더 적기 때문이다. … 중간인 정체가 최선이라는(hē mesē beltistē) 점은 분명하다. 이 정체만이 분쟁이 가장 없는 것이기 때문이다. 중산층이 두터운곳에서는 시민들 간의 분쟁과 불화가 가장 적게 일어나기 때문이다. 큰 나라들이 비교적 분쟁을 덜 겪게 되는 것도 같은 이유로 해서이니, 곧 중산층이 두텁기 때문이다. 그러나 작은 나라들에서는 모든 시민을 두 부류로 갈라놓기가 쉬워서, 중간 부류를 전혀 남겨놓지 않거니와, 시민들은 모두가 거의 빈곤하거나 부유하다. 그리고 민주정체들이 과두정체들보다도 더 안전하고 더 오래가는 것은 중간인 부류(중산층)로 인해서이다. … 이런저런 원인들로 해서 중간 정체(hē mesē politeia)는 결코 생기지 않거나, 아니면, 드물게 소수의 경우에나 생긴다."

투키디데스가 펠로폰네소스 전쟁의 격동기를 겪고서, 아테네인들이 403년에 과두정체의 과격파를 몰아내고, 과두정체의 온건파와 민주파의 대중(hoi polloi) 사이에 '알맞은 혼화(metria synkrasis)'를 이룸으로써, 자기 생애에 처음으로 훌륭하게 나랏일을 처리하게 되었음을, 그래서 그동안 겪었던 고난들에서도 회복될 수 있게 되었음을 증언하고 있는데,[54] 이는, 비록 불완전하기는 했지만, 약간이나마 그런 기준에 근접할 수 있었던 상황에 대한 하나의 예시라고도 할 수 있겠다.

2) 행복한 개개인 및 행복한 나라의 삶과 한가로움의 누림

『정치학』 제7권은 최선의 나라체제(정체)(hē aristē politeia)에 대한 적절한 탐구를 위해서는 먼저 그 구성원들인 시민들 모두 그리고 개개인에게 있어서 가장 택함 직한 삶 곧 최선의 삶이 어떤 것인지에 대한 합의 도출이 선행되어야 함을 밝히려는 것으로 시작한다. 그리고 "인간은 본성적으로 공동체 생활을 하는 동물이다(ho anthrōpos physei politikon zōon)."라는 저 유명한 말은 이 책의 시작 부분(제1권 제2장)에 나오는 것이다. 그런 인간들로서 "자신들이 처한 상황에서 가장 훌륭하게 다스려지는 정치 체제에서 사는 이들이, 뜻밖의 일이 일어나지 않는 한, 가장 잘 지내게 되는 게(arista prattein) 합당하다."(1323a20) 그렇다면 최선의 삶은 무엇인가? 아리스토텔레스가

---

54   투키디데스, 『역사』 VIII. 97. 1~3.

말하는 그런 삶은 실은 앞서 이미 밝힌 바 있어서, 이에 대한 재론은 어쩌면 김빠지는 논의일 수 있겠다 싶을 수도 있다. 그러나 "불운으로 해서가 아니라 그 천성으로 해서 나라 없는 자(ho apolis)는 인간보다 하찮거나 더 낫다."고 한다.(1권 2장) 그야 다른 동물이거나 신일 테니까. 그렇다면 정상인으로서는 어쨌든 떨쳐버릴 수 없는 공동체 생활의 틀 안에서 살아갈 수밖에 없는 개개인으로서 가장 택함 직한 삶은 그것대로 여전히 물음의 대상이 된다.

우리말로 '잘살다'라는 표현은 흔하게 쓰는 일상어이다. 부유하게 산다거나 탈 없이 지낸다는 뜻으로 쓰는 말이라고 한글 사전들에서는 그 뜻 규정을 하고 있다. 옛날의 헬라스인들도 비슷한 뜻의 일상어로 '에우 프라테인(eu prattein)'이라는 표현을 썼다. 여기에서 eu는 '잘(well)' 또는 '훌륭하게'를 뜻하는 것이기에, eu prattein(*to do* or *fare well*)은 기본적으로 '잘 지냄'·'잘 되어감'·'잘 함'·'잘 처리함'·'잘 처신함' 등을 뜻한다. 플라톤의 편지 첫머리 인사는 "플라톤이 아무개에게 안녕하심(잘 지내심: eu prattein)을!"로 시작했다. 그리고 이 말은 곧 '잘 사는 것(eu zēn)' 그리고 행복과 곧바로 연결된다. 물론 이 경우에 우리말로는 '잘살다'에서 '잘'과 '살다'를 헬라스어처럼 떼어 쓰지 않고 한 낱말로 쓰나, 이 둘을 따로 떼어 읽는다면 '잘(eu)'은 '훌륭하게'로 한결 진지한 뜻으로 전달될 것이다. 그런데 재밌는 것은 eu prattein을 그 뜻은 제쳐놓고, 영어로 그대로 대응시키면, 'well-to-do'로 되는 것인데, 이 영어 단어는 엉뚱하게도 '부유하다(wealthy)'는 뜻의 형용사로 쓰인다. 하기야 헬라스어로도 eupraktos는 'well-to-do(부유하다)'의 뜻으로 쓰인 형용사이다. 아마도 누군가가 부유하면, 이를 이용해서 하고 싶은 것도 수월하게 하며 잘 지내게 된다는 일반적인 생각에서 이런 일상어를 쓰게 되었음 직하다.

그런 생각을 하는 것이 어찌 그때의 그들만의 일이었겠는가? 천만에, 온 세상에 만연한 일인걸! 지난 세기의 70년대 말쯤이었던 같다. 그 무렵 초등학교 어린이들 사이에 벌어진 일이었는데, 우리 집 아이의 목격담이었다. 한 아이가 학교 숙제를 다른 아이에게 부탁하면서 돈 얼마를 주더라는 것이다. 그 액수는 잊어버려서 기억이 나지 않지만, 그 아이는 당장의 골치 앓을 일을 편안히 돈으로 해결하겠다는 생각이었을 것이다. 그 아이에겐 숙제의 본래 취지 따위는 처음부터 안중에도 없는 것이었을 것이다. 오로지 문제가 되는 건 뭐든 돈으로 해결하면 된다는 생각이 그 아이의 머릿속에 똬리를 틀고 있었기 때문이었을 것이다. 설마하니 어린아이가 어찌 그런 문제 해결책을 창안했겠는가! 주변에서 어른들이 문제 해결을 그런 식으로 하는 걸 목격했기 때문이었을 것이다. 그런데 더 놀란 것은 그 뒤에 들은 이야기다. 하도 충격적인 세태 일인지라, 어느 날 그 이야기를 다른 교수한테 했더니, 이 교수도 그게 설마하니 흔한 일일까 싶어 자기 아이에게 그런 일이 그 학교에서도 실제로 일어나는 일인지 물었더란다. 그랬더니 그 아이의 대답이 더 기막힌 것이었단다. "쳇, 요즘은 xx원이야!" 우리 아이의 목격담과 다른 교수의 아이가 확인해 준 것 사이에는 시간적인 차이가 좀 있었기 때문에, 그 사이에 뒤질세라 그 대가도 재빨리 물가 상승세를 올라탔던 것이다. 재물을 그런 식으로도 활용하는 것이 일을 잘 처리하고 잘 지내며, 더 나아가서는, 잘사는 방식이라고까지 생각하는 사람들의 행태의 시대적 산물이었을 것이라고 말한다면, 지나칠까?

그야 어쨌든, 그것 곧 eu prattein이, 앞서 말했듯, '잘(훌륭하게) 사는 것' 그리고 '행복'과 연결되는 과정은 플라톤의 경우에도 그리고 아리스토텔레스의 경우에도 거의 똑같다고 보아도 된다. 두 사람은 그 시대의 철학자들답게 이 일상어를 그 어원에 있어서 반성적으로 되살려, 거기에 철학적 의미 부여를 함으로써 사람들로 하여금 정말로 '훌륭하게(잘) 사는 것'이 무엇인지를 새삼 깨우치게 하려 했던 철학자들이기도 하다.

  우선 플라톤의 경우를 보자. 『국가(정체)』편 제1권 끝머리(352e~354a)에 이런 내용의 글이 보인다. '어떤 것이 그것으로써만(그것에 의해서라야만) 할 수 있는 또는 가장 잘 할 수 있는 것'이 있는데, 이것이 그 기능(ergon)이다. 그리고 이 기능에 따른 어떤 것의 '훌륭한 상태' 곧 '훌륭함(덕)'(aretē=goodness) 또한 있다. 이를테면, 칼이나 낫, 또는 눈이나 귀의 경우에서처럼. 이것들 각각은 "그 특유의 훌륭한 상태(훌륭함: 아레테)에 의해서는 그 기능을 훌륭하게 수행하게 되지만, 나쁜 상태(나쁨: kakia=badness)에 의해서는 나쁘게 수행하게 된다." 우리의 혼(psykhē)에도 특유의 기능이 있기는 마찬가지다. 그건 그 주체가 기본적으로 '사는 것(to zēn=to live)'이고, 더 나아가서는 보살피거나 다스리거나 심사숙고하는 것 등등일 것이다. 훌륭한 혼은 이런 기능을 훌륭히 수행한다. 그 모든 일을 '훌륭하게(잘) 해내는 것(eu prattein)'이 혼의 훌륭한 상태(훌륭함: aretē)이다. 그런 혼을 지닌 사람은 '잘(훌륭하게) 살 것이고(eu biōsetai)', '잘(훌륭하게) 사는 사람(ho eu zōn)'은 '복 받고(makarios) 행복하다(eudaimōn).' 곧 그런 사람(사람 노릇 잘 하고 잘 지내는 사람: ho eu prattōn)이 행복한 사람(ho eudaimōn)이라는 주장이다. 또한 소크라테스가 죽음의 독배를 비우게 되는 마지막 날의 장면을 전하는『파이돈』편(59a)에서 파이돈은 이런 말을 하고 있다. "제겐 그분께서 행복해 보이기만 했습니다. … 저승에 이르러서도 잘 지내시게 될 거라(eu praxein[이는 prattein의 미래형임])는 느낌을 갖게 되어서였습니다." 소크라테스가 죽음에 직면해서도 파이돈에게는 행복해 보인 근거는 사후의 저승에서도, 이승에서 그랬던 것처럼, 잘 지내게 될 것이라는 확신이었다.

아리스토텔레스의 경우를 보자. 먼저 접하게 될 것은 『니코마코스 윤리학』 제1권 제8장(1098b20~22)의 한 구절이다. "행복한 사람(ho eudaimōn)은 잘(훌륭하게) 살고(to eu zēn) 잘 지낸다(잘 한다: to eu prattein)고 한다. 어쩌면 그건 일종의 잘 삶(euzōia) 그리고 잘 지냄(잘 함: eupraxia=eupragia)이라 하겠기 때문이다." 이에 따를진대, 결국 행복은 '인생살이를 어떻게 하며 어떤 행위를 하는지'의 문제로 귀착되는 셈이니, 사람으로서 하게 되는 eu prattein(잘 지내고 잘 함)의 내용이 그 핵심이겠다. 『정치학』 제7권 제1장의 내용은 대강 다음과 같은 것인데, 이것에 그 해답의 윤곽이 보인다. 좋은 것들에는 세 부류가 있는데, 물질적인 것들을 포함하는 외적인 것들과 몸에 속하는 것들 그리고 혼에 속하는 것들이 그것들이고, 복된 자들에게는 이것들 모두가 없지 못할 것들이다. 그러나 이것들이 각각 어느 정도로 갖추어져야 복되다고 할 수 있는지에 대해서는 의견들이 다르다. 혼에 속하는 것인 "[사람으로서의] 훌륭함(덕: aretē)의 경우에는 웬만큼 한 것이면 충분한 걸로 여기면서도, 부나 재물, 권력, 명예 그리고 이와 같은 모든 것에 대해서는 한도 없이 넘침(hyperbolē)을 추구하기 때문이다." 뉴먼은 이 대목에 대해 주석을 달면서, 아리스토텔레스가 플라톤의 『소크라테스의 변론』을 기억하고 있다고 말하면서, 그 원문(29d~30a)을 그대로 인용하고 있는데,[55] 그건 다음 것이다. "아테네인 여러분! 저는 여러분을 반기며 사랑합니다. … 제가 살아 있는

---

55 W. L. Newman, *The Politics of Aristotle*, Vol. III (Oxford, 1902), pp. 310~2.

동안은 그리고 할 수 있는 동안까지는, 지혜를 사랑하는 것도, 여러분께 충고를 하는 것도, 그리고 언제고 여러분 가운데 누구든 만나게 되는 사람한테 이 점을 지적하는 것도 그만두지 않을 것입니다. 늘 해오던 투로 말씀입니다. '보십시오! 그대는 가장 위대하고 지혜(sophia)와 힘으로 가장 이름난 나라인 아테네의 시민이면서, 그대에게 재물은 최대한으로 많아지도록 마음을 쓰면서, 또한 명성과 명예에 대해서도 그러면서, 지혜(phronēsis)와 진리에 대해서는 그리고 자신의 혼이 최대한 훌륭해지도록 하는 데 대해서는 마음을 쓰지도 않고 생각도 하지 않는 것을 부끄러워하지 않습니까?' 라고요. 그리고 혹시 여러분 가운데서 누군가가 반박이라도 하며 자기는 마음을 쓰고 있다고 주장하면, 저는 이 사람을 바로 보내지도 제가 그와 헤어져버리지도 않을 것이니, 저는 그 사람에게 질문을 하며 캐묻고 심문할 것입니다. 그리하여 만약에 그가 [사람으로서의] 훌륭함(덕: aretē)을 지니고 있지 못하면서도 지니고 있다고 주장하는 것으로 제게 생각되는 경우에, 저는 그가 가장 값진 것들은 가장 경시하면서 한결 하찮은 것들을 더 중시한다고 나무랄 것입니다." 그래서 그도 강조한다. "행복하게 사는 것은, 인간들에게 있어서 이것이 즐거워함에 있거나 또는 [사람으로서의] 훌륭함(덕)에 있거나 간에, 인격(ēthos)과 지적인 능력(dianoia)은 넘칠 정도로 계발해 갖추되, 외적인 좋은 것들의 소유와 관련해서는 적도(適度)를 지키는 사람들(hoi metriazontes)들에게 오히려 속한다. 그것은 외적인 것들을 필요한 것들 이상으로 소유하는 사람들보다는, 이것들에 있어서는 모자라는 편인 사람들에게 속한다."고. 그는 곧 이어서 다짐한다. "각자는 [사람으로서의] 훌륭함(덕: aretē)과 지혜(phronēsis) [곧 도덕적인 훌륭함(덕)과 지적인 훌륭함(덕)] 그리고 이것들에 따른 행위를 함(prattein)에 참여하게 된 그만큼의 행복을 누리게 된다."고 보아야 할 것이라고. 그런데 [사람으로서의] 훌륭함(덕: aretē)과 지혜(phronēsis)가 없고서는 사람에게고 나라에고 훌륭한(고귀한) 일(kalon ergon)이라곤 아예 기대할 수도 없는 일이다. '훌륭한(고귀한) 것들(ta kala)을 하지 않거나 못하는' 나라나 사람이 나라 '구실'이나 사람 '구실(ergon=deed, function, work)'을 '훌륭하게(고귀하게) 할(kalōs prattein)'리 또한 없는 일이다. 따라서 '훌륭한(고귀한) 것들(ta kala)을 하지 못하는' 사람이나 나라가 제구실을 제대로 하며 잘 지내거나 잘 할 수(eu prattein)는 없는 일이요, 행복할(eudaimōn) 수도 없는 일이다. 그러니 일반적으로 말해서 역시 "최선의 삶은, 개별적으로나 나라들에나 공통되게, [사람으로서의] 훌륭함(덕: aretē)에 따른 행위(praxis)들에 관여할 수 있을 정도로 외적인 것들이 갖추어진 [사람으로서의] 훌륭함(덕)이 동반된 삶이다."

  그러나 '[사람으로서의] 훌륭함(덕)이 동반된 삶'이 가장 택함 직한 것이라고는 하지만, 그런 삶의 영위를 정작 어디에서 찾을 것인가가 다시 문제로 제기된다.(제7권 2, 3장에서) 그 대표적인 것들이 '정치적이며 행위적인 삶(ho politikos kai praktikos bios)'과 일체의 외적인 것들에서 벗어난 삶, 이를테면 '관상적인 삶(ho theōrētikos bios)'으로서 흔히 지혜를 사랑하는 사람(철학자)의 삶으로 말하는 것이다. 이들 두 삶, 곧 정치적인 삶과 지혜를 사랑하는 삶이 [사람으로서의] 훌륭함(덕)을 가장 열망하는 사람들이 선택하는 것들이라 해서다. 어떤 이들은 정치적인 관직에 매이는 것 자체를 싫어하는데, 주인 같은 삶보다는 자유인의 삶이, 시민들의 생활필수품들을 마련하는 등의 일에 매달리느라 고귀한 것들에 관여할 겨를이 없게 되는 걸 싫어해서다. 그런가 하면 다른 이들은 정치가의 삶을 가장 좋은 것으로 여

긴다. 실질적인 아무것도 하지 않는 자(ho mēthen prattōn)가 잘 하
거나 잘 지낼(eu prattein) 수는 없다고 해서다. 아무런 행위도 하지
않음(to apraktein)은 잘 함(잘 지냄: eupragia)과는, 이게 전제된 행
복(eudaimonia)과는 인연이 멀다고 해서다. 이런 관점에서 본다면,
적극적인 행위, 특히 '모두에 대한 지배 권력(to kyrion)이 최선의
것'이라고 생각할 수 있다. 이를 통해서 '가장 많은 그리고 가장 훌륭
한 행위들을 주도할 수 있을 것'이라 여겨서다. 그렇게 되면, 너 나 할
것 없이, 최대한 권력 장악에 집착할 것이다. "그러나 동등한 사람들
사이에서는 번갈아가며 다스림이 아름다운 것이며 정의로운 것인데,
이것이 평등하고(ison) 동등한(homoion) 것이기 때문이다. 동등한
사람들에게 동등하지 않음은, 그리고 동등한 사람들에게 평등하지 않
음은 자연에 어긋나니(para physin), 자연에 어긋나는 것들 중의 어
떤 것도 아름답지 못하다."(1325b7~10)

게다가 행위적인 삶(ho praktikos bios)이라 해서 반드시 타인들과
관계되는 것은 아니다. 어떤 결과를 직접 초래하는 것만이 행위적인
것도 아니다. 그 자체로 완결되고 그 자체를 위한 관상(theōria)과 생
각이 오히려 더 행위적인 것이다. 그 자체가 목적인 것이기 때문이다.
목수들의 외적인 행위들을 생각들로 총괄하는 도편수는 그들 중의 누
구보다도 더 적극적인 행위를 하는 것(prattein)으로 보아 마땅하다.

그런데 "나라가 훌륭한 것은 더 이상 행운이 하는 일이 아니고, 앎
과 선택이 하는 일이다. 훌륭한 나라는 그 정체에 관여하는 시민들이
훌륭함으로 해서이다. 그러므로 사람이 어떻게 훌륭해지는지, 이를 고
찰해야만 한다."(1332a31~36) 그래서 그는 사람들이 빼어나고 훌륭
하게 되는 건 본성 또는 천성(physis)과 습관(ethos) 그리고 이성(lo-
gos), 이 셋을 통해서임을 밝힌다. 인간들에겐 여느 동물들과는 다른

본성이 있기도 하지만, 자연 환경의 영향을 받는 민족에 따른 천성도 있다. 이를테면, 헬라스 부족은 '기백 있고 지적인 성향'을 지닌 것으로 말한다.(1327b36~38) 그것은 습관들이기(ethismos)에 따라 달라지기도 한다. 그래서 "습관은 제2의 천성이다."라는 속담이 있다. 우리 속담으로는 "세 살 적 버릇이 여든까지 간다."고도 한다. 천성은 아니지만, 나중에 들인 버릇이 죽을 때까지 간다는 뜻일 테니, 좀처럼 떨쳐버릴 수 없는 제2의 천성이 된다는 말이겠다. 성품 또는 인격 (ēthos)은 인간 특유의 이성의 개입에 의해 이 버릇들이기를 통해서 형성된다. 이성이 달리 행동하는 걸 설득하게 될 경우에는, 습관과 천성조차도 거역하는 행동도 하게 된다. 교육의 중요성이 강조되는 것은 그 때문이다. "어떤 이들은 버릇을 들이게 됨으로써 배우지만, 어떤 이들은 이성의 가르침을 듣게 됨으로써 배우기 때문이다."(1332b10~11) 그래서 "우리에게 이성(logos)과 지성(nous)은 본성 또는 천성(phy-sis)의 완성(telos)이다."라고 했다.(1334b15) 이 경우에 telos는 '끝' 또는 '목적'을 뜻하기도 한다. 아이는 태어나서 욕구와 격정 그리고 소원함을 갖지만, 이성과 지성은 그의 지적인 성숙과 더불어 완성되어가고, 이는 인간으로서의 성장과 성숙의 목적 곧 그 끝이 되는 것이기도 하다고 말할 수 있겠기 때문이다. 『정치학』에서 이후 제8권에 걸쳐 교육의 문제를 다루게 되는 것은 그래서다.

　사람에게는 때를 따라 그때마다 요구되는 [사람으로서의] 훌륭함 (덕: aretē)이 있다. 일하기(askholia)로 바쁘거나 전쟁을 할 때는 용기와 인내심 그리고 올바름(정의)과 절제가 요구된다. 침략 전쟁이 아닌 한, 전쟁의 목적은 평화이고, 일하기의 목적은 한가로움(skholē)이다. 한가로움을 제대로 누리기 위해서는 절제와 올바름(정의)도 필요하지만, 무엇보다도 지혜사랑(philosophia)이 요구된다. 이는 장차 훌륭해지고 행복해질 개개인이나 나라에서는 특히 요구되는 덕목들이다. "일할 때와 싸울 때에는 훌륭해 보이다가도, [정작] 평화를 누리며 한가로이 지내면서는 노예 같다는 것"은 부끄러운 일이겠기 때문이란다.(1334a36~40) 노예들에겐 한가로움이 없다는 속담도 있단다. 이처럼 지혜사랑을 한가로움을 누릴 때의 특유의 덕목으로 삼았다는 것은 그가 이성과 지성의 활동에, 무엇보다도 관상(觀想: theōria)에 그만큼 큰 비중을 두는 그의 행복론과도 연관성이 있음을 증명하는 것이기도 하다.

　제8권에서는 젊은이들의 교육 문제를 다루는데, 그중에서도 특히 음악 교육이 우리의 관심을 끈다. 읽기와 쓰기 그리고 그리기에 대한 교육은 특히 실생활에서의 그 유용성 때문이다. 체육은 신체적 건강과 용기에 대한 기여 때문이다. 그렇다면 음악은 무엇에 기여하는가? 음악이 할 수 있는 것으로 세 가지를 들겠는데, 교육(paideia)과 오락(놀이: paidia) 그리고 여가 시간 보내기(diagōgē)의 방법으로서의 것이 그것들이다. 일하기는 노고와 긴장을 동반하기에, 수고하는 사람에겐 휴식이 필요하고, 즐거움을 동반하는 놀이는 휴식을 위한 것이다. "한가로움을 누림(skholazein)은 그 자체가 즐거움과 행복 그리고 복되게 삶을 누리는 걸로 여겨진다. … 시간 보내기를 하는 중의 한가로움을 위해서는 뭔가를 배우고 교육받아야만 한다."(1338a1~10) "음악은 한가로움 속에서 시간 보내기를 위한 것이다. 바로 이 때문에 사람들이 음악을 수용하는 것으로 보인다. 자유인들의 시간 보내기로 생각하기 때문이다."(1338a21~23)

　그렇다면 음악의 교육적 효과와 관련된 언급을 이제 할 차례인 것 같다. "음악은 혼의 성품이 어떤 성질을 갖게끔 할 수 있다."(1340b11~12) 따라서 젊은이들에게는 음악 교육을 해야만 할 것이다. 그러나 그들은 그 나이로 해서 즐겁지 않은 것은 참아내지 못하는데, 다행히도 "음악은 그 성질상 즐겁게 하는 것들에 속한다."(1340b16~17) "음악은 즐거움들에 속하는 것이고, [사람으로서의] 훌륭함(덕: aretē)은 기뻐하고 좋아하고 미워하기를 옳게 하는 것에 대한 것이기에, 옳게 판단하고 올곧은 성품(인격)들과 아름다운 행위들에 대해 기뻐해야만 하는 것 이상으로 더 배우고 익숙해져야만 할 것은 없는게 분명하다. 리듬들과 노랫가락들에는 분노와 상냥함, 더 나아가서는 용기와 절제 그리고 이것들과 반대되는 모든 것 그리고 그 밖의 다른 성품(인격)들의 진짜 본성들에 상응하는 가장 닮은 것들(homoiōmata)이 있다."(1340a14~21) 또한 "노랫가락들 자체에도 성품(인격)들의 모방적 표현들(mimēmata)이 있다."(1340a38~39) 그래서 노랫가락들 중에서도 "성품과 관련되는 것들 그리고 그런 선법(旋法: harmonia)들을 이용해야 하는데," 도리스 선법(hē Dōristi [harmonia])이 바로 그런 것이라고 한다. 플라톤의 『라케스』편 (188d)에서는 이 도리스 선법을 '헬라스적인 선법(Hellēnikē harmonia)'이라 말하고 있다. "모두가 도리스 선법이 가장 확고하고 어느 것보다도 더 용감한 성격을 갖는 것이라는 데 동의한다. 더구나 우리는 지나침(hyperbolē)들 간의 중간 곧 중용(to meson)을 칭찬하며 추구해야만 하는 걸로 말하고 있기에, 도리스 선법은 다른 선법들에 비해 이 성질을 갖고 있어서 도리스 노랫가락이 젊은이들의 교육을 위해서도 더 적합한 게 분명하다."(1342b12~17)고 한다.

절망 상태에서 벗어나기

"현재는 미래를 잉태하고 있다(Le présent est gros de l'avenir)."는 말은 라이프니츠(1646∼1716)가 좋아한 구절이란다.[1] 그는 무한히 많은 가능한 세계들 중에서 신이 선택한 최선의 세계가 지금의 세계라 했다. 또한 그는 무수히 많은 점적인 실체들인 단자(單子: monade)들 또는 그 단자들의 결합체들이 서로는 아무런 교섭도 갖지 않는 자족한 상태로 존재하면서도, 이 세계에 충만한 이 단자들은 신이 미리 배려한 대로 조화를 이루도록 되어 있다는 예정 조화설을 주장했다. 마치 미리 맞추어진 시계들이 같은 시간을 가리키듯 말이다. 그러나 이제는 독실한 기독교인들조차도 그런 천진한 지구와 인류의 미래상을 갖기는 어렵게 된 지가 이미 오래되었을 것 같다. 그렇다면 그런 그의 확신에 찼던 믿음과는 너무나도 다른 국면으로 접어든 게 분명한 오늘의 지구와 인류가 지금 잉태하고 있는 미래는 과연 어떤 것

---

1 G. W. Leibniz, *Monadologie*, von H. Glockner (Reclam, 1954), S. 47.

일까? 상징적으로 말해서, 그런대로 건강한 생명체일까 아니면 기형
아이거나 사산아일까? 지구인들이, 그동안 그랬듯, 아무런 특단의 대
책도 없이 손 놓고 있는 한, 제일 걱정이 되는 것은, 이 셋 중에 어느
하나라기보다는, 단계적으로 오랜 시일에 걸쳐 이 셋을 차례로 출산
하게 되지나 않을까 하는 것이다. 또한 분명한 것은 문명의 이기는 더
많아지고 좋아지겠지만, 삶의 생태적 조건은 갈수록 나빠질 것이라는
것일 게다.

그러나 이런 비관적인 걱정과는 달리, '서론'에서도 언급했던 2022
년 봄의 '국제에너지기구'를 통한 2050년 탄소 중립 상태의 실현을
위한 온 인류의 동참 합의 발표가 그냥 선언적인 것이 아니라, 이번에
야말로 각국이 구체적인 약속 이행의 계획표에 따른 실천을 하지 않
을 수 없게 분위기가 조성되어가고 있는 것 같다. 지구의 자정 능력을
최소한은 회복케 할 것으로 기대되는 이 일이야말로 전 인류사를 통
해 가장 거창하고 긍정적이며 자부심을 가질 만한 대역사일 것이다.
이와 함께 다방면에 걸친 생태환경의 보존을 위한 인류의 적극적 운
동들도 덩달아 전개되고 있다는 점도 자못 고무적인 일일 것이다. 마
침내 인류가 모처럼 이성과 지혜로 무장을 하고서, 자구책을 강구하
게 될 것 같다는 밝은 희망을 가져도 되겠다는 생각이 든다.

게다가 스티븐 핑커(Steven Pinker)의 『이제는 계몽』(*Enlighten-
ment Now*)[2]과 같은 책, 그리고 전체 지구의 문제들과 관련된 이런
유의 많은 다른 책들이 뉴욕타임즈의 베스트셀러들로 줄줄이 손꼽히
고 있다는 것도 반가운 일임에 틀림없다. 그는 지구의 환경 문제를 두
고도, 문제는 심각하지만, 해결은 가능하다고 확신한다. "탄소 제거는

---

2   Steven Pinker, *Enlightenment Now*, Penguin Books, 2018.

정책과 기술에 의한 추진의 도움이 필요하다."(145쪽)고 하면서, 이런 언급들을 하고 있다. 그는 탄소의 가격 매김(carbon pricing), 탄소세(carbon taxes)와 함께, 원자력의 적극적 이용을 강조하고 있다. 핵반응으로 얻을 수 있는 에너지는, 아인슈타인의 공식 $E=mc^2$이 말해 주듯, 아주 작은 질량(mass)으로 광속의 제곱에 비례한다고 한다. 핵에너지를 얻기 위한 우라늄 채굴은 석탄이나 석유 또는 가스 채굴보다도 훨씬 작은 환경의 상흔을 남기며, 그 설비 자체는 풍력이나 태양광에 필요한 땅의 5/100의 땅을 차지한다고 한다. 그 탄소 발자국도 태양과 수소 그리고 바이오매스의 경우보다도 더 작으며 또한 그것들보다도 더 안전하다고도 한다. 더 나아가 원자력은 2세대의 경수로 시대를 넘어, 3, 4세대의 원자로 시대로 접어들었고, 심지어는 육지의 도시들에서 떨어진 바다에 닻을 내린 바지선에 소형모듈원자로(SMR)를 설치함으로써, 태풍과 해일도 견디어내며, 그 수명이 다하면, 밧줄로 멀리 끌고 가서 퇴역시킬 수도 있게 될 것이라 한다. 설계하기에 따라서는 지하에 묻는 식으로 설치하여, 지하에서 운용할 수 있는 여러 가지 방식도 가능할 것임을 말하고 있다.[3]

그는 또한 말한다. "지난 공포의 반세기를 무릅쓰고, 인류는 생태적인 자살로의 돌이킬 수 없는 길을 가고 있지는 않다. … 계몽된 환경주의는 지구와 생활 세계에 대한 최소의 가해도 처리할 수단들을 강구하고 있다."고. 세상 사람들이 더 부유해지고 기술에 대해 더 잘 알게 되며, 더 교육도 받게 될수록, 그만큼 환경보호에 신경을 쓸 것이며, 그 비용도 댈 수 있을 것이라고 한다.[4] 그래서 환경 문제와 관련

---

3 이상의 내용은 앞의 책, 145~149쪽의 것임.
4 같은 책, 154쪽.

해서 밝힌 그의 주장은 이런 것이다. "기후 변화에 대해 우리가 스스로 만족하는 식으로 낙관적일 수는 없으나, 조건부로 낙관적일 수는 있다. 우리는 그 폐해를 막을 상당한 실천 가능한 방도들을 갖고 있으며, 더 많이 알게 될 수단들을 갖고 있다. 문제들은 해결 가능하다. 그건 그것들이 저절로 해결될 것임을 뜻하는 게 아니라, 우리가 그것들을 해결할 수 있다는 걸 뜻한다. 만약에 우리로 하여금, 사회의 번영을 포함해서, 지혜롭게 통제되어 온 시장들과 국제적 관리 그리고 과학과 기술에서의 투자 등에 걸친 문제들을 풀 수 있도록 허용해 온 현대의 박애적인 세력들을 우리가 유지할 수 있다면 말이다."[5] 또한 그는 비단 환경 문제만이 아니라, 여러 방면에서 제기되는 현실의 문제점들과 관련해서도 사람들에게 충고한다. "비관론을 심오함과 혼동하지 말라: 문제들은 불가피하지만, 문제들은 해결할 수 있다."고 하면서, "삶은 죽음보다도 나으며, 건강은 질병보다 낫고, 풍족함은 빈곤보다 나으며, 자유는 강압보다 낫고, 행복은 고생보다도 나으며, 또한 지식은 미신과 무지보다도 낫다는 확신들"을 갖길 요구한다.[6] 그러면서 그는 그런 점들에서 인류의 삶의 조건들이 진보하는 쪽으로 향상되어 왔음을 일흔다섯 가지의 도표들을 통해서 입증해 보이기도 한다.

이제껏 적도(適度) 또는 중용은 비단 인간들의 도덕적 행위의 영역에 국한된 것이 아니라, 산업 또는 기술적 영역과 생태적 환경의 문제이기도 함을 우리는 다방면에 걸쳐 확인했다. 적도 또는 중용은 누구나 말하기는 쉽고, 선뜻 수긍도 한다. 그러나 어느 정도의 것이 그때

---

5 같은 책, 154~5쪽.
6 같은 책, 452~3쪽.

마다 적도이며 중용인지를 판단하기도 어렵지만, 설령 그런 걸로 판단되더라도, 그걸 정작 스스로 실천하기는 더더욱 어렵다. 이는 개개인의 경우에도 그렇지만, 나라들이나 지구 차원에서는 더욱더 그러하다. 그러나 이 문제는 지구 차원에서부터 개개인에 이르기까지 전 방위적으로 제기되는 것이고 또한 제기되어 마땅한 것이다. 특히 오늘날의 생태학적인 측면에서의 지구적 사태는 인류의 생존 자체와 직결되기에 이 문제는 우리의 진지한 숙고와 그것에 상응하는 실천을 급박하게 요구하고 있음을 우리는 실감하고 있다.

　20세기의 철학자이며 수학자였던 화이트헤드는 플라톤과 관련해서 많은 지식인들이 곧잘 인용하는 유명한 말을 남겼다. 이는 서론에서도 인용했지만, 그것에 이어 그가 한 말과의 연결을 위해 재인용할 필요성을 느낀다. "유럽의 철학적 전통에 대한 가장 안전한 전반적인 특징적 규정은 그것이 플라톤에 대한 일련의 각주로 이루어져 있다는 것이다."라는 것이 그것이었다. 그리고 그렇게 규정하는 주된 까닭은 그의 대화편들의 '도처에 산재해 있는 전반적인 사상들의 풍부함'과 '그의 저술들이 시사해 주는 바가 무진장인 광산'이어서라고 했다.[7] 그런가 하면, 그와 공저까지 냈던 러셀은 『서양의 지혜』(79쪽)에서 이런 말을 하고 있다. "그(플라톤)의 범위와 깊이에 지금까지 도달했던 철학자는 거의 없었거나, 있었더라도 소수였고, 그 누구도 그를 능가하지는 못했다." 그런 그의 철학의 핵심을 나는 그의 적도(適度: to metrion) 사상에서 읽었고, 그걸 제2부에서 집중적으로 다루었다. 이에 비해 아리스토텔레스의 도덕적 또는 인격적 차원의 중용으로는 너무도 미흡하다. 중산층의 확보에서 나라의 건전성을 담보받으려 한

7　A. N. Whitehead, *Process and Reality* (Free Press, 1978), p. 39.

점은 그 나름의 중용 이론의 확장이었던 셈이긴 하다. 지구의 자정 능력을 담보하는 생태환경의 적도 유지, 생물 종(種)들 자체의 적응을 위한 변이를 통한 적도 구현, 창조적 기술들에 의한 다방면의 적도 창출, 적도에 초점을 맞춘 정책들 또는 프로젝트들, 일상적으로 적도를 염두에 둔 개개인들의 처신 또는 행위 등등. 오늘날 가장 크게 제기되고 있는 생태환경의 문제를 제외하고는, 그런 문제들 대부분을 플라톤의 대화편들은 적극적으로 다루고 있었던 셈이다. 심지어는 무덤의 문제에서도 '살아 있는 사람들에게 괴로움을 가장 덜 주게끔' 그 위치 선정과 크기 그리고 제례에 이르기까지 적도의 원칙을 적용한 법 제정을 권유했다.[8] 제2부에 더 많은 지면이 할당된 것도 그런 그의 거대 이론 때문이었다. 그런 사상이 그의 대화편들 여기저기에 담겨 있었는데도 여태껏 외면당한 채, 특히 아리스토텔레스 이후의 왜곡된 형태의 이데아 설만 입소문을 탄 셈이다.[9] 이 점은 리케이온 학원의 설립과 함께 자기 철학의 구축에 바빴던 아리스토텔레스와 그의 극성스럽고 맹목적인 추종자들의 패 짓기로 인한 철학사에 길이 남을 하나의 크나큰 스캔들이었다고 할 것이다.

   적도 또는 중용의 문제를 다룸에 있어서 가급적 동서 고전들에 담긴 사상들을 두루 다루고 싶었다. 그래서 고전을 중심으로 동양의 이른바 사서(四書)와 노자의 도덕경 그리고 신약성서까지 뒤적이며, 논의의 맥락과 관련되는 것으로 저자 나름으로 판단한 부분들을 인용하면서 언급했다. 그러나 이 방면의 고전들에 관련되는 한, 저자의 한정

---

8 『법률』편 958d~959d 참조.
9 이와 관련해서 아직도 석연치 않은 독자는 '제3부 1장 2항'에서 특히 '지성에 의해서[라야] 알 수 있는 것(to noēton)'에 대한 언급들(특히 292~300쪽)을 다시 읽고 확인할 것을 권한다.

된 전공 영역 탓에다. 오랜 동안의 온축(蘊蓄)은커녕 고작 몇 번에 걸친 채집식 읽기로는 아무래도 한계가 있을 수밖에 없을 것이다. 이런저런 제약 탓에 고전들의 행간의 의미까진 읽어내지 못했을 것이라는 점이 적잖이 우려스럽다. 무엇보다도 공자의 '위편삼절(韋編三絶)'의 대상이었다는 『주역』 등의 다른 고전들에까지 손을 뻗치지 못한 것은 저자의 학문적 미진함 탓이기도 하지만, 시간과 역량의 한계 때문이기도 하다. 그렇더라도, 나이 탓도 있는 데다, 뒤로 밀린 다른 일들, 특히 얼마 남지 않은 '플라톤 전집 역주'가 뒤로 밀리고 있는 상황에서, 이 저술의 미진함을 언젠가는 보완하리라는 다짐까진 지금으로선 아무래도 삼가는 게 옳을 것 같다.

참고 문헌

Adam, J., *The Republic of Plato*, I, II, 2nd ed., Cambridge University Press, 1963.

Aristotle in 23 vols, XX, *Eudemian Ethics*, Loeb Classical Library, Cambridge, Mass., Harvard University Press; London, Heinemann, 1952.

Autenrieth, G., *Homeric Dictionary*, London, Duckworth, 1984(repr. 1991).

Barnes, J.(ed.), *The Cambridge Companion to Aristotle*, Cambridge University Press, 1995.

Barnes, J., *Aristotle*, Oxford University Press, 1982.

Barnes, J., *The Complete Works of Aristotle*, I, II, Princeton University Press, 1984.

Brandwood, L., *A Word Index to Plato*, Leeds, W. S. Maney and Son Limited, 1976.

Broadie, S., *Ethics with Aristotle*, New York & Oxford, Oxford University Press, 1991.

Burnet, J., *Platonis Opera*, II–V, Oxford: The Clarendon Press, 1901–1907.

Bury, R. G., *Sextus Empiricus*, I–IV, Loeb Classical Library, Cambridge, Mass., Harvard University Press: London, Heinemann, 1933, 1935, 1936, 1949.

Bywater, L., *Aristotelis Ethica Nicomachea*, Oxford, The Clarendon Press, 1894.

Campbell, D. A., *Greek Lyric*, I, Loeb Classical Library, Cambridge, Mass., Harvard University Press: London, Heinemann, 1990.

Cornford, F. M., *Before and After Socrates*, Cambridge University Press, 1972.

Cornford, F. M., *Plato's Cosmology:* The *Timaeus* of Plato, London, Routledge & Kegan Paul: New York, Humanities Press, 1948.

Darwin, Ch., ed. by W. Bynum, *On the Origin of Species*, Penguin Classics, Penguin Books, 2009.

Dawkins, R., *The Selfish Gene*, Oxford University Press, 1989. 홍영남 역, 『이기적 유전자』, 을유문화사, 1993.

Diels–Kranz, *Die Fragmente der Vorsokratiker*, I–III, Weidmann, 1956.

Duke, Hicken, Nicoll, Robinson et Strachan, edd., *Platonis Opera*, I, Oxford: The Clarendon Press, 1995.

Eupolis, *Fragmenta*, 94. 6~7, TLG.

Evelyn–White, H. G., *Hesiod: The Homeric Hymns and Homerica*, Loeb Classical Library, Cambridge, Mass., Harvard University Press: London, Heinemann, 1914.

Godley, A. D., *Herodotus*, I(1926), II(1938), III(1922), IV(1925), Loeb Classical Library, Cambridge, Mass., Harvard University Press: London,

Heinemann.

Gosling, J. C. B., *Plato*, London and Boston, Routledge & Kegan Paul, 1973.

Gulick, G. P., *Athenaeus, Deipnosophistae*, I(1951), II(1928), III(1929), IV(1930), V(1943), VI(1950), VII(1941), Loeb Classical Library, Cambridge, Mass., Harvard University Press; London, Heinemann.

Guthrie, W. K. C., *The Greek Philosophers: From Thales to Aristotle*, New York, Harper & Row, Publishers, 1960. (박종현 역, 희랍철학입문, 서광사, 2000.)

Guthrie, W. K. C., *A History of Greek Philosophy*, VI, Cambridge University Press, 1981.

Hardie, W. F. R., *Aristotle's Ethical Theory*, 2nd ed., Oxford: the Clarendon Press, 1980.

Havelock, E. A., *The Greek Concept of Justice*, Cambridge, Mass., Harvard University Press, 1978.

Hawking, S. W., *A Brief History of Time*, 현정준 역, 『시간의 역사』, 삼성출판사, 1990.

Heisenberg, W., *Physics and Philosophy*, New York, Prometheus Books, 1999(1958).

Heisenberg, W., *Der Teil und das Ganze*, 김용준 옮김, 『부분과 전체』, 지식산업사, 1982.

Henderson, J., *Aristophanes*, I, II, Loeb Classical Library, Cambridge, Mass., Harvard University Press; London, Heinemann, 1998.

Hicks. R. D., *Diogenes Laertius*, I, II, Loeb Classical Library, Cambridge, Mass., Harvard University Press; London, Heinemann, 1925.

Hornblower, S. and Spawforth, A. (edd), *The Oxford Classical Dictionary*, 3rd ed., Oxford University Press, 1999.

How & Wells, *A Commentary on Herodotus*, Vol. II, Oxford, The Clarendon Press, 1928.

Huffman, C. A., *Philolaus of Croton*, Cambridge University Press, 1993.

Jaeger, W., *Aristotelis Metaphysica*, Oxford, The Clarendon Press, 1957.

Jaeger, W., *Aristotle*, 2nd ed., trans. by R. Robinson, Oxford, The Clarendon Press, 1948.

Joachim, H. H., *Aristotle: The Nicomachean Ethics, A Commentary*, D. A. Rees (ed.), Oxford, The Clarendon Press, 1951.

Jones, W. H. S., *Hippocrates*, IV, Loeb Classical Library, Cambridge, Mass., Harvard University Press; London, Heinemann, 1931.

Kant, I., *Kritik der Praktischen Vernunft*, von K. Vorländer, Hamburg, Verlag von Felix Meiner, 1929, 1974.

Kirk, Raven & Schofield, *The Presocratic Philosophers*, 2nd ed., Cambridge University Press, 1983.

Leibniz, G. W., *Monadologie*, von H. Glockner, Stuttgart, Reclam, 1954.

Manuwald, B., *Platon: Protagoras*, Göttingen, Vandenhoeck & Ruprecht, 1999.

Marchant, E. C., *Xenophon*, IV, *Memorabilia & Oeconomicus*, Loeb Classical Library, Cambridge, Mass., Harvard University Press; London, Heinemann, 1923.

Newman, W. L., *The Politics of Aristotle*, Vol. III, Oxford, The Clarendon Press, 1902.

Pascal, B., *Pensées*, Paris, Hachette, 1950.

Pinker, S., *Enlightenment Now*, Penguin Books, 2018.

Plutarch's *Lives (Ploutarkhou Bioi Parallēloi)*, I, Lykourgos & Solon ⋯, Loeb Classical Library, Cambridge, Mass., Harvard University Press; London, Heinemann, 1914.

Plutarch's *Moralia*, IX, *Quaestionum convivalium*, Loeb Classical Library, Cambridge, Mass., Harvard University Press; London, Heinemann, 1961.

Plutarch's *Moralia*, XIV, *Adversus Colotem*, Loeb Classical Library, Cambridge, Mass., Harvard University Press; London, Heinemann, 1967.

Porritt, J., *Save the Earth*, London/New York/Stuttgart, Dorling Kindersley, 1992.

Rahlfs, A., *Septuaginta: Vetus Testamentum Graece*, Vol. 1, Stuttgart, Privilegierte Württembergische Bibelanstalt, 1935; repr. in 9th ed., 1971.

Rawls, J., *A Theory of Justice*, Oxford, 1972.

Ritter, J. und Gründer, K., *Historisches Wörterbuch der Philosophie*, Bd. 5, Basel/Stuttgart, Schwabe & Co Ag · Verlag, 1980.

Rogers, B. B., *Aristophanes*, I, II, III, Loeb Classical Library, Cambridge, Mass., Harvard University Press; London, Heinemann, 1924.

Ross, W. D., *Aristotelis Fragmenta Selecta*, Oxford, The Clarendon Press, 1955.

Ross, W. D., *Aristotelis Politica*, Oxford, The Clarendon Press, 1957.

Ross, W. D., *Aristotle: De Anima*, Oxford, The Clarendon Press, 1961.

Ross, W. D., *Aristotle's Metaphysics*, I. II, Oxford, The Clarendon Press, 1958.

Ross, W. D., *Aristotle's Physics*, Oxford, The Clarendon Press, 1955.

Ross, W. D., *Aristotle's Prior and Posterior Analytics*, Oxford, The Clarendon Press, 1957.

Russell, B., *Wisdom of the West*, London, Bloomsbury Books, 1989(First in 1959).

Sagan, C., *Billions & Billions*, New York, A Ballantine Book, 1997.

Slings, S. R., *Platonis Respublica*, Oxford, The Clarendon Press, 2003.

Smith, C. F., *Thucydides*, I(1928), II(1930), III(1921), IV(1923), Loeb Classical Library, Cambridge, Mass., Harvard University Press; London, Heinemann.

Smyth, H. W., *Aeschylus*, I, II, Loeb Classical Library, Cambridge, Mass., Harvard University Press; London, Heinemann, 1922, 1926.

Souter, A., *Novum Testamentum Graece*, 2nd ed., Oxford, The Clarendon Press, 1947.

Stanford, W. B., *The Odyssey of Homer*, Books I-XII, London, Macmillan, 1965.

Stanford, W. B., *The Odyssey of Homer*, Books XIII-XXIV, London, Macmillan, 1965.

Theodorakopoulos, J., *Die Hauptprobleme der Platonischen Philosophie*, The Hague, 1972.

Theognis, *Elegiae*, 145-148., TLG.

Tricot, J., *Aristote, La Métaphysique*, tom. I, Paris, J. Vrin, 1974.

Whibley, L., *A Companion to Greek Studies*, Cambridge University Press, 1905

Whitehead, A. N., *Process and Reality*, New York, Free Press, 1978.

Wilson, E. O., *Half-Earth*, New York/London, Liveright, 2016.

Willcock, M. M., *The Iliad of Homer*, Books I-XII, London, St. Martin's Press, 1978.

Willcock, M. M., *The Iliad of Homer*, Books XIII-XXIV, London, St. Martin's Press, 1984.

Ziegler, K. & Sontheimer, W., *Der Kleine Pauly*, 1-5, München, Deutscher Taschenbuch Verlag, 1979.

김용옥 역주,『논어한글역주』, 1, 2, 3, 통나무, 2008.

김학주 역해,『老子』, 수정증보판, 명문당, 2002.

_____ 편저,『論語』, 서울대학교 출판부, 1985.

박종현,『헬라스 사상의 심층』, 서광사, 2001.

박종현 편저,『플라톤』(개정증보판), 서울대학교 출판부, 2006. (절판)

박종현 역주,『플라톤의 국가(政體)』(개정·증보판), 서광사, 2005.

_____ 역주,『플라톤의 네 대화편: 에우티프론, 소크라테스의 변론, 크리톤, 파이돈』, 서광사, 2003.

_____ 역주,『플라톤의 필레보스』, 서광사, 2004.

_____ 역주,『플라톤의 법률』, 서광사, 2009.

_____ 역주,『플라톤의 프로타고라스/라케스/메논』, 서광사, 2010.

_____ 역주,『플라톤의 향연/파이드로스/리시스』, 서광사, 2016.

_____ 역주,『플라톤의 고르기아스/메넥세노스/이온』, 서광사, 2018.

_____ 역주,『플라톤의 소피스테스/정치가』, 서광사, 2021.

박종현·김영균 공동 역주,『플라톤의 티마이오스』, 서광사, 2000.

박종홍,『박종홍 전집』제II권, 민음사, 1998.

성백효 역주,『古文眞寶 後集』, 전통문화연구회, 1994.

_____ 역주,『論語集註』, 개정증보판, 전통문화연구회, 2013.

_____ 역주, 『大學 · 中庸集註』, 개정증보판, 전통문화연구회, 2011.

_____ 역주, 『孟子集註』, 개정증보판, 전통문화연구회, 2011.

_____ 역주, 『周易傳義 下』, 전통문화연구회, 1998.

이한구, 『문명의 융합』, 철학과 현실사, 2019.

도올서원 재생술(述), 『도올선생 중용강의』, 통나무, 1995.

찾아보기